大学英语

教学法探索与教学实践研究

翁雨淋　李瑞超　白爱娃　◎著

中国纺织出版社

内容提要

本书通过对英语教学思想、教学模式、教学策略以及大学英语课堂教学实践内容进行研究分析，讨论了中国大学英语教学中存在的问题，并从中归纳总结出英语教育教学的基本规律，继而探讨英语教学改革进程中的变革策略。本书理论观点清晰新颖，实践论述详尽实用，不仅做到了理论与实践的有机结合，也体现了最新的研究方向与成果。本书结构严谨合理，语言通俗易懂，便于读者阅读和理解。

图书在版编目（CIP）数据

大学英语教学法探索与教学实践研究 / 翁雨淋，李瑞超，白爱娃著. -- 北京：中国纺织出版社，2018.9

ISBN 978-7-5180-3899-2

Ⅰ. ①大… Ⅱ. ①翁… ②李… ③白… Ⅲ. ①英语－教学研究－高等学校 Ⅳ. ①H319

中国版本图书馆CIP数据核字（2017）第184448号

责任编辑：武洋洋 **责任印制：储志伟**

中国纺织出版社出版发行

地址：北京市朝阳区百子湾东里 A407 号楼 邮政编码：100124

销售电话：010-67004422 传真：010-87155801

http：//www.c-textilep.com

E-mail：faxing@e-textilep.com

中国纺织出版社天猫旗舰店

官方微博 http：//www.weibo.com/2119887771

北京京华虎彩印刷有限公司印制 各地新华书店经销

2018 年 9 月第 1 版第 1 次印刷

开本：710 × 1000 1/16 印张：16.125

字数：394 千字 定价：76.00 元

前言

当今时代，随着经济全球化日益加深以及我国改革开放力度的加大，中国与世界其他国家在各方面都展开了更加频繁、密切的交流，相应地，社会对懂英语的复合型人才的需求也越来越大。英语教学是培养英语人才的一个主要途径，因此英语教学也受到了社会各界的广泛关注与重视。《国家中长期教育改革与发展规划纲要》（2010—2020）提出了加强国际理解教育，推动跨文化交流，努力培养具有国际视野、通晓国际规则、参与国际事务与国际竞争的国际化人才的要求。国际化应该是我国高等教育发展的一个重要方向，指引着中国高校各门课程的改革，特别是大学英语教学的改革。我国的大学英语教学改革工作在不断开展与深化进行当中，涉及大学英语的教学理念、培养目标、教学模式、课程建设等诸多方面，是一场深层次、大范围的改革与实践。改革的主旨是努力提升在校大学生的英语运用能力，转变教学观念，调整培养目标，改革教学模式，提倡新的语言教学和语言学习理念。鉴于此，作者精心策划并撰写了《大学英语教学法探索与教学实践研究》一书，以期为提高我国当代英语教学的有效性尽一份绵薄之力。

该书的内容为英语教师和英语教学研究者提供了深入浅出探讨“英语教学研究与实践”的依据，从不同的角度，深入、全面、客观地探索了在新形势下大学英语教学的客观规律及教学改革的具体实践。

本书共分为六章。第一章综述了大学英语教学的概况，涉及英语教学的理论基础、现状分析以及发展趋势，为以下各个章节的展开做了铺垫。第二章阐述了英语教学的历史积淀、教学过程、学习策略以及教学模式。第三章对英语教学的教学方法和教学策略进行了详细的论述，其中包含目前十分新颖和前沿的教学方法和策略，掌握这些方法和策略有助于学生学习质量的提高。第四章是本书的重点内容，具体从词汇、语法、听力、阅读、写作、口语这几方面对大学英语教学进行论述，重点探讨了其面临的问题、目标与内容，并对如何更好地实施教学提供了新的方法。 倡导创新学习的主要目的是为了促进学习者的自主发展。培养学习者的创新学习能力必须最大可能地创设学习者能参与其中的学习情境与氛围。因此，本书第五章重点探讨了大学英语自主学习的相关内容。第六章针对当前现代科技的飞速发展，顺应形势，探讨了新形势下大学英语教学的新发展。

实践的意义不只是现实的要求，探索的价值也不仅是为应对现实的困难，事业的发展更需要对经验的总结，对探索的梳理。本书在撰写过程中突出了实践应用与理论研究相结合的原则，强调探索的实践过程。书中内容主要是作者在过去多年教育教学工作中的实践与探索、体会与研究。

全书由翁雨淋、李瑞超、白爱娃撰写，具体分工如下：

第四章、第五章：翁雨淋（江汉大学文理学院）；

第二章、第三章：李瑞超（西安翻译学院）；

第一章、第六章：白爱娃（陕西学前师范学院）。

本书在写作过程中参阅了大量有关大学英语教学法的相关文献与资料，同时为保证论述的准确与全面，本书引用了许多专家与学者的相关研究成果与观点，在此对他们表示诚挚的谢意。因写作水平有限，书中不免有疏漏之处，恳请广大读者批评指正。

作　者

2018 年 1 月

目　录

第一章　大学英语教学概况

我国的大学教育，培养出了许多优秀的英语人才，为社会发展做出了卓越的贡献。与此同时，英语教学也随着社会的发展而不断地演进和提高。由于英语是世界上通用的语言，同时也是我国的主要外语，因此在英语教学过程中，要根据我国的国情，不断地去改革和创新。本章在对英语教学基础理论探讨的基础上，对大学英语教学的现状进行分析，并进一步阐述大学英语教学改革的最新趋势。

第一节　英语教学的理论基础

大学英语教学是一种建立在一定的理论基础之上的科学性教学。但是，由于研究者的思想不同，造成对理论研究的侧重点不同，最终形成的理论对英语教学也会有不同的影响。本节从哲学理论、语言学理论和心理学理论等三个方面，对现有的英语教学理论进行了概述和总结，从而对英语教学实践发挥理论指导作用。

一、英语教学的哲学理论基础

英语教学的建设、生存、发展、创新和实施，一方面需要从多视角进行分析研究，另一方面也需要多元化的科学理论指导，哲学当然是其中首要的基础指导理论。哲学是对自然科学、社会科学和思维、人文科学知识的高度概括和总结，是自然科学、社会科学和思维、人文科学知识的最高规律。自然科学研究自然客观事物发展的规律，社会科学研究社会发展的规律，思维、人文科学研究以人为本、人类与现实社会文化生活关系和人类思维及其发展的规律，唯独哲学研究揭示的是整个人类和客观物质世界关系的本质特征和普遍思维认知发展规律。哲学一方面紧密联系自然、社会和思维、人文科学，另一方面又对其具有世界观和方法论上的指导意义。人们不仅要质疑、探索、诠释和认识客观物质世界，更重要的还应改造和发展外在物质世界，改造和发展人类自身，从而创造人类社会的物质文明和精神文明。世界观一方面极力支撑和协助人类探索、诠释、认识、把握客观事物的发展规律，另一方面也制约着人类对客观事物发展规律的认识。方法论是人认识、把握世界和改造世界的根本方法。当前，马克思主义哲学的辩证唯物主义和科学发展观对英语教学的建设、存在、发展、创新和实施具有总体理论上的指导意义。

（一）以人的发展为本

英语教育、课程与教学的根本主导思想是要充分体现以人为本、以人的发展为本的思想。英语教学以人的发展为本的思想，根植于马克思主义哲学对人的本质、人与客观世界、社会文化的关系，人的主观意识、思维与外在世界、社会思想化的关系以及人的生命活动与语言的关系等问题的精当且深邃的论述之中。

1. 英语教学要体现人的本质特征

人的本质首先体现为物质世界中的现实人，现实人既是自然人，更是社会人；其次体现在人们与社会和思想文化的关系之中，人与人的关系是一切社会关系的总和。在人与人的社会关系和社会交往过程中，人们运用语言表达情意，或记录传承人类积累的物质文明和精神文明成果的精华，因而逐渐超越自然人，优越于自然人，最后成为社会人。人之所以能超越和优越于自然人成为社会人，最根本原因就在于人与人在社会中使用了语言这个最常用且最有效的信息交流和沟通的交际工具。马克思在批判费尔巴哈的人本主义时明确指出：“人的本质不是单个人所固有的抽象物，在其现实性上，它是一切社会关系的总和。”人的本质不是个人的天赋属性，也不是人类抽象的共性，而在现实中，人总是生活在特定的物质世界情境、社会和社会关系之中。人在物质自然界中产生，又存在于物质自然界之中，而且人也只有在物质世界和现实社会中，特别是在人与人使用语言作为交际工具交流和沟通信息的过程中，才能成长和发展，成为能动地、创造性地改造世界、改善人自身和推动社会发展的人。因此英语教学的建设、发展和实施必须面向全体学生、面向每个学生个体和面向具有终身学习能力的、推动社会发展的人，并以此充分体现人的本质特征为根本的价值观取向。

2. 人的发展与社会发展紧密相连

课程与教学的本质是教书育人，既能促进学生成为德、智、体、美、劳综合素质的全面发展，又能使其个性化获得充分的发展。人是社会的人，一方面人的发展需要以社会为依托，人脱离了社会就不成为社会人，就难以生存和发展；另一方面社会的发展也离不开人，社会是由人组成的，是人群的社会，社会脱离了人也就不复存在。这种人与社会关系相互依存和互促发展性还表现在：一方面客观世界和社会发展制约着人的发展规律，另一方面人充分发展的目的又在于认识世界和社会及其发展的客观规律，并根据其内在逻辑发展规律能动地、创造性地改造世界和社会，并不断推动世界和社会的物质文明和精神文明的发展；而世界和社会的发展又反作用于人，不断促进人的充分全面发展和个性自由解放。英语教学发展和实施的目的也在于培养学生综合素质的充分发展，并使其个性获得自主、自觉和自由发展。这不仅是学生发展的需要，同时也是社会物质文明和精神文明共同发展的需要，更是创建和完善中国特色社会主义外语教育教学体系的需要。因此，英语教学必须紧密联系人与社会的发展，并在人与社会生活情境发展的进程中求得自身的发展、创新、完善和有效的实施。

3. 意识和思维的客观本真

人的意识和思维活动既有客观性的一面，也具有主观性的一面，但客观性更是其本真性的一面。人的意识和思维活动的基础是外在的客观世界和现实社会，外在世界客观存在于人的意识和思维活动之外，不依赖于人的意识和思维活动，不以人的意志为转移。外在世界第一性是本原，意识和思维活动是第二性的，是被决定的。物质世界是人的观念、意识和思维形成的基础，观念、意识和思维具有客观现实性，这就是意识和思维客观性实质的诠释。而意识和思维活动又是人的主观性的心理活动，外在世界和现实社会的客观存在，需要通过人的主观意识和思维活动才能被证实和阐释。诚然，人的意识和思维活动并不是外在世界和现实社会的本原或第一性；人的意识和思维活动的对象，即外在世界和现实社会也不是绝对观念，不是精神的自我认识和理念的自我建构，而是客观物质世界和社会生活现实在人的意识、观念和思维活动中的反映。但是，人并不是消极被动地对物质世界和现实社会生活做出反应，而是通过劳动实践活动和日常社会生活实践活动，使自身的意识、观念和思维与物质世界、现实社会生活相联系，并对物质世界和现实社会生活做出能动的和创造性的反应。由于各人的劳动实践活动和日常现实社会生活目标、内容、过程、方法、时空等方面的差异，人们自然会对同一物质现象和现实社会事件产生和形成不同的思想意识、价值观念和思维方式。这就是对“意识、观念、经验和知识是人的心理表征，是人们自我认识和构建，并存在于人的内在心灵之中”的阐释。意识观念的本质正是人对外在世界、社会现实能动和创造性的反映。深邃和思辨的理论问题，往往可以用最简单的事实和身边的实例表征和论证。英语语言单词如“book”，或词组如“an English book”，或句子如“The English book is on the desk.”，或语篇和文本，都是使用英语的民族对客观存在事实和事件约定俗成的符号，而语言符号又是意识、观念、思想的物质外壳。倘若在外在世界中不存在“书”，或“一本英语书”，或“英语书在桌子上”等现实事物和事件，那么上述英语单词、词组、句子以至语篇和文本就难以产生、存在、发展和创新，也更难甚至无从显示。英语教育如何能使学生理解并运用英语单词、词语、句子、语篇和文本等语言知识？在回答这个问题时，则仍须依靠学生自主自觉、积极主动、能动创造地在人与外在世界社会关系和特定的现实世界社会生活情境中通过理解和运用英语交际、沟通的实践活动才能解决，语言知识和交际运用能力才能学得和习得。而大多建构主义者（社会建构主义者除外）认为“脱离和割裂了人与外在客观世界社会生活的关系和特定的现实世界社会生活情境的联系，单凭个人的主观意识、观念、思维的自我认识和自我建构，就能自我建构和创新、达标理解和交际运用语言知识”的观点，是不现实的。这正是由外在物质世界、现实社会生活的本原性所决定的，同时受意识观念、思想——其直接反映的第二性和被决定性制约。

4. 人的生命活动与语言息息相关

在现实社会中，人的生命活动与语言息息相关。人之所以成为社会人，人与人之间交往、人与社会之间的关系和人的日常生命活动无不都是借助语言这个交往载体和交际工具来实现的，人的一切日常生命活动也无不存在于特定物质世界和现实生活与语言交际行为的联系之中。

语言是人的主观意识、观念和思维的物质外壳，是意识、观念、思维内容的物质载体，因此，不仅物质世界表现于语言之中，语言的内涵也是意识、观念、思维反映物质世界的内容，而且意识、观念、思维的内容也寓于语言之中。语言是意识、观念与物质世界存在关系之间的中介、媒体和桥梁，正是由于两者联系之间存在着语言这个媒介和桥梁，才使得这种联系成为可能并获得不断巩固和发展。其实，人的意识、观念和思维最初也是与人的物质活动、人类物质交往、现实生命活动和社会生活活动中的语言交往融合在一起的，而且人类的意识、观念、思维和语言本身也都是人的物质活动、人类物质交往活动、现实生命活动、社会生活活动和使用语言交流信息需要的直接产物。因此，英语教学建设、发展、创新和实施的目的、内容、方法都应彰显语言与学生现实社会生命活动的息息相关性，从而尽量设计成在接近、贴近，甚至回归学生的现实社会生活的生动情境之中来讲解、操练和交际运用英语，进而促进英语教学能获得更为理想或良好的发展、创新的实施效果。

（二）以学定教，以教导学，多学精教，不教自学

教育是人的教育，核心是要重视人的因素。在教育领域中人的因素就是学生和教师，因此，教育需重视学生学习的主体作用和教师教学的指导作用，以发挥师生双主体互动、生成的主观能动性和创造性。在英语教育教学过程中充分发挥师生双主体的主观能动性和创造性，具体体现在以学定教、以教导学、多学精教、不教自学的原理之中。显然，这种英语教育教学原理充分体现了以学生为主体，以教师为主导，发挥师生双主体的互动、生成作用，也是对以学生为中心或以教师为中心的理念做出重新评判。

1. 以学定教

长期以来，我国传统的英语教学理念以教定学为主，把学生当作接受教育的对象和接受知识的容器，而学校则是生产这些产品的工厂，只注重这些产品的学习成绩，却忽略了学生个性的发展。正确的学习理论和学习理念，则倡导以学定教、以教导学，把学生看作是学习的主人，学生是在教师的指导下积极主动地学习知识、技能、能力，让学

生的个性充分发挥出来。真正做到以学定教、以教导学和教师的指导性相统一。

以学定教不但根据学生已有的知识、经验、需求，遵循学生学习知识、发展能力的规律，确定教学目标、内容、策略方法和评价措施，也立足于激励学生能够积极主动地学习、能主动地思考和运用知识的过程，既立足于学生群体，也立足于学生个体。由于每个学生潜在能力和创造力都存在一定的差异，因此要注重学思结合，倡导启发式、探究式、讨论式、参与式教学，注重知行统一，注重因材施教，使每一个学生都能获得进步。

2. 以教导学

英语教育教学不仅是以学定教，还需有以教导学的理念，以学定教与以教导学是一对对立的统一体。以教导学理念认为，学生不只是知识的被动接受者和使用者，而且也是在教师的指导下能更积极地获取知识的学习者。有效的英语学习就是学生在教师的指导下，根据自己已经掌握的英语知识，不断接受和理解新的英语知识。所以说学习英语不是一味地接受知识，更何况学生本身也不仅仅是接受知识的机器。学习应该是在教师的指导下，根据自己自身的兴趣和能力，积极主动地去学习。以师生互动的形式来接受知识，这样学生才能更好地理解并掌握知识。

3. 多学精教

大学英语教育不仅是以学定教、以教导学，而且还需多学精教。英语教学不仅是师生之间的互动过程，还是师生之间和外界环境之间的互动过程，更是师生之间情境交融的多向互动的过程。多学精教理念是指在师、生、情境、英语、情意互动的过程中学生要积极主动地多学、多用，而教师则充分利用具体、客观的情境在学生已有知识、经验的基础上精教知识的重点和难点，以便腾出更多的时间让学生多学、多用。英语教育教学只有在具体的情境中，并在学生已有的知识、经验基础上进行教学才能达到精教知识的重点和难点的目标，更易为学生理解和掌握。因为环境是语言现实的体现，如果没有客观的语言环境，那么语言就缺少了存在感，也难以理解和掌握；在学生已有知识和经验基础上精教新知识，既能节约教的时间，又便于学生理解和吸收，而且新旧知识融合所形成的新知识结构网络，也有利于记忆和快捷提取运用。在具体的情境中，在学生已学知识、记忆的基础上精教，自然就能腾出更多的时间给学生学习。

4. 不教自学

英语教育教学不仅是以学定教、以教导学、多学精教，其最终的目标恰是不教自学。教是为了不教，不教是为了能自学。终身享受自学的乐趣是学生学习的最终目标，也是学生学习最理想的追求。语言沟通的本质特征是具有双向或多向的交流性和沟通性，而且双方或多方都是不依赖于他人独立、自主的个体。这就是不教自学的自然境界。

5. 以学定教、以教导学、多学精教、不教自学和谐地互动发展

中国特色社会主义外语教育体系是强调以学生发展为本为重点。除学生以外，教师也是一个重要角色，教育大计，教师为本；教育教学改革，关键在教师；只有有了好的教师，才可能有好的教育。因此，以学定教和以教导学两者之间具有内在逻辑联系。教师不只是知识的载体、来源，也是传道、解惑的，教学不但不能以教定学，把教师作为主体，而且也不能排斥以教导学，仅仅把学生作为主体。教师应该教会学生学习和运用知识的方法，所谓“师傅领进门，修行在个人”，但是这并不是否定教师的作用，而是更多地强调教师对学生的引导作用。因此师生之间应该互敬互爱，教师应该尊重学生的人格，学生应该尊重教师的付出。

尤为重要的是，英语教育教学不能止步于以学定教、以教导学；以学定教、以教导学还需通过多学精教才能最终通达不教自学的最高境界。因此，以学定教、以教导学、多学精教、不教自学是一个蕴含内在逻辑联系的统一体，四个方面互动、生成才能达到英语教育教学理想的目标。教师的职责就是教书育人，培养学生的发展。教师把全部的精力投入教书育人中，无论是一件细小的事情还是一堂微不足道的课，教师都是为了有效激励学生的思想情感，激发学生求知欲望，培养学生独立学习的能力，同时也体现了自身的价值。它更直接体现在不教自学的最高境界之中。

根据辩证法理论，对于学生来说，学习是内因，教师教学是外因。内因是起决定性作用的，外因通过内因起作用。这是以学定教的哲学基础；但是外因能起强大的反作用，因而激励、推动内因的发展，这是以教导学的哲学基础。

（三）英语素养与积极的学习态度协调发展

1. 英语素养与积极的学习态度协调发展

传统的英语教育分离了英语素养与人文精神之间的关系以及英语素养与积极的学习态度之间的联系，学习成了一座大山，压得学生喘不过气来，从而也造成花时多、收效微的学与教的不良后果。学生学习英语只有以积极的学习态度，自觉主动地动脑、动耳、动眼、动手等多感官多渠道地学习和运用英语知识、发展英语技能和交际运用英语的能力，才能快捷、有效地发展英语素养。

积极主动的学习态度是人文精神的重要体现。积极有效地学习所倡导的是学生作为学习英语的主人和创造者，关注个性自由发展，积极调动学生主动学习，才能使英语学习达到事半功倍的成效。

2. 英语素养与信心、兴趣协调互动发展

提升英语素养，学生就能逐步树立学习的信心，从而产生学习兴趣，这是学习英语的成就感赋予学生的学习信心和兴趣。对于学生来说，英语不仅成了他们学习中的一门重要学科，更成了生命中积极的、富有乐趣的一个不可或缺的部分。学有信心、学有兴趣不仅能促进学习、提高学习效率，加速发展英语素养，即使在学习和运用知识的过程中，遇到困难和挫折，学生能主动地去克服困难，而每次经过努力克服困难，成功的喜悦进而又促使其学习取得成功，这又能转化为一种成就感。

（四）过程、效率和结果有机的融合

学科教育教学是传承文化知识和人文精神的主要渠道，其中作为主要学科的英语的教育教学，更是落实发展英语了解扩展外国文化视野、意识的主要学科。提升英语素养和人文精神的场所是课堂，因此，英语课堂教学不仅要注重提升英语素养，同时也要培养学生的人文精神，而英语教育、课程的实施和课堂教学是一个过程，人文精神务必体现在整个英语教育教学过程之中，并使学生在掌握英语的过程中同时也能潜移默化地感受人文精神的熏陶。鉴于此，英语教育、课程与教学既要重视学习结果，更要关注学生学习英语知识、发展交际运用英语的能力，以及陶冶情志、扩展世界文化意识、学会学习和形成人格的学习过程。英语教育要遵循学习过程，探索学习的规律，我们不能只强调结果，往往只凭考试成绩来判断教学质量的好坏。英语教学要重视效率，不能让学生花费大把的时间和精力去评比考试成绩的好坏。学习英语的关键还在于减负增效，让学生能花费最少的学习时间和精力去取得最大的效果。所以，我们要把教学过程、工作效率和考察结果很好地结合起来，充分发挥学生的个性，发展学生的意志、潜力、创新精

神、创造能力与实践能力。

综上所述，辩证唯物论和科学发展观的指导意义，既具体体现在以人的发展为本，英语素养与人文精神的整合发展，以学定教、以教导学、多学精教、不教自学，英语素养与积极的学习态度协调发展，过程、效率与结果有机融合方面，而且还全面体现在学生的全面发展与个性发展，英语的学与思、知与行，英语知识、技能与交际运用英语的能力，英语与母语、思维与英语，听说读写交际运用英语的能力，学习与习得、交际运用语言能力与综合运用语言能力，输入量与吸收量以及输出量之间的关系处理等方面。

二、英语教学的语言学理论基础

历史比较语言学主要研究和比较各种语言变化和发展的历史，比较各种语言的语音、词汇、语法形态结构的变化和发展历史，以便获得各种语言的相同和不同的构造语系。历史比较语言学研究结果认为，各种语言起源于一种始源语言。语言起源于原始人的喊叫，或对自然界声音的模仿，或始于身体各部位的动作，或对客观事物的象形。英国学者琼斯于1786年发表的论文认为拉丁语言、希腊语与梵语的词根和语法结构形态很相似，它们都源于同一始源语，并由此得出各种语言可以相互翻译的结论。由此，历史比较语言学就成了翻译法的理论基础，同时，这也开创了语言学成为外语教育教学的理论基础的先河。为此，外语教学法的研究与教学也开始关注语言学理论对外语教学的指导意义，并力求从语言学理论中寻求外语教学的理论基础。

（一）知识与能力

知识是什么？能力是什么？这是一个当前外语教育界争论的热点问题。外语教育要把知识与能力的概念和含义辨认清楚。为此，首先必须加强对哲学、语言学（当然也包括心理学、教育学等）的语言知识观和语言运用能力观的理论关注，加深对知识观与能力观的历史发展变化特征的认识，吸收知识观与能力观新的理念，使传统与现代、历史与现实、理论与实践相辅相成和沟通融合。然后，回过头来反思分析外语教育中知识与能力的问题和探索其未来的发展方向，就能看得更清楚、领悟得更透彻和体会得更深刻，就能更好地提升外语教育理论的科学性和实践的有效性。

在有关语言本质的问题上，哲学与语言学的理论紧密相连、互相补充，相得益彰。诸如，索绪尔（Saussure）只研究语言本身，而不注重社会使用的言语；布龙菲尔德（Bloomfield）采用描写语言学的方法研究语言的结构，而忽视社会实际的言语；乔姆斯基只研究个人的语言习得机制和普遍语法，而不重视社会交际运用语言的探讨。

任何事物，它的内部都包含着本身独有的矛盾，这样就制造出一事物区别于其他事物的特殊本质。概念的内涵是反映其事物内部固有的特殊矛盾和区别于他事物的特殊本质，是反映事物的本质特点。因此，明确事物的概念及其内涵，能提示它的本质特征和实质内涵。交际运用语言能力，是外语课程中最关键的术语和最核心的概念。以哲学和语言学为理论基础，认识语言知识与交际运用语言能力的概念及其实质、内涵和潜藏的因素及其关系，就能直接作用和深刻影响外语教育的方向、性质、价值观、教育目标、教学内容、教学过程、教学策略方法和教学评价等。以哲学和语言学为理论基础，反思、辨别和论证什么是语言知识与语言运用能力的概念、本质特征和潜藏因素及其关系的来龙去脉，就显得具有特别重要的理论和现实意义。

（二）语言与言语

德国哲学家、语言学家洪堡特（W.V. Humboldt）曾在《语言结构的多样性》中指出，语言是人脑内在的一种结构，是说话者的智能部分，是大脑的一种创造性的能力。人们能运用有限的语言手段创造出无限的语言行为。他还提出语言的概念，以为语言是一种外显行为。著名的瑞士语言学家索绪尔强调语言在社会中的作用，语言在人类生活中的作用，人们是怎样运用语言和语言使用规律的。由他的学生根据他讲课内容整理的、号称“语言学领域哥白尼式革命”的语言学专著《普通语言学教程》一书中，索绪尔首先用法语区分了语言（langue）和言语（parole）这两个既不同又相对应的核心概念。语言学界对这种区分做出了高度的评价，认为区分语言和言语两个相对应的术语，对语言学研究语言本质特征做出了重大的历史贡献。因为区分语言和言语这两个既有区别而又有联系概念，是最能体现语言本质特征的。

1. 语言

语言等同于语言体系（language system）。作为代代相传的一种体系（language as a sytstem），语言包含语音、词汇、语法结构规则，是一种潜在于一群人的头脑中（或语言社团中）共有的一种抽象的和稳定的体系，是内在于大脑中的一种语法系统或一套普遍规则。因此，语言具有社会性的特征，它决定每个人听、说、读、写的具体形式。

2. 言语

言语是指语言运用（language as used），是指语言“运用”的范畴（as the “executive” aspect of language），是人们说出和听到的话，是人们写出和理解的内容。言语是人们说话表达内容时的内在心智符号（signs in the mind）和心理生理机制相组合的外化结果。因此也可以说，言语是语句的产出（produced）、表达和运用。言语就是运用语言或语言运用，是表现出来的具体内容。它反映讲话人的个人特点，并总是与具体的情境或环境、语境和情意紧密相连的。因此，常因时因地而无限动态地变化。相对于语言来说，言语具有个人性、具体性和变化性等特点。

语言和言语既有区别，又有联系。语言是言语形式，是语音、词汇和语法结构的系统。言语是语言表达的内容，是听到和说出的话语；是运用语言表情达意。这是语言与言语的区别特征，但语言与言语又是紧密联系的两个方面。言语，是一个言语社团说出的话和内容。语言，是从言语中归纳出来的结构形式。一个言语社团说出话的总和，就是该言语社团的语言。

（三）语言结构与实际话语

美国描写主义语言学和结构主义语言学的代表人物，有博厄斯（B. Boas）及其学生萨丕尔（E. Sapir）。他们对美洲印第安人百余种土著语言的描写，开创了描写语言学和结构语言学的先河。布龙菲尔德（L. Bloomfield）的《语言学》的出版，标志着结构主义语言学的诞生，并在20世纪30年代初至50年代末，成为世界上占统治地位的语言学流派。布龙菲尔德完全赞同索绪尔把语言区分为语言和言语两个方面的观点，并根据这一观点，把语言区分成语言结构和实际话语两个因素。

1. 语言结构

语言结构的特征对社团全体说话者来说都是一样的，是语音、语法范畴和词汇等组成的一个严格系统。语言系统，是一个语音、词汇、语法习惯的稳定结构，是一个语言社团可能说出的话的总和。

2. 实际话语

实际话语（即言语）的特征是语言系统未固定的方面，各方面各不相同，而且在系统的特征上都是因时因地和因具体情境无限变化的。实际上布龙菲尔德描述习惯的、稳定的和严格的语言结构系统与实际话语的区别特点，与索绪尔的语言与言语的内涵完全一致。

（四）语言和言语行为

奥斯汀把说出的语句分类成三种言语行为。一是说出语句行为（locutionary act），主要是指用语言组成的声音，构成符合语法的句子或用表达某些事物意义的综合体来完成的行为。二是用语言做事行为（illocutionary act），是指在特定的语境中、特定的条件下，抱有特定的意向说出语句来完成的行为，诸如 threatening、praying、promising 等。三是用语言取效行为（perlocutionary act），主要是指用语句完成事件并取得效果的行为。塞尔在这基础上又补充了第四种行为：命题行为（prepositional act）。他认为，用语言做事包含着命题和言外之力（illocutionary force）。词面、句面意义和言外之间，是紧密联系的。所以，说出语句时，四种行为，即说出语句行为、用语言做事行为、命题行为和用语言取效行为，是同时实现的。

塞尔根据用语言做事行为的四个条件或四条标准，进一步对用语言做事行为进行了分类。这四条标准，一是基本条件：说出语句的意向（目的）；二是真诚条件：呈现出的心态；三是先决条件：合适的方向，即语句与世界的关系；四是命题条件：命题。他还根据这四条标准把用语言做事行为分成五类：

（1）断言行为（representatives）：指描述世界上的状况或事件的言语行为。诸如 assertion、state、affirm、deny、report、conclude 等。

This is a Chinese car.

（2）指示行为（directives）：指具有使听话者做某些事的功能的言语行为。诸如 suggestion、order、request、command、demand、ask、insist 等。

Why don't you close the window?（suggestion）

（3）承诺行为（commissives）：指说话者将承担做某些事的言语行为。诸如 promise、swear、threat、guarantee、offer、pledge 等。

I'll take you to the movies tomorrow.（promise）

（4）表达行为（expressives）：指说话者表达对某事的情感和态度的言语行为。诸如 thank、apologize、congratulate、complain、welcome、deplore 等。

Thank you for help.（thank）

（5）宣告行为（declartions）：指改变某事状况的言语行为。诸如 name、define、declare、resign、nominate 等。

I now pronounce you man and wife.（declare）

奥斯汀和塞尔提倡的言语行为，在语言教学和教学大纲设计中常被用作语言功能。

索绪尔、奥斯汀和塞尔对语言和言语区分的观点基本相似。他们都把言语看作是说话，是语言运用，是听说读写运用语言，仅仅是后者把说话进一步看作是言语行为，用语言做事的行为。他们对语言的观点更是雷同，如表 1-1 所示。

表1-1 索绪尔、奥斯汀和塞尔的语言观对比表

索绪尔	奥斯汀、塞尔
语言是社会产品	语言是社会现象，是文化的载体
语言是社团心智的产物	语意源于心智的意向
语言规则系统存在于个人的大脑中	言语行为要遵循社会使用规则
交际要符合语言规则系统和社会使用规则	用语言做事行为受意向和社会使用规则制约

（五）语言行为潜能和实际语言行为

以捷克语言学家马泰休斯（Mathesius）、波兰社会人类学家马林诺斯基（Malinowsky）、英国语言学家弗斯（J.R. Firth）及其学生韩礼德为代表的英国社会语言学派，即功能语言学派，把语言看作是社会现象，是人类生活的一种方式，是人们社会活动的有机组成部分。由此，他们跳出了语言形式研究的局限性。

韩礼德根据言语行为理论，进一步发展研究语言功能理论（theory of the functions of language）。正如韩礼德所说："语言学……应关注……言语行为或文本（text），只要通过使用语（language in use），即所有的语言功能的研究，那么所有意义部分就凸现成为中心。"言语行为是用语言做事，语言功能是指有意义地使用语言，也指用语言做事。语言功能实际上就是言语行为。韩礼德描述，儿童学习使用母语时的七个基本语言运用（language performs）功能如下：

（1）工具功能：用语言取物。

（2）调节功能：用语言控制他人的行为。

（3）互动功能：用语言与他人互动。

（4）个人功能：用语言表达情意。

（5）启示功能：用语言学习和发现。

（6）想象功能：用语言创造一个想象的世界。

（7）陈述功能：用语言交流信息。

韩礼德选用语言行为潜能（linguistic behaviour potential）和实际语言行为（actual linguistic behaviour）两个概念来替代索绪尔的语言与言语和乔姆斯基的语言能力与语言运用的概念。三人在言语问题上的观点基本上是一致的。他们都认为，言语是说话者实际说出的话。韩礼德对语言问题则有自己独特的看法。他认为，语言不是一种"知识"或"知"的方式（a form of "knowing"）。语言是一种"做事"的方式（a form of "doing"），是说话者在语言和文化上选择的范围，即言语行为、能做事的范围。语言是说话者"能做"的事，言语是说话者"实际做了"的事。言语是要得体地使用语言，要根据特定的时间、地点、人物、怎么说、说什么话（when and where and how to say what to whom）。人们可通过语境变化、交际文体差异、交际双方的社会身份和关系来预见学生用语言做事。

（六）语言与交际能力

英国社会语言家海姆斯基于言语行为理论和功能语言学理论：语言功能，是言语行为，是用语言做事的观点，对比区别乔姆斯基的"语言能力"后，第一确定了的是交际

能力（communicative competence）的概念。海姆斯认为，一个获得交际能力的人，他必须获得语言知识和使用语言的能力。

海姆斯和威德森等认为，语言是为了交际（language is for communication），作为语言知识的语言能力则是交际能力的一个组成部分。一个获得交际能力的人，他必须既获得语言知识，又获得使用语言的能力。他运用掌握的语言知识，造出了适合语法的句子。还运用掌握的语言规则，非常得体地使用语言。因此，如果不懂使用规则，只是单纯地掌握语法规则，也是没有用的。交际能力的四个特征表现如下：

（1）能分辨并组造出适合语法的句子。

（2）能判断语言形式环境并在其中得体地使用语言。

（3）能在实际的语言环境中非常恰当地使用语言。

（4）能清楚语言是实际交往中常用的和受限定的。

海姆斯提出交际能力实际上包涵了语言知识和语言运用两个方面，并规范了它的可接受性、可行性、适合性和实用性的四个特征或四个标准。由于定义交际能力不存在一个具体客观的标准，因此，海姆斯的交际能力的四个特征，也并未达到公认的权威性和科学性的程度，也并未为社会语言学家、功能语言理论提倡者所一致接受。人们还纷纷提出各种不同的标准和概念，简括如下：

J. Jumby （1978）的交际能力四特征：表达意图，具有信息差，有情境上下文，语言力求真实。

Canale&Swain （1980）的交际能力四特征：语法能力（语言能力），社会语言能力（得体性），话语能力，策略能力。

D. Pietro 的交际能力四特征：语法形式能力，语言功能的社会文化能力，达到目的的心理能力，言语行为能力。

Johnson and Morrow （1981）的交际能力三特征：具有信息差，选择，反馈。

Littlewood（1984，1990）的交际能力四特征：语言能力，认识语言形式的交际能力，具体情境中交流思想的能力，语言形式的社会意义能力。

S.J. Savignon 的交际能力三特征：语法能力，社会语言能力，随机应变能力。

J. C. Richards，J. Platt and H. Platt （1991，1998）的交际能力四特征：语言的语法和词汇知识，说话规则的知识，懂得如何使用和对各种不同类型的言语行为做出回答（反应），懂得如何得体地使用语言。

G. Hudson （2000）的交际能力三特征：语法能力，语用能力，社会文化能力。

《牛津语言学词典》中对交际能力是这样定义的："一个说话者在一个社团中支配熟练地运用语言规则和惯例等的整套知识。这是 20 世纪 60 年代后期，海姆斯用以区别乔姆斯基把能力概念限制在语法知识范围内。"（A speaker's knowledge of the total set of rules，convetions，etc. governing the skilled use of language in a society. Distinguished by D.Hymes in the late 1960s from Chomsky's concept of competence，in the restricted sense of knowledge of a grammar. *Oxford Concise Dictionary of Linguistics*, 1997.）

根据这个交际能力的定义，对比包括海姆斯在内的上述诸多语言学家和语言教学法家所赋予交际能力的特征，我们可清楚地看出，如果把个别人即 Canal&-Swann 的策略能力剔除在外，那么上述各家的特征基本上都包含在这条定义规定的范畴之内。而海姆斯和 Richards 等人提出的四个特征，也更趋同于该交际能力的定义。因此，交际能力主要蕴含语言知识和语言运用两大因素：

（1）语言知识即语言能力，是指语言的语音、词汇、语法结构和使用语言规则的知识，以及用语言做事的功能等的知识。

（2）语言运用即社会语言能力和语用能力，是指运用语言实现交际功能的能力。

（七）知与行

1991 年 4 月，布什总统签署的《美国 2000：教育战略》和 2002 年 1 月 8 日，美国国会通过的《不让一个孩子掉队法》以及 1996 年颁布、1999 年修订公布的《迎接 21 世纪外语学习标准》中多次明确提出：外语教育的目标“要求学生完成知道（know）什么和能做（do）什么事的任务”。这与威德森提出的知和做两个概念是完全一致的。威德森说得非常简练和清晰，语言学习包含两个方面：知（knowing）和做或行（doing）。知是反映知道语言知识，是语言能力即语音、词汇、语法等语言结构的知识。做或行是指用语言做事，即言语、语言运用能力、言语行为、交际的能力和交际运用语言能力。其实，美国外语学习中知与行概念和功能的区分，恰恰又回归到我国优秀传统、博大精深的知行统一、学问思辨行的哲学、文化、教育的理念之中。

三、英语教学的心理学理论基础

（一）主要的心理学理论

心理学原属哲学范畴，直到19世纪下半叶，它才脱离哲学成为一门独立的学科。在短短的一百多年时间里，心理学获得迅速的发展。从心理学成为独立学科起，它就对课程与教学产生越来越重要的影响，并成为外语教育、课程和教学的主要理论基础。回顾外语教育、课程与教学的历史，它们的变换、更替、发展和创新无不打上心理学理论的烙印。先后对外语课程产生影响的心理学理论主要有：官能心理学、联想主义心理学、行为主义心理学、认知心理学、人本主义心理学、建构主义心理学以及心理语言学的某些理论。

1. 官能心理学

官能心理学起源于古希腊的灵魂官能说和笛卡尔（R. Descartes）的心灵实体论的哲学观。它在一定程度上影响了欧洲文艺复兴时期的拉丁语外语教育、课程与教学。从 17 世纪至 19 世纪，西方学校教育以官能心理学为理论基础，始终把拉丁语、希腊语、阿拉伯语等古典语言作为训练心灵的最佳学科。

官能心理学的创始人是沃尔夫。他认为人的心灵可划分为不同的官能，它们是可以单独加以训练发展的。而繁杂的古典语言拉丁语的文法是训练学生记忆能力和促进逻辑思维能力的理想材料，通过讲解、操练语法规则，阅读、翻译课文和原著可以达到发展学生智慧的目的。外语课程翻译结构形态及后来教育中流行的形式训练说，都是在官能心理学的理论基础上发展起来的。

2. 联想主义心理学

在心理学史上，英国哲学家洛克第一个提出了“联想”（association）这个概念。早期的联想主义认为，人类是通过经验获得知识和观念的，学习是由观念联想构成的。

桑代克是用动物进行实验研究的代表人物之一，他用在迷津状态下的猫进行了动物学习的实验，揭示了动物式学习的过程。在他看来，人与动物的学习方式无异，都是刺激和反应联结的加强，无需意识的参与，不过人类的学习方式可能要复杂些。他根据实验的结果，提出了准备律、效果律、练习律等学习定律。直接法主张外语的词语与实物、行动之间建立联想关系，这与联想主义心理学相关。外语课程中的直接和情境结构形态的联结也深受联想主义心理学的影响。它们的代表人物斯威特（Sweet）认为，语言的整个学习过程是形成联想的过程。帕默也认为语言学习是形成习惯和自动化的过程。

苏联的巴甫洛夫用狗做了经典条件反射作用的实验。实验结果认为，条件反射是在非条件反射基础上形成的暂时神经联系，使动物生活适应环境的变化。如果暂时神经联系获得进一步巩固，就会形成动力定型，养成自动化的习惯。晚年他还创建了两种信号系统学说：第一信号系统学说（以具体事物为条件刺激）和第二信号系统学说（以词语为条件刺激），引起动物条件反射。两种信号系统学说认为，词语第二信号系统与具体实物第一信号系统一样都能引起动物条件反射。外语自觉对比法依靠本族语的原则就是建立在已有的母语第二信号系统的理论基础之上的。

3. 行为主义心理学

行为主义心理学是20世纪上半叶在北美乃至世界各地占统治地位的心理学流派。华生是行为主义心理学的奠基人，他把行为而不是意识当作研究的客观对象，否定人的意识作用，认为人的学习行为，包括情绪反应，是“刺激反应联结（S-R bond）”的结果。

行为主义心理学在20世纪20年代有了新的发展，其中有影响的代表人物是托尔曼、赫尔、奥斯古德等。他们认为在刺激与反应之间存在着中介变量，而以斯金纳为代表的新行为主义影响最大，他用白鼠和斯金纳箱做实验，除了证明经典条件作用应答性行为学习之外，他还首创了操作性条件作用的原理，而操作性条件作用模式则又是可用来解释基于操作性行为的学习行为。他称此为“强化类条件作用”，并用公式表示：刺激（S）—反应（R）—强化（R）。在他看来，言语行为同非言语行为一样，也是由一连串S-R联结和获得强化而形成的习惯行为。

联想和刺激、反应、强化是学习和记忆的基础，它们是听说法的理论基础。听说法认为，外语学习是形成一个习惯的过程，而习惯是通过刺激—反应—强化来形成和巩固的。

4. 认知心理学

美国的乔姆斯基提出的理性主义猛烈抨击语言学习经验主义的行为主义理论。他创立的转换生成语法理论认为，语言是受规则系统支配的语言，人类的绝大多数语言运用不是行为模仿，而是从隐含着的抽象规则中创造出新的句子，句子不是模仿和重复所得的，而是由学习者的语言能力（内在的语言知识结构）转换而成的。与此同时，认知心理学也反对刺激、反应二元说，认为在刺激和反应之间还存在有机体的思维活动（S-O-R），强调人的心理认识过程。皮亚杰的新旧知识同化成新的结构S-（AT）-R理论，个体同化（A）于认知结构（T）之中的观点；布鲁纳（Bruner）的掌握知识的基本结构观点和发现法；奥苏贝尔（Ausubel）的有意义学习等，都成了外语课程认知结构形态、交际结构形态和教学法体系的认知心理学的基础理论。

5. 人本主义心理学

人本主义心理学的创始人是马斯洛和罗杰斯。此理论产生于20世纪60年代的美国。人本主义心理学是当时盛行的行为主义心理学派和精神分析学派这两股思潮相对抗的结果。由于它不同于两股心理学思潮，所以称“第三思潮”或“第三力量”（Third Force

Psychology）。它认为行为主义是机械的，忽视人的情感反应，而弗洛伊德心理学则过分强调人的无意识情绪，怀疑个人动机。与此两股思潮相反，马斯洛强调人的主观活动，第一次把“自我实现”和“人的潜能”引入心理学。以人本主义心理学为基础的教育是以“人的能力的发展”为目的的，期盼把人培养成自由的人，达到自我实现的价值。这意味着人格的其他部分发展成长与智力发展同等重要。这样的人才是知情合一的人，是完整的人。学生是作为完整的人而存在的。人本主义心理学强调认知与情志的统一，形成自我实现的人格。因由此可见，学校教育要以学生的发展为中心，强调学生的实践，防止抑制学生学习中的身体活动、认知能力和语言活动，并且发扬学生之间、师生之间的探究合作，发展良好的人际关系，来营造一种宽松的心理氛围。这些学说无疑给传统的教育思想带来了极大的冲击，也向教师提出了严峻的挑战。

人本主义心理学的思想影响了20世纪70年代的外语教育。先后出现了一系列外语课程结构形态，如社团学习、沉默、暗示、全身反应、自然和合作学习结构形态和方法体系等。

（二）心理学的知识观对英语课程与教学的作用

知识问题是教育的基本问题，也是现代心理学讨论研究的基本问题。什么是知识？知识有哪些类型？学习者怎样获得知识？对这些问题的认识直接影响着学校教育的课程形态、教学特点、学习方式和评价方式。这里从现代心理学知识观的角度，探讨它们对我国英语课程与教学的作用或影响。

1. 心理学的知识观

我国教育对知识的定义是从哲学认识论的角度来进行描述的：“所谓知识，就它反映的内容而言，是客观事物的属性与联系的反映，是客观世界在人脑中的主观印象。就它反映的活动形式而言，有时表现为主体对事物的感性知觉或表象，属于感性知识；有时表现为关于事物的概念或规律，属于理性知识。”知识是“对事物属性与联系的认识。表现为对事物的知觉、表象、概念、法则等心理形式”。

认知心理学（信息加工心理学）、心理语言学则是使用信息加工理论来定义知识的。知识是“个体通过与其环境相互作用后获得的信息及其组织。被储存于个体内，即为个体的知识，通过书籍或其他媒介储存于个体外，即为人类的知识”。它与传统知识观从哲学认识论角度研究知识不同，认知心理学、心理语言学侧重研究的是个体习得的知识的性质、类型及获得的过程与条件。它不仅研究知识如何储存和提取，还研究知识如何应用。认知心理学区分了认知领域的知识，即复述性知识、流程性知识及方法性知识。

复述性知识是个人具有能够提取线索，并能直接复述信息，来回答“是什么、为什么、怎么样”的问题，可以用语言来表达和传递，如英语单词的意思、现在进行时的概念、构成形式、意义和用法等。

流程性知识也称智慧技能，是指个人在无意识的情况下来提取线索，所以它的存在只能借助某种形式间接推测而形成知识。如学生能用动词的适当形式完成句子、概括课文主旨等都表明学生具备了相应的程序性知识。

方法性知识也称认知策略，是一种特殊类型的程序性知识，主要用于调控自身认知过程，以提高学习效率。如为了记忆一个英语单词，学生可运用联想、构词法、同义、反义、组词等不同的策略。

我国教育知识观中的知识相当于认知心理学中的一种陈述性知识，主要是核心的事实和概念，只涉及知识的储存和提取，是一种记忆性知识，而技能与能力又是单列的。

2. 心理学知识观对英语课程与教学的影响

（1）心理学的知识分类与英语课程的目标框架

我国《全日制义务教育普通高级中学英语课程标准（2001年）》一书确定课程目标。“语言知识、文化意识相当于陈述性知识。听、说、读、写技能雷同于智慧技能和动作技能，即程序性知识。过程与方法相当于学习策略方法性知识。情感态度与价值观则雷同于情意态度”。看来，将过程作为英语课程标准的三个维度似乎有些牵强附会。在英语学科中，课程的目标体系不仅需要体现学科特点，而且也需反映课程改革的总体指导思想。

其实，课程不仅要关注认知领域（陈述性知识和程序性知识），夯实知识与技能双基，而且也需要将目光投向交际运用语言能力（也属于程序性知识）、人的思想情感和伦理道德品质、信念，甚至还需关注智力、个性发展，跨文化知识与能力和自学能力的培养，旨在体现学生全面发展的价值取向。外语课程的建设、发展和实施的目的在于恢复英语学科本身的多元价值，拓展和深化英语学科的教育功能，使学生在发展英语素养过程的同时成为发展智慧能力、情感意志、思想文化、自学能力以及形成积极有效学习、辩证思维和正确思想观念的过程。这不但体现了语言学科工具性和人文性的学科性质，而且也反映了学生全面发展的素质要求。

（2）英语教材中的知识类型与教师对教材的理解和使用程度

由于教材自身固有的话语体系和话语方式，教材内容比较容易呈现出陈述性知识，而在提示程序性知识方面有一定的局限性。传统教材受“学科中心”和“教材中心”思想的束缚，过分强调了英语学科的知识体系（语法、结构等），或陈述性知识。而改革开放以来，新的英语教学大纲、课程标准、英语教材试图通过一些言语活动和语言活动的设计来提示教师，为陈述性知识向程序性知识的转化提供了多种可能。但是，教材的编写也存在一定的“拿来主义”现象。另外，教材只是教师进行教学的工具和辅助材料，教材中的活动或练习未必都能适合教师自己的英语教育教学情境，不假思索的照本宣科，不但达不到两类知识的转化目标，而且可能因知识缺失交际应用的成功感而挫伤学生学习英语的积极性。因此，教师必须基于具体英语教育教学情境设计精要的、多样的变式练习或技能训练活动，使学生超越语言知识（陈述性知识）的掌握，达到言语技能，以至言语交际运用（程序性知识）的目标。

诚然，外语课程、教材、教学既不能忽视程序性知识，也不能无视陈述性知识，更不能轻视两种知识的互动转换。但是，从21世纪初起，我国英语课程与教学目标设置却违背了这一方向，既忽视程序性知识，如忽视交际性运用英语的能力（有时又提出过高的要求：培养交际能力、跨文化交际能力、外语思维能力），又无视陈述性知识，如淡化语法，更轻视两种知识之间的转化，如习得英语能力，在交际中学会交际能力。甚至还提出基础教育阶段英语课程的总体目标就是培养学生的综合语言运用能力。这样，培养学生的综合语言运用能力成为英语课程总目标的唯一目标，而置其他核心目标于不顾。如若对比美国的外语学习标准，五个核心目标图用五个圆圈、五环平衡相连，处在同一层面标志，而我国的英语课程标准的总目标图却只有唯一一个核心目标，独处中央，一枝独秀。

再说策略性知识，一般英语教材中鲜有它的身影，传统的以英语学科知识为主导的教材更是如此。2001年后的新教材虽然注意到这方面的知识，但它在教材中可能也是隐性的或不够系统的，况且这种策略往往带有实践性和个人化特征，因此，这种知识的学习容易受到教师的忽视。教师往往只看到教材中呈现的大量的陈述性知识和大量的语言、活动、任务活动等程序性知识，但由于没有正确的课程观的引导和未能认识到策略性知识对学生语言学习和发展的价值，也因为它不是考试中直接测量的指标，他们对策略性知识视而不见，也不予理会。策略性知识有利于培养学生自学能力，是学生必不可少的知识储备。策略性知识的教学不仅需要教师针对教材内容有意识地培养和训练，也需要教师引导学生不断地反思和总结。

与学习策略一样，情感态度、文化意识和能力、智慧能力的发展是英语课程之中较为隐性的课程目标，它们在英语教材中往往难以直接呈现，也难以为学生直接观察和掌握，而需要凭借学生的学习过程加以实现。它们不是独立于语言知识和语言技能学习以外的目标，而是始终伴随着语言学习过程而存在，并且无法简单地被传授。需要引起英语课程、教材对它们的关注。为了凸现它们的地位和价值，在学理层面上我们有必要暂时对它们进行区分说明。但是在实践操作层面，它们却是融为一体的。

总之，英语教材里面的内容虽然体现着教材设计者对知识本质的理解，但是教程毕竟是静止的，教师在课堂教学中怎么运用教材是教师本人的认知观决定的。如果教师心中只有知识目标（陈述性知识），那么在运用教材过程中就必然无视技能、能力和其他知识、能力目标。如若教师心中只有交际能力和跨文化交际能力，那么使用教材就会忽视夯实双基。其结果都会导致学生只关注英语知识，或只重视发展跨文化交际能力，却都忽视了英语素养和人的全面发展。

（3）英语教学要重视知识类型之间的转化

人们一般认为，教师在教学中起主导作用，这个“导”主要是指引导。从现代心理学和心理语言学的信息加工理论知识观的角度，教师主“导”主要体现在教师引导学生掌握陈述性知识、程序性知识、策略性知识及其各类知识之间的相互转化过程上。

在英语教学中，过去人们只重视语音、语法、词汇等语言知识的教学，教师偏重演绎式的讲解和传授，学生机械地死记硬背，结果学生记了一大堆的语言知识却不知怎样应用。学生的技能（听、说、读、写）学习也是畸形发展、残缺不全，听、说训练完全被忽视，造成了普遍性的“聋子”和“哑巴”现象，即便最受重视的“读”，也只停留于字面意义的理解，缺少思维深层意义和文化含义的深度挖掘，而对于阅读技能和策略的学习则更是少有问津。至于“写”，则是不到应考冲刺阶段不“显身”，原因是担心它挤占原本有限的知识教学时间。当然，造成这种现象的原因是十分复杂的。但从心理学的知识观看，这反映了对陈述性知识的过分重视，而对程序性知识的片面理解和对策略性知识的漠视。

21世纪以来，轰轰烈烈的英语课程与教学改革的钟摆又摇向另一极端，在二语习得“用中学、做中学”“在交际中培养交际能力”的影响下，强调培养学生交际能力、跨文化交际能力和外语思维能力，却淡化了语法知识，忽视语音、词汇、语法知识的学习和操练，结果学生在使用中出现大量的语言知识性错误，又不及时纠正。另外，缺少或缺失语言扎实的双基基础，学生的用、做也变得畸形，交际能力或跨文化交际能力也难以呈现。

针对我国英语教学中的问题，教师需在促进学生知识转化问题上有所作为。

（1）从陈述性知识向程序性知识转化

在陈述性知识如何向程序性知识转化的问题上，关键是陈述性知识的程序化问题。安得森（Anderson）曾对“程序化”问题做过阐述。这一过程的核心是陈述性知识的技能化或能力化、程序化或自动化。在英语学科中，必要的语言知识是学生形成语言运用能力的基础，但仅掌握语言知识是不够的，它必须经过大量的练习和运用才能使其程序化，才能转化为语言技能和交际运用语言的能力（程序性知识）。以英语现在进行时的教学为例，如果学生掌握了进行时的概念和构成形式，但在实际交际情境中却不知其意思、不能理解和运用，这说明他缺乏一个程序化的过程。教师必须增加变式的练习，随着练习的增加，陈述性知识就能转化为程序性知识，最终形成自动化的交际技能。这时，学生就不用死记硬背那些语言知识，也能初步进行交际了。

（2）从流程性知识向复述性知识转化

语言学习不仅能从陈述性知识转化为程序性知识，而且还可以反向运行，即在使用程序性知识过程中加深对概念的理解，获得新的陈述性知识，实现程序性知识向陈述性知识的转化。为此，在交际过程中教师可以明示某些陈述性知识，让学生通过有意识的重构，将程序性知识转化为陈述性知识。如果没有这一步，很多学生可能在交际中能流利表达，却语误百出，长此以往，就会导致语言的“石化（fossilization）现象”。为防止这一现象发生，K. Johnson也提出程序性知识必须“陈述化”（declaravatization），如目前中小学使用的教材大多先行培养学生的听说能力，教师须在学生掌握了一定的程序性知识后使陈述性知识明晰化，才能让学生对学过的知识重新认识，以提升他们的语言意识，防止出现“课上兴高采烈，考场黯然神伤”的现象。当然，掌握陈述性知识不是教学的终极目标，学生在理解知识、结构和概念后，还可以进一步在创设或真实交际情境中广泛应用，以达到对语言形式的自动化运用。因此，知识转化不一定是复述性知识向流程性知识的单向运行，也可以是两种知识的双向转化。从陈述性知识向程序性知识转化和从程序性知识向陈述性知识转化代表了两种不同的学习路径，它们本质上无优劣之分，更多是互为补充。选用何种路径受到各种因素的影响，理想的学习效果是两者并用。

（3）程序性知识和策略性知识之间的转化

策略是一种特殊的、技巧性的程序性知识。如学生在运用知识进行听说读写过程中，都会有意或无意地使用一些技巧性策略，这种策略实际上就是一种关于如何有效交际的程序性知识。学生学习英语不仅要从陈述性知识（语言知识）向程序性知识（听说读写）转化，也要学会从一般的程序性知识向策略性知识转化，以提高运用语言的效率。如英语阅读中，学生针对不同的阅读目的和任务采取不同的阅读策略，为了了解文章大意进行浏览阅读，为捕捉具体信息而采用跳读策略，对生词也可实施多种猜词策略。一方面，教师要在学生掌握一定语言知识的基础上，逐步培养学生的阅读能力。通过大量阅读练习，让学生获得阅读的策略性知识，从而实现程序性知识向策略性知识的转化。另一方面，教师也可有意识地训练学生的这种策略意识，以提高学生运用语言（程序性知识）的能力和效率。

另外一种策略虽然不涉足学生的认知过程，却对学生学习起着自我管理和自我监控的作用，那就是元认知策略。它在一般意义上回答了如何更有效地学习和思维，对自己的学习过程进行调控。如明确自己的学习目标、制定学习计划以把握学习机会、反思经验与不足、总结有效的学习方法和进行自我评价，等等。

总之，策略性知识不仅可帮助学生提高学习的效率，让学生学得轻松、学得高效，也有利于学生进一步了解自己、管理自己，使学生最终成为具有较强自学能力的自主学习者。

综上所述，从现代心理学和心理语言学知识观的视角看英语课程与教学，不仅识别英语课程、教材、教学中不同的知识类型，也使我们认识到不同知识类型之间的连续性及其相互之间的转化，从而使我们更加辩证地看待英语教学中的知识、技能和能力之间的关系问题。

（三）默会知识和外语课程与教学

1. 默会知识论

（1）明确知识和默会知识

1958 年，英国科学家和哲学家波兰尼（ M.Polanyi）在《人的研究》（*The Study of Man*）一书中明确区分了“明确知识”（explicit knowledge）（又称“显性知识”）和“默会知识”（tacit knowledge）（又称“缄默知识”“隐性知识”“内隐知识”）：“人类有两种知识。通常所说的知识是用书面文字或地图、数学公式来表述的，这只是知识的一种形式。还有一种知识是不能系统表述的，例如我们有关自己行为的某种知识。如果我们将前一种知识称为明确知识的话，那么我们就可以将后一种知识称为默会知识。”

明确知识是能够通过语言、文字或符号等方式表达出来的知识，其他类型的知识则为“默会知识”。默会知识是一种不能明言的知识，它“只能意会，不可言传”。我们在日常生活中都能感觉到它的存在。从数量上看，它甚至超过明确知识。相比默会知识，明确知识犹如冰山一角，而大量的默会知识则隐藏在冰山底部。

波兰尼不仅强调默会知识的存在，而且强调默会知识的优先性。心灵的默会能力在人类认识的各个层次上都起着主导性的决定作用。任何通过语言和其他符号呈现的明确知识都依赖于默会知识的存在，都必须有默会知识的支撑，人类的认知过程本质上是默会的。无论是明确知识还是默会知识，都是物质世界和现实社会生活在人的意识观念中的反映。因此，在外语课程与教学中要关注明确知识，更要重视默会知识。

（2）默会知识具有个体性特征

默会知识还具有个体性特征。波兰尼的默会知识论强调认识和认识主体的不可分割性，反对“没有认识主体的认识论”，反对人的“淡出”。默会知识是一种个人知识。在明确知识学习过程中，对知识获得起作用的是默会知识，学习者接受明确知识的程度或结果取决于本人能否用自己的默会能力赋予名言、符号以意义，取决于本人能否充分发挥主观能动性和创造性，而且，不同学习者凭借各自的默会知识，主观能动性和创造性对同样的知识会赋予不同的理解。很难想象，没有个体默会的“协同性因素”，这种理解会得以产生。

作为一种不能明言的知识，默会知识具有一系列与明确知识不同的特征，主要有五个：非逻辑性、非公共性、非批判性、情境性和文化性。

2. 默会知识论对英语课程与教学的启示

传统教育过于注重学习书本知识或明确知识，教学就是教师传递书本知识和发展技能、能力的过程。学校教育的一切如教育目的、内容、过程、方法、评价都围绕着课本知识进行。默会知识似乎不是真正意义上的“知识”，也不是有价值的知识。由于其获得的偶然性和随意性以及不同于明确知识的传播途径，它不易为学校教育所重视和支持。默会知识在传统教育中没有合法地位，学校教育从根本上忽视默会知识的存在及其作用。波兰尼提出的默会知识论，给我们研究教育问题提供了一种新思维。他让我们认识到，学校教育中不仅存在着大量的明确知识，而且也存在着大量的默会知识。“从类型上看，既存在着教师的默会知识，也存在着学生的默会知识；既存在着有关具体的教学内容的默会知识，又存在着有关教授和学习行为的默会知识，还存在着有关师生交往和学生之间交往的默会知识；既存在着与语言知识学习有关的默会知识，又存在着与社会知识学习、自然知识学习等有关的默会知识；既存在着与教学过程有关的默会知识，又存在着与教学空间有关的默会知识，如此等等，不可计数”。默会知识论的价值不仅在于它区分了两种不同类型的知识，更在于它论证了人类认知过程的默会本质，由此拓展了人们对知识的复杂性的认识，从而改变了知识只有以明言方式传递才是合理的看法。

如果说波兰尼从认识论的角度论证了默会知识，而心理学家则通过心理学实验和分析证实了内隐学习的存在。有关默会知识（隐性知识）的研究已经明确无疑地显示，人类可以在无意识努力的情况下学习知识，并且这种学习似乎大有潜力。这一研究结果激发了人们的想象，激励并挑战教育工作者将理论运用于学校教育的实践，其应用的前景十分广阔。

语言学习是一个反复实践的过程，仅靠明确知识的学习不足以达到运用语言进行人际交流的目的，学习者必须依赖默会知识理解明确知识，并且通过大量的语言实践发展默会认知的能力。从默会知识论角度看待英语教学，我们可得到如下启示：

（1）关注学生的默会知识，凸显学生个体的主体性

传统的教学只重视明确知识的传递过程，教师把自己定为知识“传递者”的角色，将学生视为“无知”的知识接受体，学生个体的默会知识完全受到人们的忽视。我们应该认识到，学习者来到课堂不仅带来了眼睛、耳朵和嘴巴，而且带来了各自的默会知识。他们身上存在着一系列影响个体学习知识的“个体协同性因素”，包括个体经验、情感、判断、评价、想象、直觉、理智、激情、信仰或者困惑、责任、良心等。尽管这些知识的存在是隐性的、不明确的或不完善的，但对于学习者的学习具有支撑作用。教师不仅要认识到这种默会知识的存在，而且要发现和研究它们。

教师教学时必须将学生不能明言的默会知识纳入考虑范围。教材呈现的一般都是明确知识，学生依赖自己的默会知识对教材内容进行各自独特的理解、阐释、综合和运用。默会知识具有个体性特征，学习者接受明确知识传授的结果取决于本人能否用自己的默会能力赋予明言符号以意义，学生是学习认知的主体。因此，教师在研究教材内容、结构及其教学方法的同时，必须考虑：学生已经掌握了哪些明确知识？学生在相应问题上可能存在哪些默会知识和默会的认识模式？学生由于生活背景、学习经验和文化背景的差异，其英语学习的默会知识和默会认识也有所不同，如何帮助学生显现默会知识和默会的认识模式，并对它们进行检验、反思、修正和利用？如教师在引导学生阅读篇章时，应对学生具备的知识有所估测。不仅要善于调动和利用学生的默会知识对文章中的知识、内容和结构进行理解，还要引导学生进行合理的猜测、推理和判断。当学生因文化背景不同导致其默会知识干扰了他们的正确理解时，教师也要给予一定的修正。总之，教师要善于挖掘和利用学生的默会知识，使深藏于冰山之下的默会知识对学习明确知识发挥积极的作用。

（2）提供大量“理解性输入”，促进语言学习和习得

克拉申（Krashen）曾经提出“输入假设”（input hypotheses），认为学习者提供大量“理解性输入”（comprehensible input）（即听和读）有助于语言习得。他区分了语言“习得”（acquisition）和“学习”（learning）两个概念，认为习得是在非正规教学（自然环境）中无意识地获得语言能力的过程，而学习是在正式教学中有意识地学习语言规则的过程。尽管克拉申提出的学习是习得之果，而非习得之因，学习不能导致习得的观点未免过于片面，但是，在自然情景中无意识习得有助于在正式情境中的有意识学习。因此，自然的语言输入就显得十分重要。如果从默会知识论的角度来看，习得强调默会地获得语言能力的过程，学习则是明确知识的接受过程，而且明确知识的接受也必须以默会知识为基础。克拉申十分强调语言输入（听和读）对语言习得的重要性，承认语言学习有一个“沉默期”，当输入进行到一定时候，学习者就可以自动地输出（表达）了。由此我们认为，他相信学习者用默会的认识方式来习得语言的运用能力，而学习者学习语言知识（明确知识）也必须借助他们的默会知识。我们不难看出，语言习得说也十分同意并强调默会知识。

“理解性输入”是指稍超出学生现有水平的语言输入，克拉申曾用“i+1”加以说明：i 指的是学习者目前的语言水平，“i+1”则是学习者按习得顺序紧随其后的阶段，即稍超出目前水平的阶段。学生凭借一定的情境和语境、超语言信息（extralinguistic information）以及有关世界的知识使理解得以产生，从而使学生从i阶段过渡到“i+1”阶段。这种看来自然的理解过程正说明了学生默会知识的存在和重要作用。因此，教师在课堂教学情境中应为学生提供足量自然的可理解性语言输入，让他们充分调用自己的默会知识，促进学生的内隐（默会）学习过程。默会知识本质上是一种理解力，因此，与传统的语言知识的灌输相比，让学生接受大量的语言输入以促进其默会学习的方式显得更为自动、自然，从某种意义上说也更为有效。

（3）为教学内容提供更多情境支持，提高学生的理解力

明确知识对于默会知识具有的作用，无论在语言习得前阶段，还是在明言表述阶段，默会知识都具有极大的影响作用。儿童以惊人的速度习得母语、进行人际交流和应对外部信息和事件，这可归结于儿童默会的力量。当学习者在母语环境中学习外语或第二语言时，由于缺乏足够的默会知识的支持，他们也就不能像运用母语那样自如地运用外语。

默会知识的作用启示我们，即使学生在语言学习初期，我们也不必先进行明确的语法知识教学，而应当通过提供适当的语言情境，促使学生运用默会的方式学习语言技能和习得语言运用能力。情境以整体的方式作用于人，人通过对情境的直觉把握和领悟，从而理解语言、运用语言。教材中的知识多为明确知识，而明确知识的讲授必须根植于学生默会的理解之中。由于默会知识具有情境依附性特征，教师必须针对教材内容设置丰富多样的情境，让情境自动地唤醒默会知识，促使学习者默会地理解语言和语言运用的规则，为教学内容提供情境支持的本质目的是提高学生的理解和运用能力。

同时，我们应认识到，无论我们承认与否，默会知识在教育教学活动中自发地产生影响。它对明确知识的影响既可能是正面的，也可能是负面的。我国学生学习英语的最终目的是为了能进行跨文化交际和沟通思想情感。而跨文化交际的障碍不仅来源于显性的社会规则，而且也来源于隐性的社会规则。人们的交际行为都受到那些深深根植于社会文化传统的“潜规则”的支配。因此，教师设置情境也要考虑到默会的社会和人文知

识“体系”，使学生的默会知识体系得到检查、修正或应用，克服它对教学过程的消极影响。

（4）重新看待英语学习过程中活动和语感的价值

在我国，英语是作为一门外语来进行教学的。当我们发现有的学习者十分熟练地运用英语，他能自如地运用却又不知道为何能够如此运用时，我们习惯上称他具有良好的“语感”。语感究竟为何物？其实，我们可将语感视为对语言的默会认知能力，是对语言的直觉把握和领悟。那么，学习者如何获得这种默会能力呢？

明确知识一般是通过正规的教育教学传播，为人共享，而默会知识的获得则主要通过经验来获得，即实践途径。这是波兰尼及其他研究者的共识。因此，我们不能忽视默会知识的存在。教育教学既要强调实践能促进明确知识，又要重视默会知识对明确知识的推动作用。英语教学也如此，既要加强教材中的练习或课堂中的语言活动、操练语言技能，巩固语言知识，也应重视默会知识对理解和交际运用英语能力的促进作用。如今英语教学界比以往任何时候都重视活动或语感，但除了巩固语言知识、操练语言技能、交际运用语言能力以外，很少有人想到它有别的价值，这都是明确知识观在起作用。如果以默会知识的角度来看，活动或语感不仅能唤起学习者已有的默会知识和默会认知模式，帮助他们完成任务，而且能通过人与人的交流和互动，检查、显现和修正各自的默会知识和默会认知模式。更为重要的是，活动过程中生成和发展了除明确知识以外的默会知识，激发学生的内隐学习过程。这一过程实际上也是形成语感的过程。不但如此，这种默会的认知过程已经超出了语言学习的“语感”范畴，而且还拓展到与问题情境相关的默会认识模式以及情感、态度、信念和价值观念等。

第二节　大学英语教学的现状

一、中国现当代大学英语课程的演进

现代英语教学大体分为4个阶段：第一阶段是1949年¯1985年的起步与摸索阶段，这一阶段的主要特点是大学英语教学的教材、教学方法、教学要求等内容均尚不明确；第二阶段是1985年¯1999年的规范与发展阶段，这一阶段的主要特点是大学英语教学在原国家教委的统领下，走向规范、秩序发展，制定并实施了全国统一的教学大纲，编写了高质量的教材，探索了新的教学方法；第三阶段是1999年¯2002年的调整与改革阶段，这一阶段的主要特点是大学英语教学为了适应学生日益提高的英语水平和社会需求，探索新的教学目标、教学任务；第四阶段是2002年至今的提高与深化阶段，这一阶段的主要特点是大学英语教学走向多元化、自主化的发展模式。

下面我们就每个阶段进行详细的介绍与总结，以展示中国现当代大学英语教学的发展过程。

（一）大学英语教学的起源与探索阶段（1949年¯1985年）

1949年新中国成立后，由于以美国为首的西方国家的封锁和其他政治因素的制约，我国当时的高等外语教学主要工作中心在俄语教学上。到1952年院系调整时，全国仅

剩北京大学、南京大学、复旦大学、武汉大学等8所院校开设英语系。一直到1956年制定第二个五年规划时，中央才发现1952年的院系调整过度减少了英语教学的覆盖率，其结果不利于吸收发达国家的科学技术和发展同西方发达国家的友谊，于是同年颁布草案决定扩大英语教学的覆盖率：高中英语课教学面扩大、高等院校（特别是综合院校和师范院校）英语专业陆续恢复和增设，大学英语教学秩序也得到恢复。同年，上海交通大学凌渭民教授编写的供理工科学生使用的英语教材《英语》也获得出版。

随后的“文化大革命”，使新中国的英语教学事业受到很大的冲击。在此期间，尽管我国恢复了在联合国的合法席位，并先后和美国、英国、澳大利亚等英语国家建交，但高等院校的英语教学仍没有多少改观。

1978年改革开放政策的实施，英语受到了越来越多的重视，大学英语教学工作走上正轨，并于1980年制定了第一个统一的高等院校教学大纲——《高等学校理工科公共英语教学大纲》。此大纲“首次以政府文件的形式确定了英语在高校教育中的地位，结束了公共英语教学各自为营的无组织状态，提出了国家对高校公共英语课教学的统一要求”。该大纲在实施过程中遇到了诸多困难，且教学对象仅限于理工科本科生，于是原国家教委于1985年和1986年又先后颁布了文理工科用《大学英语教学大纲》，进一步规范大学英语教学。自此，我国的大学英语教学进入了一个有文件指导和约束的稳步发展时期[1]。

（二）大学英语教学的规范与发展阶段（1986年—1998年）

统一的教学大纲（特别是1986年颁布的《大学英语教学文理科大纲》）公布以后，我国大学英语教学有了明确的奋斗目标（岑建君，1997），开始走上了有纲可依的规范化发展道路。以教学大纲为依据，陆续出现了《大学英语》（文理科本科用）（1986年上海外语教育出版社出版）、《新英语教程》（1987年清华大学出版社出版）、《大学核心英语》（1987年高等教育出版社出版）等符合我国英语教学实际的教材，并在实践中不断改编修订，逐步受到了国内高校教师及学生的青睐，成为我国此阶段英语发展的主要教材。

为了检测高等院校学生对英语基本技能的掌握情况，原国家教委于1987年开始实施全国大学英语考试（College English Test，后简称CET）。该考试分为两个等级，达到一般要求的为四级（CET-4），达到较高要求的为六级（CET-6）。作为一种大规模、标准化测试，CET不仅是对我国大学英语教学成果的一种检验，更对我国大学英语教学具有指导作用。通过标准化测试，不仅可以发现校际之间、院系之间、学生之间的不同情形，从而分类指导，还可以发现学生对英语的掌握情况，以便对英语教学与大纲的制定提供参考。事实证明，大学英语四、六级考试不仅对大学英语教学有着深远影响，在社会上也很受重视，被用人单位作为衡量大学毕业生素质的一个主要指标，得到了社会的普遍认同。从这些方面来说，大学英语四、六级考试的设立是非常成功的。

受教学秩序的稳定、师资水平的稳步提高和英语教学的稳定发展等因素的影响，高等学校新生的英语水平较1985年和1986年教学大纲制定初期有了明显提高；随着改革开放的深入，社会对大学毕业生英语能力的需求也有了较大提高。

[1] 谢邦秀. 中国大学英语教学的研究现状概述 [J]. 外语与外语教学，2000（12）.

（三）大学英语教学的调整与改革阶段（1999 年¯2002 年）

随着高等英语教学的发展，原有的教学大纲已不适合时代发展的需求。一方面，随着教学秩序的恢复、教学制度的完善、教育环境的稳定，我国小学、初中和高中的教育都获得了较大发展，英语更是获得了前所未有的重视，部分发达地区和大城市甚至从小学三年级甚或幼儿园就开始开设英语课（蔡基刚，2005），社会办学的英语辅导班、兴趣班也迅速成长；其结果之一便是大学新生的英语水平较以往有很大提升，原有的教学大纲已不再适合新入学的大学本科生。另一方面，随着改革开放的深入和我国加入世界贸易组织，我国社会对外语人才的需求急速增长，对应届大学毕业生的外语应用能力也提出了更高的要求，原有教学大纲已远远落后于时代需求。

鉴于此，原国家教委高教司从 1996 年 5 月起，在广泛的、多层次的社会需求调查的基础上，吸取了专家、学者、一线教师的意见后，于 1999 年将原来的理工科教学大纲、文理科教学大纲合二为一，制定了统一的《大学英语教学大纲》（修订本），这是“教学大纲的一大进步”。1999 年颁布的修订本教学大纲强调学生的交际能力，并在继续强调阅读能力的同时，注重听、说、写、译的全面发展。在修订本教学大纲的指导下，一批内容全新的、理念先进的、体系完整的教材逐步出版发行，比较具有代表性的是复旦大学和上海交通大学联合编写的《21 世纪大学英语》、浙江大学编写的《新编大学英语》、上海外语教育出版社出版的《大学英语》（全新版）和外语教学与研究出版社出版的《新视野大学英语》。这些教材内容新颖、设计合理、时代感强、配套练习详尽，并配有多媒体课件及自学辅导书，受到了大学英语教师和学生的广泛好评。

与此同时，为了适应时代需求，大学英语四、六级考试自 1999 年 5 月起开始加入口语测试，以期全面提高学生的英语运用能力。口语考试的推行，使四、六级考试进入一个相对完善的新阶段；四、六级考试可以对学生的听、说、读、写、译等各项技能进行全面的鉴定，这在很大程度上推动了大学英语教学改革的进行。

需要指出的是，1999 年制定的针对全体非英语专业本科生的《大学英语教学大纲》（修订本），虽然认识到了听、说、写的重要性，但仍将阅读放在英语教学的第一位，“只看到了被动输入，没有看到主动输出的巨大作用”[1]。陈国华甚至指出：“长期以来，我国的英语教育费时低效，一个重要原因就是重阅读而轻其他。”并且认为这是大纲落后于时代的“一个主要表现”。而且，这份教学大纲“受应试教学的影响，忽视听、说能力的培养，即使安排听、说课也是以备考为目的的听力训练，结果养成学生打勾画线、猜答案的思维习惯，极不利于培养真实环境下的口头交际能力”[2]。这也就是为什么在新大纲颁布后的第三个年头（即 2002 年），教育部就果断决定启动新一轮大学英语教学改革。

（四）大学英语教学的提高与深化阶段（2002 年至今）

1999 年修订版的教学大纲颁布以后，遭到了不少批评，部分专家认为修订版的教学大纲从制定伊始就落后于时代的需求。原因在于，调查发现学生普遍认为在英语各项技能中，听、说能力最难；学生也迫切希望发展听、说能力；社会用人单位对毕业生听、

[1] 吴一安 . 优秀外语教师专业素质探究 [J]. 外语教学与研究，2005（3）.

[2] 刘润清 . 外语教学研究的发展趋势 [J]. 外语教学与研究，1999（1）.

说能力的要求也先于其他技能；因而，在英语教学中“从加强听说能力入手，怎样强调也不为过分”，这就迫切需要改正先前教学大纲中将阅读能力放在第一位的实践。此外，东部沿海与西部内陆之间、城市与农村之间、重点院校与非重点院校之间的英语教学实际差距也较明显。为了弥补 1999 年教学大纲的不足、顺应时代发展的需求，在充分考虑地区差异、校际差异的基础上，教育部于 2002 年开始了新一轮的大学英语教学改革，并于 2004 年颁布实施了《大学英语课程教学要求（试行）》，大学英语教学重点从培养学生的阅读能力转至强调听、说能力。该大纲将教学目标分为不同的层次，比较富有弹性，且很好地与高中英语教学衔接。

除改革原有教学大纲外，教育部还先后在复旦大学、上海交通大学、北京大学、南京大学、东南大学等院校开展大学英语精品课程建设。与此同时，教育部还选出全国 180 所高等院校开展大学英语教学改革试点工作。

在教学方法上，《大学英语课程教学要求》提倡采用计算机、网络、多媒体等技术辅助教学，一大批多媒体教室、语音室、自主学习室在各高校相继建成并投入使用，清华大学、高等教育出版社等机构更是开发了“集趣味性、交互性、自主性、可管理性于一身，采用了最新的语音合成与识别、视频等最新软件技术”的英语学习软件，提高了学生学习英语的兴趣与效率，深化了大学英语教学改革。

与此同时，针对学生自身的测试与评价也得到逐步地完善。首先要改革的就是大学英语四、六级考试：四、六级考试总分改为 710 分，不设及格线，成绩报告由颁发考试合格证书变为发放成绩报告单。此外，大学英语教学又开始强调过程性评估，但是必须维持在原有终结性评测的基础上。主要内容是“学生自我评估、学生相互评估、教师对学生评估、教务部门对学生评估等，可采取课堂学习活动评比、课外作业评定、课外活动参与和点评、学习效果自评、平时测验等形式”。评测形式灵活多样，对实现教、考分离，尽快使大学英语教学脱离应试教学的窠臼具有积极意义。

可以说，2002 年开始的新一轮的大学英语教学改革，正在全国如火如荼地展开。正如教育部高等教育司司长张尧学（2006）指出的那样，目前全国大部分高校的学生正在采用以计算机为主导的个性化、交互式学习，学生反映良好，学习积极性也大大提高，听、说能力都有较大增长。

二、大学英语教学改革的现状

教育部在 2002 年启动新一轮大学英语教学，自此以后，我国大学英语教学发生了剧烈的变化——新的教学技术不断被应用，新的教学理念不断被贯彻，新的教学方法不断被采纳，新的评测方式不断被完善，等等。可以说，大学英语教学改革正在全国如火如荼地展开，这既是广大英语教师呕心沥血奋斗来的结果，也是高等教育主管部门大力支持的结晶。但是，一种新的理念、教学模式的完善需要一个过程。本部分将主要从政策的制定、实施的效率和课程教学等方面探讨我国大学英语教学改革的现状。

（一）政策制定适时与不足并存

2002 年开始的最新一轮的大学英语教学改革，颁布了一系列改革政策。这些政策的制定与实施，既是顺应社会需求的体现，也是本身逐步完善的过程，体现了顺应时代要求的方面。但另一方面，由于本次大学英语教学改革比以往任何一次的教学改革幅度都大、涉及面都广、任务都艰巨，因此也存在一些不足之处，尚待进一步论证、解决。

新一轮大学英语教学改革顺应时代需求，即适时之处，主要体现在教学大纲的制定、示范项目的实施、多媒体教学的推广等方面。具体而言，2002 年以来的教学改革，一改过去注重阅读“培养学生综合应用能力，特别是听、说能力，使他们在今后工作和社会交往中能用英语有效地进行口头和书面的信息交流”（教育部高等教育司，2004）。将培养学生的听说能力列于首位，是因为在中国加入 WTO、世界一体化进程加快、国际交往日益频繁的今天，无论是学生还是社会用人单位，都迫切希望提高大学毕业生的英语听、说能力。由此可以看出，这种政策的转变适应了时代发展的需求。

与教学目标转变密切相关的一个变化是，大学英语教学不再设全国统一的教学要求，这是新颁布的教学大纲（即《大学英语课程教学要求》）的另一适时之处。中国地域广阔，教育水平参差不齐，大学生在进入大学时英语水平、文化素质、奋斗目标、专业需要都可能存在天壤之别，同时各地大学专业设置和师资水平的差异，各行业与用人单位对英语人才需求的差异，全国统一的教学思虑不仅是不科学的，也是不经济的。考虑到地区之间、校际之间、专业之间、学生之间的种种差异，制定统一的教学要求是不科学的。新颁布的《大学英语课程教学要求》不再设统一的教学要求，而是让各个学校根据自己学校的实际情况，选择完成《大学英语课程教学要求》中的“较低要求”“一般要求”和“较高要求”，这样便赋予学校和广大教师根据自己学生的实际情况择情完成教学目标的权利，体现了政策制定人性化、个体化的一面。这种分层次的教学要求，也是教学大纲顺应时代发展的体现。

政策制定另一个适时的表现是对学生自主学习能力培养的重视。卞树荣（2007）指出，原有教学大纲往往片面强调学生对语言知识的学习，从而忽视了对其学习方法、学习策略等高级技能的培养，其结果是学生不能有效地自己学习。2002 年新颁布的《大学英语课程教学要求》明确提出，“大学英语教学是以英语语言知识与应用技能、学习策略和跨文化交际为主要内容”的，这样教学的中心就由传统的语言知识转化成培养学生的人文素养和自主学习能力上来。这样的政策内容符合终身教育的教育理念，顺应了时代与社会发展的大趋势。

为了最大限度地推行大学英语教学改革，教育部还于 2002 年开始在全国设立了 180 所改革试点院校，着力推行新的大学英语教育政策、方针、理念等。经过几年的试点和严格评估，教育部 2006 年从这 180 所院校中精心挑选出了 31 所改革理念先进、改革幅度大的高校作为改革示范单位。通过自身的示范作用，向全国其他高校传递改革的方向。大学英语教学改革试点及示范院校的设立，不仅起到了深化教学改革的作用，而且符合专业发展的规律，使部分师资水平较低、改革能力有限的高校明确了努力方向，也有了学习的榜样，是教学改革发展的产物，是顺应改革要求的体现。

从 2002 年开始的新一轮的大学英语教学改革，比以往任何一次改革程度都深、幅度都广、力度都大。正因为这些原因，这次大规模的教育改革也存在着一些不足之处。首先，充分考虑了全国不同高校之间的教育资源、学生的入学水平及社会需求的差异，教育部在 2002 年新颁发的《大学英语课程教学要求》中指出“各校应参照《大学英语课程教学要求》，根据本校的实际情况，制定科学的、系统的、个性的大学英语教学大纲，指导本校的大学英语教学”。这样，各高校就有了更大的能动性，可以根据实际规划本校的大学英语教育所应达到的教学目标。但问题是，是不是每个高校都具备这样的能力（即相关教师和教学管理者是否具有充分的教育学和英语教学的知识）来制定这样一种内容完整的、符合教学规律的、富有本校特色的、特制的教学大纲？调查显示，大学英语教师的学历水平偏低，科研能力也比较弱，（由于工作量导致）空闲时间也比较少，所以，大部分院校教师是否具有自行评估、制定符合本校特色的教学大纲的能力是值得怀疑的。这个问题亟待教育部门解决。

新教学大纲另外一个不足在于没有明确大学英语教师的培训工作。目前大部分院校中大学英语教师存在着学历水平低、科研能力薄弱、工作量巨大等问题；此外，大学英语教师的学科结构不尽合理，教育学、心理学、学习策略、计算机及网络等知识匮乏。为了能顺利实施和深化大学英语教学改革，就需要各级教育部门开展相关的培训。而据笔者了解，目前尚无教育部门专门组织的大学英语教师培训；而由于种种原因，各大出版社组织的教师培训又难以起到应有的作用。其结果是，由于教师本身水平、能力的限制，教育部规定的各项政策很难得到彻底的贯彻。这也是现行教学大纲（《大学英语课程教学要求》）的一大不足之处。

（二）实施效率存在误区

具体而言，现行大学英语教学有忽视培养学生读、写能力的倾向。新一轮教学改革为广大英语教师提供了多媒体、网络等教学形式，教学大纲也着重发展学生的听、说能力，因此，部分大学英语教师在英语教学过程中有弱化学生读、写能力培养的倾向。正如王守仁（2004）指出的那样：“大学英语的教学对象是非英语专业学生，无论是在校学习还是毕业后在工作岗位上，大部分人接触英语的主要方式是阅读。为了适应信息社会的发展需要，同时为交际打下扎实的基础，应增加英语语言知识的输入，逐步加大学生的阅读量，拓展阅读的广度和深度。”[1] 因此，强调培养学生的听、说能力，并不意味着弱化读、写能力的培养。此外，新一轮大学英语教学改革的另一误区与语法能力的培养有关。

由于受交际教学法的影响，部分大学英语教师认为“语言教学的目的在于交际，学生只要能够达意，语言教学的任务也就完成了，对语言的准确性没有较高的要求”。而事实证明，语言的准确性和流利性是同等重要的（戴炜栋，2003），在培养学生交际能力的同时，应该采取交际 – 语法教学法。再次，现行大学英语教学改革也存在过度依赖多媒体、网络等先进技术的趋势。毋庸置疑，多媒体、网络等现代教育技术为大学英语教学提供了样式新颖、材料多样、内容全面的教学手段，并已经在大学外语教学中取得了明显的效果（范娇莲，2005），对大学英语教学改革和人才培养做出了积极的贡献。[2] 但我们仍需要发挥课堂教学在外语学习中的作用，切忌多媒体教学新模式一哄而上。

（三）教学过程呈机械化倾向

所谓机械化训练的倾向，主要是指用机械训练代替教学中应实现的丰富的教学任务。其主要表现在三个方面。

[1] 蔡基刚 . 大学英语教学：回顾、反思和研究 [M]. 上海：复旦大学出版社，2006：223.

[2] 蔡基刚 . 大学英语教学：回顾、反思和研究 [M]. 上海：复旦大学出版社，2006：126.

1. 英语教学过程不重视主动学习

传统教育观视教学过程为教师单向传授知识的过程。如今，教学过程是教与学统一的过程已经众所周知。这是因为人们逐渐认识到教学具有教师向学生传递教学内容，并使学生掌握这样的本质特征。但是，这个过程并不是传统所理解的将知识直接灌输给学生，学生直接拿来就可以。学生必须积极主动地学习，独立思考、独立研究，真正地学会独立学习。当然，这并不意味着教师在教学中处于被动应答的地位。教学过程既不仅仅是教授的过程，也不仅仅是学习的过程，它是教师与学生交互作用的统一的过程。教与学的关系是相互缠绕、彼此依赖、相互构成的关系。

但在实践中，我们经常可以发现两种状况：

第一种状况是教师在课堂上常常将英语知识以词、句、篇的方式简单地直接呈现给学生。部分有兴趣的学生能够记忆式地接受教师给予的知识，进行记忆式学习，积累一定的语言点，教与学的过程在浅层次上进行，缺乏深层次的思索与对话；而无兴趣的学生并未受到教学活动的激发而真正发生的学习行为。这种状况的课堂教学活动只是局部性教学活动。

第二种状况是教师很注重学生口语能力的提升。35~40 分钟的课堂教学中，教师从课一开始便设定一个个问题，让学生口头交流回答，自己基本不做指导。表面上看这样的课堂活跃了，学生敢于开口了，深究下去便会发现学生们的英语交流只是原有英语口语能力的简单输出，只是其前学习状态的呈现，教师并未在学生语言输出的基础上，给予一定量的语言输入去提升和丰富学生的英语能力。那么，这样的学习并不是真正意义上的英语学习，只不过是英语口语技能的熟练化而已。这两种情况的共同特征是学生并未或不可能成为主动学习者。

2. 英语教学活动中教育意义的欠缺

英语教学的中心目标是丰富学生的英语语言知识和形成英语技能，使学生具备参与英语活动所需要的知识、技能和能力。但是，英语教学过程不只有此一项任务，它同时也是教育过程，在英语教学传授了该学科知识与技能的同时，也应该使学生增长该学科特有的见识，对世界、对社会的基本判断力，并对人生形成基本价值观和态度。这些是学科教学中共有的教育性目标，英语教学也不例外。英语教学中教育性目标的达成并不是附着于英语知识与技能的教学或引申出来的，而是在教学活动开展的过程中孕育、渗透和养成的。也就是说，学生在教学中采用什么方式进行学习将会深深地影响他们的态度与性格。如果学生只是被动地接受教师所给予的东西，或是机械地模仿并死背教师灌输的东西，往往会养成盲从及屈从的态度与性格。与此相反，唤起学生积极的探究精神，引导他们逐步依靠自己的力量来解决学习课题、发现知识，就会养成学生独立地、创造性地、友善地实现目标的态度与性格，形成锲而不舍的顽强意志与人格。

当前英语教学中认知性目标与教育性目标的分离状态很普遍，其中一种情况是无视教育性目标，唯以英语知识和技能为目标，让学生在模仿中学习，在重复性操练中熟练化，认为只要学生掌握了相关英语知识与技能，考试成绩好便可以。令教师很苦恼的事情是，在课堂教学中如果对学生进行教育，教学进度就会落后，自己的教学目标就无法完成。这类教师大多认为，教学中的教育就是利用课堂教学时间讲一些思想品德教育或结合形势的道理。

无论是删除还是添加教育性目标的做法，都不是真正意义上的教学中的教育。它所传授的学科内容及内在于其中的教育价值的开发融于学习活动本身，才会产生教育的效果，这才是教学中的教育。

3. 语言知识掌握过程中弱化理解与思维

在英语教学中，英语知识的掌握是发展听、说、读、写的英语技能和形成文化意识的基本前提，因而受到教师们的充分重视。但是，在什么意义上把握知识的概念，许多教师并不清楚。所谓英语知识不仅包含相关的事实与现象，还包含英语的特质、相互间的关系和语言规则。因此，在教授英语知识时就不能将之仅作为信息来掌握，还要使学生能够在语言关系和规则的意义上把握，并将其转化为自身的理解与能力，能够在生活中灵活掌握。如此就要求英语知识的教学与学生认识过程达成统一。当然，由于对学习英语的学生而言，英语知识具有间接性和人为性，学生在掌握的过程中就不可能像学习自然科学知识那样要经过科学探究的过程，而是要求学生能够在英语材料的归纳与发现中，通过比较、分析、抽象和综合形成对英语知识的深层次把握。在英语教学中，学习知识过程与学生认识过程是统一的，这要求学生能够主动地学习，尤其是思维的真正激活。

目前，提倡学生在英语学习中提高主动性已成共识，课堂教学也有了诸多变革，比如在英语课上注意结合生活情境，并给予一些开放性的问题让学生回答，或是给学生提供开展小组活动的时间与空间。这些都反映了教师在教学中努力把书本知识与生活世界相联系，尽可能地让学生主动参与到学习活动中来的改革意识，这无疑是一种变化。但是，这些努力只是激发学生主动参与知识形成过程的第一步，而对于如何在激活学生思维的过程中让学生体验发现的喜悦，让学生相互间在思维与经验的碰撞中形成新经验与新认识，往往关注不够。

（四）研究视角存在局限性

英语教学如何结合学生英语学习的特点与潜能设定教学目标？如何结合学生英语学习的困难进行有效的转化？如何认识与把握不同年级段学生学习任务与能力间的相关性，以便更有效地使英语教学真正成为学生主动、健康成长的育人资源？凡此种种，不一一列举。

我国英语教学改革的思路基本还是在英语语言文化的框架内进行思考，对各年级段英语教学的起点、问题、转换机制等缺乏实践性的认识，对各年级段学生英语学习的特点、问题及其实现机制缺乏过程性认识，对各类型的英语教学目标、任务、过程逻辑与方法等也缺乏本土化的认识。

就整体与部分的关系而言，需要教学切近生命成长的状态进行思考与实践，既要从生命成长过程整体审视某一年龄段学生的成长使命，也要从生命成长中整体审视某一学科教学对其特殊的价值与意义，更要从生命与教育实践真实的动态关系整体把脉教学的起点与最近发展区。

第三节　大学英语教学的发展趋势

每个人都出生于一定的社会和文化环境，比如家庭、社团、社会阶级、语言和宗教等，而且最终将建立起许多社会联系。一个孩子所处的社会环境状况，将影响他的思考和行为方式。个人如何对这些影响做出反应，或者说哪一种影响的效果最大，通常难以预料，但无法否认的是语言和交际是人类经验的核心。

一、三维关系中定位英语教学的当代使命

（一）我国当前社会背景下英语教学的时代使命

对于当前我国时代发展与社会转型所内含的精神而言，可能一大串的列表也未必能够详尽描述这个时代精神特征的不同层面与不同维度，但有三个特征明显成为当代人或未来较长时段内人的生存事实，这三个特征可概括为：全球化、自主化与多元化。

1. 全球化

由于科技发展，人际空间距离逐渐缩小，密度加大；经济活动逐渐突破国界而走向“地球村”。21 世纪的社会是一个交流不断加大的社会，不同国家与民族之间不仅有竞争的关系，也存在相互依赖的关系。有些学者预称这种社会为融合型的国际社会。而融合人的黏合剂则是外语教学，这种国际大交往的时代格局，便成为我国当代外语教学目的确立的基本时代背景。外语教学在 21 世纪的使命之一便是促进各国间的友好合作，既是为了弘扬我国优秀的文化传统，让中国文化走向世界，也是为了通过外语学习，更好地汲取外来文化，丰富我们自身。

2. 自主化

出生在 20 世纪 70 年代以前的人，对比这 30 多年来中国社会生活的变化，都会承认我们正处在由原先那种一旦做出最初选择一切便都有安排的社会，向着一个我们不得不为自己命运承担责任的社会转变，这种转变至今仍在继续：一元价值观向多元价值观演变，个人与单位间的身份关系越来越走向松散。进一步的变化所产生的结果是社会给人生存的空间度和自由度在日益加大，我们终于可以自己来编写人生大剧的脚本，而不用再去扮演别人为我们安排的角色；我们都面临着这样一种机会，甚或是挑战——自我塑造甚至重塑自我。我们的人生并非已完全由生物遗传或神灵在命中注定，我们可以使自己的人生成为一部杰作，只要我们愿意。所有这一切都说明，一个呼唤人的自主性的时代到来了。[1]

3. 多元化

当今社会是一个多元文化并存与相互冲突的社会，传统文化与现代文化、中国文化与异域文化、主流文化与非主流文化竞相对学生的发展产生影响。学生如何面对不同的

[1] 叶澜．新基础教育论——关于当代中国学校变革的探究与认识 [M]. 北京：教育科学出版社，2006：201.

生存样式，同时又不迷失自己便成了一个两难问题，能否处理好这种关系，则与他的多元文化素养有直接关系。为此，一个国家的教育应当致力于培养学生掌握不同的语言和了解他国的文化，以促使其养成在当代和未来多元文化社会成功交际与生存的能力。在学校课程中，能够承载这一教育使命的除了其他人文社科类学科外，外语教学显然也是不可缺少的学科。学生应当在学习外语的过程中掌握异域文化和形成语言交际的能力，这也是当代外语教学的主要宗旨之一。

由雅克·德洛尔任主席的国际21世纪教育委员会向联合国教科文组织提交的报告《教育——财富蕴藏其中》中，在回顾人类联合生活的冲突状况后指出，21世纪的教育在解决人类冲突方面的使命就是“教学生懂得人类的多样性，同时还要教他们认识地球上的所有人之间具有相似性，又是相互依存的。因此，从幼儿开始，学校就应抓住各种机会来进行这一双重教育。某些学科特别适合进行这种教育：从基础教育开始教授人文地理，晚些时候教授外语和外国文学”。

现在，我国处在时代发展和社会转型背景下，多元文化问题不再只是理论命题，更是一个现实问题。如何培养未来新人在适应多元生存环境的同时又不至于迷失自我，不但是政府、学术界关注和思考的问题，更成为学校教育的基本使命之一。当前状况下，我国大学英语教学承担起培养学生的多元文化生存素养的时代使命。 提高学生适应多元文化为背景的社会交际能力是时代的要求，英语课程是为此而提供的一种重要学习资源。英语课程改革必须关注并培养学生适应现代社会所要求的英语能力，为学生提供丰富的语言交际的机会，帮助他们掌握恰当的交际方式，促进思维发展，为他们进一步认识世界、适应社会打下良好的基础。

（二）语言与文化视角中英语教学的文化使命

一直以来，外语教学的关注重心一般是学生对外语的语言形式的学习，基本不顾及语言内容的价值，从而将语言形式与语言文化内容割裂开来。尤其在语法大纲主导的年代，许多教师严格按照语法大纲所组织的教材进行教学，很少注意开发外语教学内容对于学生的养成性价值。比如听说法强调听与说，倡导通过刺激—反应、对话记忆、语法训练和口语技能等方面的学习。学生说外语其实只是重复教师的语言、背诵对话片断或进行各类机械训练。学习者也很少处在意义化的、情境性的语言输入环境中学习，没有将记忆性材料转化为自然语境中交际的机会。20世纪60年代，外语教学界倡导认知法，开始关注促进较有意义的语言运用与创造，但这种方法关注较多的是语法机械训练，学生仍然很少有时间在真实的语境中运用外语。

20世纪70年代，外语教学界掀起了交际语言教学法，开始关注学生的学习需要和交际的性质。

这一外语教学法很快风靡世界很多国家，逐步改变外语教学观，人们意识到外语不仅是语言学科，还是一门关于文化的学科，通过这门学科的教学应有效扩大学生的文化知识与视野，重新将语言内容的学习放置到外语教学中。

比如美国在1996年的《外语学习课程标准》中指出了外语语言文化学习的文化价值在于它可以使人们[1]：

[1]（美）施罗伍·格利森．教师手册：外语教学语境化[M]．何安平，译．北京：外语教学与研究出版社，2003：371.

与不同文化背景下的人们进行有效沟通；

学生能够走出自己文化的域限，扩大眼界；

可培养学生认识自身语言和文化的洞察力；

可促使学生能够更好地在对比中认清自己，理解其他文化中的人们，以及彼此间的紧密联系；

有助于学生将来能够较充分地融入地球村和市场建设的行动中去；

外语语言和文化的学习也是学生充实已有文化容量的直接途径之一。

目前，我国也正处于多元文化的社会背景之下，培养学生健康、正确的文化意识与观念便成为当前各门学科教学不可回避的共同任务，英语教学作为了解异国文化的重要载体更具独特价值。

（三）青年成长中英语教学的育人使命

英语教学变革最终要落实到对人的发展价值。目前，人们越来越深刻地认识到语言对人精神发展的价值。其中，语言与思维的关系更是一直被关注的重心。

著名语言学家洪堡特指出："每一种语言都包含着一种独特的世界观……每一种语言都在它所隶属的民族周围设下一道藩篱，一个人只有跨越另一种语言的藩篱进入其内部，才有可能摆脱母语藩篱的约束。"[1] 因此，学习一门外语不仅为掌握一种工具、学习一项技能，更是接触和了解一种思维方式与思维习惯。具体地说，英语语言重逻辑形式思维、重个体思维的偏向，是一种典型的形态型、形足型语言，明显不同于汉语这种语义型、音足型语言。这就使得英语学习中的形合手段远远多于汉语，并使其语法呈现出显著的显性和刚性特征。显性首先表现在词类的标志上，相当多的单词从词形上就能够判断其词义，如：有 -ment、-ity、-ation、-er、-or、-ness 后缀的一般是名词，有 -ful、-al、-lve 后缀的一般是形容词，有 -en、-ify、-lze 后缀的一般是动词，有 -ly 后缀的一般是副词等。显性还表现在名词有数和格的变化，代词有性、数、格、人称的变化等。英语语法的刚性表现在"该有的一个也不能少"，也就是说，形态上要求的，一般必须遵守；形式上要求有的东西，通常也不能少，特别是虚词的使用。这些思维方式上的不同，一方面说明英语学习能够丰富学生的思维方式，另一方面也说明如果英语教学能够注意引导学生通过掌握英语规则进行学习，那么，也有助于学生思维水平的提升和英语学习效率的提高。

英语课程在培养学生素质方面的任务也日益受到我国的重视。比如新世纪我国《英语课程标准》指出："英语教学应该与其他学科教育共同努力，促进学生素质的全面发展，提高学生的人文素养，增强实践能力和创新能力。"当前大学英语教学所致力于回答的核心问题之一，就是将育人价值落实到不同年级段、具体英语教学内容以及不同教学任务之中。

二、当代英语教学的育人价值观

随着英语教学改革的发展，我国对英语教学目标及育人价值的认识一步步地走向完

---

[1] 洪堡特．理论人类语言结构的差异及其对人类精神发展的影响 [M]. 北京：商务印书馆，1997：72.

善，并逐渐与国际接轨：从单纯的关注语言知识的学习，到语言知识与语言技能并重，最后到关注语言的技能掌握及语言综合素养对学生的发展价值，而且随着新世纪我国新一轮新课改的推进，英语课程改革也与整个课程的基本精神保持一致，站在学生发展的视野，突破了语言观对英语教学的影响。所有这些，都是当前我国近二三十年来英语界的大进步，并丰富了我们的认识，在此基础上，结合实践探索，形成了当代英语教学的育人价值观。

（一）语言知识的教学价值（包括英语语音、词汇、句型、语法等知识性教学对于学生的发展价值）

在以往语法大纲为主导的思路下，语言知识通常被理解为包括语音、词汇、语法等内容，但随着英语功能型大纲的推行，语言知识通常被理解为包括语音、词汇、语法、功能和话题等方面，尤其是功能和话题的加入，使得英语知识的社会性语言功能和意义功能得到重视，但过于突出话题和功能的意义，则有意识地淡化或弱化了语音规则、词汇规则和语法规则的学习对于中国学生学习英语的价值。

当代大学英语教学一方面认同语言知识的内涵应包括功能与话题，但认为对于中国学生学习英语这门外语而言，引导学生注重发现英语语音、词汇和语法规则特点，对于学生高效、规范地学习英语的价值同样不可忽视。我们认同胡春洞教授的基本观点："从语言学层次上看，有语言和言语两方面。前者包括语音、语法、语义、语用、句型和词汇，后者包括听、说、读、写和话语及功能。前者是社会普遍性的，后者具有个人特殊性；前者是构成语言能力的要素，后者则是语言的表现；前者规律性强，后者变异性强。在英语学习中，言语要重视，语言也要兼顾，不要把两者对立起来。现在有一种偏激主张，认为只要学习功能项目和句型就行，用不着学习语法，其实英语语法本身就是功能和句型的进一步概括，是规律的总和。所谓交际功能只不过是基本语法功能的演化，而不是另起炉灶。现流行的所谓交际能力，同样也是语言能力的发展，而不是平地起楼台。学英语应该学习语法，只是不要死抠语法，不要在语法概念和语法分析上纠缠不休。学习语法，主要是掌握词、句、文或话语的结构特点和规律，各种结构的关系和转换，以及一定的结构所具有的意义和功能，或一定的意义和功能所对应的结构。这样学习语法，就是用活动的方法学习活的语法。语言的其他方面，如语音和词汇的学习也应该采用活动的方法学习活动的语音与词汇，不死抠孤立的单音，不死记孤立的单词。这样的学习，就是以语言学习为手段，而以言语学习为目的。"[1]

具体说来，笔者认为语言知识教学的育人价值具体体现在以下几点：

首先，重视学生主动构建知识、发现知识规律的过程。为此，凡是学生能够做到的，教师都不要插手，教师的作用是创设一定的环境，引导学生发现语言的内在规律，进行创造性学习与运用。教学要具有挑战性，否则难以激起学生的学习兴趣。

其次，注重课堂教学中主要话题贯通全过程，语言内容与语言形式在教学推进中的统一，实现英语教学过程的意义化与言语化的内在统一，避免传统上只顾语言形式的机械学习而忽视语言意义，或是只注重语言内容而忽视语言形式从而将英语教学上成自然常识课或思想品德课的弊端。

[1] 胡春洞．英语学习论 [M]. 南宁：广西教育出版社，1996：159.

再次，知识教学过程遵循理解、记忆和运用语言规律的顺序，呈现多次、递进、螺旋式上升的教学过程，使学生认知水平的发展体现出相应的层次性、逻辑性和递进性发展过程。

最后，提倡发现式学习，在开放性教学过程中，激发学生在主动探索中发现和掌握英语的语言规则，并能举一反三地在生活中活用。

（二）语言技能性教学（主要包括听、说、读、写）的育人价值

听、说、读、写对于中国学生言语技能的培养具有同等重要价值，不应该忽视甚至简单抛弃读与写对于中国学生掌握英语的重要作用。因为中国学生接触汉字往往比英语早，而中国的汉字是音足型，学生掌握汉字往往习惯于首先从字形上进行视觉理解与记忆；如果教学只强调通过听、说进行音形理解与记忆，那么，非但不能发挥学生原有的学习原型优势，而且也不符合中国儿童的记忆策略，学习效果会大大降低。平时，一些教师会发现，有的孩子能够讲得出较为流利的口头英语，但几乎无法进行同等水平的书面阅读，其原因之一便与教师忽视读、写技能的培养有关。

基于这种认识，当代大学英语教学改革观念具体理解如下："听"与"读"是接受性学习，但未必是被动的学习；"说"与"写"是输出性学习，也未必是主动式学习，这取决于学生在学习过程中的状态。我们的具体处理方式是：

（1）听的教学

强调学生在教学过程中从多个层面把握语言材料：听懂关键词；掌握主要内容与情节；抓住中心思想。目的是培养学生在听的过程中形成捕捉、根据上下文猜测具体语言意义、关键信息的能力，以及根据情节整体推论语言思想的能力。

（2）说的教学

注重学生能够根据所学词汇、句型、语法和文章内容规范、灵活地表达意义，以实现语言学习内化与外化的双向结合。

（3）读的教学

包括有声读与默读，精读与泛读，读词、读句与读篇等，不同读的类型任务也会不同。比如语篇教学是小学中、高年级和初中年级段较为常见的教学类型，我们在阅读课教学中关注的是学生能够学会通过查词典自主掌握文章中的生僻字词汇，或是根据上下文猜测词义，或是能够寻找主题句，形成快速掌握文章大意和中心思想的能力等。

（4）写的教学

不是为写而写，而是强调学生通过"写"掌握拼写、标点与大小写等基本写作知识；运用已学词汇与词组，培养逻辑思维，学会用英语组织段落与表达主题的能力。

（三）学习能力的养成价值

在英语教学改革中，在培养学生英语知识和技能的同时，还强调培养学生的英语学习能力，知识是能力的基础，能力是知识的运用与进一步发展的基础，两者既在学生成长中有不同的价值，又相辅相成。

在能力培养方面，许多人受交际法的影响，认为主要是培养学生外语交际能力，我们以为这种认识仍停留在将语言作为交际工具的认识层面，而从学生作为一个终生的、整体的、主动发展的人的角度看，学生的思维能力、自主学习的能力以及合作学习的能力更具有根本性。具体如下：

（1）培养学生思维能力，尤其是创造性思维能力

这是当代大学英语课堂教学价值追求的特色。在英语教学中让学生主动健康地发展，关键在于能否激活学生的思维。我们从观察、分析与实践中深切感到，忽视在英语教学中发展学生思维能力的现象普遍存在，但却未能引起学校领导和广大师生充分注意。它表现在英语课堂教学中学生大量的学习活动是模仿、记忆和机械操练，较少提倡学生主动、积极的思维能力和提问能力的培养。甚至当学生在语言练习中根据已学知识灵活使用一个确切的同义词时，教师也不会给予肯定，而是要求学生改用教师规定的词汇表达意义；教学过程中只强调将语言点在规定的课时内教完，较少让学生思考如何总结学习和使用外语的规律，探索与创造适合学生自己的学习策略和方法。在改革教学方法时，有的教师为了活跃课堂气氛而采用一些外在刺激如奖品等方式取悦学生，未能真正激活和发展学生的思维。有些教师通过关注教学过程的逻辑性和层次性着力培养学生思维能力，这向培养学生的创造性思维迈出了第一步，逻辑思维是基础性的思维，然而批判性思维和创造性思维是具有原创性的思维能力，也是变革时代要求新人具备的重要思维能力。因此，如何在英语教学中培养学生的创造性思维能力成为“新基础教育”英语教学的主要价值追求之一。

有些人认为在英语教学中培养学生的创造性思维是不可能的，他们以为所谓创造性思维就是指要学生创造英语本身，这自然是不可能的。我们所谓的创造性思维能力的培养主要是指在教学过程创造一定教学条件，激发学生在学习过程中进行联想、想象或猜想，进行创造性的学习，而这些方面正是学生创造性思维发展的具体展开过程。比如：在英语教学的导入环节，我们一般先出示一个带有想象空间的图画或给出一个开放性的问题，目标就是为了激活学生的想象思维和已学知识；在教学进行过程中，就即将开展的下一教学环节的话题，事先以问题的形式提出来，让学生充分展开讨论，对教学话题的随后情节进行大胆的发散性猜测。这样，学生努力调动主动词汇进行表达练习，又使创造性思维能力在不知不觉中得到了培养与提升，同时，还让学生之间因不同答案而相互启发，带动了生生互动。

当然，主张在英语课堂教学中培养学生的思维能力，并不是将之与英语学习中的模仿和机械操练完全地对立起来，模仿和机械操练也是必要的，对于激发学生兴趣和活跃课堂气氛也是必不可少的，但如果不鼓励学生多思考和自己探索英语学习规律与策略，不从发展学生思维能力的深度考虑学生的兴趣和课堂氛围，那么，学生就会变成只会回答教师提问的“机器人”，语言操练将不能达到既定的教学目标，学生对外语学习的兴趣也不能持久。

（2）培养学生在理解学习策略基础上的自主学习能力

目前，全国课程标准中没有专门将自主学习能力提出来作为培养目标，只是将学习策略列为英语教学的培养目标之一，并列出了学习策略四个方面的内涵：认知策略、调控策略、交际策略和资源策略。每种策略又有不同的内涵。交际策略一般是指学生在英语交际活动中，知道什么时候开始谈话，什么时候结束谈话，以及如何结束谈话等，强调的是人际交往方面的策略，而非英语语言使用上的策略，而这并非英语学科所特有或突出的价值。再如课标中提到的“认知策略”也比较空泛，较难落实。实际上，学习策略只是学生学习的方法，是自主学习能力的基础和组成部分；但自主学习能力并不仅仅是策略，主要指能够独立自学、主动规划学习方式、进行自我监控，并能够借助工具书

和相关学习资料进行英语学习的能力。

（3）培养学生合作学习的精神和能力

在开放、互动、生成的课堂教学中，英语教学离不开学生之间的两两合作、小组学习和全班互动交流的学习方式，但学生在两两合作、小组学习和全班交流中进行互动的能力并非自发形成的，它需要在教师有意识的指导下逐步形成，否则，课堂教学互动就可能流于形式，真正有效的、全体的和高质的教学效果就难以实现。所以，仅将合作学习理解为一种精神，尚不充分，还需要从能力意义上进行培养，这也是英语教学中大量语言练习交流所特有的价值。

当然，课堂上有了两两合作、小组合作的学习活动并不能保证就能培养学生合作学习的能力，因为学生有时在相处不融洽的小组内合作学习还不如独立学习。真正意义上的合作学习是指学生能够注意同班同学的言行，从中学习并随时准备向合作伙伴提供帮助，共同思考；与邻座的同学交谈和交换想法、参与辩论、建议和提出问题；与伙伴共同完成任务，产生比个别同学想法的简单相加要好得多的效果；需要帮助时会找合作伙伴；允许每名学生为小组代言；互相合作，为内在和外在的收获而努力参与的能力等。对此，美国的约翰兄弟从事过大量有说服力的研究，认为实质意义上的合作学习应当包括四个方面：一是积极依赖能力，这是合作学习中最为重要的概念。二是承担个体责任，这意味着每名参与者都对小组的学习和成功负有责任，而小组学习成功与否，取决于每个成员的努力。三是积极互动的能力。四是平等参与的能力。由此可见，这些能力的养成并非自然形成的，我国很多所谓的合作学习只是形式上的，而非真正意义的合作学习，要养成英语学习合作能力需要有意识地培养。

（四）学生文化视野的丰富

从一定的意义上讲，语言是形式，文化是内容，两者不可分离。学习英语不能脱离英语文化，了解英语文化是使用英语准确而得体的基础。文化包括风俗、习惯、地理、历史、信仰、生产、生活等许多方面。学习英语，不但要比较英汉两种语言，还要比较两种语言所扎根的文化。丰富学生的文化视野，让学生了解英语国家的社会文化知识，就为培养跨文化的交际能力打下了基础。

在英语学习中，一方面要注意文化求异，另一方面也要注意文化认同和语言认同。汉语说“丢脸”，英语说“lose face”，汉语说“开车”，英语说“drive a car”，思维方法一致，表达方式也一致。凡两种语言表达的概念是人类生活共有的，语言上求同的可能性就存在，甚至在汉语中的“坏蛋”，在英语里都有对应词“bad egg”，汉语里的语言学名词“虚字（词）”在英语里对应的说法是“empty word”。这是因为无论在英国人的生活中，还是在中国人的生活中，这些事物的存在状态和作用范围都相同，所以在两个民族头脑里形成的概念相同，在两种语言里对应词语的意义和用法也因之相同。

在英语教学改革的过程中，当结合具体的学习内容认真分析与体悟时，我们越来越深切地体会到英语因其特殊的语言文化形式向学生打开了一个个异域社会文化的窗口：一方面是了解所学语言地域的各类节日餐饮文化、社交礼仪、异国风情、文化传统、风俗习惯等民族社会文化知识；另一方面是培养学生在运用英语进行交际过程中，如何根据实际需要恰如其分地运用已学的社会文化准则进行交际的技能，理解、说明与建立我国文化与英语语言文化之间的平等观念，以及发现异域文化新信息和使用新信息的能力。所有这些都是英语学科教学的独特育人价值。

因此，大学英语教学改革不再把英语国家的社会文化知识仅作为背景，而是明确将学习英语国家的社会文化知识作为育人价值彰显出来。为此，我们往往采用两种方式：

一是渗透方式，将英语国家的社会文化知识融合于教学之中；

二是以主题文化课的方式，通过中外文化比较的方式，在扩大学生的文化知识面的同时，培养学生平等的文化意识。

（五）学生良好英语学习品质的培养

在我国，英语作为一门外语，不像学习汉语时有一个语言环境可让学生浸染于其中，不知不觉地习得语言，除了课堂教学的有限时间外，英语学习尚需要学生能充分根据自己在课堂中的理解水平和形成的能力，在课外展开自主学习，而这就需要学生具有一定的意志力和坚持不懈的学习毅力。

此外，大学英语教学改革提倡从学生发展状态出发，激活学生思维和兴趣，从学生生活出发，贴近学生，使学生在学习的过程中不但有兴趣、有话可说、有内容可表达，形成积极的学习动力，也能够积极地进行创造性学习。

这些有关学习的意志、毅力、兴趣、自信心、勇于实践和创造性学习的品质，似乎很抽象，在学生的英语学习中却是至关重要的因素。如果按照从小学到大学这个时段计算，与中文学习和数学学习相比，英语学习在当前学生的学习课程中所占的时间最长，至少需要 16 年的学习时间，如果这门学科的学习在中小学时期没有养成良好的习惯，就会对以后若干年英语学习的成效产生障碍。

总体上而言，大学英语教学改革的育人价值最终指向的是学生整体素养的主动、健康成长，是在超越量的意义之外，更强调质的意义，学生能够通过英语学习成为一个能够掌握自己命运、自主发展、学会合作的全方位发展的人。

第二章　大学英语的教学探索与研究

大学英语教学在我国的高等教育中占有一席之位，为社会培养高素质的综合型英语人才起着重要的作用。本章首先阐述了外语教学历史的积淀，其次对大学英语教学的要素、英语学习策略以及大学英语的教学模式进行分析。

第一节　大学英语教学的起源与政策解读

一、中国外语教学的起源

英语最早由跟随贸易掠夺商船而来的新教传教士引入。英语教学以相对于中国传统教育的“新学”为依托。“新学”起源于晚清，既有官办“新学”，又有教会“新学”。在特殊的历史背景下，官办学堂和教会学校这两种不同性质的学校教育为实现不同的目的，开始了不同的英语教学。

（一）教会英语教学起源

第一次鸦片战争前夕，中西文化和价值观念在口岸城市发生碰撞。在中西意识形态对抗中，新教传教士们带来了西方基督教文化——《圣经》，也带来了介绍《圣经》的语言媒介——英语。

1807 年，马礼逊（Robert Morrison）受伦敦会（The London Missionary Society）委派来到广州，成为中国基督教新教传教事业和教会英语教学的开创者。1818 年，由马礼逊资助的英华书院在马六甲创办，贯彻“中西互动教学”（Ride，1957）方针，教授华人英语、西方科学知识和基督教教义，成为中国教会英语教学的开创者之一。

在伦敦会和马礼逊的影响下，美部会（The American Board of Commissioners for Foreign Missions）传教士裨治文（Elijah C. Bridgman）1830 年在广州开设贝满学校，让学生在翻译基督教教义和帮助编辑近代中国第一份英文报刊——《中国丛报》（The Chinese Repository）的过程中学习英语。贝满学校是新教传教士在华创办的第一所教授英语的教会学校。

伦敦东方女子教育促进会（The London Society for Promoting Female Education in the East）的郭实腊（Charles Gutzlaff）夫人于1835年在澳门开办女塾，开设英语课程，开创教会女子英语教学的先河。

马礼逊去世后，在华商人、传教士等西方人于 1835 年发起成立“马礼逊教育会”（The Monson Education Society），继承马礼逊未竟事业，创办学校，“教授中国学生英语阅读和写作，以英语为媒介了解西方世界的各种学术”（The Chinese Repository，1836）。由“马礼逊教育会”创办的马礼逊学校 1839 年在澳门开学，不久迁往香港。

为避免与中国社会不喜欢洋语的心理发生摩擦，鸦片战争后建立的教会学校以退为进，在相当长一段时间内不开设英语课程。所以说马礼逊学校是官办学堂英语教学开始之前英语教学规模和影响最大的教会学校。

教会学校虽然规模小、设备简陋，且“短命和原始”（Graham，1995），但通过强化各种教学措施，其英语教学实现了或至少部分实现了渗透和传播基督教思想的办学目的。英华书院注重培训中国籍神职人员，等待中国的开放。毕业生虽然不多，但仅到 1834 年就有至少 15 人成为基督教教徒。以梁发等为代表的华人牧师“在英华书院接受神学训练，日后献身传道事业”，“与中国教会历史尤有重大关系”；马礼逊学校努力指导、帮助学生理解基督教教义之真谛，注重培养学生的基督教精神。

（二）官办英语教学起源

1859年，郭嵩焘奏请建立外语学校，“这是近代中国第一次提出设立外语学校的主张”（熊月之，1994）；1861年，冯桂芬提议在上海和广东两口岸城市设翻译公所，翻译西方“有理”书籍，教学外国语言文字，培养对外交涉翻译人才（冯桂芬，1998）。

面对第二次鸦片战争后新的国际形势以及势不可挡的西风东渐（费正清等，1985），为了维持“和局”，挽救危亡，迫于《中英天津条约》中“嗣后英国文书俱用英字书写……遇有文字难辨之处，总以英文作为正义”（王铁崖，1957）等强行规定，于1862年首先开设的英文馆——京师同文馆，便成为近代中国创办的第一所官办外语学堂。

鉴于“洋人总汇之地，以上海、广东两口岸为最”，中外交涉事件“势不能以八旗学生兼顾”的实际，“惟多途以取之，随地以取之”（陈学恂，1986）的认识，清政府又分别于1863年和1864年创办上海同文馆和广州同文馆，教授英语等外语。

1866年，斌椿使团出访游历欧洲，京师同文馆学生凤仪、德明担任翻译，第一次直接参加了清政府的外交活动，使这些接受英语培训的人“开始了中国有影响的外交活动”（Biggerstaff，1961）；官办英语教学的开办标志着我国教育近代化的启动。官办英语教学实施不久，洋务运动便由“求和”步入“求强”阶段。为适应新形势的需要，京师同文馆1866年增设天文算学馆，不断增设科学课程，扩大招生范围，用英（外）语教学科学，从一所英（外）语学堂发展为一所技术学堂；上海同文馆一开始就教学数学等科学，1869年并入江南制造局翻译馆，强调实用科学，注重翻译实践，成为洋务时期翻译传播西学的重要桥梁。

二、大学英语教育政策的解读

听、说、读、写、译等教学要求的更新以词汇教学要求的递增为基础。2004年《大学英语课程教学要求（试行）》中，“一般要求”的词汇教学相对于1985年和1986年《大学英语教学大纲》增加了500个单词，相对于1999年《大学英语教学大纲》（修订本）则增加了300个单词。此外，1985年和1986年《大学英语教学大纲》以及1999年《大学英语教学大纲》（修订本）对词组培养目标都无明确要求，用的是“一定数量”“常用词组”这样的模糊字眼，而2004年《大学英语课程教学要求（试行）》则明确规定“一般要求”需掌握词组700个、“较高要求”1 200个、“更高要求”1 700个。

（一）听力能力要求

听力能力要求的变化不但体现在数量上，更体现在质量上。1985年和1986年《大学英语教学大纲》对基础阶段听力的语速要求是每分钟120个词，较高要求为每分钟140个词，理解率达70%；1999年《大学英语教学大纲》（修订本）对听力要求调整为基础阶段每分钟130~150个词，较高要求为每分钟150~170个词；并要“领会讲话者的观点和态度”，能够对听力材料“进行分析、推理和判断”；2004年《大学英语课程教学要求（试行）》对听力语速的“一般要求”为每分钟130个词左右，“较高要求”为每分钟150个词左右；并且听力材料为英语国家本族语者的英语节目或者谈话和讲座，要“能掌握其中心大意，抓住要点”。

（二）口语能力要求

口语能力要求的变化反映了我国社会需求的巨大变革和大学英语教学重点的转移。1985 年和 1986 年《大学英语教学大纲》将口语能力培养定位于第三层次，只要求基础阶段的学生能“用英语进行简单的日常对话”，在提高阶段能“用英语进行简短对话”“基本上能表达思想”。口语要求较低，不利于为英语学习打下基础，也不利于信息的获取。1999 年《大学英语教学大纲》（修订本）将“说”提到了第二层次，即使是一般要求，也要“能就教材内容和适当的听力材料进行问答和复述，能用英语进行一般的日常会话，能就所熟悉的话题经准备后作简短发言，表达思想比较清楚，语音、语调基本正确”。2004 年《大学英语课程教学要求（试行）》以“听说为本”，不仅要能“用英语交流”，还要“能在交谈中使用基本的会话策略”，这就要求学生不仅仅了解语义方面的知识，也必须掌握一定的语用知识。

（三）阅读能力要求

阅读能力培养愈加注重阅读内容的实用性和阅读方法的策略性。在基础阶段，1985 年和 1986 年《大学英语教学大纲》规定的阅读速度为每分钟 50 个词，1999 年《大学英语教学大纲》（修订本）和 2004 年《大学英语课程教学要求（试行）》要求的阅读速度为每分钟 70 个词，这一要求略高于中学英语教学大纲所规定的每分钟 60 个词。对于篇幅较长、难度略低的文献，1985 年和 1986 年《大学英语教学大纲》要求基础阶段的阅读速度为每分钟 90 个词，提高阶段为每分钟 120 个词；1999 年《大学英语教学大纲》（修订本）和 2004 年《大学英语课程教学要求（试行）》则将基础阶段的要求提高为每分钟 100 个词。此外，1985 年和 1986 年《大学英语教学大纲》只要求“顺利阅读并正确理解”，而 1999 年《大学英语教学大纲》（修订本）则要求能够“进行一定的分析、推理、判断，领会作者的观点和态度”，2004 年《大学英语课程教学要求（试行）》更强调实用性，要求能“读懂工作、生活中常见的应用文体的材料”，并能“在阅读中使用有效的阅读方法”。

（四）写作能力要求

写作能力要求从模式化向应用能力发展。1985 年和 1986 年《大学英语教学大纲》对写作的要求是，基本要求半小时内写出 100~120 字左右的短文，较高要求为 120~150 字。1999 年《大学英语教学大纲》（修订本）则将写作要求提高为基本要求 120~150 字，较高要求 150~180 字。2004 年《大学英语课程教学要求（试行）》将这一要求又改为 120 字和 160 字。单就写作单词数量来看，1999 年《大学英语教学大纲》（修订本）的要求最高，这和当时课程目标中将“写”从之前的第三层次提高到第二层次有关。但从写作的内容来看，1999 年《大学英语教学大纲》（修订本）和 2004 年《大学英语课程教学要求（试行）》更加注重实际应用性，写作内容为读书笔记、论文摘要、日常应用文等，以适应时代的需求。

（五）翻译能力要求

翻译能力培养总体体现在说、写能力培养之中。1985 年和 1986 年《大学英语教学大纲》只要求英译汉，基本要求为每小时翻译 300 个英语单词，较高要求为 350 个单词。1999 年《大学英语教学大纲》（修订本）英译汉的译速要求没有改变，但增加了汉译英的要求，分别为基本要求阶段的每小时翻译 250 个汉字和较高要求阶段的每小时翻译 350 个汉字。2004 年《大学英语课程教学要求（试行）》对译速的要求也没有改变。这一变化从一定程度上体现了将翻译能力培养体现在说、写能力培养之中的理念，没有将培养学生的翻译能力提高到应有的层次上来，导致了学生翻译能力低下。据高远（2003）介绍，某著名高校对通过大学英语四级考试的学生进行了同样性质的考试，结果多项选择题的平均得分是 88.3 分，而翻译的平均得分为 32.4 分。

（六）教学安排的变化

注重教学安排的灵活性和自主性的教学安排变化的总体趋势。1985 年和 1986 年《大学英语教学大纲》和 1999 年《大学英语教学大纲》（修订本）都规定了大学英语课程的课时数：基础要求阶段 4 学期不少于 280 课时，每周 4 个课时；第 5 到 7 学期为专业英语阶段，每周 2 课时；而且课内外学习时数比例不低于 1 ∶ 2。在课程安排上没有明显变化，实施按部就班的课程安排原则。2004 年《大学英语课程教学要求（试行）》则没有具体安排教学课时数，只是要求各学校根据本校的实际情况“设计自己的大学英语课程体系”。此外，除了传统的面授课程之外，2004 年《大学英语课程教学要求（试行）》鼓励学校“开发基于计算机 / 网络的大学英语课程”，使大学英语教学形成一个完整的体系。这一标准的制定使大学英语教学更加科学、更加灵活、更富有弹性。

（七）教学手段的变革

教学手段的变革呈现出与时俱进的多样性原则。受大纲中阅读处于第一层次的影响，传统大学英语教学以教师为中心传授知识。教师主要用汉语在句子水平上组织教学，注重语法讲解。这一教学模式导致学生在学了 8~10 年英语之后，“仍然不懂得口、笔头交际的谋篇布局，交际中往往违反语用原则（例如使用不得体的语言），遇到表达困难时不懂得用交际策略进行补救”[1]。

随着对外交流机会的增加和国内英语听说环境的改善，听、说、读、写能力被放到了同一层次上，传统教学方法已不适应时代要求。2004 年《大学英语课程教学要求（试行）》颁布后，众多学者纷纷提出并不断革新教学方式和方法，其中以多媒体教学模式最引人注目：我们应该提倡多媒体教学。在缺乏外语环境的情况下，它往往有一定的补偿作用；“建设基于‘网络课堂 + 大班读写译课堂 + 小班面授辅导’的英语多媒体教学模式，网络课堂突出视听说专项训练，大班教学突出读写译教学，小班面授课堂突出口语教学”[2]。

（八）教学评估形式的拓展

教学评估由单一的终结性评估转向终结性评估和形成性评估相结合。1985 年和 1986 年《大学英语教学大纲》与 1999 年《大学英语教学大纲》（修订本）偏重终结性评估，考试是首要也是最重要的手段。终结性评估方式主要包括基础阶段每学期结束时的课业考试和第四、六阶段结束时的全国统一考试。不同的是，1999 年《大学英语教学大纲》（修订本）增加了四年级毕业前的考试，这和当时 4 年英语不断线的要求相符合。另外，1985 年和 1986 年《大学英语教学大纲》和 1999 年《大学英语教学大纲》（修订本）所规定的考试侧重点也不完全相同：1985 年《大学英语教学大纲》“着眼于考

[1] 戴曼纯 . 外语能力的界定及其应用 [J]. 外语教学与研究，2002（6）.

[2] 陈美华 . 大学英语教学改革的实践与前景 [J]. 中国大学教学，2006（2）.

核学生的语言能力和交际能力，准确性和流利程度”；1986年《大学英语教学大纲》“着重考核学生的语言基础”；1999年《大学英语教学大纲》（修订本）“重点考核学生的语言基础和语言应用能力”。这3份教学大纲都强调参加全国性统一考试，即全国大学英语四、六级考试。

2004年《大学英语课程教学要求（试行）》介绍了形成性评估方式，且将其放在了终结性评估的前面，这表明大学英语更应注重对学习过程的评价。随《大学英语课程教学要求（试行）》所附的“学生英语能力自评/互评表”可以让评估随时随地随人不断地进行，这样收集的数据不仅可以帮助学生了解自己的实际能力，且可以使教师和管理人员及时改进薄弱环节，使评估体现它的最大价值。2004年《大学英语课程教学要求（试行）》的终结性评估主要包括各学期期末课程考试和水平考试，且考试“应以评价学生的英语综合应用能力为主，不仅要对学生的读写译能力进行考核，而且要加强对学生听说能力的考核”。另外，2004年《大学英语课程教学要求（试行）》与1985年和1986年《大学英语教学大纲》及1999年《大学英语教学大纲》（修订本）的不同还在于它包括了对教师的评估。除了学生的考试成绩之外，“教师的教学态度、教学手段、教学方法、教学内容、教学组织和教学效果等”也在考察之列。这样一来，学校不再过分强调四、六级考试，而把主要精力放在如何提高学生的实用能力和提高教师的教学水平上来。

通过对大学英语教学政策演进的回顾与解读，我们发现，改革开放以来，我国大学英语教学取得了长足的进步与发展，国民英语水平有了巨大提高。但是，随着改革开放不断深入、国际交往的日益频繁、和谐社会建设的不断完善，以及大学英语教学持之以恒的发展，我国现行教学大纲/要求指领下的大学英语教学也已不可能完全满足社会的需求，大学英语教学改革将一直是时代的主题，一直是重要的研究课题。正如蔡基刚（2005）指出的那样，“大学英语教学从来没有像今天这样引起这样广泛的重视和议论，这本身就说明了大学英语教学的意义和希望”。大学英语教学改革要“科学论证、放开搞活”，以便使人们“更全面地看待问题，真正做到科学决策，减少失误”，既要解放思想又要实事求是，既要有前瞻性又要顾及现实。以大学英语教学大纲/要求的变迁为主线解析我国大学英语教学改革发展正是基于这一目的。

第二节　大学英语教学的过程原理

一、英语教学过程原理确定的依据

为简明起见，我们先借助一个直观图形描述教师在进行教学设计时应当考虑的三个思维支点，如图2-1所示。

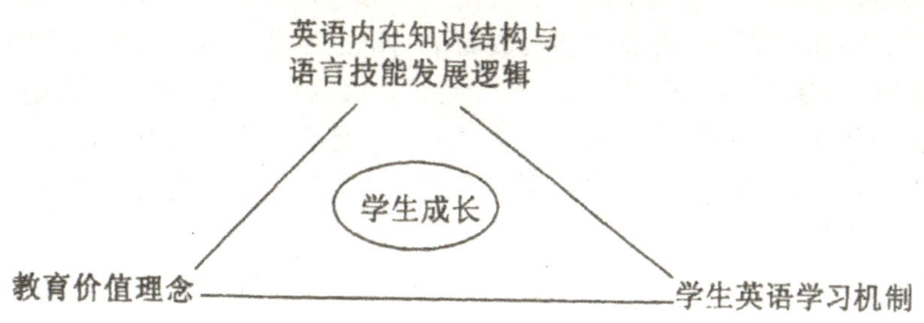

图2-1　教学过程设计与推进的三个思维支点

这个图形表明，教师在设计教学时，要考虑教育价值理念、英语学习机制和英语内在知识结构与语言技能发展的逻辑，这三个维度是教师在进行教学过程设计时不可缺少的。也就是说，教师在设计或开展教学活动的过程中，要考虑到教育目标、知识内在逻辑和语言技能发展的适切性，以及学生英语学习规律的适切性。只有在这三个方面都兼顾的情况下，才能保证英语教学过程的整体适切性，恰当促进学生成长。当然，大学英语教学在这三个方面都有自己的理解。

（一）教育价值依据

教育价值依据回答的是“这个时代需要培养什么样的人”的问题。从时代所要求于人的规格与特质而言，英语教学改革的育人观应与其他各学科教育或教育活动的育人观有共通性的一面，也有其独特的理解。“新基础教育”形成的教学共通价值观的核心理念是：当代我国基础教育中课堂教学的价值，需要从单一传递教科书上呈现的现成知识，转为培养能在当代社会中实现主动、健康发展的一代新人。这里之所以将教学三个层面价值观作为教学过程设计及展开的基础，教师所要秉持的思维支点之一，便在于为教学过程找到一个最根本的价值灵魂，将教学过程的目的与整个英语教学改革保持理念上的共通，同时又兼顾学科个性。

（二）英语学习机制与心理逻辑依据

学习机制回答的是“英语作为外语学习的发生机制及其规律是什么”的问题，包括英语学习的本质和英语学习的运作两个基本方面。科学的英语学习机制的建立是英语学习效率高和成功的重要保证。反之，英语学习效率不高，甚至最后失败，则往往与学习机制存在问题有关。例如：有的教师简单地把作为外语的英语学习等同于母语学习进行教学，或把英语学习与母语学习截然分开；或片面地把英语学习归结为记忆，而忽视交际实践，或只重视交际实践而忽视记忆；或只求质量，不求数量，或只求数量，不求质量；或只重口头，不重书面，或只重书面，不重口头；或强调熟练性，而不注意灵活性，或注意灵活性，而不重视熟练性；或一味苦学，而无巧学，或只想巧学，而无苦学基础……凡此种种，可以说都是学习机制的毛病。学习机制有问题，学习就会失衡，英语学习时间和物力消耗不少，但学习效果却不高。这种情况在英语学习中相当普遍，说明英语学习实践同其他任何人类实践一样，必须要有一定的理论指导。对于任何一个想学好英语的人来说，学习一定的英语学习理论都是十分必要的。

大学英语教学研究对我国学生英语学习的本质及其机制有着自己的理解。具体如下：

1. 英语学习离不开大脑的思维活动

当代中国人批评英语教学的不足时，要么说其是哑巴英语，要么说其是聋哑英语，要么说其是瞎子英语。这些说法虽然没错，但都是就事论事，并未从深层次揭示英语学习的本质。如此，英语学习就可能变成简单的记忆活动，傻学呆练，食而不化，即使英语比较流利，鹦鹉学舌，有口无心，属于会说什么就说什么，而不是想说什么就说什么。会说什么说什么，不是说自己的话；想说什么说什么，说的是自己的话。前者无内容，后者有内容，两者之间有本质的差别，差别的根源就在于是否动脑学习和使用。动脑学习，才有真正的效果和效率。

心理语言学家曾经做过一项试验：把学习者分成三组，给一定数量的生词进行学习。三个组所记的生词是一样的，但所接受的任务不一样。第一组的学习任务是尽量地记住这些词；第二组的学习任务是尽量地用各种各样的标准对这些词进行分类；第三组的学习任务是既尽量地记，又尽量地分类。在三个组进行了同等时间的学习之后，进行了记词测验，其结果很有趣。第一组记住的词不如第二组记住的多，第三组所记住的词和第二组所记住的词相等。这项试验表明，简单的记忆学习，其效果不如复杂的思维学习，即使在记忆效果上也是这样。这是因为分类是最重要的思维活动形式之一，尽管单纯的记忆活动也需要动脑，但其深度和广度却远远不及思维活动。可见，英语学习所需要的不仅是一般大脑活动，例如刺激－反应活动，而且是更高级的大脑活动，特别是创造性思维活动。

现有有关大脑机能的理论，以及英语学习的科学实验与实践都表明，一般的英语学习效率可以成倍地提高，甚至可以提高几倍、几十倍，关键在于英语学习要按大脑活动规律进行。举例来说，大脑的基本机能是兴奋和抑制，而单调的刺激时间一长，不但不能引起兴奋，而且会导致抑制。所以，在英语学习中只采用一种形式、一种方法，不如采用多种形式、多种方法交替使用，使大脑所接受的刺激经常变化，使大脑总是受到挑战，处于兴奋状态，学习才有高效率可言。从这个意义上说，英语学习中的各种方法都是可以使用的，关键取决于这种方法能否刺激学生的思维，是否用得适度。对于翻译法、直接法、听说法、阅读法、交际法、认知法及语法学习、结构学习、功能学习、话语学习等，都要持科学态度，或综合使用，或变换使用，使之各司其职，各得其所。

2. 英语学习有其独特的心理活动

英语学习一方面同感觉、知觉、表象、记忆、思维、联想等密不可分，另一方面又时时受到动机、信心、兴趣、情感、意志、注意等的制约，同时学习者的个性对学习也有重要影响。正如在生理方面，英语学习是大脑左右半球的协调活动那样，在心理方面，英语学习也应该是智力和非智力因素的协调活动。在学习中各种因素充分发挥积极作用，学习效率就会提高，一个因素出问题，学习效率就会降低。英语学习效率不高的人需要进行心理调整，甚至心理治疗，并非离题之言。

作为完整心理活动的英语学习，还包括知识、技能和熟练技巧。三者的统一与转化：一方面要通过内在的理解、意会和领悟，另一方面要靠外在的操练、练习和实践。理解、意会、领悟、操练、练习和实践是同步发展和提高的，如果脱节，就会降低学习效果。提高英语学习效率的重要途径之一，就是保持外部动作和内部心智的统一，使英语学习心理活动的完整性体现于各方面。

3. 英语学习是发现与运用规律的活动

要学好英语，就要对英语规律进行认真的探究，从而在本质上、深层次地把握英语，把英语学习由技能训练提升为规律性认识。美学大师朱光潜先生说："学外语，感性认识是基础，要真正做到懂透，感性认识就必须提升到理性认识。这就是说，不能停止在零星分散的现象上，而要总结出规律。有一种流行的错误见解，以为学外文只是一种记诵之学，用不上科学研究。实际上要把外语学好，还非经常进行一些科研不可。”对学生而言，科研也就是体悟和琢磨英语语言的规律，掌握了规律，就能更透彻地了解事物，就有了更大的自由，学习也就能够举一反三、闻一知十。所以，学习不能归结为简单的刺激反应行为的形成，或纯模仿，或纯记忆。语言统计学表明，幼儿如果只凭记忆、模仿、刺激反应联结，是不可能学会母语的。因为一种语言能生成的句子数量可以说是无限的，如果一句一句地去学习，一个人一生也只能学极小的一部分。人能学会母语和多种外语，最终还是要靠理性、智力和认知，靠本能地或自觉地对所学语言进行归纳与总结。学习英语，就更应该如此，思考得越深，发现得越多，英语学习的效果就会更好。有一位英国古典语言学家，他掌握了古希腊语、古拉丁语，还学会了法语，当然也会英语。在一次意外事故中，这位语言学家大脑受伤，得了失语症。但后来经过治疗，他又恢复了语言能力，而四种语言恢复的顺序却很值得思考。最先恢复的竟然是古希腊语，其次是古拉丁语，再其次是法语，最后才是英语——这位语言学家的母语。这个例子说明，对一种语言研究得越深，印象也就越深，同时也说明，通过书面形式学习一种语言，其效果不但不比通过口头形式学习的低，甚至有可能还高。因为古希腊语和古拉丁语都早已是人们不再说的语言，只在古文献中保留了下来，那位语言学家学习这两种语言，只能通过读和写。

英语学习是研究活动，不光指探索语言规律，也包括探索文化和科学，当然是通过英语进行探索。因为通过英语解决问题，使用英语解决问题，比使用英语做事更能促进学习者对英语的掌握。在前一种活动中，学习者动脑的强度要比在后一种活动中大得多。因此，只一般性地提倡用英语交际，用英语做事，对于学好英语是远远不够的，还应该强调用英语研究和探索，用英语解决问题，这样才能抓住英语学习的实质，取得学习的成功。

4. 英语学习是一种审美活动

英语学习除了是用脑、动脑的认知性活动，还是一种审美活动，这源于语言的本质。语言不只是艺术创造的重要形式和手段，其本身就是重要的审美对象，是人类普遍创造的艺术品。这表现在英语的语音、语法和词汇都具有和谐美。在语音方面，不但有单音节的对称，如长短元音和清浊辅音，而且有语流的轻重、高低和节拍。在语法方面，进行时态与完成时态对仗极为工整，给人以美感；比较级和最高级也是如此。在词汇方面，write – writer、read– reader、listen– listener、speak– speaker 等，同样给人以和谐的美感。学习时，只要用心体验，就能受到感染。

为了提高英语学习效率，非常需要加强对英语的整体审美感。在听时，首先要听语句的节奏、节拍、高低、升降等，得到整体的语音语调感染，形成完整语句的声音形象，达到“余音绕梁，三日不绝”的程度。同时，把音感和义感密切结合，把意义感和形象感、情景感密切结合，以求进入立体化听、理解、感受和储存的境地。这样听，有的可过耳不忘，甚至可永远不忘。

朗读和说与听一样，在练习时也应该首先抓住语流的整体节奏、旋律，表现英语特有的和谐美感。同时对所读和所说的内容，要有个人的独特体验，有思想和感情的凝结与流露。这样练习，既会给他人以深刻印象，更会使自身受到自我感染。学习效率自然会有所提高。

从英语教学的角度而言，如果要引导学生在审美体验中学习英语，在教学中就要运用各种手段和形式，如英语诗歌、歌曲、戏剧、小说、电影、录像、故事、图片等。当然，在这里对学习起助推作用的，不只是艺术形式，还有艺术内容。学唱英语歌曲，朗读、背诵英文诗歌，表演英语短剧，阅读英语故事等，其内容都应该与学习者的思想、感情、气质、修养等合拍，能引起共鸣。这样，学习者就会很快进入艺术再创造的角度，在不知不觉中掌握英语，而且熟练牢固。所以审美学习从心理学角度看，其实质是潜意识学习。而潜意识如今又被证明是学习能量最大、最值得和最迫切需要开发的一个领域。如果在英语教学中注意加强这方面的努力与研究，则学生英语学习的效果也会超出英语之外。

（三）语言内在结构与逻辑依据

这一点很容易理解，以往在语法大纲的理念指导下，英语教学过程逻辑基本都是遵循从简单到复杂、从具体到抽象的顺序进行安排的。在今天，英语教学过程是在批判只单纯强调语法程序思路的基础上，进行扬弃式的吸取，仍然强调英语教学要遵循知识的内在结构与逻辑。例如，阅读学习的基本程序是：字母认读、音节拼读、单词拼读、词组认读、句子认读、句组认读。读的单位逐渐加大，读的速度逐渐加快，阅读理解逐渐加深，阅读目标逐渐提高。又如单词拼读学习的基本程序是：元音、辅音单独读，再一起读，整体拼读，快速整体拼读，自动化闪电式整体拼读。拼读的技能一步比一步熟练，拼读的目标一个个实现。从以上两例可以看出，随着学习顺序的明确，学习目标自然也更明确和具体，学习者对于英语学习活动的驾驭也因之更加容易。

二、英语课堂教学结构系统及其相互关系

英语课堂教学是语言教与学活动展开的复杂过程，是在教师、学生的双边交往互动中，以语言知识为“内容”，以语言技能为师生间交往的“言语载体”，以学生语言理解与能力的形成为目的的多系统交互推进的过程。由此，我们可以看出，英语课堂教学由语言知识系统、语言技能系统、教学过程系统和学生认识系统构成复杂的系统结构，四个结构系统间是相互交织、彼此依存而又具自身内在逻辑特征的关系。具体而言，可将课堂教学四个结构系统解析，如图 2–2 所示。这四个结构系统在教学活动中并存，相互缠绕，能否真正将语言知识与语言技能转化为学生的语言能力系统，主要取决于英语教学过程结构系统的运作状态。

（一）知识结构系统

英语语言知识的内在结构是成系统的，其知识结构的解剖特征如下：

1. 从简单到复杂

如就语言知识的词汇、句型与文化看，词汇从名词、动词到形容词……句型从基本句型到变式句型……时态从现在时到过去时，再到将来时……语态从主动到被动……文化知识从小到大……

从语言知识学习的顺序与转化关系看，从词到句、从单句到句组、从句组到语段、从语段到语篇。这样在中小学各年级间，语言知识系统形成在多个层面之间存在既各自不断复杂化，又相互交织的关系，但语言知识系统整体上是有序的。这种知识的有序排列，便是教学内容顺序展开的知识依据。

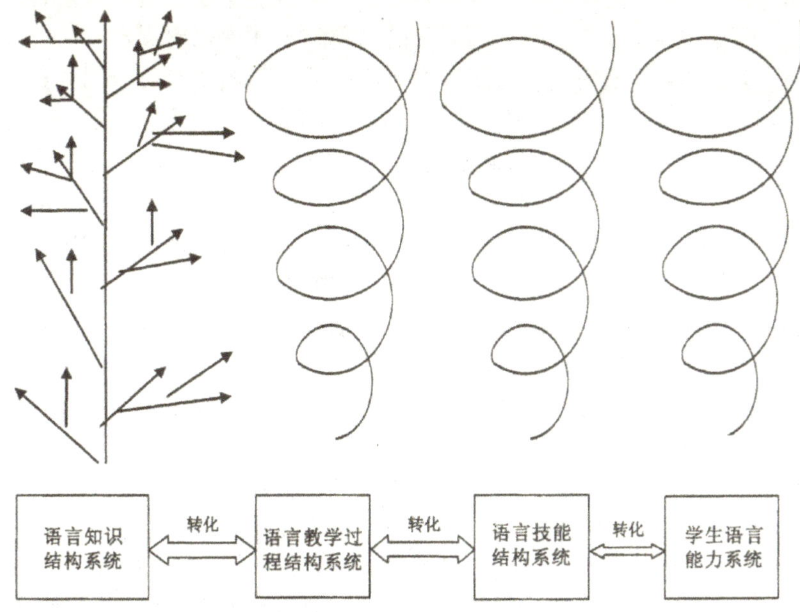

图2-2　教学过程结构系统及其转化关系

2. 从少到多

如小学阶段的写作技能从写字母、写单词、写句子、写语段到写语篇，再到写各类文体性的语篇，量与篇幅都是逐步增加的。

3. 由具体到抽象

如词汇学习是从名词、动词、形容词、副词到介词，由实到虚。

这些知识系统的层次性特点，都是教学顺序和层次的内在依据。具体将在本书后面知识类课型各年级教学要求中做进一步说明。

（二）语言技能结构系统

语言技能系统是指听、说、读、写自成系统，又相互交织。从一堂课各环节看，语言技能中的听、说、读、写也是随着教学过程的推进而变化的。一般而言，教学导入环节和教学新授环节是以听说为主，其中渗透部分语言点的读或写的要求；在教学综合性输出环节，读写比重开始加强。只有这样，课堂教学的语言技能要求才可能在不同层面上得到落实。一些教师常常在教学的各个环节都只是运用听与说，这是偏颇的，不利于学生对语言形式的掌握。有些课堂教学，学生的发言虽然质量很高，一接触到读写要求，便出现明显下降的现象，与这种情况不无关系。

（三）认识结构系统

这是指学生的语言学习是一个有序的发展过程。比如美国著名语言学家雅柯布森的研究发现：儿童起初每句话只有一个整词，用不大精确的说法就是单词句（one-word sentence），以后才有了词和句子的概念。在其后的阶段，一个词的句子拓展为包含第二个成分。与此同时，语法的第一次区分开始出现，一方面是词和词的结构，另一方面是主要的词和附属词。比如 it ball、more ball、there ball、little ball。许多观察者在这里就想到了述谓结构，不过，把这种结构解释成单个的、语境决定的谓语，只是很肤浅地拓展了谓语一词的意义。短语 little ball（小球）与 the ball is little（球很小）相去甚远。

形容词主要的、无标记的功能绝不是作表语，而明显的是作定语。只是到了语言习得的后一阶段，即第三阶段，“主语 + 谓语”的简单句子才得以出现。

有一个有趣的例子说明这些时间顺序上的关系。英语中有三个同音异义上的后缀，都有 [z] 的发音，这些音会在某些固定的条件下经历一些较固定的变化。这一后缀形式有三个不同的意义：第一，表示名词的复数（cooks，复数）；第二，表达所有关系（cook's hat，厨师的帽子）；第三，动词第三人称单数的变位形式（mummy cooks，妈妈做饭）。儿童首先是利用这一后缀表示复数词尾，而后用它表示所有格，最后用它表示第三人称单数的变位形式。道理很明显：在区分复数和单数的时候，只是涉及词，而在使用所有格形式的时候，涉及一个完整的短语，当涉及动词人称形式的时候，问题就涉及谓语与主语的关系，因而整个句子都受到影响。

语言的这一发生系统说明，在英语教学过程中要基于这一特征开展教学工作。

（四）过程结构系统

中国有句古语“行成于思，毁于随”，说的是行动要成功，必须经过周密思考，随随便便行动，就会失败。对于英语教学而言，也应注重用科学方法加以组织。每一个步骤都是对上一个步骤的反馈，同时又激起下一个步骤的反应，如此步步相连，一步接一步，直到达到某一环节的目的，而每一个环节也同样与上一环节和下一个环节有反馈和反应关系，环环相扣，直到达到某一阶段的目的。

和以往教学结构一样，英语课堂教学的基本过程结构也由三部分构成：导入、教学中和教学后。但由于价值理念、教学思想过程的理解不同，英语课堂教学结构在每一个环节都呈现出独特性来。

1. 开放式导入

开放式导入在英语课堂教学的展开过程中有着重要的意义，它犹如乐曲中的“引子”、戏剧的“序幕”，起着酝酿情绪、集中注意力、渗透主题和带入情境的作用，不同于 warming-up。warming-up 的功用在于引起学生的学习动机和注意，使学生进入学习的准备状态。但开放式导入的功能并不止于此，精心设计的导入能抓住学生的心弦，立疑激趣，能促成学生的情绪高涨，步入智力振奋的状态，有助于学生获得良好的学习效果。

（1）开放式导入的目的与功能

①提供必要的信息以激发学生的学习兴趣，激起学生的学习动机和注意，使学生进入学习的准备状态。兴趣是入门的向导，是感情的体现，能促使动机的产生。兴趣是知识的生长点，学生学习有兴趣，就能全神贯注、积极思考。兴趣是学习动机中最现实、最活跃的成分。所以，善导的教师在教学开始时，就千方百计地诱发学生的求知欲。学习动机是直接推动学生进行学习的内在动力，学生们有了学习动力，才能产生学习的自觉性，迸发出极大的学习热情。

②设置问题情境和制造学习气氛，引起学生对所学课题的关注，引导学生进入学习情境，使学生进入学习的准备状态。注意力是心灵的门户。在英语课的开始，要给学生较强的、较新颖的或是有挑战性的刺激，能够帮助学生收敛课前活动的各种思想，形成对本课新内容的“兴奋中心”，把学生的注意力迅速地集中并指向特定的教学任务和程序之中，为完成新的学习任务做好心理上的准备。

③为学生学习新的英语语言项目、新的词汇、新的阅读或听力内容做鼓动、引子和铺垫，使学生明确教学活动的目标和任务、活动的方向和方式，使学生产生对学习的期待。

④在导入活动中，通过对学生反应的强化，使学生产生进一步参与教学活动的愿望。

（2）开放式导入的注意点与方式

导入方式由引起注意、激发认知需要、形成学习期待和促进参与四个要素构成。

①引起注意。导入的构思与实施，要在一节英语课的开始阶段进行。教师要努力地把学生的心理活动保持在教学行为上，使与教学活动无关的甚至有碍的活动迅速得到抑制。导入活动中，教师要注意引起和保持学生的有意注意。实现这一目标的途径有：帮助学生加强对学习目标的理解，对学习目标理解得越清楚、越深刻，学习的自觉性、主动性就越高，完成学习任务的愿望就越强烈。设问导入，有利于加强有意注意，为了思考和回答问题，学生必须注意有关内容与事物。在导入过程中，教师要把智力活动与实践活动结合起来，在课的一开始，教师就要让学生动起来，这样学生能够更容易集中注意力。

②激发认知需要，激活群体已知。学习是循序渐进的，要以较低层次的知识掌握为前提，才能保证与此相联系的较高层次知识的理解与掌握。如是同类知识，要提升到新的台阶更需要原有知识做铺垫。有经验的教师在导入活动中，总是以复习、提问等教学活动开始，提供新、旧知识联系的支点。这样的导入，一方面使学生感到对自己的原有知识经验形成挑战，促使学生产生进一步求知的需要，另一方面使学生感到新知识并不陌生，便于将新知识纳入原有的知识结构中，降低学习新知识的难度，易于引导学生主动参与学习。换言之，教师要设计一些能够对学生的认知能力形成适度挑战，并和已有知识相关的学习情境，在情境中建立教学内容与学生原有认知结构之间的实质性联系，依据教学内容本身的逻辑意义，明确教学内容对学生原有认知结构所提出的要求，并依据这种联系决定导入的类型。教师通过导入，引出学生原有认知结构中的相关内容，并激起进一步了解新知识的认知欲望。

例：教师在教“can do something”句型时，首先在导入环节展示一幅教室情境的图片。

T：What can we do in the classroom?

S1：We can read in the classroom.

S2：We can write and learn in the classroom.

S3：We can sing and dance sometimes.

T：We can do so many things in the classroom, but we can't drive the car in the classroom.

T：Can you tell me what can we do and what can we not do in the classroom?

可以看出，这个导入环节，教师不但能够提出开放式的问题，激发学生用各种动词表达的欲望，激活了相关旧有知识，同时又通过进一步提问，激发学生进一步思考如何用转折句表达教室里的可作可为与不可作不可为。

③形成学习期待。学生意识到了认知上的差距，产生了认知需要，还不能构成学习活动的启动机制。教师还必须使学生明确学习的目标、活动的方向和活动的方式，即产生对学习的期待。

美国心理学家布鲁诺指出：“教学过程是一种提出问题和解决问题的持续不断的活动。”思维永远是从问题开始的。所以，有经验的教师常常可以用提出主问题的方式来进行，引导学生回忆、联想、预测，或渗透本课学习的主题。主问题是对问题情境的概括，是对整个课堂教学活动的方向指引，是以问题的形式使学生明确教学活动所要达到的总目标。教师还要指出学习进行的方法，使学生对学习程序做到心中有数。

④促进参与。教师通过强化，使学生得到来自于集体和教师认可的体验，获得成功

的喜悦，激发进一步参与教学的欲望。

2. 话题展开与理解性语言输入环节

即新语言的输入环节。这个环节不是机械的语言输入，而是师生互动生成的过程。它与教学过程的开放度大小密切相关。

英语教学是促进学生整体生命成长的过程，是学生从无知走向有知，从知之不多向知之较多，从知道不全面向知道较全面逐渐过渡的过程。因此，在教学中，要求学生主动参与，尤其是学生思维的主动介入，并形成创造性的思维。当然，由于每节英语课的教学目标以及具体的课型不一样，所以，如何处理每堂课的教学推进过程也不一样。

教师经常会形成自己课的习惯性结构框架，尤其是有经验的教师一般都有自己的教学风格和课堂常规，能够面对不同的课型灵活采用不同的教学策略。事实也表明，结构相对类化的教学课结构有利于学生学习，一旦学生熟悉不同课型的教学过程结构，就可以随着课的推进较熟练地与教师配合应当做什么和将要做什么。

当然，将一节课划分为许多次级教学活动，教师还需要考虑到两种次级教学活动之间的转换关系。研究表明，小学课堂中每天要发生 30 多次转换，占全天课程 15% 的时间（Doyle，1986）。在许多外语课堂中，特别是在开展小组交流和两两结对交际的课堂中，根据不同活动重组的活动频率更高，如何处理好环节间的转换意义更为重大。

根据 Doyle（1986）的发现，技能熟练型的教师往往能够轻松自如地进行教学环节间的转换，尽量减少因环节转换而带来的教学的生硬性。而技能陌生的教师则相反，往往会将前后环节顺序搅和在一起，不能关注环节间的转换问题，或是过度运用转换而使课的紧凑性不够。因而，有效的教学环节转换有助于维持学生的注意力和加强活动联系的紧凑性。

教师处理教学转换的方式有多种，相互协商、调整教学焦点或开始一个新的片断等都不失为良策。具体要采取何种措施，主要依赖于转换的性质。比如让学生从个体学习转换为小组学习，要比讨论两个话题的转换容易些。教师必须考虑许多决策方式：

· 当由个体学习转换为小组学习时，如何保持课堂教学的连续性？

· 不同活动间学生将做什么？

· 什么时候该告诉学生某项教学活动的目标？

在课堂教学推进的中心环节，有几点需要加以注意，并应当始终坚持。

（1）教学活动的有目的性

即在英语课堂教学中，要有目的地运用变化技能。教师掌握变化技能的各种要素，灵活地运用变化技能的各种类型，都是为了更好地实现和完成英语课堂教学的目标和任务。脱离课堂教学的目标或与教学内容关系不大的任何变化只能使学生更加糊涂，分散学生的注意力，达不到促进学习的作用。

（2）有意义

即教师在课堂教学中，无论采用何种教学方式方法，都应尽量根据学生的能力、兴趣、背景知识、学校情景、英语学科、所教课的题目及任务的要求来精心设计，使教学活动在有意义的情景中开展。

（3）连贯、有层次、有递进

即在教学环节的推进过程中，教师要注意环节转换的自然、连贯、递进，逐步提升学生的思维水平，并保证学生的注意力和学习不因教学环节的变化而受到负向干扰。

（4）生成性

即教学新语言点的出现不是教师空降给学生，学生简单接受不断操练与应用的过程，而是在学生原有经验上逐步生长出新知的过程，学生是在运用、发现和体悟中不断丰富和深化的过程。

这样设计的教学过程，其价值不仅有利于提高英语教学效率，也有利于提高学习者的整个个体生命质量。人对自身生命的思维，第一层次是想长寿，第二层次是想高效。所以，效率思维在人的整个生活中的价值是极高的，生命价值等于生活效率，生活效率等于效率思维。英语教学效率思维应该一方面着重外在的学习活动，另一方面不忽视内在的心理活动，内外结合，不断进行应变调整。外在学习活动的思维基本上有两大方面的内容：第一是关于首次学习材料的智能性和学习者个人性的加工；第二是关于练习和复习目标的到位与升位的连接与转换的契机。在英语学习中，不管是词、句、文的学习，还是语音、语法、语义规律的学习，在首次学习时，学习者都不能是被动地接受，而要主动地对所要接受的语言进行智能加工，这种加工可以是进行新的概括，对词和句重新分类，也可以是进行新的推导，如大胆试用构词规律构造新词，或试用句子模式造句，以及活用课文结构作文。只要在首次学习中开动脑筋，进行思索，在接受中有所创造，学习效率就会提高，记得活，用得活，死记变为活记，模仿提高为创造。

在英语学习中，练习和复习的时间与精力占的比重很大，是英语学习中的主要活动，练习和复习效率高，意味着整个学习效率也高。因此，英语学习的效率思维必须把练习和复习作为重点。在这方面，效率的提高既同练习和复习的到位有关，也和练习与复习的升位有关。所谓到位有两重意思：第一是指练习和复习要抓住重点和紧扣关键；第二是指练习和复习要达到巩固、熟练和练活的目的。比如口语对话练习，比较困难的不只有提出问题，而且有听懂问题，所以，一方面要把提问作为重点来练，另一方面也要把听问题作为关键来练。再如词汇复习，在句子和课文中复习率低的词比较容易忘，应该作为复习的重点，而典型词的结构和转义的用法能起举一反三的作用。在关键处下够功夫，可以保证学习之路畅通。

英语练习和复习要有效，就必须达标，技能要达到熟练而灵活，知识要达到巩固而系统。熟练的标准是快速流畅，灵活的标准是结构变化与层次意义的深化，巩固的标准则是知识联网与快速重现。由不熟到熟，不活到活，不牢到牢，属于练习和复习的到位。但效率思维如果只考虑到位问题，那么思维还是片面的，不够系统的。以到位为内容的效率思维，需要以升位为内容的效率思维来补充。练习和复习的升位，指的是每一类、每一种、每一项的练习和复习，在其临近到位之前，在综合度、复杂度、难度上的适当提升。比如，以句为单位的句型练习到一定火候时，就要提升到以句组或话语为单位的练习；或同一水平的话语听力练习到一定火候时，就要提升到有听有说，或听一段后说，或全部听完后说。

练习和复习如果只求到位，则属于静态性的练习和复习，而如果也求升位，则属于动态性的练习和复习。静态性的为单一目标，动态性的为综合目标，前者为一举一得，后者为一举两得甚至多得，效率自然会提高。因此，英语学习的效率思维既要把练习和复习到位加以周密计划，也要将其升位予以细致安排，达到这一点，就可以说效率思维到了位和升了位。

3. 话题拓展与开放式语言综合输出环节

这是语言能力形成与语言综合使用环节。这个环节不是巩固新语言的简单、线性操练，而是面向学生所有已有语言存贮状态的开放式、综合灵活运用环节，同时也是进一步形成新的语言认识的环节。

与传统上一般将课堂教学结束环节用来做练习巩固知识，或是教师简单就一节课做总结，整理教学要点的做法不同，“新基础教育”英语课堂教学结束环节仍然是开放式的，目的是让学生在经过核心教学过程的推进环节之后，进一步经过 2 ~ 3 个小步骤，由小开放到大开放地设置一些教学情境，让学生在小开放性的教学情境环节能够基本上将本课所学习的内容做进一步的综合与巩固，而在大开放性教学环节中，超越本节课的所学内容，灵活地根据语言情境自如地运用英语知识与技能解决问题或交流思想。因此，这个环节与前面的教学环节是密不可分、环环相扣的，对前一环节所掌握的语言点起到综合、提升与巩固的作用。

第三节　英语学习策略的研究

一、学习策略的界定

关于学习策略，不同的学者研究界定了不同的定义。斯特恩把它定义为：策略用于泛指语言学习者采用学习方法的一般趋势和总体特点，而技巧用于指可视行为的特别形式（Stern，1983. In：Ellis. 1999）。威恩斯坦和梅耶把学习策略界定为“语言学习策略是学习者学习语言时的做法和想法，这些做法和想法旨在影响学习者的编码过程”（Weinstein & Mayer，1986. In：Ellis，1999）。另一学者钱莫特认为“学习策略是学生采用的技巧、方法或有目的的行动，其目的是使学习、回忆语言形式和内容更为容易”（Chamot，1987. In：Ellis，1999）。鲁斌视学习策略为“有助于学习者自我建构语言系统的策略，这些策略能直接影响学习”（Rubin，1987. In：Ellis，1999）。奥斯科特把语言策略理解为“学习者为了使语言学习更有成效、更加自主、更加愉快而采取的行为或行动”（Oxford，1989. In：Ellis，1999）。虽然学者们的界定各不相同，但我们还是可以看出他们之间是有共同之处的，即策略是学习者的行动，使用目的都是为了提高学习的效率。

二、学习策略的分类

学习策略的定义不同，其分类也有所不同。下面介绍的是国外流行的两种分类法，即奥玛利和钱莫特的分类法以及奥斯科特的分类法。

（一）奥玛利和钱莫特的分类法

根据信息处理理论，奥玛利和钱莫特将策略分为元认知策略（metacognitive strategies）、认知策略（cognitive strategies）和社会/情感策略（social/affective strategies）。

用认知知识，采用计划、监控及评估的手段对语言学习进行控制即是认知策略。元认知策略是较高层面的技巧，有管理功能。奥玛利和钱莫特列出了八种元认知策略：

（1）预先组织策略，指学习者对将要出现的活动中的原则和组织概念进行预习。

（2）集中注意力策略，指学习者预先决定对某一学习任务给予注意，而对其他无关的项目不管的策略。

（3）选择注意力策略，反映学习者提前对语言输入的某些部分或情景细节给予注意，这些部分和细节对记忆语言输入给予了提示。

（4）自我管理策略，指学习者懂得安排好学习环境来促进学习的策略。

（5）预先计划策略，指学习者为某些语言项目制定计划并进行排练（rehearsing），这些项目在将要出现的学习任务中是必不可少的。

（6）自我监察策略，指学习者对自己话语进行自我检测，对话语中的语法、语音和词汇进行纠正。

（7）减缓输出策略，指学习者有意识地推迟讲话，目的是想先听他人讲话，然后从中进行学习。

（8）自我评价策略，指学习者以准确和完善作为标准，对自己的语言学习结果进行检查。

认知策略指解决问题采取行动，它涉及对材料的直接分析、转换和综合。以下是奥玛利和钱莫特列出的 15 种认知策略：

（1）运用重复策略，来模仿词语，包括公开练习和静默演练。

（2）运用目标语资源策略、目标语对词或概念下定义或扩展。

（3）运用身体动作策略，方便把新信息与身体动作联系起来。

（4）通过翻译策略，使用母语来理解和表达第二语言。

（5）通过归类策略，基于学习材料的共性把它们重排、重组或以某种标志表示。

（6）运用记笔记策略，把口头或书面信息的要点、旨意和大意记下来。

（7）通过演绎策略，有意识地应用规则去表达或理解第二语言。

（8）利用重新组织策略，通过把已知成分以新形式组合，重构有意义的句子或较长的语段。

（9）运用视觉形象策略，方便用视觉形象来表达新信息。

（10）运用声音表象策略，通过声音或熟悉的声音表象来记忆词、短语或较长的语句。

（11）运用关键词的策略，利用母语关键词的音、形来记忆第二语言（外语）的新词语。

（12）运用上下文情境策略，根据上下文来学习单词或短语。

（13）运用拓展策略，把新信息与大脑记忆里的其他概念联系起来。

（14）运用迁移策略，利用已学到的知识去完成新的语言学习任务。

（15）运用推测策略，利用现有的知识去猜测新项目的含义，预测新项目的结果和补充新项目所缺的信息。

社会、情感策略的含义是指学习者选取与人和能说本族语者互动的策略。

奥玛利和钱莫特只列出了两种策略：

（1）协作策略，指与同学共同学习以获取反馈、集取信息或完成任务的策略。

（2）提问以达到澄清的目的策略，要求教师或其他本族语者重复、解释某些例子。

（二）奥斯科特的分类法

根据策略与语言材料的关系，奥斯科特将策略分为直接策略（direct strategies）和间接策略（indirect strategies）（Oxford，1990）。

所谓直接策略的使用与所学语言有直接的联系；而间接策略的使用起着支持和管理语言学习的作用，与所学语言没有直接关系。

按奥斯科特的分类法，直接策略和间接策略又各分三小类。下面七个图能显示出奥斯科特分类法的特色。如图 2-3 至 2-9 所示。

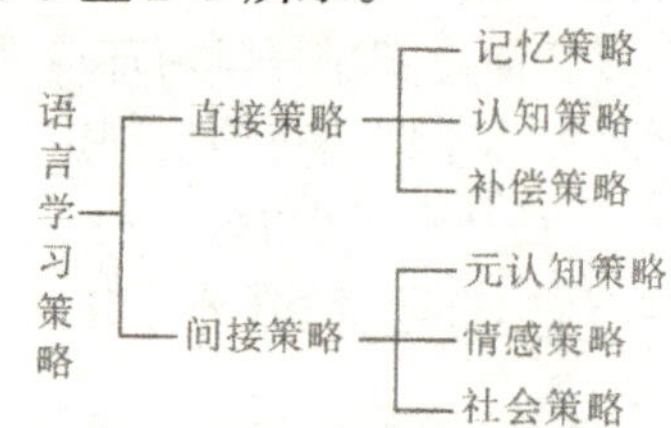

图2-3 语言学习策略分类

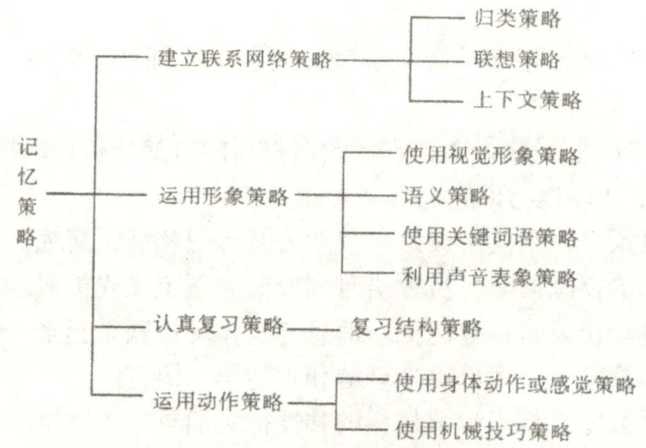

图2-4 记忆策略分类

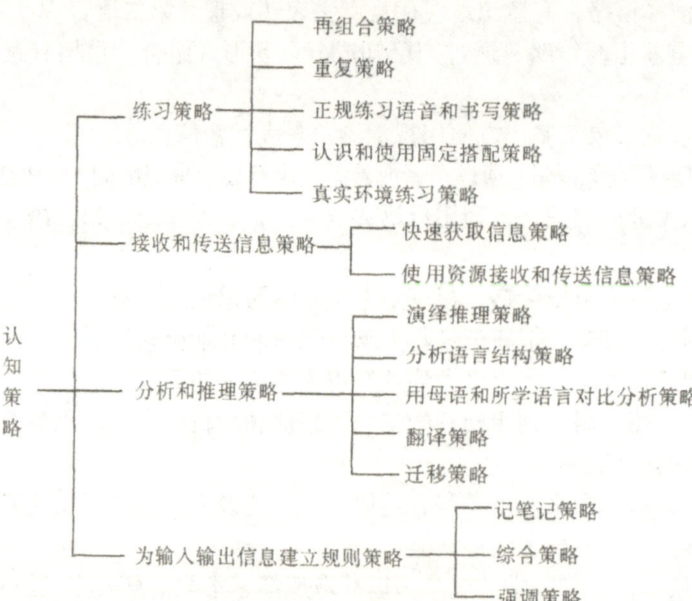

图2-5 认知策略分类

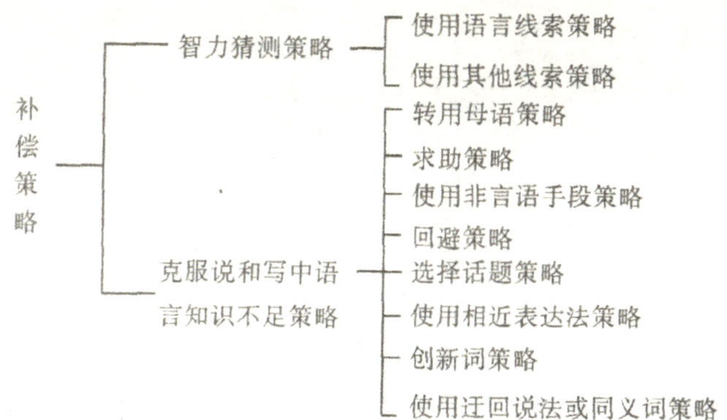

图2-6　补偿策略分类

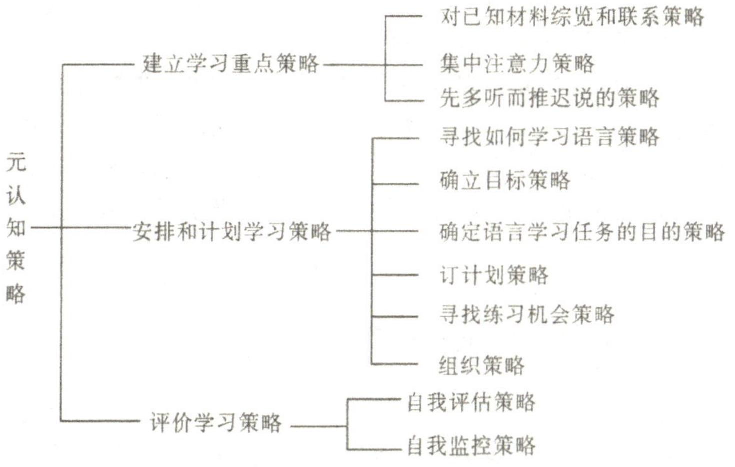

图2-7　认知策略分类

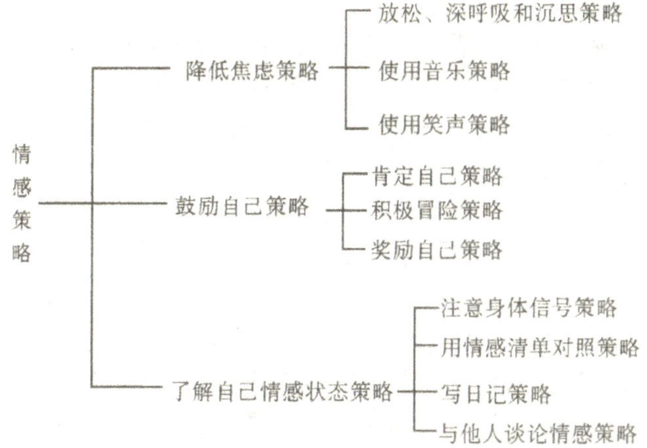

图2-8　情感策略分类

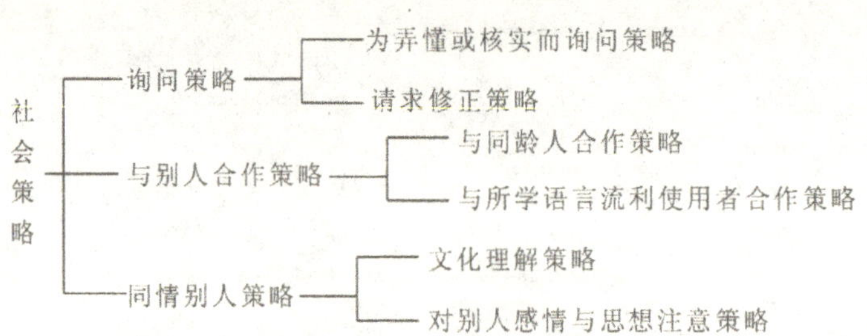

图2-9　社会策略分类

相互比较两种不同的分类法，还是可以发现它们的相同之处，例如两种分类法都有元认知策略、认知策略和社会情感策略。

此外，奥斯科特的补偿策略与奥玛利和钱莫特所提到的减缓输出策略、利用身体动作策略等大体上是属于某些学者如布朗等所认为的交际策略的项目（Brown，2002：118），如求助策略、回避策略、创新词的策略等。

尽管如此，在元认知策略和认知策略的功能方面，两种分类法看法不一。奥斯科特认为“两类策略（元认知与认知）之间没有层级关系，它们都在同一平面上动作”，而奥玛利和钱莫特则主张“元认知策略高于其他策略”。为与英语课程标准中的学习策略描述保持一致，本书所指的学习策略包含认知策略、自助学习策略、交际策略和研究性策略。

三、新形势下的大学英语学习策略

（一）认知策略

学生为了完成某项学习任务所采用的学习方法和步骤就是认知策略。学生如何学习知识的过程构成具有目的性，在学生学习英语中有很重要的影响。

1. 认知策略的内容

总体来讲，认知策略具体包括以下内容：

（1）概述：将输入信息中需要记忆的内容进行大概的描述。

（2）整理：根据句法性质或语义对概念和词语等进行整理分类。

（3）预测：运用书面语或口语来猜测结果、猜测词义、补充不完整的信息。

（4）联系：建立起知识之间的联系框架。

（5）理解：运用一定的知识来解释语言的含义。

（6）归纳：利用各种例子来归纳规则。

（7）总结：对输入的知识进行经常性的总结，以便能更好地记忆。

（8）意象：运用视觉的表面现象来完成对新信息的理解与记忆。

（9）运用：通过对已有语言信息的运用来完成新的学习任务。

（10）注意：将注意力集中于与学习有关的重要信息上，要对信息材料有高度的警觉能力。

（11）整合：在原有的旧信息与新信息之间，或在新信息之间建立命题联系并将命题联系加以整合。

（12）化简：利用缩写、数字、符号和关键词等记忆和保存各种信息。

2. 认知策略的学习方法

认知策略是一种流程性的知识策略，要熟练地掌握认知策略就必须利用符合流程性知识策略的学习方法，让学生在学习中能够有目的性地练习和运用，才能转化为学生自己的东西。大学中比较常用也实用的学习方法就是认知策略。

（1）实例示范

认知策略的本质是一种内在的调控技能，反映了人类认知世界的客观规律。然而，人类活动通常隐藏在人类内部，不能直接从外部找到。教师不能通过对外示范的教学方法向学生传授概念和规律。因此，教师如何通过具体的例子向学生演示策略是认知策略教学中最困难的问题之一。

（2）推敲与应用

认知策略中的概念和规则具有较高的概括性，其在实际生活中也很灵活。如果只有通过短期的训练和学习，就不可能使概念和规则灵活地控制自己的认知行为，不能提高其认知活动的效率。因此，英语认知策略的教学必须在长期的、反复的思考过程中得到巩固和加强，以达到一定的效果。

（3）符合自身认知发展水平

认知策略是一种基于学生认知能力的学习策略，取决于学生的认知发展水平。获得智慧和技能是掌握较低的智力和技能。因此，学生认知策略的获得与整个认知发展水平密切相关。

总之，在英语教学中，教师不仅要向学生传授语言知识和技能，还要培养学生的认知策略，使学生能掌握正确的学习方法和学习策略，提高自我控制能力，并提高他们的学习效率。

（二）自主学习策略

自主学习是指学习的主体引导自己的学习。在中国，自主学习应高度重视和强调，这一观点已被广泛接受，不管自主学习被认为是一种能力还是一种行为，其规定“学生个人学习方法的形成及自主学习能力的培养是教学改革成功与否的重要标志”。可见，自主学习能力对学生来说非常重要。

1. 自主学习策略的作用

（1）自主学习策略是学生主体发展的需要

中国的英语教学从一开始到现在，为了最大限度地提高人们的英语水平，国家和学校都投入了大量的人力、物力和财力。然而，到现在我国国民的整体英语水平仍然很差。这是因为中国的传统英语教育注重“教”，不注重“学”，强调教师的知识输出，忽视了学生知识和技能的输入；强调唯一性和标准化，忽视学生的差异性。不同的学生有不同的学习风格。学习风格对学习也有重要影响。学生个体差异产生的原因既有先天的，又有后天的。虽然学生的先天因素难以改变，但可以通过培养学生的自主学习能力，弥补自身学习风格的缺陷，使学生的学习效果达到最佳，得到更好的发展。

（2）自主学习策略是发展终身教育的重要条件

随着科学技术的发展和职业的增加，人们意识到在学校学习已经不能满足时代变化的要求，意识到只有不断提高自己的自主学习，才能更好地提高自己的水平并实现自己的人生价值。因此，自主学习是终身教育的重要条件。

终身教育体系是终身教育，是工作、生活乃至生活的重要组成部分。它不仅冲击了传统的把生活分为学习和工作两个阶段的观念，而且打破了传统的学校教育制度的特点。一旦学生有了终身学习的意识和自主学习的能力，他们就能更好地适应这个变化着的社会。

2. 农村生源自主学习能力的培养

随着中国的经济水平发展不平衡，教育资源分布不均衡，大学中农村户口的学生比例较大，这部分学生适应大学的教学模式比较困难，自主学习能力比较弱。因此，本文着重对农村学生自主学习进行分析和探索。通过对其特点的分析，提出了提高学生自主学习能力的方法与有效途径，以帮助他们更快更好地适应大学英语教学模式，从而实现综合英语应用能力。

（1）农村学生自主学习的特点

农村大部分学生接受传统的中学教学方式，自主学习能力相对较弱，难以适应。在自身方面：或多或少受地方方言的影响，农村学生大多英语发音不规范，过分强调考试，对听力和口语能力有所忽视，导致英语听说能力很弱，自主学习中的听说部分难以执行。也由于老师的原因，英语基础不如城市学生。外部因素；因为来自农村地区，接触外国文化或外国人的机会很少，学生的跨文化交际能力、文化意识不强，没有充分认识到学习外语的目的是一种社会和时代的要求，而不只是考试。

然而，农村学生也有其自主学习的优势。第一，农村学生热衷于新的环境和新的教学模式。与城市学生相比，他们更愿意积极配合老师的自主学习安排，并能认真完成学习任务。第二，农村学生有更大的毅力去学习并完成学习任务，且农村学生更珍惜大学教育的机会。我国长期发展的教育资源分配不均，顺利进入了高校的农村学生，只有那些平日里努力学习、优秀或有家庭支持的学生，所以他们看重更多的教育机会。需要英语听说能力或日积月累，阅读、写作和翻译能力需要大量的实践才能进步，农村学生刻苦钻研、不懈的学习习惯，在中学，这是一个自主学习的优势。

（2）提高农村学生英语自主学习能力的方法

在英语教学中要有效地提高农村学生的学习能力。教师作为施教者，要在充分了解学生的特点的前提下因材施教，才能达到更好的教学效果。

第一，提高农村学生自主学习意识是首要任务。在中学阶段，农村学生迫于升学压力被迫学习英语，他们中的大多数都乐于接受学习。学生对教师和课堂有强烈的依赖性，不能自主学习。教师应使学生转变学习观念，确立自主学习的意识、正确的人生观，把学习当成自己的事情，自我负责，自我管理，在教学过程中教师应提供具体的指导，帮助学生充分了解自己的学习风格、学习特点的使用，制定学习目标和计划，找到适合自己的学习方法。提高自主学习意识，提高学生学习效率。

第二，优化课堂教学内容和丰富课外学习内容。教师利用英语电影课堂，穿插歌曲、新闻、视频和音频材料，引导学生自主学习，激发学生学习英语的兴趣。课堂结果展示，活跃气氛，调动学生的积极性。课后提供文化、趣味性和实践性的学习材料，激发学生学习的积极性，提高听说能力的同时，也要扩大词汇量，开阔学生的视野。介绍英语国家的文化习俗，增强学生的跨文化意识。为学生提供良好的学习参考，如书籍列表或阅读内容，实现资源共享，加强师生互动和学生之间的沟通。全面、多样化地营造轻松、愉快的英语学习空间和氛围，使农村学生增强自信心和积极性。

第三，尊重学生个性和个体差异，站在学生角度思考。帮助他们成功地适应大学英语自主学习模式，明确大学英语学习目标，进行更多的情感交流和互动，并提供帮助和指导。认识到学习不仅是为了考试，也是为了社会实践的需要和自我价值的实现。课堂上，引导他们克服胆怯和被动的心理，在教师和学生之间营造轻松的交流气氛，帮助他们摆脱思想的焦虑，更多地参与活动。

从整体上讲，实现终身学习、可持续发展和自主学习能力是大学英语教学改革的必然趋势。教师应改变自身教学观念和角色并不断充实自己，培养学生的自主学习能力。农村学生比城市学生适应大学英语教学新模式更困难，面临着很多问题，老师要根据农村学生的具体特点和存在的问题，运用多种教学手段，帮助农村学生对大学英语教学模式更快更好地适应，从而实现使用英语达到有效促进自主学习的综合能力。

（三）研究性学习策略

实施研究性的学习顺应了当前大学英语教学改革的趋势，有效地提高了学生的自主学习能力，有助于培养学生的实践能力。探讨大学英语教学模式改革时专门介绍了研究性学习教学模式，这里就主要以学生的视角来探讨学生在研究性学习过程中存在的一些误区，以及如何正确地培养研究性学习的意识，以帮助教师获得良好的反馈，通过实践不断反思，进而产生更好的效果。

1. 研究性学习当前存在的误区

（1）研究性学习完全取代接受性学习，占主导地位

在个体学习或是在教学学习中，这两种方法相辅相成，缺一不可。在传统的教学模式中，接受式学习是主要的教学模式，教师通过教学将知识传授给学生。随着科学技术的发展，计算机的广泛应用为学生自主学习提供了广阔的空间。研究性学习模式遵循时代的步伐，满足学生对无限知识的渴求。但前提是学习者具有一定的基础知识和初步的系统知识，只有学习者通过接受学习，才能为研究性学习打下坚实的基础。教师的教学能明确知识的重点和难点，有助于学生掌握知识，引导正确的方向。特别是在大学英语学习中，低年级学生在词汇、阅读技能方面会影响研究性学习的效果和深度，因此有必要接受学习以弥补研究性学习的不足，以便更好地准备。因此，两者缺一不可。教师应合理安排接受性学习和研究性学习的内容和时间，引导学生正确理解两种学习方法并灵活运用。

（2）研究性学习重点是“研究”而不是“学习”

研究性学习归根结底是一种学习方式，研究它的途径和方法是“研究”。大学英语不像其他学科和理工科学科。通过实验和数据分析，我们可以得到新的成果和新的数据的科学研究，然后产生研究成果。在大学英语学习中通过类似的研究认知心理学的学习方式的核心，其目的是为了拓宽学生的语言和文化在学习英语的过程中，作为语言的载体，通过网络、书籍、杂志和报纸、电视和其他来源的信息，自主研发，并最终可以实际运用，培养学生的交际能力、语言知识的实际运用、分析问题和解决问题的能力、开放性思维能力，最终提高整体的质量，而不是达到预期的研究结果。因此，大学英语学习主体的研究更多的是学生参与学习和生活话题的兴趣，如中西文化的比较、英语电影语言、英语俚语等话题，不一定参与科学研究。

（3）研究性学习的实施

学生在学习中，教师是知识的授教者，是学生在课堂学习的主导者。课堂上一般是

老师讲述课程知识，答疑解惑学生的问题，老师主讲，学生被动接受。而在研究性学习中强调以学生为主，以发掘学生的自主性，在课外教学的内容的基础上，课堂只展示研究结果，教师只需要将评价结果总结成学生成果，相比之下，大大降低了学习中的角色扮演。在探究性学习中，教师应参与整个教学过程，给予学生帮助、监督和评价，教师作为决策者、组织者和指导者贯穿于学习的全过程。在准备和发展的研究中，教师应选择学习主体，选择学习最有意义的学科，可以根据学生的具体情况决定内容和决策方式。在平时的教学中，教师组织学生以小组的形式开展，面对困难，师生要共同讨论，研究解决方案，协调小组之间的合作与配合，从而更好地促进研究的顺利进行。因此，教师需要付出更多的努力以给予更多的指导和支持。

2. 研究性学习策略的培养

研究性学习过程中教师应重视以下几个方面：

第一，教师和学生要转变观念，加强理论学习和实践训练。在理解研究性学习理论的基础上，教师应在研究性学习的过程中教给学生各个阶段的理念、方法和任务，以保证学习过程的顺利开展。

第二，注重学习过程。研究大学英语学习是激发学习兴趣，使学生积极主动地学习语言知识，扩大文化视野，使语言作为一种工具来完成研究，提高语言综合应用能力和自主学习能力，结合课程的特点，教师应认真研究和精心设计主题。

第三，采用评价机制。大学英语研究性学习是对学习过程的形成性评价，而不是为了研究成果和以创新为目的。对学生运用各种资源的能力、解决问题的能力、态度和学习方法、团队工作能力、思维能力等进行评价。

总之，探究学习是对传统教学形式与教学观念的更新。教师应该让这些思想的改变和功能得到更好的发挥。只有通过教师自身的探索实践，不断提高自己的反思和总结，提高自身教学能力并取得更好的教学效果，才能最终提高学生自主探索学习和创新能力，使学生掌握终身学习的方法，提高综合素质。因此，研究学习是一种有效的英语教学方法，教师不能完全取代，我们吸收利用的教学思想和方法才能在教学中有所创新，研究性学习开展的过程才能提高学生自主学习的过程，也是教师专业成长过程。

（四）交际策略

交际法教学的核心是提高学生的交际能力，而交际策略是提高交际能力的重要手段。交际策略是指语言学习者为了克服因语言资源有限所造成的交流障碍而采取的技能。

1. 分类

（1）词汇交际策略

①目标语交际：学习者使用目标语来解释事物的特征或动作的特征。让别人知道他的意思。

②创造新词语交际：学习者创造一个新词来表达他们想表达的意思。

③同义词：学习者用同义词代替被表达词语的意思。

④反义词：学习者利用反义词来表达他们想表达的意思。

（2）重复交际策略

其意思就是说话的人会重复他们的话，引起对方对话语的注意，希望对方对自己的话认真思考，猜测其含义，即是重复策略。

（3）手势交际策略

其意思就是说交际者用手势来描述自己的意思，或者用手势来解决表达中遇到的困难，可以使对方更好地理解自己的意思，即是手势策略。

（4）回避交际策略

其含义是指交际者在语言表达中遇到不知该如何表达的问题时，学会适当地放弃某个相关的语言单位或放弃这一话题，即是回避策略。

2. 沟通策略的培养方法

沟通策略是后天习得的，不是先天的。它需要有目的和意识的发展。

（1）学会运用沟通策略

要想提高沟通策略的掌握程度，不仅要参与交际活动，而且要有意识地运用沟通策略。学习者要积极参与交际过程，敢于表达自己的观点、思想和情感，不仅注重语言的形式，更要注意交际的内容。必须要尝试运用沟通策略解决语言困难，在不断熟练使用沟通策略的过程中增加自信心，保证交际活动正常进行，提高交际的能力。

（2）参与交际活动

沟通策略就是在交际中使用的策略，其次，沟通策略的培养离不开交际活动。学习者必须积极、大胆地运用外语和与人交流。不要害怕在交流中犯错误，大胆说话。同时，学习者还应学习如何在实际的交际环境中通过多种途径提高自己的交际能力，锻炼他们的沟通策略。

沟通策略是非常有用的策略。有了这个策略，学生可以感受到更真实的英语并且更地道地沟通，学会处理问题，并最终提高他们的英语水平。

第四节　大学英语的教学方式

英语教学是使学习者能够熟练地掌握语音并且能够更好地使用语言，从而达到交际的目的，为社会培养更多的英语人才。随着社会环境与国际环境的变化，对大学英语教学模式进行改革成为提高英语人才素质的重中之重。

一、分级教学模式

依据学生的学习水平和学习知识能力的不同将学生分为不同的水平层次，并根据学生水平的不同制定相应的培训目标、教学计划。这种模式体现了因材施教的教学理念和动态的管理模式，使不同水平的学生在自己的出发点上取得更大的进步，这就是“分级教学模式”。

（一）分级教学模式的理论

1.i+1 语言输入假设理论

Krashen 的 i+1 语言输入假设理论为分级教学模式提供了理论依据。其影响有以下两方面：

（1）从课程理论的角度来看：i+1 理论不仅注重学生知识获得的结果，更注重学生获得知识的途径。i+1 理论强调学生学习过程的步骤、方法应循序渐进，不应该操之过急，这也正是分级教学的精华之处。

（2）从教学实践来看，分级教学是依据学生的性格、学习的动机、学习的态度及学习语言技能等方面的不同确立不同的教学目标和学习计划，以达到 i+1 理论要求。

2. 迁移理论的学习

迁移理论的学习就是学习者原来积累的学习经验对如今学习造成的两种影响。原来积累的学习经验对现在的学习起到了积极促进作用时，即是正迁移；反之，起到抑制作用时，则属于负迁移。

3. 学习理论的掌握

美国心理学家布鲁姆（b.s.bloom）的掌握学习理论认为，学习者的成绩不尽人意，不是学习者缺乏智慧，是由于缺乏完善的设施和合理的帮助。如果有适当和合理的学习条件，大多数学习者的学习能力、学习速度和学习动机都会非常相似。因此，分层教学模式可以为不同阶段的学习者提供多样化、分类化的教学方法，最大程度地挖掘学习者的潜能。

（二）原则

分层教学模式的两个原则：循序渐进原则和因材施教原则。

1. 循序渐进原则

遵循循序渐进的原则，教师在传授知识的同时，应尊重知识的内在规律，把教学的形式传授到相应的程度，以便学习者可以更容易地接受它。分层教学模式使教师在学习者的英语知识的基础上采用针对性的教学方法，以提高学生的语言技能。

2. 因材施教原则

随着各大高校招生政策的扩大，高等教育已被越来越多的学习者所接受，但相同的环境和不同的学习者在英语水平上存在着明显的差异。因此，如果不采取这一原则，很容易造成学习者"太多"的尴尬局面，造成教学资源的巨大浪费。而分层教学模式能充分发挥其优势，能为学习者提供符合自身发展需要的教学条件，从而达到预期的教学效果。

（三）分级教学模式的实施

分级教学模式的实施有以下几方面：

1. 科学的分级

分层教学是根据不同的层次制订不同的目标。因此，应采取科学的分级试题和分级标准。事实上，在大学英语教学过程中，要重视问题的层次性，以便根据不同层次的词汇组织分级问题。分级标准应综合考虑，如根据等级考试成绩、个人实际水平和个人意愿进行综合考虑。在具体的教学实践中，我们可以认为学习者分为 A 级和 B 级，这两个层次是合理的。

2. 提高区分程度

许多高校以高考成绩中英语成绩为标准。然而，有时由于一些分数差异甚至是一分的差异，一些学习者未能进入 A 班，但是这几分的差异很难解释学习者的英语水平。

为了提高分级的差异性和合理性，在分级和双向选择的过程中可以听取学习者的意见。与大学的分数相比，学习者倾向于实践自己的英语水平并对其有更好的把握，从被动到主动的选择是提高学习的主导地位，同时也有助于提高他们在学习过程中的自觉性和积极性。

3. 调整机制实施

调整机制实施的实质是动态地管理学习者的学习水平，使学习者的水平与他们的兴趣、成就和能力相关。具体而言，当B类学习者取得进步，达到A级的水平，教师可以促进他们到A级班，以鼓励学习者取得更大的进步。A类没有进步的学生，也会被降到B班，给他们适当的压力。

4. 制定科学评价标准

在分层教学模式下，由于不同层次的试卷难度不同，形成了不良现象，这可能会使一个高水平的英语学习者的英语成绩低于部分低水平学习者。

为了提高评价的科学性，我们可以采取两项措施。具体的方法是增加平时成绩等级中的两个比重；根据试卷难度水平设置一个科学算法，通过加权系数，调整两级等级。

5. 避免负面影响

一切事物都是矛盾体，分层次的教学模式也是一个优点和缺点的集合。分层次教学模式作为一种新生事物，在英语教学改革中不容忽视，如操作过程比较复杂、考勤管理繁琐、学习者情绪不好。如果这些问题不及时解决，推广分级教学会带来障碍。因此，教育管理者需要及时制定相关的制度规范，将分级教学模式的不利影响控制在最小范围，最大限度地发挥其优势。

二、模块教学模式

模块教学模式是大学英语教学改革的重要组成部分。这是一种系统性的教学模式，以大学英语教学为系统，将其分为知识、技能、拓展三大模块，并在不同的学期中进行有针对性的教学，从而最终提高学生的综合语言应用能力。

（一）模块教学模式的定义

伴随着英语教学的改革，英语教学系统有了巨大的改变。英语教学向着能力化、技能化、多样化、信息化的方向发展。英语模块教学模式就是在这种转变中被提出的，因此其在一定程度上反映了时代发展对大学英语教学的要求。

所谓模块教学，指的是通过一个能力和素质的教育专题，在教法上强调知能一体，在学法上强调知行一致。模块教学模式主张提高学生的素质和具体技能，教学中通过集中开展理论、技能、实践等活动来实现教学目标。

大学英语模块教学能够丰富英语课程，实现课程的多样化。同时对于学生来说，模块化的教学形式课程通过形式丰富的讲解，提高学生对英语学习的氛围和兴趣，使其提高学习的积极性。随着现代科学技术的发展，英语教学课程的固定化越来越难适应社会形势。采用模块教学，也能在一定程度上使英语教学贴近时代发展，增强人才培养的时代性。

（二）模块教学模式的开展

对《大学英语课程教学要求》进行分析可以看出，其对于英语水平的划分提出了不同的能力要求。在这种多层次的能力水平要求下，大学英语很难通过一整套教学管理实现人才的全面培养。英语模块教学模式主张在一定时期内对学生进行阶段性目标的培养。这种观点正好迎合了教学要求。

模块教学模式对应的是整个教学系统的管理，所以在实施过程中需要教学工作者进行科学设计。学者李晓梅、罗桂保对大学英语模块教学中的模块分类进行了划分，如表2-1所示。

表2-1 大学英语模块教学中的模块分类

基本分类	更细的模块分类
知识模块	语音模块
	词汇模块
	语法模块
技能模块	听说模块
	阅读模块
	写作模块
	翻译模块
拓展模块	各门外语类选修课
	第二课堂活动

下面以拓展模块为例，对模块教学模式进行分析。拓展模块主要是对学生的能力进行拓展，因此可以开展丰富多样的课程。具体可以包含以下几个方面：

模块1：开设商务英语，如时事新闻、旅游英语、经济英语、商务信函写作、法律英语、实用英语写作等应用专业型英语后续课程。

模块2：开设包括日常口语提高、高级口语、演讲、听力提高、视听说、高级写作等实用技能型英语后续课程。

模块3：开设介绍西方各国文化、常识、价值观、思维方式、民俗、礼仪、历史、教育、宗教；对比传授中西文化、跨文化研究等跨文化知识型英语后续课程。

模块4：开设内容包括欣赏电影、音乐、神话、散文、诗歌小说、诗歌、散文、演说等欣赏型课程。

模块5：开设包括继续通用英语的深入学习、考研英语、雅思等各类出国考试的培训等综合考试型课程。

三、教学文化模式

语言是文化的组成中不可缺少的一部分，同时文化也在影响语言的发展。文化教学是语言教学的重要组成部分。语言学习的目的是理解和掌握语言学习的过程。要想掌握他国语言和文化知识，语言学习是极其重要的。因此，在教学文化改革中，我们应该重视大学英语教学中的文化教学，我们应该更加注重文化素质，培养学生的沟通能力，使学生能够适应社会发展的需要，可以在跨文化交际中恰当而有效地、顺利地完成沟通。

（一）教学文化的定义

文化教学是一种将语言文化背景、文化知识、国情和语言教学有机结合起来的英语教学方法。这里的文化教学是一个广义的概念，它包括语言教学和教学实践两种文化的不同点和相同点，努力培养学生处理语言中文化差异的敏感性，从而提高学生的跨文化交际能力。

教育部发布的《英语课程标准》明确指出：……培养学生的文化视野，培养他们的跨文化交际意识和基本的跨文化交际能力。文化意识是指学习者应该知道的有关规则、系统、信念和不同的价值观。理解程度差异对文化意识的影响可分为以下几个层次：

（1）学习者对目标语明显的文化特征有一个初步的了解，认为他们的文化很难理解。

（2）与这两种文化相比，学习者可以了解他们文化中一部分的文化特征，但仍然不了解他们的文化。

（3）通过个人实践，学习者逐渐从目标语言的角度看待问题，逐步吸收更深、更真实的理解。

在文化教学中，对本土文化与外来文化决定的正确理解和运用外语的理解程度，了解当地的文化，对外来文化有助于我们深入学习的一方面，也可以让我们了解和掌握两者的异同，从而提高对两种语言文化的敏感性。

（二）文化教学的原则

1. 认知原则

认知原则主要包括两个方面：一是注重培养英语、社会文化知识；二是注重培养某些特殊能力，如辨别力和观察力。认知原则的重点是理解，而不是行为表现。

英语中，有很多的成语、谚语、圣经故事、文学故事等。如果学习者不熟悉这些故事，就很难理解句子的实际意义。认知原则是强调理解和理解目标和文化的需要。列举说明：

Keep one's powder dry. 做好战斗准备，以防万一。

在第 17 世纪中叶，Charlie Thi（查尔斯一世）挑起了两次内战。以 Oliver Cromwell（克伦威尔）为首的新兴资产阶级为了对抗查尔斯一世，组织了一支力量很强的战队。该队具有严格的纪律和强大的战斗能力，任何战斗，克伦威尔都命令他们的部队“Put your trust in God; but mind to keep your powder dry!”也就是说，相信上帝，保持你的干燥。后来它成为“准备战斗”的意思。

再如：He sowed the apple of discord between the two countries. 在两国之间制造不和。

这个成语来自于国王 Peleus（帕琉斯）和女神 Unitary di（西蒂斯）的结婚仪式，邀请众神参加宴会，但争吵之神 Eris（厄里斯）没有被邀请。厄里斯非常生气，偷偷把一个金苹果扔在宴会上说：这个苹果在这里是最美丽的女神。引起天后 Hera（赫拉）、智慧女神 Athena（雅典娜）和爱神 Aphrodite（阿芙洛狄特）的争执，引发了特洛伊的战争。后人把成语解释为“引发两国争端的导火索”。

2 . 层次性原则

大学英语文化教学具有层次性和阶段性，要求文化教学应遵循层次化、循序渐进的原则。不同学者对此原则持不同观点。

著名学者林汝昌认为在外语教学中应该有三个层次的教学，即结构层面、文化层面和语用文化水平。这三个层次是独立的，是密不可分的有机整体。在具体实践中，要着眼于具体情况的侧重，分步实施。

在《英语文化教学的两个层次》（1998）中，学者曹文将文化教学分为文化知识和文化理解。这两个层次之间有一条连接线——文化意识教育。曹文对其进行了详细的说明。文化知识层面的文化教学就是培养学习者的基本生存技能；而文化理解的文化教学则是培养学习者参与跨文化交际的能力。由此可以看出，曹文的文化教学是分层的。

从以上两位学者的角度来看，我们可以清晰地看到文化教学的层次和阶段。因此，教师应根据学习者的实际语言水平和接受能力来确定教学计划。教学内容要层次化，即从简单到复杂，由简单到深刻，从具体到抽象。

3. 交际性原则

根据课程标准的要求，大学英语教学的目标是培养学生的跨文化交际能力。因此，教师在实践教学中应注意交际能力的培养。“遵循交际原则”就是要求教师教给学生易于理解和使用的知识，并能帮助学生顺利地进行文化知识的交流。

4 . 灵活性原则

文化知识灵活性也适用于大学英语文化教学。在大学英语文化教学中，学生对文化知识的理解相对容易，但在跨文化交际中使学生自由地使用文化知识相对比较困难。因此，这就要求在大学英语文化教学中，教师应遵循灵活性原则，根据不同的学生，根据不同的教学要求，选择灵活的教学方法，这样的热情可以极大地激发学生。

5 . 实用性原则

由于客观教学条件的限制，大学英语文化教学不能涵盖社会生活的方方面面。因此，在实际文化教学中，教师应注重实践原则。实践原则，主要是传授一些与学生学习有关的文化知识和跨文化交际的内容。

另外，文化教学的实践原则也要求文化教学的内容应该具有代表性，因此文化内容的选择是代表国家主流文化的，而不是针对每个国家的文化进行介绍的。

实践原则的应用，可以带来两方面的好处：一是避免学生认为语言与文化的关系是抽象空洞；二是文化教学结合语言实践来激发学生学习语言和文化的兴趣，帮助学生将课堂和课外学习的知识转化为一种新的语言技巧，然后应用到文化传播中。

（三）文化教学的现状

如今，交际已成为一个新的重要领域，大学英语教学中的英语教学越来越受到人们的重视。然而，目前高校文化教学还存在一些问题。包括以下问题：

1. 教师文化教学意识淡薄

大学文化教学的目的是为了顺利开展跨文化交际，对英语教师的素质提出了更高的要求。因此，教师要有语文功底、丰富的文化底蕴。虽然大多数英语教师已经从英语专业毕业，但他们的教学文化意识仍然很薄弱，知识不够强大。主要包括以下两个原因：

（1）教学观念比较传统。（2）文化教学环境单一。

2. 学生的学习主动性不足

受传统教学模式的影响，教师占据主导地位。学生缺乏学习的目的和自主性，过分依赖英语教师。老师在课堂上教什么，学生就被动学什么。从这个角度来看，在传统教学中，学生失去了主体地位。同时，学生在课堂上习惯了“灌输式”的教学方法，很少主动阅读文化书籍来拓展自己的文化知识。

我国英语文化教学的一个重要因素是学生学习积极主动，不善于获取相关的文化知识。因此，文化教学的关键在于调动学生学习的主动性，提高课堂气氛。有两种方法可以从中学习，一是看外国原版电影，二是与外国人交流。然而，由于第二种方法不容易实现，看电影和学习写影评已成为学生接触和应用西方文化的主要方式。

3. 受到教材内容的限制

教材是教学中不可或缺的组成部分，而我国教育对文化教学这部分内容的忽视也必然与教材有密切的关系。目前英语教学中，使用的教材大多都是说明性的、科技性的，而讲述的内容都是骨架式的知识，很少会涉及与语言形式相关的文化意义层面的内容，如国家伦理、思维方式以及民族心理等。这必然会导致学生对这些非语言形式的因素了解不够，在有限的教材中，突出和追求的知识书面语言能力的提高，而忽视了文化因素在英语教学中的作用。例如，我们高校教学中选用的《新视野大学英语》中只有五个单元提及了文化的知识，这必然造成教材中很少会涉及英语文化的行为准则，也必然导致交际效果不佳。

4. 文化教学内容的片面性

虽然一些英语教师介绍了一些文化教学，但是他们的教学往往是片面的。即使文化背景知识被认为是文化教学的整体。事实上，文化教学的内容是非常广泛的，这是前面提到的。虽然教师不可能在正常教学中谈论其他语言和文化的各个方面，但教师至少应该教学生在特定的文化背景下恰当地使用语言。

（四）文化教学的实施办法

为了解决当前文化教学中存在的问题,教师应采取不同的方法来处理英语教学改革。下面我们重点介绍几种英语文化教学方法：

1. 直接导入法

最直接的办法就是直接导入法，即教师在课堂中直接介绍文化知识。在我国，对学生来说主要学习英语的场所是学校，学生很少在其他环境下接触英语。所以他们对英语的学习及理解相当局限。

基于此，老师授课时，在保证教学顺利进行的同时，不仅要充分调动学生的求知欲和听课的积极性，同时应在课前多储备一些有关语言文化的背景知识，这样才能做到将教材内容与背景知识相结合来进行授教。

2. 对比分析法

我们在让学生理解和掌握两种文化的文化和行为规约时，将本土文化与其他国家的语言文化来进行对比，这就是对比分析法。如果我们对某些文化点的相同部分了解了，那么我们可以对此部分知识做正迁移。同理，如果我们要避免出现负迁移的情况，那么我们只需要对文化的不同点进行了解。

对跨文化交际最重要的方法是对比分析法，同时它也是第二语言教学的最常用的方法。不仅要用语言对比，同时也要用非语言来进行对比，这是我们在教学中运用对比分析法的时候应该注意到的。

在对两种文化做对比时，教师的作用显得尤为重要。不仅要学生正确理解和认识，同时也要学会正确处理两种文化的关系。在克服英语学习过程中的心理障碍时，对比分析法作用尤为凸显，不仅利于培养学生的文化知识，还可以对异国文化做到客观、公正，做到不盲目追随。同时，对外国文化不能采取拿来主义，要不盲从、去伪存真、去粗取精，采取科学的态度来进行分析，而不是全盘接受。

3. 讨论法

为了提高学生对英美文化的敏感度，帮助学生了解英美文化的特征，老师在语言教学的课堂授课时应经常利用讨论法，教师会将学生分成若干个讨论小组来进行集体讨论，让学生对学习过程中了解到的英文文化进行对比、介绍。

综上所述，讨论法不仅可以使学生对所学的内容有一个很好地理解，加深记忆，同时还可以培养学生的学习兴趣，拓展知识面。

4. 借助媒体法

媒体教学法是在日常教学中经常用到的一种直观的方法，通过我们日常生活常用的材料，如电视、电影、电脑等方式来传播一些文化知识、风俗习惯、日常用语等，同时更方便学生理解和掌握不同阶层和地区的语言特色。尤其在电视节目中会有一些丰富的学习材料，如一些生活中常用的手势、表情等。当然，如果是专门介绍西方文化的纪录片，就更直观、更方便学生来进行学习。

四、情感教学模式

在大学英语教学中，情感因素应该受到教师们的注意。从心理学角度看，人们的各种活动都受到情感因素的支配，我们将这称之为情感体验。我们把这种情感体验分为积极和消极情感体验。这两种情感体验存在于人类所进行的一切活动中，积极的情感体验对我们的活动起到积极促进的作用。相反，消极的情感体验则起到消极阻碍的作用。

（一）情感教学的定义

对于情感教学的含义，向来是仁者见仁、智者见智，通常包括以下几种观点：

（1）在教学过程中通过教学中情感因素的运用来对教学的主导思想进行优化。情感教学和认知心理学有着紧密的联系，它是在认知心理学的基础上发展而来的，教学中教师为了达到优化教学、改进教学程序、完善教学的目标，通常采用这种“以情优教”的教学方式。[1]

（2）为了使教学活动达到最优化，在教学活动中，教师通过相应的语言手段来调动学生积极的情感，从而使老师和学生都处于一个积极的情感状态中。

（3）教师在教学活动中，为了调动学生的积极性，满足学生的情感需求，促进学生全面和谐的发展，通常会在教学过程中运用一定的教学方法，我们称这种教学活动为情感教学。

虽然对于情感教学的观点存在仁者见仁、智者见智的说法，但是对其认识的本质还是非常相似的。在运用情感教学法或者运用其他的教学方法和教学来满足学生的情感需要、尊重学生的个性发展、促进学生的全面发展上是一致的。

（二）情感教学的意义

情感教学在我们日常的英语教学中起着尤为重要的作用，是英文教学的重要部分。对于当前的教学中出现的只注重知识灌输的这种不合理现象，情感教学起到了很好的帮

[1] 卢家楣．情感教学心理学研究 [J]. 心理科学，2012（3）.

助作用。

对于中国学生而言，情感教学的重要性显得尤为重要。这是由于大学教学的特殊性和英语作为中国学生的第二语言，大部分的学生显现出消极的情感因素，那么此时，我们的老师就要充分利用情感教学这种方法。这样可以起到事半功倍的效果，不仅有助于教学任务的开展，完成教学任务，更有助于师生之间的互动和友谊的形成，从而达到教学目标。对于教学中开展的情感教学，教师和学生投入情感的多少和教学成果是成正比的，直接影响着教学效果。

学生在情感教学中起着主体作用，不仅在于丰富学生的情感，更在于它的教育意义。在培养学生的创造性、陶冶学生高尚情操、促进师生感情、培养学生意志力、激励学生的意志、拓展思维、提高综合素质、开发潜能等方面起着至关重要的作用。

（三）情感教学的基本原则

我们都知道，教学实践活动应该在遵循教学原则的前提下来开展。虽然在课堂教学中不能直接学习情感，但是情感却真实间接的影响着我们的学习效果。因此，我们的学校教学应当遵循以下几个情感教学的原则：

1. 寓教于乐原则

在教学活动中，老师应当在能够保证教学活动正常进行的前提下来实施寓教于乐的原则。教师不能把调动学生的情绪作为整堂课的主要内容，而应当把调动学生的积极性作为教学活动的出发点，激发学生的学习兴趣，使学生的课堂学习情况达到一个最佳的状态，让学生在愉悦的情绪下学习和接受教学活动，这才是寓教于乐的核心原则。

2. 移情原则

移情原则就是一个人的情绪可以影响和转移到别人的身上，在教学活动中具体体现在以下两个方面：一是教师的个人情感因素，如道德品质、人格以及个性魅力、教学水平等相关因素直接影响着学生的情感，进而影响到教学效果。二是课堂教学中的教学内容，像课文中的人物的情感世界也会影响着学生的情感，在实施这一原则时，教师应该主动引导学生来感受作者的情感和意图以及课文人物的情感。

3. 情感交融原则

众所周知，教学活动是在老师和学生之间进行的。老师和学生之间的情感交融将直接影响着学生的情感反应和教学活动的效果，同时师生关系的和谐情感将有助于提高学生学习的积极性。

（四）情感教学的影响因素

具体来说，有两大类因素在影响着情感教学的进行，一类是学生的个人因素，例如学习动机、自尊、焦虑等。另一种是老师和学生之间的因素，学生和学生之间的因素，像课堂交流、移情等。在这里，我们专注于情感教学的自尊心、移情、焦虑和课堂交流等因素对情感教学活动的影响。

1. 焦虑

焦虑，即是指当学习者的自尊心、自信心受到冲击或者威胁的时候形成的一种担忧的倾向，著名心理学家埃利斯（Ellis）将焦虑分为了以下三种类型：

（1）情境型焦虑，即是指由某件具体事情或事物的激发而显现出来的焦虑。

（2）气质型焦虑，指的是一种本身存在已久的带有持续性的焦虑。

（3）状态型焦虑，是在某一具体时刻发生的焦虑，是情感性焦虑和气质性焦虑的结合体。学生会具有这样的焦虑情感，主要由于学生的个性、文化背景、教学方式等三方面的原因：

①学生的个性差异。这种焦虑普遍发生在性格较为内向和不自信的学生身上，他们在课堂活动上回答问题和实践活动中表现得非常紧张和不自信，不敢交流，害怕出错，对课堂和课外活动的参与表现得不是很积极。

②文化背景的差异。城乡差异化导致教学的资源向城市倾斜，不同的地区差异导致的文化差异，边远山区的孩子本身语言知识的薄弱，使得这部分学生身上存在明显的自卑、害怕被嘲笑而滋生的焦虑。

③教学方式的差异。在教学活动中，课堂上老师的纠错、师生之间的交流障碍和课堂上活动选择的方式也是导致学生产生焦虑的因素。

在学习过程中，焦虑具有两面性，不仅容易导致学习的失败，同时也是学习过程不可或缺的重要部分。一般情况下我们认为，在一定程度上的焦虑能够提高学生的紧迫感，让学生变被动为主动，激发学生的积极性和内在的潜力，以取得最好的学习效果。怎样做到合理有效地把握焦虑的平衡性？教师应当做到以下几点：

（1）减轻学生的焦虑。对于那些不自信的学生，老师应鼓励其自信地参与到英语的课堂和课外活动中来，同是给予积极的表扬。在语言的教学过程中所犯的小错误适当可以忽视，然后间接地引导学生去检查和反省产生的错误，然后去积极地纠正错误，切实让学生在身心愉悦的教学环境中来接受和学习知识。

（2）让学生有适度的紧张感。研究发现，适度的紧张感可以激发学生的学习动力和积极性，因此在教学过程中，教师应帮助学生来建立这种紧张感，让学生通过自己的努力来达到预期的目标。

2. 移情

移情，就是我们在看待一种行为和意识时应站在他人的角度。移情有助于建立人与人之间和谐的人际关系。但是，我们应对移情有辩证的认识，学生要有自己的情感，同时对于别人的观点要学会辩证的认可。在教学活动中，老师不应将自己的观点强制灌输给学生，而应该以一种平等的姿态，尊重、支持学生的观点和选择，这样才有助于和谐的师生关系的形成。

3. 自尊心

自尊心，就是指学生对自我的认识和评价。自尊心在英语教学活动中的影响同样重要，由于学生的个性差异，老师在教学活动中应针对不同的个体来制定不同的学习任务。对于那些焦虑性强并且缺乏自信的学生，应变被动为主动，应鼓励多积极参加各种活动，主动抓住机会，主动回答问题，来达到学习的最佳效果，同时让学生感受到进步的快乐，从而进一步增强自己的自信心。

（五）情感教学的实施办法

1. 加强学生认知，激发学生积极性

在传统的教学模式的影响下，学生普遍缺乏积极性和主动性。因此，大学英语改革势在必行，新的教学改革应改变过去的单一教学和应试模式，要求学生由被动地接受知识变主动接受知识的形式。在教学活动中对于那些发音不准的学生，可以进行语音训练。让学生发挥主观能动性，多读课外读物，来熟悉语法知识。鼓励学生多参与实践，从实践中了解语法。同时，教师应针对学生的差异性有选择地进行施教。

2. 帮助学生克服情感态度方面的问题

不管是内向还是外向的学生都会有焦虑的情绪，教师应该在教学的整个过程中帮助学生克服害怕和紧张的情绪，为此，教师应做到以下几个方面：

（1）积极地发现每个学生身上所具有的优点，并适当鼓励。

（2）通过关爱温暖来保护每一位学生的自尊心。

（3）降低要求，让学生通过自己的努力尝到成功的甜头。

（4）杜绝大声呵斥，用正确的、阳光的心态来帮助学生分析错误，改正错误。

（5）帮助学习困难的学生，多与之进行交流，帮助他们找到学习的方法，培养坚韧不拔的毅力。

（6）要对学习困难的学生有所期待。

（7）鼓励学习困难的学生参与到学习小组中来。

3. 建立良好的师生关系

良好的师生关系有助于教师进一步了解学生，有助于学生和老师的情感交流。为此，教师应做到以下几个方面：

（1）展现教学的魅力

在教学活动中，教师应充分展现教学的个性魅力，让课堂教学充满动力和情趣，激发学生的兴趣，有助于吸引学生的注意力。

（2）真诚地爱护每一位学生

不管在道德层面还是在教学层面，教师应对每一位学生真诚相待，真正做到公平、真诚，不分优劣，真心与学生进行交流，尤其是学习困难的学生，应多给予一些关怀和鼓励。

（3）完善自身个性

教师应不断完善自己的个性，使自己拥有负责的、宽容的、友善的、热情的、幽默的优秀品质，培养自己内在的人格魅力。

五、研究性学习的教学模式

2007 年由教育部高等教育司颁布的《大学英语课程教学要求》中指出："教学模式改革的目的之一是促进学生个性化学习方式的形成和学生自主学习能力的发展。"大学英语研究性学习在很多大学得到了有力的推广和实施，它是目前大学英语改革的趋势，也是培养创新性人才的最佳途径。

（一）研究性学习及其教学模式的定义

20 世纪五六十年代，美国芝加哥大学的约瑟夫·施瓦布（Joseph.J. Schwab）教授在题为《作为探究的科学教学》的演讲中首先提出了研究性学习的概念。施瓦布认为学生的学习过程与科学家的研究过程在本质上带有相似性。因此，学生应该在平时的学习过程中努力发现问题、找到解决问题的方法，不断提高自身的语言能力与研究技能。上述观点在 20 世纪 80 年代的国际教育界得到了广泛的关注。

关于研究性学习的含义，很多学者都给出了自己的看法。例如：钟启泉认为，研究性学习是学生在教师指导下，从生活中选择研究的课题，积极主动地获取知识，并把这些知识应用到平时的工作和生活中，找到解决问题的学习方式。叶平、姜瑛俐都认为，研究性学习教学，就是学生在教师的指导下，用研究的方法进行学习，从而发挥主观能动性，进行知识的获得与吸收。这种教学模式的本质是让学生在“再次发现”和“重新组合”知识的过程中进行学习。[1]本书认为，研究性学习是以建构主义心理学和发现说为基础，以学生为中心，以学生自主学习为主要途径，以能力培养为目的，注重探索、研究、发现等学习实践过程的一种开放式教学方式和学习方式。[2]

对于研究性学习的定义，学术界存在以下两种观点：

（1）研究性学习是在开放的教学环境中的一种定向培养课程，以培养学生研究式学习方式。在研究性学习的教学中，教师要教学生了解不同的研究方法，进一步提高学生的研究技能和学习能力。

（2）从狭义上讲，研究性学习是相对于传统的接受性学习而言的，其通过使用探究性学习和教学方法来提高学生的学习能力。

研究性学习的特点是自主性、探索性、开放性和创造性，学生通过自己的亲身经历获取直接的经验，养成科学的态度，掌握科学的研究方法，提高运用所学知识解决实际问题的能力。和传统的英语教学模式相比，在研究性学习教学模式中，学生是学习的主体，是知识的主动接受者，教师是教学活动的客体，是引导者和促进者。在这种教学模式下，师生关系能够得到和谐的发展，师生通过主动的积极建构进行知识的学习。

（二）研究性学习教学模式的意义

研究性学习教学模式是一种新的知识观、教学观，是大学英语教学改革的重要模式之一。研究性学习教学模式主张学生的平等参与，对学生进行能力教育，同时其学习方式向着深度学习转变。

1. 研究性学习教学模式能够进行知识观的建立

传统的英语学习是一种旁观性的学习，学生对知识的吸收主要通过被动的记忆与课堂教学。教学展开学生知识观进行改变是研究性学习的前提，必要的时候要建立一种新型的主动的知识观和价值观。在研究性学习教学中，学生能够真正有效地参与课堂活动，从而将课堂知识内化为“个人知识”。在这种模式下，学生的参与意识得到激发，会在学习中注入自己的热情、经验、品位等。

2. 根据研究性学习教学模式可以建立一种新的观念

大学英语教学主要受知识课程观的影响，教学中将关注点放于教学目标与结果的完成上，致使英语课程带有控制性与封闭性。而研究性学习教学模式则以能力课程观为指导，在教师的引导下，学生能够根据自己的兴趣爱好进行不同的课题研究，从中培养自主学习能力、独立创新能力。

研究性学习教学模式的能力课程观尊重并鼓励学生的个性化，主张在开放的教学环境中进行活动的展开，反对在教学中过多渗透成人的经验与文化，而以学生的经验为核心进行教学的展开与实践。学生角色的转变能够使学生对学习进行批评与反省，从而对知识进行重新理解与吸收。

---

[1] 叶平，姜瑛俐．研究性学习的原理、方法与实施 [M]. 武汉：湖北教育出版社，2003：4–17.

[2] 胡瑞霞，蓝兰．在大学英语中实施研究性学习的反思 [J]. 海外英语，2012（21）.

3. 研究性学习教学模式能够建立一种新的教学观

研究性学习教学主张对学生人生观、价值观和学习观的重新建构，通过在理论与实践中展开教学，提高学生的主动性与社会性。这种教学模式以理解现实世界为目的，是一种应用性很强的教学形式。

在研究性学习教学中，教师通过探究的方式进行教学的组织与知识的传授。师生之间是一种平等、互助的关系。

（三）研究性学习教学模式的展开

研究性学习教学倡导以开放的教学环境为依托，以学生能力的提高为目标展开教学活动。因此，其教学关键是对学生的实践能力与创造能力进行培养与提高。这种教学模式要求打破传统英语教学的束缚，关注学生的学习潜力与个性特点，从而使学生成长为拥有独立学习意识与自主钻研能力的学习者。通过对研究性学习教学模式的总体论述，下面对教学展开的几个重要方面进行总结。

1. 创设适合教学的问题情境

研究性学习教学模式主张对学生学习积极性和主动性的开发，因此在教学过程中创设一定的问题情境十分有必要。

适合教学的问题情境要能够引起学习者的求知欲望，通过将教学内容与求知心理的结合，让学生主动将自己代入学习中。同时在这种教学模式下，学习者能够清楚地了解教学目标，因此其研究的欲望就能得到激发。教师在设计教学问题的过程中，需要考虑到问题的趣味性、挑战性，并结合学生的年龄特点进行开放性和实践性的教学。

2. 注意独立研究与合作交流的结合

研究性学习教学模式主张对学生独立思维的培养。因此，教学过程中学生能够根据自己的经验对教学内容中的问题进行研究与发现。这种独立研究能够动用学习者的思维，是其主动建构知识的过程。这个过程和传统英语教学中被动的知识接受不同，能够使学习者感受到获得知识的喜悦，从而加强学生的自主意识和独立研究能力。

在研究性学习教学模式中，还需要让学生在独立研究的基础上进行学生之间的合作交流活动。在这种交流活动中，学习者能够展示自己的思维过程与研究方式，并吸收同学们研究的优秀之处。同时对班级凝聚力的形成也大有裨益。

3. 教师在研究性学习教学中的作用

在研究性学习教学模式中，教师的角色得到了改变，成为教学的指导者与促进者。相比传统的教学，这种开放性的教学环境对教师的要求有所提高。

研究性学习教学模式是一种新兴的英语教学形式，因此学习者很难在最开始完全适应，同时也不能领会到这种教学的目的与意义。而在这个过程中，教师对学生的引导十分重要。教师需要保证一定的教学效果，同时还不能过分干预学生主体性的发挥，因此这对于教师能力是重大的考验。

为了提高研究性学习教学模式的效果，教师可以利用一些新兴的英语教学手段进行教学，引起学生对其研究的兴趣。在学生研究的过程中，教师可以从中引导，并教授学生常见的研究方法。在学习结束后，教师还需要对此次教学的目的、研究内容、研究意义进行总结，从而使学生的学习主人翁意识得到增强。

（四）研究性学习教学模式的应用

大学的英语教学是学生提升语言能力的关键一环，在这个过程中使用研究性学习教学模式能够提高学生语言运用的能力，为其以后走入社会进行语言交际打下良好的基础。

1. 大学英语视听说课中研究性学习教学模式的应用

在传统的英语试听说课中，学生主动学习的热情不高，因此教学效果不理想。众多学者主张将研究性学习教学模式应用到英语视听说教学过程中，初步构建以“策略引导—多元互动—立体化”为特色的大学英语“研究性学习”视听说教学模式，如图 2–10 所示。

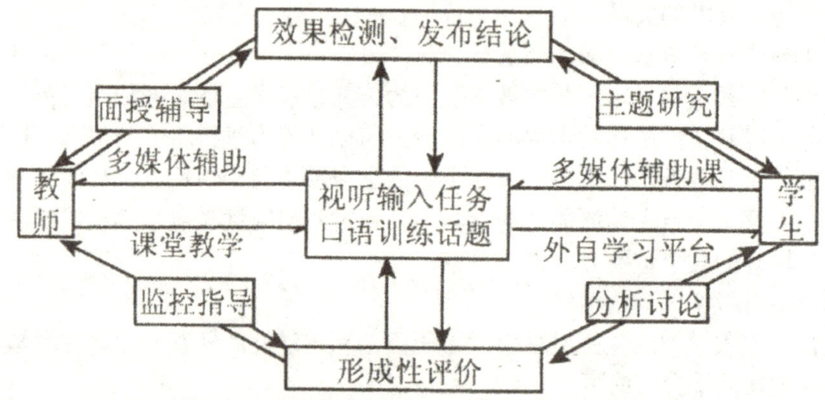

图2–10 大学英语“研究性学习”视听说教学模式

通过对上述教学模式的分析，可以看出其教学的展开主要以学生为中心，教师在教学中起到引导作用。同时教学突破了课堂教学的限制，延伸到了课外，大大扩展了学生的学习范围。

2. 大学英语语法课中研究性学习教学模式的应用

语法是一种规则性知识，因此对其的教学相对枯燥，需要学生记忆。因此，在教学中提高教学质量的重要途径是提高学生的学习兴趣与学习主动性。在英语语法课中，教师可以用原因探究的形式进行教学。这种教学方式是半控制教学，可以通过以下几个步骤展开：

（1）教师创设需要解释的语法情境。

（2）对教学活动任务进行解释说明，要求学生在后续练习中使用要学习的语法项目。

（3）教师提示不同的语法情况。

（4）学生根据自己的想象与语言基础进行解释。

这种研究性学习教学能够调动学生的积极性与想象力，对其语言使用能力的提高也大有裨益。

3. 大学英语词汇课中研究性学习教学模式的应用

英语词汇具有一词多义的特点，在教学中无法穷尽每个词汇的每个含义，因此进行研究性词汇教学能够使学生自主探索词汇的含义与用法。这种方式在增加教学趣味性的同时，对学生词汇量的提高也有十分重要的作用。

第三章　大学英语的教学方法与教学策略

教师在教学活动中根据教学情境的特点、有效的教学原则和教学行为来实现教学目标，同时，教师在有计划、有组织地实现学生学习的过程，这些都叫作教学策略。教学策略在学生的学习和教师的授课过程中产生着极大的影响，因而，对于教学策略的研究意义重大，对于英语教学方法的研究也应该持续进行。如今，英语教学的方式方法正逐渐向多元、综合的方向发展，系统地探讨大学英语教学过程中常用的教学方法，对于教师灵活地选用教学手段、提高教学效果有很大帮助。

第一节 大学英语的教学思路

在大学英语的教学活动中，教师要有清晰的思路，合理有效地安排教学活动，依据英语教学的共同规律，完成教学任务，这样才能对英语教学活动的实践具有指导意义。

一、制订合理的教学目标

目标明确是教学的根本。明确的教学目标会使教学效果收到事半功倍的效果。

美国教育学家布鲁姆认为，教学目标具体包括“认知”“情感”“技能”三项领域的内容。美国教育心理学家罗伯特·加涅则认为，教学目标包括认知策略、智力技能、言语信息、运动技能和态度等。针对我国目前的英语教学现状，英语教师在教学活动中应针对教学目标考虑以下几个因素：

（1）语言知识，就是学生应掌握语法、词汇、语音等方面的知识。

（2）语言技能，即学生在听、说、读、写、译等方面的能力提升。

（3）情感态度及价值观，即提升学生的道德水平，使学生能够正确地判断是非、美丑、正误。

（4）社会文化意识，即让学生对不同地域的文化背景有所了解，扩大文化视野，以达到增强文化交际的意识。

（5）学习策略，即学生在记忆、类比、归纳等方面的能力提升。

值得注意的是，英语教师在制定教学目标时，应从实际教学情况出发，要灵活，不能过于死板，同时要具有可调节性。

二、坚持以学生为中心的教学原则

要求教师从以下几个方面着手：教材解析、教学方法和手段的选择、教学活动的设计与组织都要以学生为中心。

（一）教材分析要以学生为中心

教师在分析教材时，应在理解和掌握教学内容的基础上，针对学生的不同阶段的学习能力和实际情况，将此作为教学任务和教学目标的依据。同时，教师应合理有效地利用教材，使教材内容转变成问题的衔接和师生之间的交流，根据学生对教材内容的理解，对教材内容和教学活动进行心理化和最优化的加工处理，将学生对教材的经验和体验相结合。

（二）教学方法和手段的选择要以学生为中心

在教学过程中，教师应以学生为中心，适应学生的直觉思维特点，通过灵活多样的教学手段，直观的教学方法视、听、说等来激发学生的参与，提高学生学习的积极性，还可利用形象化的教学方法如幻灯、投影、模型、录音、图片等，使学生真正能够理解感受和理解语言，积极主动地参与课堂学习，强化记忆，同时达到最优的学习效果。

（三）教学活动的设计与组织要以学生为中心

老师在准备与设计教学活动时，应当充分了解学生的情况、知识结构层面、学习动机及学习兴趣的状态。以确保教学活动有目标地、形式多样地、内容全面地进行，在提高学生学习积极性的基础之上，来使教学目标顺利地实现。

三、努力提高学生的学习兴趣

常言道：兴趣是最好的老师。为获得更好的教学效果和学习效果，在英语教学活动中，教师应充分调动学生学习英语的积极性，让学生对英语产生兴趣。因为一个人的兴趣能激发其内在的动力，使他们喜欢学习、乐于学习。那么在英语教学中，教师应从以下几个方面进行着手：

（1）教师在教学活动中应该了解学生的特点，发挥学生的主体性。每一位教师都很明白，学生才是英语教学活动中的主体。教师在英语教学的过程中应遵循语言学习的规律，采用灵活多样的教学方法，使学生在学习英语的过程中形成语感，提高英语的实际交流能力。根据学生的个性差异特点，培养学生学习英语的兴趣，让学生参与实践和体验，主动尝试和创造，从而获得对语言的认知和语言能力的掌握。

（2）语言的学习基础是通过死记硬背和机械操练来形成的。但是，如果这种传统的英语学习方式一旦过了度，就会适得其反，让学生对英语语言的学习失去兴趣。因而，教师在英语的教学活动中，应注意观察学生，对学生进行学习评价，帮助学生获取感兴趣的学习方法。教师应以提高学生的综合素质为前提，鼓励学生的课堂参与，激发学生的积极性，鼓励语言交流能力。因此，死记硬背、机械的教学方法和传统的英语测试方式将不再适应英语的教学。

（3）深度挖掘教材。教师在进行教学活动前，应对教材有一个整体上的把握，认真研读教材，挖掘教材，用教材中学生感兴趣的内容来调动学生的积极性，使每节课都在轻松愉悦的课堂氛围中进行。

四、教学做到语用真实

教师在英语教学中，要做到语用真实，应了解并做到以下几个方面：

（一）把握真实语言运用的目的

培养学生的能力是英语教学的最终目的。实际上就是指语用能力。语用能力方面的教学目的就是语用目的，主要表现在如下三个方面：

（1）语句的语用功能目的。

（2）对话语篇的语用功能目的。

（3）短文语篇的语用功能目的。

（二）采用语用真实的教学内容

教师应从语用的角度来开始英语教学，对英语课文进行剖析，详细地研读，保证语用教学的教学目标，准确把握文中的语句内涵，选用真实的例句让学生进行练习，让学生真正获得英语运用能力。

（三）设计组织语用真实的教学活动

教师应把培养学生的语用能力作为设计教学活动的出发点，运用讲解、释例、训练等，将培养学生语用能力与课堂教学活动紧密结合起来，贯穿于整个英语教学过程。

（四）设计语用真实的教学检测评估方案

语用真实在教学进行中具有非常重要的作用，不仅能够让学生掌握真实的语用内涵，还能使学生在英语运用方面的能力得到提升。所以，我们需要定期对教学成果做出评估和检测，以此来反馈学生学习的情况，从而对教学活动和教学目标做出及时的调整和改进，进一步检查学生在英语学习方面存在的不足之处。因此，在教学过程中教学检测起着重要的作用。

五、教学的中心问题是以英语进行交际

英语是一种交际工具，那么在学习英语时力求学以致用。

（1）教师在教学活动中，应运用灵活多样的方式来进行实践练习，例如机械练习、有意义的操练、交际性操练等。机械练习是对课文中的情景以模仿和问答的形式来进行，这属于句型操练。交际性操练就是利用文中的语句来表达自己的思想情感，这种方法属于交际性操练。这三种方法是一种循序渐进的接近语言交际的过程。因此教师在教授新的课程时，也应该遵循着先机械练习——有意义操练——交际性操练，最终使学生对新知识进行理解和掌握。

（2）教师不管是在课堂教学过程中还是在课外活动中，都要有意识地去为学生创造讲英语用英语的机会，例如在讲解词语、语法、组织教学、考核、布置作业或者学生请教问题时等，都可以用英语，把英语运用到生活中来，养成一个良好的语用习惯。

（3）在英语教学中，语言实践和语言知识之间的关系应当处理好。首先，语言实践在英语课中占主导地位，课上大部分的时间都在进行语言实践的练习。其次，对于语言知识的讲解则处于次要地位，教师应参考语言实践和教学目标的需要来对语言知识的范围、深度、方法进行讲解。

（4）在英语教学活动中，语言操练和语言交际是两种教学形式，因此教师应清楚并处理好这二者的关系。语言操练的重点在于让学生掌握语言的形式，是培养学生语言交际的必经之路。而语言交际是为了使交际双方相互了解，重点在于语言形式。在英语学习过程中，语言操练和语言交际都非常重要，前者是后者的基础，两者没有分界线。

（5）在英语教学活动中，教师应帮助学生树立“英语是交际工具”这一思想，并用这一思想来引导学生学习英语，把交际带到课堂教学过程中来。同时，在上课时，老师要培养学生用英语交际的能力，鼓励学生反复练习，教师也要根据不同的时机来实时地创造交际情境，给学生提供真实的英语交际机会。

六、英语教学坚持输入优先

所谓输入就是指学生通过听和读的形式来学习英语语言材料。所谓输出是指学生通

过说和写的形式来进行语言表达。[1] 据权威心理学研究资料表明，输入是第一性的，输出则是第二性的，由此我们可以看出输入是输出的根本基础。

语言输入在英语教学过程中起着尤为重要的作用，对于英语教学我们要以输入优先的原则来进行。具体做法如下：

（1）教师在英语课堂上，要充分利用形象直观的教具，例如图片、文字、声音等媒介，为学生提供形式多样、内容丰富的语言材料，使学生尽可能多地接触英语。

（2）教师应注重学生的理解力，对于理解性强的资料的输入，可以鼓励学生听与读，而不要求他们说和写，因为听和读是掌握语言的基础，所以理解材料才是最重要的。

（3）教师在对语言进行输入的同时，应该对输出进行检验，以输出巩固输入，来促进语言的输入。

（4）教师在组织教学活动中，应鼓励学生模仿，模仿有助于人们对语言的掌握，教师应积极地引导学生来模拟现实生活中的真实场景，并将其表达出。

七、发挥母语的作用

英语对于我国的学生属于第二语言，虽然我们强调让老师在课堂教学过程中尽可能多地使用英语，但是，这并不意味着我们要放弃母语。为了使学生能够更好地掌握英语，在英语教学活动中，教师要利用母语的优势，排除母语的不利影响。因此在教学过程中教师应做到以下几点：

（一）利用母语的优势

我们在熟练掌握母语的基础上来进行英语语言的学习活动。英语和汉语在语法结构和使用方法上既有相同部分，也有不同部分。然而学生在学习之前对母语里面的时间、空间以及地点等意识已经在脑海中形成，已经掌握了母语的语言手段。学生学习的障碍往往来自于这些不同点上，这个时候就需要老师来充分发挥母语的优势，运用母语来对这些不同点进行解释，帮助学生了解英语的一些学习规则和语法结构特点，同时更加方便学生和老师之间的沟通交流。

（二）排除母语的干扰

我们对于母语的适应和使用习惯往往会给英语的学习带来障碍，在英语教学过程中，教师适当地使用母语，让学生明确母语和英语在某一特定结构上，或者是某一语法结构上是有差异的。这样有助于让学生明确母语和英语在使用上应该注意哪些问题，避免把母语的使用规则和英语的使用规则混淆，减少母语的干扰，因此，我们说外语的学习是一个复杂的过程。

[1] 崔刚，孔宪遂 . 英语教学十六讲 [M]. 北京：清华大学出版社，2009.

第二节　大学英语的教学方法及策略

一、教学方法的定义与框架

（一）教学方法的定义

所谓方法，就是我们用来解决思想意识、行为活动、说话等问题的途径和程序。从方法的定义我们可以看出，其方法有大有小。所以，英语教学方法的范围便有不同。宏观层、中观层、微观层，是英语教学法的三个层次，如表 3–1 所示。

表3–1　英语教学的三个层次划分

名称	释义	具体方法
宏观层	有关英语教学的系统的理论、观点、主张和操作程序，这些理论、观点、主张和操作程序相互配合、支持，整合在一起，形成一个相对独立、完整的思想体系	语法翻译法、直接法、认知法、交际法、全身反应法
中观层	英语教学中比较规律性的、固定的“套路”，是一种较为复杂的、具有若干步骤的、系统的技巧和做法	3P 法、IRF 法、PWP 法
微观层	侧重具体的教学技能技巧，为解决某一具体问题的某一具体做法	演绎法、归纳法、跟读法、默写法

英语教学方法涉及语言和语言学习的本质特征、语言教学的目的、教师的职能、教学大纲的体系、学生活动的开展、教材有效运用、教学技巧的实施和程序的进行等，是进行语言教学的途径和做法，在语言教学过程中最佳观点的应用。英语教学方法自身独特的结构和研究对象决定了英语教学法是一种非母语的教学理论和科学。综上所述，英语教学法不仅是英语研究学习和运用材料进行教育的过程，更是有关教学内容、方法和体系的科学。

英语教学方法是关于理论基础和操作程序的英语教学的思想体系。从理论上来讲，英语教学的理论、观点、原则的问题，就是关于英语在教学方面的科学思维、逻辑推理、哲学思考等。在实际操作方面，教师和学生做什么，做的方式是什么这样的具体问题，就是关于教学活动的内容的决策、技术和技巧的问题。理论和操作是英语教学的整体构成，科学分析是理论的基础，科学应用是操作程序的基础。

（二）教学方法的框架

英语教学法的基本框架，有助于我们对英语教学方法内部出现的问题进行分析、比较。也有助于英语教师形成自己独特的教学风格和建立自己的方法体系。

1. AMT 三级构架模式

美国应用语言学家安东尼（Anthony，1963）提出了英语教学方法的 AMT 三级构架，这一说法表明了英语教学的科学分析和应用之间既相互依赖，又存在不同。

安东尼认为，英语学习技巧策略实现的方法体系有赖于教学框架的层次性特征。方法体系与理论原则相一致，理论原则具有自明性，论述对象是有关教学内容的本质、有关语言教与学的一整套相关假设。方法体系是关于语言教学材料的整体计划。这一计划在与其理论原则相一致的前提下，各个部分也必须相互和谐一致。教学方法具有程序性，理论原则具有自明性，在同一个理论原则的基础上，可以创立许多不同的教学方法体系。

整体来讲，安东尼的 AMT 三级构架共有 Approach、Method、Technique 三层，这三层之间具有清晰的层次感和逻辑性。具体如下：

Approach 是指“理论原则”层，这一层是基础层，是有关语言本质的基本观点，这一层会直接或间接决定其他两层。

Method 是“方法体系”层，这一层介于 Technique 层和 Approach 层之间，决定 Technique 层，自己也被 Approach 层所决定。对于语言教学的内容、形式、操作程序、活动特征、教学框架的确立，都是在对认识语言和语言学习本质特征的基础上建立的。

Technique 是“技巧策略”层，是课堂教学组织过程中多运用的技巧策略、活动、任务的具体内容。这一层直接决定于 Method 层，间接决定于 Approach 层。AMT 三级构架如图 3-1 所示。

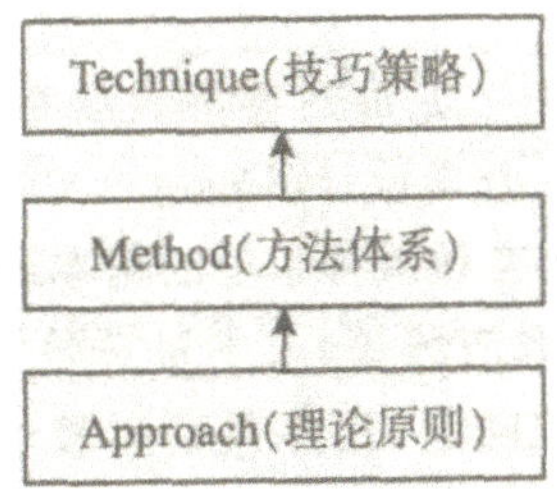

图3-1　安东尼的AMT三级构架

由于 AMT 三级构架只是描述教学方法体系的外围结构，而对于本身内部结构则没有做描述。因而，虽然三级架构看似十分合理，但十分单薄。鉴于此，理查兹和罗杰斯（C.R.Rodgers）在其基础之上又创建了更为合理的 ADP 三维构架模式。

2.ADP 三维构架模式

理查兹和罗杰斯提出了自己的英语教学方法结构 ADP（Approach，Design，Procedure）三维模式，这是在安东尼的 AMT 三级构架模式的基础上提出来的，如图 3-2 所示。

理查兹和罗杰斯的 ADP 三维模式认为，一个完整的英语教学方法应当具有教学理论原则（Approach）、教学设计（Design）与教学步骤（Procedure）三种描述，如表 3-2 所示。

表3-2　英语教学方法内容

名词	释义
教学理论原则	有关语言和语言学习的基本理论，包括对语言本质特征的描述
教学设计	主要对教学形式、教学内容、教学顺序、教学活动等进行分析和确定，具体包括对教学目标、教学大纲、学生任务、课堂活动、教师作用、教材功能等的描述。是教学方法的核心
教学步骤	是教学方法的实施过程，包括课堂技巧、课堂行为、互动模式、时间分配、空间布局、教学设备的使用等，在课堂中实际进行和完成的事情都是教学步骤的一部分

这三种模式之间既存在着差异，又有着紧密的联系。正如理查兹和罗杰斯所言：“一种教学方法，在组织上依靠教学设计，在理论上与教学理论原则息息相关，在实践上依

靠教学步骤来完成。"

英语教学方法

基本理论（Approach）	设计（Design）	程序（Procedure）
1. 语言的本质特征 ——有关语言能力本质的描述 ——有关语言结构单位的描述 2. 语言学习的本质特征 ——语言学习的心理和认知过程 ——语言学习过程成功发生的基本条件	1. 目标 2. 教学大纲 ——语言和文化内容的选择和组织标准 3. 教学活动类型 ——课堂和教材中的活动与任务类型 4. 学习者角色 ——学习任务类型 ——学习者对学习内容的控制程度 ——学习者的活动组织形式 ——学习者之间相互作用的程度 ——学习者角色观：执行者、表演者、创新者、解决问题者等 5. 教师角色 ——教师功能类型 ——教师对学习的影响程度 ——教师对学习内容起决定作用的程度 ——师生互动的类型 6. 教学材料的作用 ——教学材料的基本功能 ——教学材料的形式（如课本、视听材料等） ——教学材料与其他语言输入的关系 ——教学材料对教师和学习者的要求	课堂技巧、操作、行为等 ——时间、空间、设备等 ——互动形式 ——教师和学习者采用的各种策略

图3-2　理查兹和罗杰斯的ADP三维模式

ADP 模式在形态上略胜安东尼的 AMT 结构一筹，更趋完美，A、D、P 三维构成了教学方法的完整架构，这三部分既相互独立又相互依存。在内容上，ADP 模式不仅把语言学习理论、语言、教学技巧全部纳入体系中来，而且还对体系的核心内容进行了具体的分类。这样就使得模式更加充实和丰富，更加趋于完善。

然而，教学方法的应用才是教学实践。教学方法本身不过是概念的组合，并不是教学实践。ADP 模式只把教学步骤当作实践，而将教学设计仅仅停留在理论的表面上，这就使得教学步骤与教学设计分裂开来，两者得不到融合。甚至，导致重复出现教学设计和步骤中的一些内容。因而，这种把教学方法的课堂应用并入教学方法体系中来的做法，其本身就存在一些不合理的地方，是很难令人信服的。

3. 五层框架结构

王才仁在综合前人的教学方法构架的基础上提出了五层框架结构，它明确了五层框架结构之间各自的定义及相互关系。通过有效的教学策略这一层把与整个方法论相关的概念体系分成两部分，这是五层框架结构的精髓所在。具体如下：科学范畴的理论部分包括 Methodology 和 Approach，这两部分属于教学基础理论原则。而艺术范畴的实践部分则包括 Method 和 Technique。Strategy 运用理论联系实践的方法，使五层框架结构有机地联系在一个完整的框架中，形成了一个新的有关英语教学方法论的说明体系。这一模式的形成，不仅对中国英语教学方法的研究理论起到了促进作用，而且积累了中国英语教学的思想财富。

五层框架结构模式如图 3–3 所示。

图3–3　王才仁的五层框架结构示意图

这个新的框架虽然具有很多优势，但问题也显而易见。

（1）这种模式和其他的观点相反，因其把教学策略定位于教学方法之上，极易引起人们理解的错误和使用上的混淆。

（2）该模式把教学的方法局限于课堂之上，对方法和教学的整体性一致产生不利影响。

（3）该模式提出的概念，与当今的主流概念格格不入，所以很难为大家所接受。

（4）该模式的建立存在着先天不足的缺陷，因为以英文为概念基础，而在英文中又有着 Method、Approach、Methodology 等概念的混乱。

二、教学策略的制定

（一）教学策略的含义

20 世纪 60 年代以后，以美国匹兹堡大学的认知心理学家罗伯特·格拉塞为首，最早提出并首次使用了“教学策略”（teaching strategy）一词。

阿姆斯特朗（D. G. Armstrong）认为，教学策略是为了使学生达到一定的单元而系统实施的教师活动。

加涅认为，教学策略就是帮助学生以自己的学习努力达到每一个作业的计划。教学策略不仅可以以课时计划的形式出现，还可以以媒介材料的编写说明形式出现。[1]

中国学者鲁子问主张，教学策略是指教师为了达到最佳的教学效果，在一定的教学理念的指导下，对教学任务和教学情境的理解，同时对教学活动起到灵活调节的作用。

虽然各国学者对“教学策略”的定义认识是仁者见仁、智者见智，各有不同，但是，我们通过对不同概念的深入分析和比较发现，其实这些观点之间还是存在着共同点的。

[1] 俞平．论教学策略 [J]. 现代教育论坛，2000（5）．

那就是他们都认为，教学策略是为教学任务服务的，有很强的目标性，包括教学活动中方法的选择、材料的组织、对师生行为的规范等。

综上所述，我们可将教学策略定义为：教师为了教学目的的顺利达成、教学任务的实施、基于对教学情境的认知和理解以及教学任务的规定，运用一系列的过程来对教学活动进行灵活的调节和实施控制。

（1）教学策略不是简单的教学设计和方法，是教师对教学活动所运用的整体性原则的把握和推进的措施，在教学活动中的体现。

（2）教学策略包括认知的过程、教学活动组织的过程和教学方法的执行的过程。

（3）教学策略不是静态不变的，而是一系列有计划的水平动态组织过程。

（4）教学在制定、选择与运用教学策略时要有统领全局的思维，在保证教学有序进行的前提下从教学活动的整体出发，利用现有的教学资源，考虑学生的学习状况，兼顾教学的目的、任务、内容采取灵活机动的措施。

（二）教学策略的内涵

教学策略的研究日益增长，教学策略被越来越多的英语教育者所关注。英语教学的研究不断加深，研究者对于教学策略内涵的解释也是各有不同，研究者主要有以下五种观点：

1. 教学观念观

有学者认为，教学手段、教学方法和教学模式是实现教学策略的途径，而教学策略只是一种教学观念或原则。比如普拉塔认为，教学策略是提升“有效教学”的原则，他举出了 12 项促进教学策略的方法，如激发学生学习的动机、掌握有效学习的方法、增加完成任务的时间等。

2. 教学方法观

有的学者认为教学策略就是教学方法。《简明国际教育百科全书》认为：“只有达到某种教学目的所运用的手段和方法，才是教学策略。”

皮连生认为，教师所采取的如何安排教学事件先后顺序的进行、媒体传递信息等有效达到教学目标的教学方法才是教学策略。

3. 教学决策观

也有学者将教学策略直接认同为教学决策。其观点如下所述：

周军认为，为了能够使教学目标顺利实施，教师根据教学情景的特点对教学过程进行有效决策的活动。

黄甫全认为，教学原则、目标、方法、组织形式等是在教育观念的指导下所进行的一系列综合结构。

陈心武认为，教师在教学活动中运用教学理论来对教学过程中出现的具体问题进行解决的谋略就叫作教学策略，不仅包括解决问题的具体方法，也包括教学过程中的教学理论。

4. 教学行为观

有一些学者直接将教学策略视为教学行为，其观点如下：

施良方、崔允漷认为，教师在教学活动中为了教学目标的实现，而采取的一系列解决问题的行为叫作教学策略。

和学新认为，教师在了解和熟悉教学活动的基础上，为了教学目标的实现、教学任务的完成，而对教学活动调节和控制的过程。

5. 教学程序观

以马顿（Marton）为代表的学者的观点是，教学策略对语言能力的培养起直接作用的教学程序，并能够刺激某种特定的学习策略。马顿认为，教学策略应该是以培养策略能力为目标的教学活动，而其他的像增加语言知识的教学程序，只能是教学活动。

也有学者认为，教学策略是教师为了达到一定的教学目的而采用的一切积极有效的教学原则和教学行为。在特定教学情境中，所做出的教学谋划和措施都是为了完成教学目标和适应学生学习的发展所需要。大多数学者对于教学策略的内涵和内容在不同的教学层面给予了不同的解释，但他们的共同点就是都在强调教学策略以教学目标的实现、完成教学实效、提高教学效率为宗旨。但是，真正要做到这一点，就需要老师能够有效地调配各种教学资源，利用一切现有教学资源，有效地谋划教学过程。

（三）教学策略的构成

一般来说，教学策略构成要素包括：指导思想、教学目标、实施程序、操作技术，具体分析如下：

1. 指导思想

教师在制定和执行教学策略时，会依据指导思想的理论基础来进行，因此，我们说教学策略的灵魂是指导思想。

在教学过程中为了保证教学任务的顺利开展和教学目标实施，避免教学中的盲目性。教师应在明确的指导思想指挥下，发挥理论价值的作用，来制定实事求是的教学策略。

2. 教学目标

教学策略的实施都是以教学目标为指向的，无论是活动内容、活动方式都是为教学目标服务的。教学目标的制订是教学策略的核心部分，不过二者又不是相对应的关系。

3. 程序实施

实施时需要按照此程序逐步展开。教学策略的实施程序并不是一成不变的，是相对稳定的。所以教学活动的开展具有不定性、特殊性。

此外，教学策略的实施程序虽然有固定的先后程序，但并没有定式。概括地说，教学策略的实施程序明确指出，教师在实施教学策略时的具体程序操作顺序，会随着环境的改变而逐渐进行调整。

4. 操作技术

这里讲的操作技术是指教师在具体教学程序中，能明确、简单易行的操作技巧并且掌握要领，能够采取有效的措施。另外操作技术也是指教师运用教学策略的手段和技巧，具体从以下四点来加以说明，如表 3–3 所示。

表3–3 操作技术的内容

操作技术	内容
教师	教师在教学策略中扮演主要角色
教学内容	针对不同的学生采取不同的方法，因材施教
教学手段	利用教具，熟练地运用多媒体进行教学，掌握技巧
适合范围	让学生掌握学科特点，分层次进行教学

由上表我们清晰地看到，教学策略和操作技术是相辅相成、相得益彰来共同构成的。

（四）教学策略的分类

教师根据不同的学生采取不同的教学方法，教学策略就其特点，可以分为以下几点：

1. 按照教学活动的要素分类

教学策略按照教学活动的构成要素，可分为四种策略，即任务型策略、内容型策略、方式型策略和方法型策略，如表 3–4 所示。

表3–4 按照教学活动构成要素划分教学策略

构成要素策略	解释大意	囊括策略
任务型策略	主要是英语课堂上出现的问题	包括讲解性、练习性、师生互动、解决问题等
内容型策略	针对一节课的教学内容而设定的	包括分支并行式策略、直线式策略、循环式策略
方式型策略	针对教学中的方式方法来设定的	以教师为主导，以学生为主体
方法型策略	较准确地运用教学方法	发现问题、解决问题

2. 按照教学环节分类

教学策略按照环节划分，可分为教学准备策略、教学实施策略、教学监控评价策略三种，如表 3–5 所示。

表3–5 按照教学环节划分教学策略

教学的环节策略	解释大意	囊括策略
教学准备策略	教师依据教学目标要求，深入挖掘教材，改变教法，根据师生的实际情况，制定教学计划的策略	制订教学目标、构思教学内容、掌握教学教法、设置教学情境
教学实施策略	主要包括概念教学策略、管理者策略等	如期完成课堂教学完整性
教学监控评价策略	教师为达到设置的目标，对教学全过程实行的计划、反馈、反思和自我调节等采取的策略	保证课堂教学的连续性，从而有利于达到预期目的的教学目标

从上表可以看出，教学策略的分类目的是，保证课堂教学完整性的重要策略，在课堂上，教师可以少讲，把复习的时间留给学生。它是指各类教学内容和教学手段，其中以听、说、读、写和翻译等为主。其次也用于培养学生能力的具体性策略。为帮助学生提高各项能力，教师可以对针对性较强的具体性策略灵活运用。综观教学策略，是为完成某一特定阶段（如单元、学期、学年等）的教学任务。简而言之，这些具体性教学策略，根据教学资源、评价测试等，相对应某一教学策略来完成具体的某一节课的教学任务。

（五）教学策略的特点

1. 指向性

在教学过程中，任何活动和因素都是为教学目标服务的。同样教学策略是指向其所制订的教学目标。因此，教师对教学目标的制订必须具有一个明确的认识，并能在目标的实现过程中不断地进行改革与创新，对具体教学方法进行灵活掌握。

由于指向性具有独特性特点，同时，在教学过程中也会遇到一些突发性事件。教师在处理突发事件时，应该适时地改变预订的教学目标，做到随机处理，确保按时完成教学目标。

2. 操作性

盲目地制订的教学策略再有创意也没有意义，教学策略也无法在教学活动中实施以实现其实际价值。因而，为确保更好地实现教学目标，教学策略必须具有可操作性。

3. 调控性

因为教学策略的灵活性很大，所以可以根据具体情况进行调控。因而教学策略的灵活性与调控性是相辅相成的。

所谓的教学策略的调控性，既能体现教学活动的不定性，又能体现教师对教学活动的掌控性。教师对教学策略的运用就达到了一定的水平，这主要体现在认识和调节教学进程这个环节上。

（六）教学策略产生的途径

所谓教学策略的产生是教师在研究教育理论的基础上得到自己分析的结果。

1. 对教育理论进行深入探讨

教育理论是指教师在正式上岗之前应该进行专业的教育培训课。在培训的过程中，教师对教育理论进行分析和判断，这样才能不断地掌控教学策略的能力。以学定教不仅立足于学生已有的知识、经验、需求之上，遵循学生学习知识、发展能力的规律，确定教学目标、内容、策略方法和评价措施，也立足于激励学生能够积极主动地学习、能主动地思考和运用知识的过程，既立足于学生群体，也立足于学生个体。

2. 对教学方法进行深入研究

研究自己的教学方法，完善自身的教学技巧，并再次在教学过程中对自己的想法进行不断摸索和总结，最终形成自己的教学策略。

然而，教师教学策略的形成需要不断地将其与同类方法进行对比，不能完全凭借自己的主观臆断，从而加深对自己教学策略的独特性的认识和了解。

3. 对教学经验进行总结和反思

教师在教学中要对其进行不断地总结和反思、修复，使它更好更快地适应新课堂教学的需要。

（七）教学策略的研究意义

不断深入地进行英语教学策略研究，随着英语教学改革的不断发展，对英语教学策略的研究有其重要的意义，因而，为形成最佳的教学策略，随着教学实践的不断深入，相关研究者开始对教学和学习的内在机制进行总结，并开始出现将心理学原理应用于教学研究的倾向。

教师之所以是培养高素质人才的关键因素，是因为人才的培养主要是通过教师的授课。

教师的品行和学生的成绩是传统的教学研究中的主要关注重点。不过教师具备良好的品行。教学策略是教学活动的关键因素之一，教学活动质量的高低是影响人才培养的重要因素。由此可见，提高教学质量和提高学生的学习成绩受教学策略的影响。

（八）教学策略的制定标准

教学策略的制定需要一定的标准，没有针对性地、毫无标准地制定教学策略，是没有意义的。究其原因，是因为制定教学策略的目的是实现所制定的教学目标，只有制定行之有效的教学策略才能保证教学目标如期实现，所以要确保教学策略的可行性，不然即使制定再多的教学策略也是徒劳的。

1. 教学目标

教学目标是教学策略的制定与选择遵循的主要方向。教学目标是逻辑联系以及知识技能的迁移。所以，在这一阶段，为了激活思维，培养他们的能力，促进他们更深入、自主地学习英语，就可以达到这一目的。

2. 教学内容

为了让学生在表演中既理解词、句的意思，又培养他们的口语表达能力，教师通常会采取让学生分角色朗读的策略。

3. 教学环境

教学环境直接影响心理环境，包括校风校纪、学习氛围等；有形的物质环境包括教学设施、学校周边环境等。科学有效地进行是根本保证。

其中，我们说教学策略的实施受教学设施的影响很大。例如课堂上为提高学生的听力能力，往往进行英语听力教学。

4. 教师的教学能力

因为教学策略制定很受教师的教学能力的制约，所以教师在英语教学中起着很大的作用，是英语教学的重要因素。为避免得到适得其反的效果，教师应当在选择教学方法上下功夫，不过对于一些刚参加工作的年轻教师来说，教师对教学策略的总结和发展也会带有自身的主观意思，这就是教学策略不断发展和进步的保障，同时也是提高教学效果的保障。

5. 学生的认知能力

课堂教学的主体是学生。教师要掌握学生生理、心理发展的规律和个体差异，因为教学的根本目的在于培养人。相对而言，学生的认知水平是教学策略制定的基础。学习者的学习风格、兴趣爱好、现有的知识技能水平等是学习者认知水平的具体体现。

教师教学策略的制定是为了让学生学习好，教师制定教学策略时，要研究学生的实际情况。所以，在制定教学策略时，为保证所采用的策略能够调动学生积极的学习兴趣和态度，教师还应当充分考虑学生对某种策略在接受能力、智力、班级学习氛围等诸多方面的因素。

学生在玩的时候能记住单词，这种效果很好，但对于大学生就显得太过于简单。

第三节 教学策略与运用分析

所谓的教学策略是依据形势的发展需要适当地采取计策、谋略。 在当代英语教学实践中，教学策略越来越重要，运用这些教学策略，教师可以调整好教学过程，协调好教学关系，从而大大地提高教学效率。其中最主要的教学策略包括：组织策略、管理策略、提问策略和激励策略，最终达到最好的教学效果。

一、组织策略

我们在开展教学活动的过程中，因为组织策略拥有不可替代的作用，所以就显得尤为重要。

（一）组织策略的定义

将教学活动中的各个要素进行联系和安排，就是所谓的“组织”，不过组织策略是对课堂实践教学而言，是教师对新的知识和旧的知识进行的整合和归纳，从而形成新的知识框架。所以课堂实践教学形式，既关系到检验教学质量，也关系到教学氛围的创设。

课堂实际教学中想要得到良好的效果，教师的合理组织至关重要，教师的主体地位不言而喻。因而，为保证教学活动正常进行，教师对组织方式、技巧的掌握，直接关系到课堂问题的处理、教学活动的安排、教学任务的完成。

（二）组织策略的构成

课堂组织主要依靠教师的态度、想法及方式技巧和对教学目的的理解，组织策略包括组织决策和行动决策。

1. 组织决策

组织决策是教师通过对教学实际的预测、分析和对比，最终确定的方案，以及对可能的问题采取的有效措施，从而使教学全过程得以顺利地完成。

（1）组织决策的特点，如表 3–6 所示。

表3–6　组织决策的特点

组织决策的特点	释义
生成性	教师既要明确教学任务，也要对学生进行约束
预测性	教师在课堂上对学生进行预测、分析和比对
协调性	教师需要协调教学实际中各个环节之间的关系，其中与学生关系的协调尤为重要
全程性	在整个教学中，教师要有计划、准备、措施等阶段，并能全程参与

（2）组织决策的价值

①组织决策有利于增强教师的组织观念意识，使之更深刻地认识教学的本质。教学实践中的千篇一律、创新力不足，都是因为教师自身组织决策意识淡薄导致的。因此，在现代的英语教学中，想要教学质量有所突破，学生得以全方面发展，推进教师的组织决策意识势在必行。

②组织决策能够全面提升教师的专业水平和业务能力。因为教师的知识水平和组织决策是紧密相连的，教师在教学过程中会从自己实际教学经验出发，能对知识素养做出决策，在具体的教学过程中对遇到的问题进行反思，从而对之前的决策进行适度合理的调整，最终达到提升自己的教学水平的目的。

2. 组织行动

组织行动是教师在组织决策的基础上，能够表现出来的一种活动方式，换言之就是组织决策的具体操作，它来源于教学又服务于教学。 教师针对教学实践中遇到的各类问题进行总结、分析、对比，然后重新操作，进而有效地促进教学研究。

组织行动对教学的重要性体现在以下几个方面：

其一，组织行动的目的就是为解决教学中存在的问题，所以组织行动的目标是改进教学工作，目的是提高教学质量，利于教师改进教学内容和教学形式。

其二，教学中的不可控制性决定组织行动强调要教师主动参与研究。

其三，组织行动十分注重协调多方关系，由此可见要从多角度审视教学的全过程，从而提出合理的可行办法，无论是师生之间还是师师之间 。因为教师在这里起主导地位，所以要对已经固有的教学计划、教学成果均加以整合，并能重新加以利用，具体方法如下：

（1）课堂实际教学具体的情况可以通过影音等方式进行记录。

（2）利用问卷调查。

（3）运用教学日志。

（4）研究个别案例，通过个别性了解普遍性 。

（三）组织策略的影响因素

在教学中，组织策略影响着角色的选择、指令的给予以及组织互动等三个方面。

1. 教师的角色选择

教师是主题角色、职责要求决定着在现代英语实际教学中，在组织策略中采用何种方式、遵循何种原则。在整个教学过程中既要“传道授业”，也要“言传身教”。教师在教学中的角色选择从下面几个方面重点介绍一下。

（1）活动的组织者。教师的组织能力决定英语实践教学的成功与否。 教师需要让自己的学生明白活动的内容和要求，换言之，就是让学生明白应该干什么、怎么干以及做完之后的反思。只有教学活动组织好，才能让学生做得好，教学才能达到预期的目的。

（2）资料的提供者。教师如果要学生达到教学目的，得到很大发展，就应总是准备着帮助学生取得更大的进步，同时也养成学生寻求教师帮助的习惯。

（3）成果的评估者。教师在英语实际的实践中有责任对学生的学习活动进行评估，指出学生错误的同时，也要教师在纠正学生问题的时候避免伤害到学生的自尊，注意自己的态度。

（4）课堂的调控者。教师要在实际的英语讲授中适度控制教学过程。

表3–7 控制教学因素

控制因素	达成目的	控制方法
控制教学的节奏	保证学生可以听清、听懂	控制语速
控制教学的时间	英语阅读速度的把控	
控制教学活动共享	平等享有机会	

（5）学生的启发者。学生在英语具体学习过程中会遇到很多复杂的问题，教师应该在学生对一项活动束手无策时，对其施以援手，给予他们鼓励与支持。简单来说，就是帮助他们扩展自己的思考范围，提升想象力，最终得到答案。

2. 指令的给予

在英语课堂中，教师的指令是学生活动的重要依据。教师在英语课堂中要求学生进行某种活动的言语行为就是所谓的课堂指令。在教学中，教学指令的正确性是学生能否出色完成教学任务的前提。教师发出准确、简明、清晰的教学指令，学生就可以快速理解和反应，反之如果给予的指令不恰当、不清楚，就会给教学的组织活动带来不便，严重影响课堂教学的效率。因此，教学指令的正确给予是学生出色完成教学任务的前提。

通常情况下，教师教学的课堂指令主要可以分为三类：学生行为引发指令、课堂纪律控制指令和教学活动实施指令。

（1）学生行为引发指令是为教学活动做准备的指令，是教学活动的“先行官”。

（2）课堂记录控制指令是保证教学活动顺利进行的教学指令，用于维持课堂的正常秩序。

（3）教学活动实施指令是指导学生开展学习活动的指令。

在实际课堂教学中，教师要经常运用教学指令，但是教师给予学生指令需要遵循以下几个原则：

（1）清晰原则。教师指令要把握交代时间的长短，保证学生可以清楚明白。

（2）演示原则。教师在解释指令的时候可以加以演示。

（3）检查原则。教师可以随时对学生进行抽查，确保学生已经清楚活动的内容、方式等。

（4）完整原则。教师指令的内容应该是完整的，应该告知学生活动的目的、步骤以及具体的要求等。

（5）时间原则。教师在下指令的时候应该清楚地告知学生任务的起止时间。

3. 组织互动

课堂上师生互动是影响课堂组织的一个重要的因素。当师生之间相互交流、共同探讨问题时，这样的教学组织形式就是课堂教学互动。其意义如下：

（1）师生关系会随相互作用、相互影响发生变化。

（2）互动可以让教师帮助学生建构自己的认知结构。

（3）通过学生和教师的交流、对话的互动，可以使学生逐渐社会化。

在英语教学中，课堂的互动模式一般有班级、小组、同伴以及个人四种形式，不过不管采用什么样的形式，教师都应该尽可能地让学生多多参与。不同课堂模式对教师的要求如下：

（1）课堂活动。在课堂活动中，教师应该把更多的时间留给学生，充分发挥学生的作用，减少说话的时间。

（2）合作活动。为达到学生之间的互帮互助，教师应根据学生的实际情况进行平均分配。

（3）个人活动。为使学生可以自主完成任务，教师需在活动前明确地告知学生活动的要求、目标等，最后进行检查。

（四）组织策略的内容

教师在英语教学中要不断探索新的教学策略。就内容而言，组织策略具体包括英语知识组织策略、课外活动组织策略以及教学形式组织策略等。

1. 英语知识组织策略

语言能力和语言运用能力是语言交际能力的主要构成部分。对语言来说，工作中的运用能力就是语言运用能力。那么组织策略就是将语言知识和语言交际能力有机地结合在一起，让学生可以把学到的知识运用到生活实际中，为此教师可具体从以下几个方面着手，如表 3–8 所示。

表3–8　英语知识组织策略具体实施

英语知识	重要性	遵循原则
语音知识组织方面	打下语言基础，在很大程度上决定着学生在英语方面的发展。	①学生能准确发音。 ②逐步增加语言知识训练，将语音应用到特定的语境中。 ③增加学生学习语音的趣味性。 ④对于学生发音困难或者容易出错的问题采取措施。
语词知识组织方面	语词是语言的基本要素，是组成句子的基本单位。	①语词选择要准确恰当。 ②将语词运用到指定的句子中。 ③帮助学生了解语词义、用法以及文化内涵。
语法知识组织方面	语法作为语言能力的一个重要部分，需要学生认识语言本身的认知规律，积极地学习语言能力。	①语法知识选择要符合实际交际的需要。 ②语法教学主要用于实际当中。 ③注重语法教学的多样性。
文化知识组织策略	语言与文化是相辅相成的关系，文化组织教学必然伴随着英语教学而生，相互借鉴，相辅相成。	①将一些文化内容系统地添加到英语教学中。 ②明确文化知识的目标、态度等，引导学生包容和接纳不同文化。 ③在教学实践中引导学生感受文化的差异。 ④引导学生在跨国交流中获得更真实的文化知识和文化体验。

2. 课堂教学组织策略

课堂教学具有明确的目的性，是学生学习效率最高的地方。组织设计、组织实施、组织素质以及组织方法是课堂教学组织策略的主要架构。

（1）组织设计。在整个英语教学过程中，为保证教学活动在教师的设计下顺利开展。教师要严密地组织好整个教学的流程，使师生之间配合默契，教学内容衔接流畅。

（2）组织实施。教师将设计好的教学程序运用到教学活动中就是组织实施。

（3）组织素质。成功的英语教学需要教师在英语课堂中发挥和表现出来具备各方面的素质。

首先，驾驭课堂的素质是教师必备的素质之一。这种素质能够显示教师的真正水平，基本功扎实，在课堂上能够做到收放自如，“放”就是要求学生的积极性被教师调动；“收”则要求学生的注意力能够被教师集中起来。

其次，静态和动态的结合才是最完整的教学过程，明确地说就是教师在静态教学的基础上适当地做一些动作、眼神、举动等动态，这样所产生的效果就大不一样了。

再次，教材是教学的主要载体，因为教师根据教材的内容和学生的学习状况进行教学设计，就必须能够驾驭教材。教师对教材的驾驭可以帮助教师组织实施教学，提升教学成果。

最后，为了对学生进行指导操作，就教师而言本身需要具备熟练的操作技能。

（4）组织方法。教师需要在课堂教学中运用基本的组织方法。

①教师面对课堂教学活动的复杂多变的实例，准确掌握多种语言表达方式，并熟练地转换其他表达方式。

②教师要从情感上强化自身的影响力以及在感召力等方面严格要求自己，提高自身的形象气质。

③为了弥补不能兼顾到每个学生的不足，教师应该合理分配学生及任务。

④为使学生能够亲身感受人物的内心活动，加深对课文人物的理解，教师可以根据教材内容，进行情境创设，进行模拟情境。

⑤为促使教师地位的转变，将师生的活动与作用融合为一体，教师可以尝试实行“问答式”教学法，以问答的形式，发挥教师和学生共同的主体地位，不仅可以达成教学目的，而且还能调动学生的学习兴趣。

3. 课外活动组织策略

我国学生学习英语，主要的渠道就是课堂教学。在教学中存在着很多问题，如时间不充足的情况，所以课外的活动也非常必要。那么课外活动就包括看英文电影、读英文周刊、英文电视节目、用英文写电子邮件、与朋友用英文交流等各种丰富多彩的方式。这些组织形式可以培养学生的对外文化交流能力，这样既丰富了学生的课外生活，又帮助了学生理解英语学习的重要性。

教师不仅要在课堂中占据着主体地位，课外活动也同样如此，要记住教师在课外活动组织中也起导向作用。教师可以通过自身对英语掌握的情况，经常给学生推荐一些对他们有帮助的电影、报纸或者节目等，用多种方式引导学生的课外活动，从而调动学生对英语学习的兴趣。不过，教师不要过多地计划学生的课外学习活动，否则会适得其反，这一点要引起教师的注意。

大型的课外活动和小型的课外活动是课外活动组织按照类型来分的两大方面。

（1）大型课外活动。大型课外活动一般是综合性的和创造性的，它主要包括英文歌曲比赛、演讲比赛、英文戏剧表演等。同时，为了争取让学生最大限度地发挥出自身的主观能动性，这些活动需要定期开展，以便合理地安排活动时间。

（2）小型课外活动。小型的活动主要包含教学活动中的小游戏、学生课下记录的英语笔记等，多数只是学生自己或者一个小组开展的活动，活动范围比较小。小型的活动可以促进学生对课堂英语知识的记忆与理解，其实主要作用就是锻炼课堂中的所学。

4. 教学形式组织策略

教学形式组织策略在当代英语教学中主要分为班级组织、小组组织和自主学习三种。

教师向全体学生讲授英语知识的教学方式就是所谓的班级教学。班级教学是比较传统的，也是最基础的教学模式，教师可通过运用教材等辅助材料直接将这些知识准确地传递给学生。

教师在课堂教学的基础上，按照学生不同的学习风格和学习程度将学习任务或者学习活动分成几个学习小组，从而进行教学授课就是所谓的小组教学。

在教师的指导下，学生自己获取知识的教学形式就是自主学习。

此外，在具体的教学中，为了将三种形式发挥得恰到好处，教师应该根据不同的情况采取不同的教学形式。班级教学主要在讲解语音、单词、词汇以及语法的时候被采用；小组学习则是任务实施时被采用；当需要学生背诵、记忆的时候，学生的自主学习自然就被需要了。可见，要使这些教学方法发挥最大的作用，教师的教学形式是一切从学生实际出发，根据学生的需求来制定的。

（五）组织策略的原则

为了保证教学活动的顺利进行，教师不断地加大力度，在课堂上采取一些新的教学方法。教师在英语教学中应遵循以下几个原则：

1. 交互模式选择适当

课堂交互作为教学活动的主要载体，学生的学习与参与的程度都是由课堂交互模式所决定。我们从组织策略影响因素能够了解到，常见的交互主要包含班级活动、小组活动、同伴活动以及个人活动四种。那么英语学习需要学习和实践两个方面，不是仅仅靠听课来学习，因而学生的动口和动手两种能力的培养需要交互模式满足。同伴活动和小组活动在交互模式的四个方面中，可以使学生能够积极地参与到活动之中。

2. 活动责任到人

在教学中，教师能够针对不同学生的特点来对完成情况、接受能力做出一些教学调整，要注意把活动责任落实到人。一样的任务，不同的学生完成的速度不一样，一些学生提前完成会因无事可做而影响到其他的学生，部分学生可能会因为拖延时间而无法完成，失去继续完成的信心。在上述情况下，一方面教师应该布置其他额外的任务给提前完成任务的学生；另一方面，两个小组以上的学生完成了任务，可以让他们进行互相检查；此外，教师还可以将完成任务的小组成员平均分配给未完成任务的小组，让他们互相帮助，加快未完成的小组的活动进度。

3. 合理控制活动时间

由于学生的知识水平有差异。所以完成同一项任务所用的时间也不尽相同。所以，教师在布置任务的时候，应该明确具体的时间界限，个别的学生或者小组没能按要求完成任务，教师可以根据实际情况让学生继续或者直接停止任务。还可以不断查找学生的完成情况以及未完成的原因。

4. 合理摆放座次

影响教学活动的一个重要原因是学生的座次摆放，这在同伴活动和小组活动中尤为重要。这样可以检查教师的教学情况，与活动的需求相适应的座位摆放才足够合理。不仅如此，为保证教师对课堂的整体控制，座次的摆放还要考虑不同学生的特点。

如上所言，组织策略能够合理运用是教学成功的重要保障。课堂组织策略是否得当，这不仅关系到教师水平的提高，同时也保证教学如期进行，还涉及良好师生关系的构建，能够调动学生积极性。若是组织策略不当，就很难达到教学活动预期的效果，最后会导致教学的失败。

二、管理策略

教学是一个动态活动，离不开教师对活动的管理。教师在教学活动中通过各种手段，来号召学生踊跃参加课堂活动，并使课堂活动达到最佳的状态，从而达到实现计划教学目标的过程，那这个过程就是课堂管理。管理策略的实施能有效保证课堂教学活动的顺利进行。

（一）管理策略的作用

1. 通过创设好的课堂环境，促进课堂活动顺利进行

课堂管理可以创造有效地完成外在向内在转化的过程，能使学生形成自律心理，进而可以减少产生矛盾与冲突，消解潜在的矛盾与冲突的课堂环境，并能通过良好的课堂教学促进课堂活动顺利地进行。

2. 通过交流与互动，保证课堂活动的有效展开

师生与生生之间的对话和信息交流互动可以被有效地课堂管理激发出来。而这种互动能促进教师课堂教育教学质量的提高，还能进一步促进课堂活动充分地展开，进而促进学生心智的发展。为保证课堂教学不流于形式化，要努力实现人与环境、人与人之间的有效交流。

3. 通过激发课堂活力，促进学生的持久发展

为提高语言的综合应用能力，课堂活动可以让学生参与各种类型的语言交际情景。使课堂管理能够调动学生各种可能的因素，来激发课堂活力中蕴含的活跃气氛，从而促进学生的持久发展。

（二）管理策略的原则

一些学者在管理策略的实施上，能够遵循一定的原则，但他们的观点不一。但有两个原则管理策略必须坚持：其一，有助于维持课堂秩序；其二，不伤害学生的人格与自尊。

1. 有助于维持课堂秩序

一节课有好的纪律很重要，维持好课堂秩序是教学管理的根本目的，这既是学生的事情，同时也是教师的责任，具体表现如下：

（1）课前任课教师要了解学生的学习兴趣和爱好。

（2）能够处理良好师生之间的关系。

（3）努力培养学生的自觉意识。

（4）让学生养成良好的课堂习惯。

（5）努力共同建立师生之间的行为标准。

2. 不伤害学生的人格与自尊

在大学英语教学中，教师要本着教书育人的精神对学生进行积极的引导，要尊重学生。不管学生出现什么问题，教师都不能随意伤害学生的人格与自尊。教师应在具体问题上做到以下三点：

（1）要尽量避免体罚学生。

（2）要注重整体的公平性和学生个体的差别。

（3）找出课堂存在的问题的根本原因。

教师在掌握上述原则的基础上，还要结合教学的实际来管理英语教学。教学管理培

养知识和技能的加强已经成为世界性的发展趋势，从近些年国内外的研究和教学实践可以得到这个结论。有学者指出：出色的教学管理不仅意味着降低教学中的不良问题，还意味着在出现问题的时候能及时进行有效的管理。所以，我们为了建立良好的师生关系，形成一种相互尊重、相互理解的教学氛围，教学管理策略应该以学生为中心，让学生可以积极主动地投入到学习当中去。

（三）管理策略在大学英语教学中的运用

教师采用纪律管理策略和时间管理策略对教学加以改进，可以维持课堂秩序，提高教学效率。

1. 纪律管理策略

在教学中纪律管理是有效教学的重要保证，所以教学为了维持课堂秩序，教学离不开纪律管理。纪律还是评判学生行为是否适当的标准，所以课堂管理是指那些能够积极鼓励学生参与课堂学习的话语、行为和活动。除此之外，课堂纪律还具有内化道德规范、使学生积极进取的作用和社会功效。

纪律维持和违纪处理构成了课堂纪律管理。教师用眼神就可以提醒学生的不良行为，因为对于听话的学生来说，学生本身就具有一定的自控能力；对于比较叛逆的学生，只有处理他们的违纪行为才不会波及他人。由此可见，学生问题的矫正也不是一件容易的事情，需要对具体问题进行具体分析，不仅如此，为减少这类问题发生的概率，教师更应该提前预防，采取必要的措施。在这些问题苗头还没有出现的时候提前打好预防针，如表 3–9 所示。

表3–9　英语纪律管理策略的具体实施

发挥学生的自我管理功能	例如可以组织开展小组活动，互相自查
发挥教师的管理功能	教师自己来组织课堂纪律，因而应该根据实际情况出发，采用不同的课堂纪律管理手段，来维护课堂纪律
设计有趣的学习任务	例如教师可以结合所学内容设计一些游戏活动，激发学生的学习兴趣，让学生参与，课堂纪律自然也就得到了保持
正确处理课堂管理和教学之间的关系	加强教学管理，传统英语教学中，教师将大部分精力放在了课堂上，对学的重视程度不够，这就导致很多学生人在心不在，无论教师再怎么努力，学生的学习效果依然得不到改善

2. 时间管理策略

为使学生参与到学习活动中、保证教学的高效率，要求教师有效地利用教学时间。可以从以下几个方面着手做好时间管理：

（1）为提高学生的学习兴趣，教师采用各种手段来激发学生的兴趣，让学生能主动地参与到学习中。

（2）为了使学生总是有事可做，不被轻易打断，教师要保持教学活动的流畅性和紧凑性。

（3）要有效安排时间。教师应该按照课程标准将课堂的时间进行合理的分配。

（4）鼓励学生进行自我管理。为高效地利用时间，教师应当引导学生对各阶段学习任务的完成时间进行自我计划。不仅如此，在学习任务完成期间，教师应督促学生进行自我监督、自我控制、自我激励、自我反思，任务结束后进行自我反省和调节。

三、提问策略

（一）提问策略的作用

提问策略作为独特教学的主要行为方式，它是运用知识通过提问对学生的学习情况进行检查。简而言之，其主要作用如下：

（1）调动学生积极性，激发学生的读书兴趣。

（2）让学生主动参与，养成良好的参与意识。

（3）扩大学生的发展空间，拓展思路。

（4）及时解决教师的困惑。

（5）能对教师检查一些细节性问题有所帮助。

（6）能使教师准确地了解学生，掌握学生情况。

（二）提问策略的原则

看起来简单、常见的课堂活动——提问，在操作上想要发挥良好功效就需要遵循科学的原则。教师在提问时遵循以下几项原则可以提高提问的质量，具体如下：

1. 主题性原则

一个突出的主题在每一堂课的教学中都有。围绕这一主题来展开提问，并且能紧紧围绕着主题对学生进行提问，使学生能快速掌握所学知识。不围绕主题的提问是没有任何价值的。为使学生的认识逐渐深化、提高，教师在提问过程中，设置采用先设问，再反问，继续追问、深问的方法。

2. 启发性原则

具有一定的启发性是教师教学的一种手段。要想用提问促进学生能力的提高。能够激发学生的求知欲，吸引学生参与到问答中来，强迫学生思考，并引导学生自主探究。在实际教学过程中，教师根据不同的课程类型采取不同的提问方式。教师要在学生给出的回答太过简短时进行追问，鼓励学生解释和说明，完善和丰富自己的答案，不断提高学生的思维能力。教师要在教学中出现的知识难点或是模棱两可的地方进行有针对性的提问，对学生有目的地进行点拨，继而帮助学生突破学习的难点。总之，教师的提问要严格遵守启发性原则，要启发学生思考，帮助学生形成更为全面的认知能力，从而达到目的。

3. 兴趣性原则

教师的提问一定要有兴趣性，因为兴趣是学习的内在动力。正因为如此，教师不仅要结合教材和学生的心理特点提出更新性和启发性并存的问题，还要把握最佳的提问时机，来引起学生的兴趣。例如在课堂开始时，教师可以向学生提出一些实际问题，当学生处于思维高度活跃时，教师还可以提出一些具有开放性、推理性、参考性强的、没有固定答案的问题，这类问题可以提高学生的兴趣，有助于加深学生对所学内容的理解，有利于保持他们积极思维状态；教师需要在学生的兴趣转入低谷时提出一些具有巩固性和强调性的问题，这样能重新激发学生的学习兴趣。

4. 互动性原则

互动性原则是提问要遵循的重要原则之一。教师在提问的过程中应让学生充分发表个人意见，可以插话，教师尽量态度亲切温和，害怕会导致学生紧张。此外，教师应耐心听取学生回答，点评时应注意激发学生的求知欲，不仅如此，同时还要鼓励学生多向教师和同学们提问，积极主动地参与到活动中，形成互动、和谐、轻松、平等的学习气氛。

5. 层次性原则

教师的提问一定要具有层次性。然后按照由浅入深、由易到难的规律来设计问题。

教师在提问时要根据学生的不同层次逐步进行，由浅入深地进行提问。例如：为了很好地锻炼学生的思维能力，对学习一般的学生可以提一些层次或难度较低的、机械记忆的问题；对学习较好且又善于思考的学生，则可以提一些需要用分析、比较、总结等方法对信息进行组织的问题，那些较难的问题需要经过高级思维才能得出答案。

（三）提问策略在大学英语教学中的运用

1. 提问计划

因为即兴提问比较灵活，往往会出现逻辑性的问题，所以教师在备课的时候要做到提前准备，否则很难达到预定的教学目标。具体准备包括以下几个方面：

（1）明确提问目的。提问目的一定要在提问活动开展之前确定清楚。教师在备课时就要明确提问的目的，因为不同的课型、不同的教学目标，提问目的自然也不相同。同理，如果提问目标发生了变化，问题的类型也会随之变化，提问的层次也跟着发生变化，所采用的技巧自然而然地发生改变。

（2）选择提问内容。在课堂教学中，教师提问的侧重会成为学生学习的重要依据，因而教师在选择提问内容时一定要慎之又慎，教师不应选择太过容易或不重要的问题，以免误导学生。

2. 问题设计

教师恰当、有效选择问题的方法和技巧叫作问题设计策略，它能使问题清楚易懂，较为符合学生的特点，更能提升学生的发展空间。

教师在问题设计中要注意以下几点，如表 3-10 所示。

表3-10 英语教师问题设计策略的实施

调节	教师所提出的问题要与学生的知识水平和思维能力相一致
简化	教师所提问题的语言要简单、明了，要尽量使用学生熟悉的词汇来进行提问
讲究趣味性	教师所设计的问题可以不必太拘泥于教材，对教材内容灵活处理，设计贴近学生实际生活但又与课文相关的问题，以激发学生的兴趣，引发学生积极讨论
以学生为中心	所设计的问题要以学生为中心，充分发挥学生的主体作用，引导学生主动发现问题、积极参与思考，培养学生创造性的思维能力
由浅入深	设计的问题可从不同角度出发，由浅入深、循序渐进，引导学生全面地进行思考，努力让学生有机会取得成功

3. 态度设计

在教学中，教师和学生的学习态度很重要。以学定教和以教导学两者之间具有内在逻辑联系。教师不只是知识的载体、来源，也是传道、解惑的，教学不能以教定学，以教师为中心；教学也不能排斥以教导学，仅以学生为中心。教师要相信学生自己能学习和使用知识，所以需要以学定教，但这并不意味着教师的作用是无关紧要的，也不是否定教师的教学能动性，而是强调教师是学生学习和运用知识的指导者和引路人，所以需要以教导学。师生关系不是教与被教、管与被管的关系。师生之间充满着人文精神，互敬互爱、尊重学生的人格，拥护教师。所以师与生的关系、教与学的关系应该是一种平等、相互尊重、和谐发展的互动关系。

一般的教学中，英语教师的教学方法尤为重要，英语教育教学不能止步于以学定教、以教导学；以学定教、以教导学还需通过多学精教才能最终通达不教自学的最高境界。因此，以学定教、以教导学、多学精教、不教自学是一个蕴含内在逻辑联系的统一体，四个方面互动、生成才能达到英语教育教学理想的目标。教书育人是教师职业的重要体现，教师培养学生发展，是教师思想情感、知识水平占有量、教育教学能力与教育教学科研和价值取向的直接体现。教师花费毕生精力设计和操作的教育教学过程，不论是一件细小的事，还是一堂不起眼的汇报课，都是为了有效激励学生的思想情感，激发学生求知欲望，启发学生能独立思考、探究和合作学习，培养学生的自学能力，发展学生的个性，培养学生自学能力、实践能力及创新能力。这些也都是教师自身实践活动的价值体现，它更直接体现在不教自学的最高境界之中。用辩证法来说，学生学习是内因，教师教学是外因。

教师在提问过程中要有意识地调整提问的方式，这种方式就是提问控制策略，这个策略对教学内容、教学进度起着控制的作用。教师在提问时，应注意以下几点：

（1）教师在教学设计时在教案中标标记问题。

（2）为启发、鼓励学生，肢体行为应与所提问题协调一致。

（3）提问设计要清晰、简短、切合实际。

（4）给学生留出一定的时间，听到提出的问题后，思考或做好回答的准备。

（5）教师设计问题时要吸引学生的注意力和主动参与。

（6）教师应在学生思路不清晰，回答不精确、不完整时要继续提问，不必马上给出明确的答案，给学生留有思考的空间。

4. 提问评估策略

教师用来反馈的手段就是提问的评估策略。教师能及时对学生的提问或回答做出的评价是提问有效进行的重要保障。提问评估常用的方式有以下几种：

（1）引用。教师陈述答案或总结时引用学生的语言叫作引用，它是一种效果比口头表扬更好的所谓的间接表扬，它可以让学生有认可感、成就感，提高学生的自信心，进而促进学生向更高的目标努力。

（2）表扬。表扬是教师对学生能力的一种认可。教师的表扬可以唤回那些能力相对较差的学生的自信心，并帮助他们走向成功。

（3）鼓励。教师的鼓励在英语教学中对学生具有重要意义。教师切不可在学生不能回答问题或学生的答复不得当时冷言相对，挫伤学生的自尊心。给予学生适当的鼓励，不断给予暗示，努力帮助学生找出问题所在，直到找出正确答案，这才是正确的行为。

四、话轮转换策略

课堂教学是一个会话交流的程序，英语课堂不能限制学生踊跃参与课堂的条件和兴趣。为有效地提高学生的英语能力，大学英语教师应当有意识地运用会话分析理论中的话轮和话轮转换策略，来提高课堂中师生积极互动。

（一）话轮与话轮转换

一般认为会话的过程就是交际双方不断转换话轮的过程。因为受大学英语课堂的限制，教师随课堂的支配权，学生学习的积极性也受到牵连和限制，大班授课方式也使得学生对大学英语课堂的参与度受到严重的影响和局限。所以，在大学英语的课堂授课中教师有效、巧妙地运用话轮和话轮转换策略，就可以大大提高学生课堂参与度，发现学生交际潜能，培养英语的交际能力，随之改善当前的状况，从而获得满意的课堂教学效果。

（二）话轮与话轮转换策略在大学英语教学中的运用

1. 开场寒暄话轮和及时结束话轮

课堂上，教师进入课文学习的一个过渡部分叫作开场寒暄或导入会话。表面上看似和上课无关，却是师生之间开展教学活动的良好开端。就像两个熟人见面时要打招呼然后再谈正事一样，除了像"Good morning!，Hello!，Hi!，Let's begin our class!"等一些常见的礼节性的客套话之外，还有相当一部分涉及将要学习的课堂内容，而且形式多种多样，有课前交流、阐述观点、对话等，都可以起到 warm-up 的作用。例如在一节课上，从师生的对话我们可以看出，开课前的课堂对话是多么的重要。看看如下的开场（下文中 T 指老师，S 指学生）：

T：What can we do in the classroom?

S1：We can read in the classroom.

S2：We can write and learn in the classroom.

S3：We can sing and dance sometimes.

T：We can do so many things in the classroom, but we can't drive the car in the classroom.

T：Can you tell me what can we do and what can we not do in the classroom?

其一，当话轮被谈话的其中一方接纳或开始时，就应根据课文的意思和要求尽可能使自己的谈话包含足够的信息量；

其二，所提供的信息应不超过要求，以防谈话啰嗦无意义；

其三，讲话人要在合适的时候巧妙地结束话轮。

从以上这几个方面来看，教师一定要在课堂开始一个新的话轮时严加注意。在一个例子的开场中，学生的兴趣和注意力被教师第一个话轮的问题所吸引，从而产生了学习的兴趣。为使话轮得以继续，教师在接下来使用有层次的问题来启发思考、引导学生讨论。接着问题难度逐渐加大，学生的发言逐渐减少，为使学生获得相应的未知信息，教师开始需要提供足够的信息来完成本次话轮。教师使用一个问题和一句过渡语在话轮结束的时候，巧妙而简短地结束本次话轮并引出下一个部分。至此，这个开场话轮的技巧运用就比较成功了。

2. 有效利用巧妙的过渡语

在授课中对于话轮的转换，在说话轮次的分配成分（Turn-Constructional Unit）上，根据萨克斯（Sacks）等人的会话理论，必须会有一个交换点，即 TRP 的出现，不然话轮交替就无法正常进行，谈话也不能继续下去。不仅如此，任何一个想在会话中接替话轮的说话者，一定去听正在说话的一方，随时找出他可插话的地方（TRP）以试图取得话轮。关联理论则认为语言交际其实是一种明示推理过程。

教师语言在组织课堂中发挥着重要的作用，因为它不仅是教师的工具，同时也是学生学习的一个重要来源。比如在解析课文时，为避免使用老套的“What is the main idea of next paragraph? Or let's move onto the next part!”，教者可以根据两段文章中有效的关联部分来设置问题，这样自然地把学生的思维过渡到下一个部分，让课文内容与思想容易被学生理解。又如在《新视野大学英语》第二册第一单元课文 The Expensive Fantasy of Lord Williams 中，这篇文章前面的部分是别人对威廉勋爵很富有，又很乐于帮助村民进行的评价，那么在后文开始之前，教师可设置如“Do you have some doubt about his money? Why is he so rich, in your opinion?”设定这样的问题让学生思考。学生思考和表达后再从课文中得到答案，这样就可以让学生积极地参与课堂。

3. 合理分配话轮

实际上，因为话轮的分配过程中不平等，所以教师使用单一的话轮分配形式不利于学生获得平等的话轮权。不过这些缺陷可以通过小组恳请的方式进行弥补，这就可以实现师生之间的全面互动，让全班同学最大限度地参与学习。

和个人恳请相比，小组恳请是学生之间自行支配话轮的接替，这样教师就不再是话轮分配的支配者，因而小组恳请可以达到使用目的语的目的，让学生在课堂上有更多的时间和机会参与言语互动；那么与全体恳请相比，小组恳请能使下一个话轮接替者更为具体，更好地把话轮分配给每一位学生。在小组讨论活动中，由于课堂上的言语互动不再受限于师生之间，学生与学生之间互动极大地增多了，所以学生们参与度很高，表现出更大的学习能动性。

由于学生与学生之间言语互动大大地增多了，所以学生们参与度增强了，激发出更大的学习积极性。活动参与者之间处于一种互动状态来提高学生的交际能力，它们通过意义共建增进语言学习，因此在语言环境中掌握了话轮转换技能。

课堂话轮分配模式是课堂的指挥棒，对课堂气氛与学生的参与度起着关键的作用。因而教师分配比例应根据教学需要调整各种模式，尽量避免单一和固定不变，尽可能地掌握话轮的分配模式，把话轮合理地分配下去。同时为实现师生之间的全面互动，应鼓励教师多运用小组恳请，这样使全班学生都能主动地参与学习。

4. 授予话轮的策略

在教学中，由于受中国特殊的社会环境、传统文化观念影响，大学英语课堂形成一种学生习惯于认真听讲而不去主动参与学习或提问，或先举手后发言等课堂模式的限制的现象。课堂大部分时间都被教师的话语占用，话轮的支配权和主动权主要在教师手上，不是学生无法像自然会话那样为获得话论替换去自由竞争，而是由教师或课堂规则来授予。

说话人的发言权受前面话轮的指配。指配的方式有两种形式：一种是当场接受分配，另一种是根据预先规定的程序来发言。

当场接受分配是受前面话轮指定，然而根据预先规定的程序如顺序号来发言。根据预先规定的程序发言可能是在课堂活动开始前就规定好的，在轮到时可予提示，如在课堂上，师生的对话中，我们就能学到很多知识。

T：Can you introduce yourself to each other?

S1：I'm Tao。

S2：My name is Yao Zhigang.

S3：My name is Zhang Ping.

上例就属于预先受配的话轮替换方式，中学生围着桌子顺时针方向自我介绍。

非受配性接收话轮的发言权通常是对前面的诱发所做的反应，既不是当场指定，也不是预先指定的。虽然这类话轮内容已由前面的话轮确定，但明显是属于自选的。例如：

T：Why did he leave his homeland?

S：For political reasons.

T：Yes, for political reasons.

教师在课堂交流中常用的使用话轮的方法，经常是通过设定下轮话语的情节来确定发言对象。学生可以被教师指定下轮话语的内容诱发进入话轮，这种诱发可以是语言性的，也可以是行为性的。通常语言性诱发更接近自然会话，所以带有更强的交际性色彩。

例如：

T：What do you think?

S：Listen. /Did I tell you about it? / Oh. I want to ask you.

这个例子是一个询问一个来回答毗邻双部结构（adjacency pair），这个双部结构诱发了学生做出回答，进入会话。它的第一部分（first pair part）就指定了下轮话语的内容。平时许多没有经指定的自选话轮常常是因为诱发同时发出，这显然理解起来有些困难，我们可以用以下方法来解决。

（1）指定发言对象、指定发言内容。例如：

T：Linda, will you please tell us the difference between "simile" and "metaphor"?

S：OK，let me try。

这个例子中，当教师在授予学生话轮时，他还可以通过毗邻双部结构中的询问和回答以及指定话轮内容。教师通过这一策略授予话轮还可以直接指明发言对象。例如：

I go to see my grandma tomorrow.

T：Good. You will go to see your grandma tomorrow.

S：Oh, yes, I will go to see my grandma tomorrow.

（2）教师传授知识时还可以通过指向性姿态来授予话轮，神态、形体语言，如手势、面部、手臂、目光提示等。例如：

T：Today we'll talk about our friends. First, please describe one of your friends with some sentences. Use adjectives, such as：

Is he tall or short? Happy or sad? And so on. Practice by yourselves.

S1：I have a good friend xxx. She has big eyes. Her hair is long. She's tall. Her PE is very good...

T：That's good. Who else?

S2：...

（3）学生话轮可以通过教给学生一些话轮类型以及话轮转换时常用的词语或语法结构来授予。库克（Cook）将有关话轮转换的惯用表达方式归纳如下。

T：I have some friends. Look at the screen. （Play the video.）

Ss：Look and listen to the PPT （pictures and sentences）.

T：Please pay attention to these adjectives. Why are they changed? How did they change? What can you find?（Discuss in pairs.）

S1：形容词发生了变化。

S2：形容词后面都加了 er。

T：What else?

S3：有的形容词要双写末尾的字母再加 er，像 big。

S4：还有的形容词，像 heavy，是把 y 改成了 i 再加 er 的。

以上几点是库克对于话轮转换惯用表达方式的归类，给学生提供了一个组织语言材料的大致框架，待学生熟悉各种表达方式之后就可以准确地获得话轮，从而进行话轮替换。

5. 恰当处理学生的反馈项目

听话者对当前说话者的话语做出的反应就是反馈项目，表示自己在聆听对方讲解后继续发话。当反馈项目在会话中能起到配合作用，这样就有利于主话轮的展开，尽管它的信息量不是很大。教师和学生在课堂英语口语交流中，学生如能掌握好适时发出反馈项目的策略将有利于话轮替换的进行。若是学生不适时地做出反应或交流中缺少了反馈项目，那么会话就很难进行下去，说话者也就无法知道他所传递的信息是否被接受。

总之反馈项目有以下几种，如表 3-11 所示。

表3-11 恰当处理学生的反馈项目

反馈项目	举例说明
非词汇性反馈项目	例如 oh、aha、uhm、mhm 等，它们表示“我在听呢”“继续说吧”等意思
词汇性和习语性反馈项目	例如 that's right、I see、I know、OK、yeah、fine、good 等，它们表示“你说得对”“我知道了”“我明白了”“你说的和我说的一样”等
感叹词性和感叹词语反馈项目	例如 God、Oh dear、what、really is it 等，主要表示“天啊”“原来这样啊”“你说的我怎么不知道”等意思
非言语性反馈项目	主要指面部，如目光注视、点头等身势语

教师在课堂教学中，主要以“提问”的方式让学生积极主动参与到课堂会话中。因为对于提问的时机、对象以及对回答的反馈不是那么容易把握的。所以，提问似乎没有表面看起来那么简单。

教师发现课堂上发出的邀请话轮没有及时回复时，那么教师应当先重复问题或者对问题进行解释，诱导反馈话轮。假如诱导不成功，如果有潜在的反馈话轮对象，教师可以用鼓励的方法指定反馈话轮的发言者。如果连潜在的反馈话轮都没有，教师可以用自答的方式结束话轮，立刻变换一个新话题来诱导学生参与。

如果教师为了给予反馈意见而开始新的话轮而讲缺点时，不能用学生的错误来作为笑料或者指责学生没有及时回答问题。教师应注意说话语言，不能伤害到学生为获得他人尊重的内心需求。

6. 及时进行修正调整

如果会话中双方出现听不明白、表达有障碍或表达有误等现象，就要及时加以纠正。修正有两种方式，即自我修正和他人修正。自我修正就是说话者修正自己表达中的错误；在交谈中通过补充的方式帮助他人改正表达错误，澄清和督促等都是他人修正。例如：

A：We are going to have a picnic tomorrow.

B：Picnic?

A：Picnic, you know, means to have dinner outside.

B：…'s hair is long, but...'s hair is longer than her hair

例句中A在B要求澄清的情况下做了自我修正，才能确保了话轮替换的继续进行。

谢格洛夫（Schegloff）在功能层面上将同话轮修正分为重叠、互换、添加插入和重构四类。如果在会话中涉及多个话轮，修正的协商功能则较容易发挥出来。那么交谈双方在这种不断地发现和修正问题的过程中才能达成共识，才能使交际过程顺利完成，否则可能出现交际失败的结果。

那么在英语课堂的交际过程中，当师生们沟通遇到问题时，就应在自己的话轮里及时修正。比如老师在授课时发现同学的反应不太好，那老师就应及时改变表达形式来引起同学的注意力，以达到产生兴趣的目的。如果是因为学生英语水平所限，那么教师就应采用更简单的英语来进行沟通，或者采用添加汉语的方式进行修正。如果教师发现问题但没有及时修正，学生误解的情况就会产生恶性循环，不仅反映出师生间缺乏直接流畅的沟通，也造成时间的浪费。

因为学生在外语课堂交流中往往在听不懂时不知道如何提醒对方改正，自己表达有误时也不善于自我修正，致使会话常常陷入无语中，甚至被迫中止话轮。其实，教师应多注意对学生的修正话轮训练，因为它是非常典型的教学语言。学会及时修正调整能够在碰到学生不合规范的话、无意误用的语言或发生误解时无师自通。

教师对学生的动词将来时态的使用进行修正，使用修正话轮"You will go to see your grandma tomorrow."，及时地修正了学生的语言。这样做既没有改变学生的发言内容，也没有争取原话轮的发言权,因而修正并不是像负反馈那样索取或缩短原话轮的发言权。教师在外语课堂交流中应善于灵活运用修正话轮这一技巧。

总而言之，以教师为中心的传统一言堂式课堂授课的教学方法，违背了语言作为人们相互间交流思想的工具这个根本性的认识，可以用话轮转换的方式解决这一弊端。为了引导学生熟悉、掌握话轮更替的特点以及掌握各种语用策略，以便加深他们对英语的重新认识，来提高学生的英语会话能力，教师可通过交换、鼓励、帮助和引导等策略促进学生积极参与交际。因而，教师将话轮和话轮转换策略积极有效地运用到课堂交流中，必须要转变传统的教学观念，使得大学英语课堂变成真正的师生积极互动的语言交际场所。

五、激励策略

（一）激励策略的作用

激励策略是指能够激发学生学习兴趣，保持学生参与的方式方法。可以说，激励策略的内容主要包括用来控制如环境、教师的榜样、奖惩制度等影响学生动机的因素，是激发学习动机的有效教学手段，这一策略与动机关系密切。

（二）激励策略的原则

1. 兴趣性原则

快乐是人追求知识的基本需求，能为他们提供精神上、知识积累上、心理的快乐活动，人们都喜欢。反之，则会厌倦这样活动。那么，若是学生对学习本身缺乏兴趣，则很难参与其中，学习的效率自然不高。教师可从以下几个方面来着手：

（1）教师能把学习内容和学生的成长有机地联系起来。

（2）教师要了解学生的兴趣爱好，由学生的喜好来设计教学活动。

（3）组织学生讨论与其看法相悖的观点。

（4）在课堂教学中融入幽默故事、趣闻轶事。

（5）培养学生的发散性思维，设计脑激励活动。

（6）教师授课的语音、姿势、眼神、表情等肢体语言都应避免过分呆板，否则无论教学内容多么有趣，学生都不会产生兴趣。

2. 自主性原则

一般来说，每个学生都希望拥有自我选择的空间，不喜欢被强迫或被动参与自己不感兴趣的活动。因为自主是人与生俱来的需求，而且人们对于命令都有一种天然的抵制心理。

（1）由学生决定完成作业的方式、多少和时间。

（2）积极培养学生的责任意识，尽量让学生如实评估自己的行为。

（3）为学生制订多种学习目标，让学生自己决定活动的方式，以便更好地完成。

（4）教师鼓励学生努力自己制订自己的学习目标，并监控自己的学习行为。

（5）教师努力把课堂程序的安排交由学生自己去决定。

（6）避免惩罚学生，学生自己的不良行为让学生自己审查，自行改正。

（7）鼓励学生大胆地发表自己的观点和看法，避免学生担心他人的批评或嘲讽，给学生心理以安全感。

（8）如需局限学生的行为，教师应给予合情合理的解释，并表示愿意接受不同的意见。

3. 自尊性原则

每个人都希望得到尊重，期盼得到别人的认可。自尊能够增强人的信心、努力进取的勇气，一旦获得认可，就能激发学生的学习动机。对此，为培养学生的自尊，教师可从以下几个方面着手：

（1）努力让学生能够大胆发言、积极思考，创建轻松的学习环境。

（2）对有正确学习态度和方法的学生要给予充分的肯定。

（3）让学生努力做到接受错误，改正错误，继续努力，获得更大的成功，正确对待自己的成功和失败。

（4）不管学生取得的成绩如何，只要学生努力了，教师都应对此予以肯定和鼓励。

（5）激发学生的理想，对学生提出高期望、高要求，并帮助他们实施计划，实现预期目标。

（6）鼓励学生根据自己的成绩和目标来如实评价自己，找差距，有针对性地开展下一阶段的学习。

4. 自我实现原则

学生因为缺乏自信心导致畏惧学习或对学习没有兴趣。多数学生都曾刻苦学习，却因为不得要领等原因失败，而丧失对学习的兴趣。而部分学生对英语产生了兴趣，得力于方法得当。能够时常体会到成功的乐趣，对自己的能力也充满信心。

所以，学生只是因为未能取得一定的成绩而自信心受挫，并不是天生地排斥学习。如果可以让学生证明自己的能力、体会到成功的喜悦，他们的学习动力就会越来越大，才会更加坚定克服困难、坚持不懈的信念。为了激发学生的学习兴趣，帮助学生完成自我实现能力，教师可从以下几个方面进行指引：

（1）为确保学生达到预期学习目标，要组织设计评估性学习活动。

（2）为避免传统教学中好坏学生对比带来的负面影响，统一采用标准参照评估程序。

（3）为使优生能看到自己的成绩，后进生也能看到自己的收获和进步，要根据具体情况设计弹性评估程序。

5. 归属感原则

一些心理学者认为，人在成长过程中最害怕的是被孤立、被否认。同样，在学校每个人都有一个归属感，都希望能够被接纳、被认同。不管是被教师捧在手心里的“好学生”，还是被整天埋怨或者不屑一顾的“差学生”，都在寻找自己在这个班级里的位置，希望在班级占有一席之地，把自己融入整个班级里。缺乏归属感会让部分学生变得自卑，与其他同学疏远，丧失了学习的动力。为了使学生被认可、被满足，提升学生的动力，在激励机制下的英语教学应该给予学生这种归属感。教师想实现这一点，应从以下几个方面着手：

（1）要让学生做到相互理解、相互包容，就要帮助学生学会聆听他人的感受，接受他人。

（2）在小组中，不能因某个学生的表现不好来惩罚其他学生。

（3）适当采取一些竞争，要让学生正确对待奖赏，要有荣辱感。

（三）激励策略在大学英语教学中的运用

1. 兴趣激励策略

常言道：兴趣是最好的老师。那么最能够激发学生兴趣的策略就是激励策略。不过，兴趣是一个非常复杂的心理现象，要长时间的积累和引导，它的培养绝不是一朝一夕可以完成的。不过心理学上的重复定律说：任何行为和思维可以通过不断重复得以不断地加强。但对于学生来说，每当教师在他取得进步时，都及时给予持续的肯定和鼓励，学生就会积极主动地学习，这样就能长期保持学习动力。随着时间的推移，学生就会养成一种良好的学习习惯，习惯成自然。

2. 目标激励

我们在大学英语教学中，为了激发学生的学习动机，可以设立合适的教学目标。所以，在教学过程中教师应给学生提供明确、具体可行的目标。同时给予学生将这个目标转化为实际行动的指导，使学生感到有所收获。目标激励在教学过程中应注意以下几点：

（1）教师设立的目标难易度要适当。

如果目标设立得过高，难度太大，学生难以实现的话，不仅没有激励作用，反而会挫伤学生的学习兴趣和信心；若是目标过低，学生太过容易实现，缺乏挑战性，也同样无法有效激励。

（2）设立的目标要具有层次性和阶段性。这个阶段学生总结成功的经验，以用来增强学生向更高目标进取的信心。

（3）及时引导、帮助学生去实现这个目标，教师在设立目标后必须为这些目标创造实现条件。

3. 榜样激励策略

教师将学习态度端正、成绩较好的学生作为全班的榜样，用来激励其他学生向其学习，进而形成全班积极向上、努力拼搏的良好气氛的策略就是所谓的榜样激励。可以从以下三个方面实施榜样激励法：

（1）教师选择成绩优秀、进步较快的学生向全班同学分享学习方法或心得，以此来感染其他学生的学习情绪。

（2）教师介绍中外名人的经验和事迹来激励学生进行学习。

（3）为了更好地指引学生，教师要以身作则，为学生树立学习的榜样，主动提高自身的英语水平和教学能力的综合素质。

4. 情感激励

大学英语教学，既是学生学习英语知识和技能的一个过程，又是教师共同参与展示才华的空间，也是语境中的人际交流活动。心理学家认为：情感对人类行为动力有直接影响。所以在教学活动中，激励学生学习动机的目的也可以通过师生之间的相互作用、情感交流的手段来达成。以下几点是教师在教学过程中采取情感激励应注意的条件：

（1）我们在教学过程中，教师不但要有升华的教学艺术，从而让学生体验到学习的轻松、愉悦，还要给学生提供成功的机会，让学生体验到成功的快乐。

（2）在教学中，教师应当尊重和信任学生。如果教师尊重、信任学生，学生就会把这种情感转化为自己学习的动力，会大大提升投入学习的积极性。

（3）教师要对学生抱有期望。使学生更加自信、自强，激发其积极进取的内部动力。教师在教学中表现出对学生的信心、期望，会使学生理解教师的感情，最终达成这一目标。

第四节　教学方法与实践分析

一、情境教学法分析

（一）情境教学法理论的形成

情境教学法的形成大约在 20 世纪 70 年代，为以后语言发展提供了理论基础，并指明了方向。

1. 建构主义理论

建构主义理论的基本观点可以从以下四个方面进行理解，就是知识是相对的、学生是学习的主体、学习过程中有四个主要要素、教师在教学过程中起主导作用。

（1）知识是相对的。建构主义理论认为，知识不是绝对的而是相对的。因为具体情境总有其特殊性，知识在各种情境下的运用并不是简单的套用。教学过程需要把握它在具体情境中的差异变化，并不是教条式的背诵和记忆。从这个角度来说，教学是知识的处理和转换，并不单纯是传递知识。

（2）建构主义理论是学习过程中最积极主动的主体。在平时的学习中，学生本身潜移默化地形成了一定的学习方法和知识体系，所以他们对知识的接受和掌握的程度也就不同。

学生对知识的理解存在差异是很正常的现象，更是一件好事。学生对知识理解的差异形成了不同的学习资源。由于对知识的接受程度不同，学生们在一起讨论和研究，不同的思想进行交流，从而可以较为全面和丰富地理解知识。

与之相反，建构主义则认为教师的教学指导是最重要的。教师应该在教学过程中起主导作用。

（3）学习过程中的四个主要要素。

环境。在语言学习中，学生在这种环境下进行交流学习，杜威和布鲁纳等人对语言环境是非常重视的。

合作。在学习过程中，必须通过语言进行合作。

交流。“交流”或称“沟通”是合作过程中必不可少的组成部分。学生之间相互交流合作来完成规定的学习任务。显而易见，合作离不开相互交流。

意义建构。语言学习的最终目标就是意义构建，它主要是指学生能最终理解事物之间的本质联系。

（4）在教学过程中教师占主导地位。学生是学习的主体，要做到主动学习，在真实的环境中顺利完成学习任务。但是为了让学生更好地理解知识，构建主义还需要教师提供一定的帮助，帮助学生梳理知识体系。

首先，教师必须从自身角色开始转变，教师不仅仅是知识的传递者，更是学生学习的辅导者。例如学生要形成自己是知识的建构者的心理模式，那么在学习中就需要采取一种新的认知加工策略。因而，教师必须提供学习过程中需要的学习工具给学生。以便培养学生利用学习工具的习惯，以及学生自己构建知识网络和理解知识的能力。

其次，教师应该经常提出一些发散思维的问题，这种问题通常会有一个或者多个答案，并鼓励学生想出多个答案来解决问题。

最后，教师应该认识到，除了传递知识，教师的教学目标也包括情感的培养，在教学的过程中注重学生的情感方面，让教学真正与每个学生发生联系。

2. 建构主义理论的特点

以下几个方面就是建构主义理论特点的主要体现：

（1）交往的作用不容忽视。在教学过程中，交往备受人们的关注，因为只有交往才能突出学生的主体性地位。建构主义学习理论真正将教学看成一种“交往的过程”，强调教学中交往的作用。以下两个方面就是教学中交往的作用的主要表现：

第一，学生之间的交往。交往是建立在语言交流的基础上的，学生们在一起学习交流，实际上是语言的实践和运用。

第二，师生之间的交往。教师在课堂上占据主导地位，其目的是创造师生之间交往的环境。

（2）学习素材对学生的作用不容忽视。建立新型的因材施教观是学生的实际能力和学生的潜在能力都是需要考虑的。这些观点在一定程度上对教学设计和教材的编写都会有很大的改变。

（3）学生个人的经验与交往的作用不容忽视。

首先，个体根据自身经验去建构有关知识的意义的能力决定了获得语言知识的多少。

其次，强调个体的社会经历，将个体的学习与社会的个人经历结合起来更有助于个体有效地掌握语言，可以使语言学习更具有实际意义。

总而言之，在教学过程中可以通过师生之间、学生之间的交流和合作共同完成教学任务。在交流和合作中，学生可以不断地张扬个性，发现自己的能力，增强自信心。更好地发挥学生在学习过程中的主导作用。

（二）情境教学法的原则

1. 独立自主性原则

独立自主性原则体现在：

（1）合作关系是基本保证。情境教学强调教学要在师生间互信、互尊的前提下进行，是因为教学从本质上来讲就是一种特定情境中的人际交往。

（2）学习和自主创新的主体地位。这就要求在情境教学时，教师要从学生的实际出发，让学生积极、主动、快乐地参与课堂活动。

2. 轻松体验性原则

在情境教学法中，教师设法引导学生向问题答案的方向去思考，让学生充分发挥自己的想象去独立思考问题，并找到问题的答案。

3. 统一原则

培养良好的学习习惯，还要充分培养刻苦和钻研的学习精神，以便发掘无限的潜能。教师在教学过程中，要注重学生的理智与情感的结合，要不遗余力地想办法去培养学生良好的习惯，挖掘学生的潜力。不是单纯地要求学生努力学习。简而言之，教学是一种精神的集中与轻松并存的状态。情境教学法最理想的效果就是学生在学习中张弛有度，学生取得更好的学习成绩自然是理所当然的。

（三）情境教学法的实施

1. 背景的设计

语言学习要在一定的社会文化背景（即情境）中实现。学生会在所提供的社会文化背景下，将已经理解的知识和新的知识联系起来，吸收新的知识，并且把旧的知识和新的知识融合在一起。所以，教师在教学过程中，不断创造出学生学习语言的社会文化背景，引导学生积极参与和学习。与背景设计相联系的几个因素如下：

（1）相关的范例。构建心理模型以备需要的时候或者是解决问题的时候参考。与此同时，还要想出解决问题的多重想法，培养学生的发散性思维。

（2）学习的任务。教师首先向学生描述社会文化背景，然后再告诉学生学习任务。告诉学习任务的目的是激发学生的学习积极性，培养学习兴趣，吸引学生参与。与此同时，教师还应注意允许他们操纵某些维度，自己做出决策，在问题呈现的过程中为学生留出足够的操作空间。

（3）学生的自主学习设计。建构主义指导下的情境教学法强调学生要主动建构知识的意义，如何设计出促进学生主动构建知识意义的学习环境中的重要一环就是自主学习设计。

内因决定外因，外因通过内因起作用。在适当的社会文化背景下，学生需要独立自主的，以便更好地完成学习任务。由此可见，学生的自主学习设计是情境设计中最重要的部分。

（4）教师的引导：建构主义倡导以学生为中心，认为他们是知识意义的主动建构者，是信息加工的主体。同时，教师是整个教学过程的组织者、指导者和协调者，对学生的意义构建起促进作用，因为以学生为中心的教学设计的每一个环节都离不开教师的有效启发、认真组织和精心指导。所以，在设计促进学生主动建构知识意义的情境时，不可忽视教师的指导作用。如果忽视了教师的指导作用，学习活动就会成为没有目标的盲目探索。

（5）学习资源。在学习过程中，学生首先确定学习资料的数量和种类，从而想出解决问题的办法。学习资源不但可以在书本中获得，还可以通过网络获取。这类信息和知识随时可以被学生选择。

（6）学习工具。学生可以借助认知学习工具帮助自己进行各方面的分析、编辑等，用来表达出自己心中的想法。

2. 意义的构建

如果学生在日常学习中得不到一定的吸引，也就很难加深教学方法和步骤，包括以下几方面：

（1）教学目标的剖析。在以意义建构新知识为中心前提下，学生在学习过程中进行独立探索，还有教师的指导。但是不同的学习阶段所学习的内容都是由很多个重要并具有特点的知识点组成，所以在学习中对我们学习的内容进行剖析，来确定和完成我们所学知识的基本内容意义构建。

（2）自主学习策略的设计。自主学习策略是完成意义建构的基础。设计需要自主学习，同样，意义的建构也需要自主学习的策略设计。自主学习策略设计的目的是帮助学生选择有效的学习方式。元认知策略设计在自主学习策略设计中非常重要，是学生在学习过程中采用的学习策略之一。

（3）协作式学习的设计。就同一问题为几个学生提供几种不同观点，不仅如此，它还可以培养学生之间的合作精神。

二、交际型教学法

（一）交际型教学法概述

20 世纪 70 年代初期，交际型教学法逐渐产生了。当时，它是作为一种工具来进行教学的国外语言教学方法。可以说，当时的社会历史背景催生了交际型教学法的产生。

从 20 世纪 70 年代中期起，“交际能力”概念中包含了教育的实践、理论和研究的重大问题。这一概念与语言家乔姆斯基（Chomsky）提出的“语言能力”形成鲜明对照。这个时候人们开始逐渐认同从社会的角度观察语言，于是社会需求和“交际能力”两个概念相结合，就形成了新思想即“交际语言教学”。其后，这种教学法就传入中国，并得到了较广泛的应用。

教师和学生在交际型教学模式中，他们的主要接受能力应当放在怎样利用语言作为介质以实现交际目的、完成任务上，而不是仅关注所述句子的结构是否完全正确。所以，交际型教学法是将语言的结构与功能很好地结合起来，要求教师不仅培养学生听、说、读、写等方面的语言技能，同时还要教会学生如何灵活地将语言技能运用到英语交际中去。

学生在交际过程中，师生之间融洽的课堂，在具体的语言环境中扮演什么角色，教师和学生都准备做些什么，如表 3-12 所示。

表3-12　交际过程中师生的准备活动

准备活动	可以由教师向学生介绍本次活动内容
展示新词汇	活动后，教师将要学习的词汇或短语向学生展示
后续活动、展示要解决的问题、总结	即交际活动的背景，教师以讲故事的方式向学生介绍，在讲到要解决的问题时突然停下，用解决问题吸引学生的注意力
讨论学生的角色	故事发生的语境
指定观众	即学生在教师的引导下，对活动进行总结
新一轮的角色扮演	即学生以新的解决办法将故事情节重新表演

（二）交际型教学法的原则

1. 以学生为主体原则

教师在交际型教学法中，主要从两个方面进行教授：

首先，教师要将课堂营造出轻松的氛围，让学生把课堂当成一个没有压力的语言实践场所；

其次，从预习课本到课上实践、课后复习，教师要有意识地开启学生的主观能动性，每一个环节都让学生自己思考、发现并解决问题。通过教师与学生角色的变化与教材内容的选择来着重体现以学生为中心的教学理念。对英语教师来说，这就是一个挑战，他们需要充分了解每个学生的差异，选择针对每个学生的教材，也可以根据不同的学生来选择和推荐教材给他们。

2. 以意义为中心原则

交际型教学法中，意义的传达尤为重要，因为在与他人交流的进程中，不管是用母语还是其他语言与人沟通，大多数教师更加重视在课堂上结构主义的方法，重点讲解句子的词汇、语法的结构。正是因为这种传统的教学方法，才使得很多学生学习了多年英语却在真正的交际场合显得无所适从。学生在课堂上基本是为了学而学，课堂上的英语文段并不是实际生活中的口语。

在授课中教师应尽量减少在交际型教学法中挑学生语法上的错误，应尽可能地接受学生在语法上所犯的错误。包括语言学习在内的任何学习，都是在犯错改错的过程中进步发展的，只要学生能够完整地表达出自己要表达的意义和观点，作为教师就没有必要去指正语法上犯的错误，只需要帮助他们能够顺利完整地表达观点即可。但不是说我们只是重视语言意义的培养而完全忽视语言在形式上的表现，而是让学生们来主宰支配语言，并广泛应用于生活当中。

3. 以任务为指向原则

教师应在语言教学中，给学生提供交际活动或分配任务，让他们能够学有所用，让他们在真实的交际中运用他们所学的语言，通过这种语言交际使学生在实践中更深地掌握所学的语言。在交际型教学中，应将语言的学习与其他学科的学习任务相融合，将语言作为学习其他学科的中介，不可只限于对语言本身的学习，或者是将语言作为一门独立课程来学习。实际上，若是以任务为中心，学生之间可以有更多、更真实的交流，那么学生的积极性也会更强，所以任务和交际是分不开的。除此之外，学生还可以在英语辩论、英语演讲、英语段子等形式的课外活动与任务中来培养发展自己对语言的运用与驾驭能力。

4. 真实性原则

交际型教学法中的真实性的含义有以下两个方面：

（1）强调教学内容的真实性。教学内容贴近生活可以有效地培养学生的交际能力。以在实际生活中很少使用的书面语言为教学基础不利于培养学生的语言交际能力。

（2）强调教学环境的真实性和语言实践环节的模拟性。利特尔伍德（1981）认为："交际法使我们更强烈地意识到只教会学生掌握外语的结构是不够的，学习者还必须掌握在真实的环境中将这些语言结构运用于交际功能中去的策略。"

交际型教学法不要求学生仅使用真实语言，还要求使用的语言具有创造性和不可预测性。也就是说交际型教学法要求语言的形式要实用且丰富多彩，不能为表现对语言知识的掌握而使用。此外，交际活动的角色一定要真实，教师要让他们对交际存有愿望和期待，鼓励学生融入自身所扮演的情境角色中。

（三）交际型教学法的具体实践

1. 设计交际活动

在交际型教学法的课堂环境中多设计强调语言功能特点的交际活动。其目的在于鼓励学生尽可能依靠已经建立的目标语知识体系来实现有效的交际，进而交换信息或者解决问题。具有功能交际特征的活动主要有描述、猜词、简短对话、角色扮演几类。

（1）描述活动是指教师给学生一个具体的事物或具体的事件让学生来进行描述，主要加强学生对段落形式的运用和目标语的理解。比如教师可以让学生来描述自己的卧室、学校或者居住的城市的见闻。通过锻炼学生对事物的描述，既可以锻炼学生的思维与语言组织能力，又能帮助学生更好地进行交际。

（2）教师还可以通过猜词语活动来锻炼学生的口语使用能力。开始学生必须充分掌握句子本身的含义才能得以灵活运用，对句子的掌握和运用是学生交际能力的基础。待猜词活动时，教师先请一个学生背对着黑板面向大家，然后请另外一位学生将一个刚学过的单词写在黑板上，请全班同学各自用英语解释黑板上单词的含义，让站在黑板前的同学来猜这个单词的拼法和意思。这种形式既活跃了课堂气氛，使每位同学都可以积极踊跃地参加，又寓教于乐，让学生在玩乐中轻松掌握对单词的理解，是训练学生口语更有效的方式。

（3）简短对话活动在一定程度上可以决定交际能力的发展，学习者可以通过对一些话题，如天气、心情、交通情况、体育赛事的讨论来进行简短对话。表面上看这些对话没什么含义，但它们对活跃社交气氛有着不可忽视的作用。所以，学生应尽可能地利用简短对话来与人沟通，用简短的文字恰到好处地表达自己的想法与见解，既能清楚明白表达自己的思想，又简短有力，不会因冗长的文字而令对方生厌。

但是，学生必须对交际活动中的信息确定一个共同的认识标准。在交际双方达成一种平衡，这种平衡在所共有的知识和交际活动中的不确定因素之间。它能够为交际的如期进行提供必需的动力。例如，交际活动在某一汽车展示厅内，一位学习者认定要看的汽车车型小且时尚，而另一位学习者却持完全相反的意见。平衡被打破，这样的交际便无法进行下去。

2. 评价交际能力

对学生交际能力的评价是在设计完交际活动并由学生进行实践之后。教师所设计的交际活动，兼顾功能特征与社会特征。相应地，功能因素与社会因素也就成为对学生交际能力的评价的重点。当然，学生总体交际能力的评价，是对功能与社会两种因素统一的评价。

（1）对运用目标语得体性的评价。

首先，可以选择目标语文化背景知识所确定的得体性决定交际的话题。隐私话题在不同的文化中有不同的想法。例如因为民风民俗的差异，一些在中国人看来常见的话题却不被外国人所接受的。如果一个中国人问一个外国人“Are you married?”“How old are you?”“Where are you gonging?”等，就会被视为违反了英美人民的生活习惯。

其次，与交际者之间的关系以及当时所发生交际的语境是判断对目标语的使用是否恰当的重要标准。例如“What's your name?”的表达形式虽然没有错误，但并不能用于打电话时询问对方的身份，而要采用“May I know who is calling?”的表达方式才算得体。

（2）对文化背景知识掌握的评价。这点在培养学生的交际能力时不可或缺，它有助于学生掌握语言运用的准确性。语言的本族语者所共有的社会文化习俗决定一种语言表达方式是否得体。因而，学习并掌握这些文化规则应该引起学生在交际过程中的注意。

教师在将带有文化误解的交际场景呈现给学生时，可以同时考查和评价学生对文化背景知识的掌握。本族语者负面情绪的产生可能源于这些文化误解，此时教师可以让学生判断并指出问题所在并加以改正。在这个过程中，教师引导学生了解和掌握目标语文化语境下的社会交往知识与技巧，同时可以观察、判断学生对该文化规则的掌握程度，提供启发性知识。同时，为巩固学生对母语文化的掌握，教师还可以对目标语文化与母语文化加以比较。这样有利于在目标语文化与母语之间形成一个健康的平衡状态，帮助学生在以后更好地进行交际。

（3）对约定俗成习俗掌握的评价。每一种语言都包含有大量固定语言形式和用法。如果学生对这些不清楚，即便语言表达再正确，但与约定俗成的用法不同，那么在交际过程中也会事倍功半，可能会遇到一些尴尬和困难。例如在交流中告知时间，可以说：“It's twenty to three.”或“It's two forty.”，用“It's three minus twenty.”或“It's ten after two thirty.”等形式就不对了。再比如说，在互相问候时，英语中常用“How are you?”，用“Are you well?”或“Are you in good health? ”等表达方式就显得不那么贴切了。除此之外，在英语礼仪交往中，一些固定短语是必须使用的。例如在请客人先于自己进入房间时要说“After you！”；一位熟人好久不见，偶遇时要说“How nice to see you！”等。以上的约定俗成主要是句型和语法结构上的。其实在英语中，词汇也存在一些约定俗成的表达方式。例如某些特殊场合只能用某些约定俗成的形式，像“Check，please.”就只能在饭店结账时使用。

在英语教学中，这三个方面的评价是缺一不可、相互联系的。只有对这三个方面都了如指掌，才能有利于学生文化得体意识的培养，这恰巧是交际能力的重要组成部分。

三、任务型教学法

（一）任务型教学法的含义

任务型教学法焦点的中心就是任务。它强调活动要有明确的目标性，主要具有显著的特点。

总之，任务型教学或学习是整个系统或课程中的组成部分，但任务不是一般的、孤立的或者可以任意组合的教学或学习活动。

（二）任务型教学法的原则

教师对任务的安排与设计是任务型教学法的主要涉及层面，因而任务设定原则是我们主要探讨对象。

1. 任务的明确性原则

对教学目标的思考是教师设计任何教学活动都离不开的。这次教学要解决什么问题、学生需掌握什么知识，教师在制订任务前要弄清楚。教学目的、要求和重难点应该在教学任务布置时明确地体现出来。当然任务情境的设置不要太过简单，停留在浅表层次。这就要求教师应具体呈现任务内容，包括任务所要达到的目的、完成任务需要经历的不同阶段、时间安排、步骤的具体实施办法、学生需要完成任务的形式、合作方式等细节，尽量避免内容抽象、泛泛地布置大体任务、大体框架。只有这样，教师才真正做到了心中有数，学生才能清楚地了解需要努力的方向。任务目标足够明确能充分地利用有限的教育资源。

2. 任务的可行性原则

为了保证任务的目标能够达成，任务必须是可行的，必须要具有可操作性。循序渐进和任务的可分解性是任务的可行性的主要体现。一方面，为形成由低级任务到高层任务并由高层任务涵盖低级任务的反复，并由数个微型任务构建成一个完整的“任务链”，应该把任务设置得由易到难，层层深入。另一方面，这样一个完善的任务序列，正好形成了一个方便学生单独演练，或二人协同操练，或小组讨论，或全班齐练等多重立体交叉学习模式且易于分解的小任务单元。

除此之外，学生面对被分解后的小任务单元，也不会产生畏难心理，在逐步攻克堡垒后还容易形成良性循环。任务的可操练性既可以提升专业知识的学习，形成学习方法，还可以相互学习，相互借鉴。除此之外，学生间的相互合作还可以促进班级团结、团队协作精神，将整个集体凝聚在一起，可谓事半功倍。

3. 任务的可达性原则

任务的可行性保证了任务的可达性。

设定任务时，教师要在保证任务可行性的基础上考虑到下述问题：

（1）既定的任务在多大程度上高出学生现有水平？

（2）有多少学生能够在规定时间内通过努力完成任务？

如果在客观地评估后发现任务过于困难，应该马上进行调整。破坏学生学习的积极性绝不是自主学习的初衷。一般来说，任务的难度应该略高于学生的现有水平。因为难度系数过高的任务会让学生气馁、挫伤积极性、败坏学习兴趣和前进的动力。教学过程中要严格监控任务的难度，随时进行调整，把任务的难度始终控制在一个合理的范围内。

4. 任务的挑战性原则

大多数自主学习中需要认真把握任务难度的设定。尽管自主学习是以学生自学为主，但内容的难易程度对学生的影响极大。尤其是过于简单的内容。事实上，过于简单的内容会使学生丧失学习兴趣、形成心理错觉、产生自满等不正确的学习态度。因而学生学习任务的设定应该立足于该生的具体情况、实际水平，略微增加一定的挑战性。这样的学习任务才能充分地加大学生的学习动机和兴趣，刺激他们的征服欲，发挥学生积极性、创造性思维，培养其自信心。事实证明，学生完成的任务挑战性越大，满足感、自豪感越强，更能长久地、持续地激发学习兴趣。

5. 任务的实用性原则

在英语学习上，中国学生最惨痛的教训莫过于只会写不会说，这种“哑巴英语”始终是中国英语教育界的心头之痛。出现这种情况的原因是什么呢？因为我们在教学设计上忽视了教学生有用的、实用的东西。既然如此，我们在教学任务设定环节中要本着“教学生有用、实用的知识”的原则，以实用为起点，为学生提供明确、真实、有用的信息。任何知识、科学技术的讲授、传递都要符合以上原则，为学生创造一种自然、真实的情境去体会、学习、创新。

6. 任务相关性原则

学用结合、学以致用的理念是任务相关性原则的具体体现，并且试图将语言教学和课堂社会化。具体我们可以从两个方面来阐述。

（1）学习任务设计中的相关性。在设计学习单元任务时，教师应注意由易到难、步步深入的设计思路。以便形成由低级任务向高层任务过渡、高层任务覆盖低级任务的循环，保证教学阶梯式地递进。

此外，学习任务犹如相互依存、逐步升级的阶梯，每一项任务的完成都印证了学生语言能力的发展。此外，任务的设计除了要由易到难，还要从接受性任务到表达性任务的难度提升。如听、说、读、写，听和读的任务可先于写和说的任务，让学生模仿录音或教师的语言，再让它们将学习到的知识重新组织，创造出新的组合。

（2）课堂语言学习与课外语言运用的相关性。就是将语言的课堂学习与课外运用联系起来，既可以缩小距离，还可以有效激发学习者的内在动机。学习理论的研究表明，内在动机能够促进学生积极投入到学习当中。当所学内容与实际生活紧密联系时，学生可以马上用学到的知识应对生活中的交际问题。这样他们的学习兴趣和积极性就被充分调动起来了。

（三）任务型教学法的具体实践

所谓的任务型教学可以分为任务前、任务中和任务后三个阶段。那么教学目标和教学技巧在每个阶段都有不同表现，下面我们分别介绍。

1. 任务前：准备阶段

任务前阶段即是“呈现”阶段。这一阶段的活动决定着整堂课的成败，是教学中非常重要的环节。教师在这一阶段通过各种活动，给学生介绍各种知识，给学生创设较好的学习环境。

任务前阶段的目的有两个：

其一，激活学生的知识资源，重构语言系统与思维方式；

其二，使学生具备文化知识，减轻在下一阶段的学习压力，让学生成为主动学习者。

斯凯恩（1996）认为，任务前活动的两个重点分别是：对任务总体认知的需求、注重语言的因素。可以简单理解为，如果学生在认知方面的压力在任务前阶段可以减少，就可以有更多精力注意语言方面的因素。任务前的阶段主要涉及词汇的积累、背景知识的掌握、新语言材料的介入、语法特点的运用、仿作与演练、提供任务的示范等几个方面的准备与学习。

2. 任务中：实施阶段

在之前准备的基础上，语言技能习得的主要过程是任务实施阶段。这一阶段教师不仅要鼓励学生重构语言，还要注意学生语言表达的流畅性和准确性。在这一阶段，教师合理任务的选择极为关键，过高或过低的任务难度都不利于学生的学习。然而，教学中经常出现任务难度或高或低现象，由此可见，恰到好处地把握任务的难度却并非易事。

在任务中期阶段常常选择的活动方式是小组活动。在进行小组活动时，要对学生和教师的角色进行适当的转换，要有明确的个人任务与小组任务。除此之外，教师要掌握指导小组活动的进行。

3. 任务后：语法教学阶段

我们已经知道，在任务型教学的目标分析中，并不仅要求说话流利，语言的准确性也非常重要。事实上，语言的形式都很受任务型课堂教学的三个阶段的关注。正如布朗所言，如果任务前和任务后是有意识地学习语言的形式，那么任务中则是注意语言的形式。因而，为学生提供了一个再做任务的机会，督促学生完成反思任务的过程并进一步关注语言的形式，是任务后阶段的意义所在。在任务后的阶段，主要不仅让学生重新演示任务的完成，还要让学生反思、分析自己在完成任务时的错误和问题。

第四章　大学英语的课堂教学实践

知识和技能的教学是任何学科都不可缺少的，英语教学也是一样。英语教学通常指基础知识教学，包括英语语法、词汇基础知识的教学。根据现代英语教学理念，英语知识教学不能脱离生动、丰富的语言材料。英语知识教学不仅要让学生知道必需的英语知识，更重要的是让学生能够运用这些知识形成英语语言的运用能力。同时，近些年来，社会对人们英语技能的要求也越来越高，其中，听力和阅读是语言输入的重要技能，口语和写作则是语言输出的重要技能。这四项技能的提升直接关系到学生英语综合水平的提升，因而一直都是英语教学的重点。

第一节　英语词汇教学实践

一、词汇教学的定义

有关词汇的定义，中外诸多学者曾做过不同的论述。

美国著名语言学家威尔金斯（Wilkins，1977）认为，学习词汇就是掌握外语单词与实物、概念、过程或品质等客观现实的关系和词与词之间的关系。这一观点是从掌握一种语言的词汇体系出发，强调掌握词义的重要性。

里弗斯等（Rivers et. al，1978）认为词汇教学分为四个方面：集中词的形式，集中词的意义，通过联系扩大词汇量，轮回复习已学的词汇。这一观点是从词汇的教学过程出发，提出词汇教学应该包括的内容。

尽管以上对词汇教学的论述有些不同，但都突出了一点：词汇教学应该形、义兼顾，并突出词义的教学。可见，对词汇的形、义的教学是英语词汇教学中的重点，这为我国英语教师进行英语词汇教学提供了参考。

我国学者李玉陈（2006）认为，教师应该结合我国的具体情况，在词汇教学中加上另一项内容，即教给学生学习词汇的方法。他认为，教师在词汇教学中的主要作用在于通过各种展示手段和各个教学环节培养学生独立学习词汇的能力。

可见，对于多数研究者来说，懂得一个词不仅指拥有一个词的各类知识，而且包括运用该词的能力：形式、词义、语法行为、与其他词的搭配、使用频率、语体风格与语域限制。而运用单词的能力主要指：接受能力与产出能力。换句话说，词汇能力应该包括词形、所处位置、语用功能、语义等方面的能力。[1]

二、词汇教学的困难与对策

（一）学习困难

1. 词类复杂

尽管只有八大词类（noun，pronoun，verb，adjective，adverb，preposition，conjunction，determiner），但有许多词同时属于不同的词类，如like，既可以是动词，又可以是介词；read除了作动词外，还可以作名词，如Can I have a read of your magazine?（我能不能看一看你的杂志？）这八大词类又可以粗分为两大类，语法词或功能词（grammatical words or functional words）和实义词（content words）。功能词包括prepositions、conjunctions、determiners、pronouns；实义词包括nouns、verbs、adjectives、adverbs。传统的观点认为，语法词属于语法教学的范围，而实义词则属于词汇教学的范围，但近来的研究认为，这两者之间的划分是较模糊的。

[1] 刘国辉. 以词汇能力培养为导向的英语词汇教法构拟 [J]. 山东外语教学，2011（4）.

2. 音、形不一

英语是一种拼音文字，但在历史的发展过程中由于受多种语言的影响，许多词的拼写和读法并不一致。同一个字母a出现在不同的单词中就有八个不同的音，如above、want、wall、date、map、fast、many、comrade。另外，一种发音也可代表不同的字母组合，如元音/i：/代表了十二种不同的拼法，如be、meet、mete、sea、daemon、people、phoenix、receive、key、quay、believe、machine。再有同音异形、异音同形、词形相似或读音相似词，如buy-by、know-no、hole-whole、piece-peace、meet-meat、hour-our、plain-plane、present/'preznt/n.（礼物）—present/pri'zent/v.（赠送）、perfect/'pɜ: fikt/a.（完美的）—perfect/pə'fekt/v.（完善）；house-horse、light-night、sheep-ship、say-see、plane-plan、adopt-adapt，等等。音、形不一的情况还表现在许多单词中有些字母不发音，如foreign、listen、headache、climbing、bored、honest、cupboard、muscle等。这种音、形不一致等情况给学生学习和记忆单词带来一定的麻烦。

3. 一词多义及词组搭配繁多

以常用词 make 为例，make 作及物动词的词义有 21 条，作不及物动词的词义有 5 条，作名词的词义有 5 条，与其他词构成的词组搭配有 37 条，其中个别词组又有多条词义，如 make up 的词义有 12 条之多：弥补，补偿，补足；配制，包装；编排，编辑；虚构，捏造；缝制；组成；调停，和解；结算，整理；化妆；加燃料使炉火不熄；缔结，安排；洗牌。类似这样的一个单词所具有的词义竟达 100 多种，无疑给学习者造成一定的困难。

4. 推测词义的能力弱

阅读或听力学习中，学生一般碰到生词时就会有畏难情绪，对整篇文章丧失阅读或听力兴趣，这说明学生在阅读或听的过程中猜测词义的能力较弱。到了初中阶段，如果教师不及时培养推测词义的能力，随着阅读篇幅的增大和程度的加深，这种情况会进一步加剧。

学生推测词义能力的薄弱有以下原因。一方面与教师平时阅读或听力教学中脱离语境孤立教学词汇，不注意培养学生根据上下文或构词法推测词义的教学本身有密切关系。另一方面，教师在平时的阅读练习中如果简化学生推测词义的机会，遇到生词，教师往往事先在文章中标明词义，或是让学生查词典了解词义，这都可能减少学生推测词义的锻炼机会。

5. 写作时词汇运用能力差

除了直接词汇学习外，听、说、读、写都是间接学习词汇的好途径。比如：听力教学可以培养学生根据上下文推测词义的能力，口语教学也能丰富和扩大学生的词汇量，阅读活动更是丰富学生词汇的主要途径。但是，学生写作中讨论如何写和写什么的时候，英语口头表达能力较好，一落到笔头表达上，词汇拼写、搭配、时态、语态等方面就错漏百出。这种情况既可能与平时教学有意识地培养不充分有关，也可能与学生语法掌握不牢固、对写作要求不理解有关。

（二）教学策略

（1）在教学中注意引导学生根据词汇主题、语音规则、举一反三，多侧面理解和掌握词汇的学习能力

因为大学生已经积累了一定的词汇量，为归纳中发现英语词汇的相关特征奠定量的

基础，但由于他们自主归纳和发现词汇规则的意识与能力都比较弱，还不能对词汇进行系统梳理与归纳。因此，在教学中可尽量引导学生梳理已有词汇，对词汇进行归类，逐步形成学生对词汇学习的规律性认识。

（2）在阅读教学和听力教学中处理好词汇学习的重心

在大学阶段，阅读和听力教学的成分逐步加大，如何引导学生克服阅读或听力学习畏惧陌生词汇的心理，并让学生能够大胆根据上下文语义线索、图片、词汇特征以及已有经验推测词义，便成为这类学习中的基本处理方式。

（3）在写作中巩固词汇

写最有利于学生巩固已学词汇，而中、高年级以后，学习写作也是巩固词汇和灵活运用词汇的基本方式之一。为此，在写作教学中，教师可根据写作主题，先激活相关的词汇，然后将之组词成句，组句成段，组段成篇，长此以往，许多词汇就逐步掌握牢固了，不容易遗忘。

（4）培养查阅词典的能力

随着词汇量的逐渐扩大，教会学生正确查阅词典的技能也是一项重要的内容。当联系上下文不能猜出词汇的意思的时候，就需要借助词典进行词汇的学习。根据学生的实际，查阅词典的训练分为如下步骤：先学会用电子词典查阅词汇，教会学生使用金山词霸直接拖动鼠标查看单词的意思，或者利用好易通等电子词典，通过输入单词直接查找单词意思；再学会利用词典进行单词查阅，查阅单词的正确读音、能理解的固定搭配等，在学会一个单词的过程中，了解更多单词词组。

除此以外，可逐步增加课外英文阅读，让学生在阅读中拓展式积累词汇；也可以举办各类英语词汇积累竞赛和英语节活动，有意识地激发学生积累词汇的积极性。

三、英语词汇教学分类

根据教学目的，英语词汇教学一般可分为直接词汇教学和间接词汇教学两种。所谓直接词汇教学指的是以词汇学习为直接的词汇教学或练习活动，如练习、词汇游戏等。间接词汇教学的直接目标则是将学生注意力置于其他学习内容上，如在阅读或听力学习中，学习者间接地习得词汇。

与两种词汇教学类型相对应的是两类词汇学习：直接词汇学习和间接词汇学习。相比之下，直接词汇学习的时间远远少于间接词汇学习的时间，为此，教师应提供比直接词汇学习多得多的间接词汇学习的机会，多创设情境，让学生在间接学习中掌握词汇。

当然，词汇教学所谓直接与间接只是相对而言，从最直接到最间接又大致分为四类：

第一类：将词汇学习直接作为教学内容与目标。比如在正式课文学习前的词汇教学。这类教学往往在小学低年级段教学中最为常见，因为这个时段英语学习主要是语音、词汇等语言砖块式学习，单纯以词汇学习为目标的教学较为常见。

第二类：在教学过程中遇到生词作解释，这是最为普遍的方法。比如在阅读中遇到陌生词汇，教师就可能停下来给予适当的解释或让学生查词典了解词义，传统阅读教学采用这种做法。虽然教学理论一般并不赞成这样教法，但许多教师在教学中仍会大量地采用。比如教师会提示学生注意某一词汇的学习而不是给予情境性的解释。他们可能会解释某个词汇的构词特征或语法问题，以帮助学生学习其他词汇。当教师选择教学某一词汇的时候，他们往往考虑的是这一词汇的使用频率和用处。

第三类：在开展其他语言教学中进行词汇教学。比如阅读教学前的词汇教学，开展某话题，讨论前几日的词汇学习；听力教学前的词汇教学也属于这一类。通过这些准备词汇的活动，学习者熟悉了主题词汇，可为进一步的教学活动顺利开展铺垫必要的语言基础。还有一种情况也属于此类词汇教学，像阅读或听力教学后的一些练习活动，如“根据课文，发现词汇的意义”便是一例。这几类情形的词汇学习都是结合其他语言教学活动开展的。

第四类：课内或课外专门的词汇学习活动。例如拼写的学习、词典的使用、猜测词义、生词表的学习等。

第二节　英语语法教学实践

一、语法教学的演变及其启示

在把英语作为第二语言和外语的教学法发展历史中，语法教学的地位随着语言学对语言本质认识的不断深化而逐步降低。从语法翻译教学法中的独步天下，到注重机械式操练的直接教学法，再到以行为主义心理学为理论基础的听说教学法，以及现在英语教学中流行的交际教学法，语法在英语课堂教学过程中的受重视程度可谓每况愈下。与课堂教学理论对语法教学表现出的淡漠形成巨大反差的是，随便走进一家书店，或者探查一下初、高中学生的书包，我们常常会发现大量的语法讲解、练习资料，它从一个侧面反映出语法对于把英语作为外语来学习的学生的重要性和必要性。那么语法本身具有什么样的特征和性质？语法教学与词汇、阅读、写作、听力教学之间的关系如何？语法教学应该以何种方式才能更有效地既促进学生外语语言能力的发展，又有助于学生主动健康的成长？面对不同年级段和不同水平的学生，我们应该如何处理语法问题？怎样做才能提高语法教学的有效性？这些都值得费心研究的问题。回答这些问题，我们也许可以从英语语言教学不同流派对语法教学的观点中寻找到某些启示。

（一）语法翻译法

历史最悠久的外语教学法是语法翻译教学法（The Grammar-translation Method）。语法翻译教学法把语言看作是一套可以通过课文和句子解析的与母语相联系的系统规则，外语学习就是规则学习、规则记忆和规则应用的过程，强调教学以语法为主线，教材编写和教学活动都要按照语法的结构来安排。语法翻译法是以母语为基础，利用语言之间的相通性，多用演绎的方法教授语言知识，以语言材料的讲解为主要形式，学生的英语学习实质上是“学习英语知识”（learning about English），而不是“学习使用英语”（learning to use English）。语法翻译法教学中所使用的教材一般是“规范的”“标准的”“优美的”文字材料，而且常常以文学材料为主，这样的材料缺乏与生活，尤其是与学生生活的关联，是“去生活化”的抽象语言；课堂教学中教师主导和控制教学过程，学生只是被动地接受知识，其练习方式往往是运用所学的语法对语言进行分析而不是运用。这种学习方法可以在短时期内提高成年人对专业性较强、规范程度较高的材料的阅读能力，但对于日常生活中对目的语的理解和表达能力的提高则不太合适。

（二）直接教学法

直接教学法（The Direct Method）产生于19世纪中后期，它以培养学生直接用外语进行思维和交际的能力为目标，以机械的口语训练为主要特征，在课堂中尽量避免使用母语，而借助于教具、模仿等直观手段来进行教学；直观教学法中的语法教学采用归纳方法，一般是教师给出例句，然后组织学生分析、归纳并使用规则。直观教学法不太重视语法规则的教学，它主要通过学生以类似母语学习的方法学习外语，它实际上是纠语法翻译法之偏，结果忽视了英语作为外语的学习特征，把外语学习等同于母语习得。

（三）听说教学法

20世纪40年代在美国兴起的听说教学法（The Audio-lingual Method）以结构主义语言学的语言习得理论和行为主义心理学为理论指导，把语言（包括外语）的学习看作是习惯的养成过程，因而在教学中强调听说领先，主张采用句型操练和记忆背诵对话的教学策略，排斥母语在教学中的作用，语法教学主要采用直接讲解语法，然后进行操练的演绎模式。这种教学法的理论基础实际上是乔姆斯基的转换生成语言理论，它把语法看成是普遍适用的规则系统，外语教学就是理解规则并通过操练来强化规则直至形成习惯的过程，这种教学方法在中国的中小学英语教学中影响极为广泛。

（四）交际教学法

兴起于20世纪七八十年代的自然教学法，以著名语言学家克拉申（S. Krashen）的第二语言习得理论为依据，把学生的交际能力作为语言教学的首要目标，教学过程以有意义教学为主，强调语言输入的有趣、可理解性，注重营造和谐、轻松的课堂教学氛围，以降低学生在学习过程中的焦虑，提升学生在语言学习中的自信心和兴趣。在教学内容和过程的设计上，自然教学法把语言功能、话题、情境和学生的需求联结起来，旨在让学生以学习母语的方式来学习外语。自然教学法本身没有独特的教学方法，它借用其他教学流派中常用的教学方法来实现自己的教学理念，比如直接教学法中的TPR（Total Physical Response），交际教学法中的信息差、小组活动设计学习任务等。自然教学法主要以外语环境下的初学者为主要对象，但我们可以发现，在我们时下的英语课堂教学中，其大部分设计思想依然被广泛应用。

交际教学法与自然教学法有相通和相同之处，在语法教学中，它们都强调在语法教学中融入交际活动的因素，即在交际的过程中学习语法，其语言的展示手段比过去更加丰富，但语法结构的地位同时也在教学过程中淡化。语法教学手段在自然教学法和交际教学法中比在其他的教学流派中更加丰富，在课堂教学中对语法规则的教学以归纳方法为主，注重学生对语法规则的发现、总结和体验，或者先归纳后演绎，或者把演绎方法渗透到教学过程之中。与自然教学法相比，交际教学法除了强调语言表达的流畅性外，更注重文化因素在语言学习过程中的重要地位，重视得体、地道地使用目的语。

（五）启示

从以上的简单回顾中，我们可以清晰地看到语法教学在外语教学中发生变化的三个主要特征：第一，从语法教学在外语课堂教学中的地位来讲，它显示的是一个由中心到边缘的发展趋势；第二，从教学手段和方法来看，它是一个不断丰富、灵活和多样化的过程；第三，语法教学地位的变化和教学观念的改变取决于人们对语言的性质、特征、功能认识的不断深化，也取决于心理学对儿童认知规律的揭示和社会生活的实际需要。

它给我们的一个启示是，要决定语法教学在我们日常教学中的作用、地位、方法、策略和具体措施，我们必须在当代英语教学理论的基本框架之下，具体分析不同年龄、年级段英语教学的目标和要求，学生的认知水平和习惯，环境为学生的英语学习所提供的有利和不利条件，学生的实际需求和教学的目标任务等因素，以学生的实际水平和需要为出发点，以学生在学习过程中的主动参与为主要指标，在教学过程中恰当选择、组合、创造性地运用一般的英语教学理论，寻找一般理论与特殊现实之间动态的结合点。

二、现代语法教学新理念

英语教学改革中的语法教学是根据课堂学生的实际需要和发展可能性，对英语语法教学的一般理论和方法进行合理筛选和组合，追求高效、灵活、结构化、生活化的英语课堂教学，并逐步形成具有大结构、大主题、有层次、有梯度的课堂教学结构。这一认识的形成与我们对语法及其学习本质的理解有关。

（一）语法是语言交际能力的重要组成部分

对于学习外语的人而言，从尽可能少的原则推出可以验证的普遍语言现象是一种很自然的需求，而语法教学大体上可以帮助学生实现这样的梦想。因此，一直以来我国语法教学在外语教学中都占有一席之地。对于学生来说，语法是运用所学语言进行交际活动。在交际教学法中，交际能力的培养也包含了运用合乎句子表达意义和语义功能。那么，如何看待语法和语法教学呢？语法在外语教学中应当发挥什么样的作用呢？这与人们对语法本质的认识不同有关。

比如，传统的形式语言学将语言看作是一个规则系统，语法被看作是规则的方法，这些规则可以说明语言中一切可能的语法结构，根据这些规则，人们可以清楚合乎语法的句子和不合乎语法的句子。这种语法教学所关注的首要问题是语法结构的形式及其相互关系，而不是它们在不同语境中的意义和使用问题。

与此不同，语法分析的目的在于组织结构来建构和交换。这种语法教学所关注的不是句子，而是某一个结构适宜性问题。因此，这种语法关注的首要问题除了结构成分的功能外，还有在语境中的作用。

语法教学在当代受到很多批判，批判者认为语法学习并不能帮助学生获得一定的语言能力。其实，交际教学法的主张者韩礼德和海姆斯也并不完全排斥语法，他们认为语法能力也是交际能力的一个部分（Halliday，1973；Hymes，1972）。威多逊也强调语法教学是提高交际能力所需要的，或者语法教学并不影响学生的交际能力。原因在于语法教学必要性的大小是与语言环境密切相关的，仅依靠语法教学来学习语言，提高交际能力是不够的。从这个意义上讲，教授语法是必需的。

（二）语法是规范、准确和逻辑表达英语的基础

在很多人的潜意识里，一谈到语法教学似乎就等于回归到传统英语教学思路上去，似乎语法教学就等于语法翻译教学法，这是广大教师对谈论语法教学心存畏惧的原因之一。这一认识与我们在教育教学领域中以“中国式”的批判作为引进新观点基础的习惯行为和思维方式相关联。所谓“中国式”的批判即是全面推翻旧的理论和观念，似乎旧的全部推倒新的才能稳定地树立起来，在批判的过程中往往是只注重抛弃而不注重对旧理论中合理因素的保留。其实，作为语言教学，语法教学是不可或缺的环节，以语法教

学代替语言教学固然是错误的，但视语法教学为危途同样是不可取的。在我们日常的英语教学中，我们所面对的问题不是应不应该进行语法教学，而是应该如何把握语法教学的度。我们学习英语的目的的确是为了交流，但我们的目的不仅仅是为了能与以英语为母语的人进行简单的沟通，从长远来看，学习英语的一个重要目的还在于了解世界上正在进行的政治、经济、科技、文化等方面的发展和进步，向世界介绍中国在这些方面的发展，“让世界了解中国，让中国融入世界”。要达到这样的目标，必须要使我们所掌握的语言规范、准确，并且有逻辑和条理，使我们所学到的英语既能在日常生活中应用自如，又能在政治、经济、学术等领域登堂入室。要在非英语语言环境中达到这样的教学目标，借助适当的语法教学手段往往是一条便捷、高效的途径。我们认为，语法是语言背后支撑性的结构框架，是语言的组织规则，没有语法，语言就会成为难以理解和表达的语音和词汇的碎片。语法结构并非先天遗传，它来自于后天的学习。对于母语的使用和学习者来说，语法完全可以通过习得的方式来掌握，他们主要通过语言的有意义运用来形成语法结构，一个完全没有受过正规教育的人，如果正常地与人沟通、交流，即有效地参与社会人际互动，那么即使他对语法结构一窍不通，他也照样能够流利、正确地使用母语表情达意，母语习得者对语法结构的学习是在无意识的过程中实现的。但是，对于外语学习者来说，由于缺乏自然语言环境的浸染，很难用母语习得的方法在有限的时间内掌握外语，因此适当的专门语法教学就成为必要。

尽管我们可以从语言中解析出一套在一个时期内相对比较稳定的、确定的语法结构系统，但事实上，语法不是抽象的结构形式，也不是能够脱离语音、词汇而独立存在的知识系统，它必须结合具体的词汇和语音来体现自己的存在；因此可以说，语法是形式结构、意义和功能三者紧密的结合体。现代外语教学法专家拉森－弗里曼（Diane Larsen–Freeman）提出，不应该把语法视为静止的规则，而应把它当成一种与听、说、读、写并行的一种技能。为此，她造了一个词 grammaring，用来指称“准确、有意义而且得体地使用语法结构的能力”。她的看法与自然教学法以及交际教学法中对语法教学的理论认识和实践要求相吻合。既然语法不是一套静态的关于语言规则的知识，它就不是可以由教师直接教给学生的知识。语法教学必须与语言所表达的意义以及语言的运用情境结合起来进行，也即语法教学是为了语言的运用、通过语言的运用、在语言的运用当中体悟、总结、理解、掌握的过程。

总之，在外语教学中，语法教学是必需的，是语言学习的有机组成部分；语法教学不能是纯粹的知识传授，而是要融合于语音、词汇、语段和篇章的教学过程之中，体现在情境、交流、对话、活动之内，这是当代外语教学法理论所提倡的外语语法教学的一般原则。

三、英语语法教学的基本原则

（一）在发现与归纳过程中思考语法特点

在目前国内使用的功能型教学大纲指导下的教材中，语法现象的呈现不系统，一般都渗透和分布在每个单元之中，单从语法的角度看，它们往往是零碎的、断裂的，不利于学生把握语法结构的内在关联。为此，教师在教学过程中就有必要有意识地帮助学生梳理和整合语法。语法梳理主要体现在对同一册教材中语法现象出现的先后顺序方面，梳理过程中首先要考虑已出现的语法与先前已经学过的语法现象是否有关系，先前学习的内容会对后面的新内容起促进还是阻碍作用，学生对已有知识的掌握程度如何，他们在学习新的语法现象时在哪些地方可能产生混淆，以及新语法现象如何为后面将要呈现的语言现象进行铺垫等。这是语法内部的逻辑结构，也是语法教学中学科层面的基本要求。

（二）在意义化的语言运用中初步理解和掌握

厘清语法知识内部的结构关系之后，需要考虑的就是学生生活经验、知识积累与教材主题之间的关系，在制定教学计划时，要尽量考虑教学材料与学生生活、经验、能力、兴趣、发展需求之间的结合点，用适当的大主题统领整个课堂教学，尽可能做到教学材料生活化、情境化、结构化，体现语法教学对学生积极思维的调动和利用，使语法教学实现形式与意义的统一。

教授一种语言涉及两个关键特征。第一，学习者必须以某种有意义的方式来经历语言学习过程；第二，学习者必须使用语言、使用他的技能、出错后予以纠正。这是语言学习的关键因素，而直接传递式地教授有关语言的知识对二者都没有贡献。当然，这并不是说教师不应该教授有关语言的知识，而是说不能用教语言知识代替教语言技能。同样道理，语法教学不是纯知识的教学，它必须和情境、意义、生活体验结合起来进行。语法教学应该在关注语言所能完成交际任务的同时，使学生理解不同的语言单位在语言结构中的功能和意义。从教学内容上讲，教师应该尽量满足学生的学习需要。满足学生学习的需要，然后根据学生的需要在现有的教学条件和资料允许的范围内，根据学生的实际能力，在教学中向他们提出学习要求。从语言功能的角度来看，这些要求要适合学生的学习需要，并和他们有一定的意义关联，或者对于他们来说有一定的用途，不然，他们就没有学习的动力。

（三）在语言综合运用中灵活掌握

教师在教学中需要运用适合于各种需要的教学方法，而不是局限于一种方法，或者试图寻找一种最好的方法。套用当下的一句广告语：没有最好的，只有合适的。一般来说，方法是无所谓优劣的，关键要看它运用于解决问题的具体场景。在外语语法教学中，只要教师所选择的方法有利于学生思维的激活、有利于学生主动参与课堂教学、有利于学生语言学习能力的发展，它对于具体的学生和课堂来说就是最适宜的。除此之外，学生学习的最佳环境是以学生为中心，教师和学生共同来创造教学结构的环境。另外，无论在教学内容上，或是教学方法上，语法教学都不能只注重自身这一个层次，而是要把语法教学融入听、说、读、写的教学过程中，它们才是语法教学的真正载体。同时，语法教学也应该尽量使用可以给学生整体背景的语篇或语段，让学生有可能在一个相对来说互相之间存在联系的语境中理解语法现象的真实内涵，避免孤立地拿典型的句子做语法分析。以典型的句子作为语法分析的材料，其优点是简单、清晰、高效，学生容易理解和掌握；其缺点也正在于其简单，难以适应复杂、综合的现实需求。

四、英语语法教学的类型与教学实践

（一）语法新授课：间接语法课与直接语法课

在英语课堂教学中，语法课大体上可以分为语法新授课和语法复习课。语法新授课大体上又可以分为两类：第一种是渗透于听、说、读、写课的教学过程，以隐性特征进行的间接语法教学，它以语言能力培养为主，以语法教学为辅。从严格意义上讲，这种类型的课不能叫作语法课，但它又是英语课堂教学中常常采用的语法教学形式，故而也应该是语法教学研究的内容。第二种是以语法教学为主、其他能力培养为辅的名副其实的直接语法课，也是语法教学研究中受到比较多关注的课型。

在间接语法课中，语法教学的任务实际上是存在于教师的教学设计中，学生对语法现象的学习是在教师有意识的引导下无意识地进行的，其教学方式大多是教师通过创设系列、具体、场景特征明显的情境，或者给学生提供特征一致但形式多样的活动和视觉载体，在学生参与各种活动的过程中，关注学生的语言模仿和语法建构，以隐性的语法主线来统领课堂教学。

如果一个语法现象已经多次出现，学生对它已经有所了解，但并不清楚它确切的内涵和应用条件，这时，直接语法教学就成为必要。换句话说，相同的教材对于不同的年级和学生来说，是否可以进行专门的语法教学，要依据学生对于这种语法现象的感知程度，决定于学生对于该语法现象的理解和掌握是否到了需要点拨、启发和清晰化的阶段。由于在现行英语教材中，内容的安排是以功能为主要线索的，语法内容渗透于教材之中，一般遵循先感知、后认知的编排方式，所以，中小学英语教师用"不尴不尬"来形容语法教学。"不尴不尬"恰当地描述出语法教学内容与学生之间的关系：一方面，需要教学的语法现象已经多次出现，部分学生能够比较正确地将其运用于具体的语言环境之中，成绩比较好的学生甚至已经能够准确地把握其特征和规则；另一方面，尽管大部分学生能够很流利地进行口头运用，但他们在运用的准确性方面存在问题，也就是说他们并没有真正地理解其内涵及应用规范。这一现象给以语法教学为主的课堂造成一定的不利因素，它使一部分学生觉得单调乏味，缺乏挑战性；不过，从另一个方面讲，它也给语法教学提供了可利用的资源，教师可以充分发挥学生的主动性，调动他们的已有信息，激发他们思维的积极参与，让学生从自己已经掌握的信息中归纳、发现语法规则，并适当地加以拓展，使他们的语法知识更加全面、完整，满足其求新的愿望。学生中的差异也是语法新授课上的可用资源，当课堂教学中出现比较难以解决的问题时，可以组织小组活动或讨论，让学生互帮互学，在合作学习的过程中发展学习能力。与渗透性的语法教学课相比，以语法教学为主的课堂更强调语言规律的清晰性、准确性，强调语言的规范性。在语法课上，语言场景的设置既要体现抽象语法与具象素材的统一，又要体现出学生生活与教材内容的统一。

（二）语法复习课：单元复习、阶段复习和专项复习

语法复习课一般以专题形式进行，从时间的维度讲，可以分为单元复习、阶段复习、学期各类专项复习。

单元语法复习的重点一般是比较单一的，其复习的目的在于巩固和运用新语法。目前，英语教学的方法是采用课内与课外相结合的方式，即学生先在课外自主复习，梳理单元所涉及的主要语法重点与难点；然后在课内进行集中交流，在讨论过程中进一步深化和提升对新语法的认识与掌握。

阶段复习和学期专项复习中的语法课，则多以综合性的语法比较为主，在某种程度上，可以说语法复习课以归纳、总结、比较、对比为主。归纳、总结和比较、对比的目的在于在相对系统的整体中理解语法现象，发现不同语法现象的共同点和差异，追求融

会贯通的教学目标，为适切、准确和灵活运用语言提供条件。归纳和总结以培养学生的自主复习能力为主，在进行课堂教学之前，教师需要指导学生预先整理相应的语法规则及应用条件等内容，如应该关注的时间、状态、结构、语用等问题，以便在课堂上能够及时发现学生对语法理解的程度和偏差，便于及时矫正。对比和比较以提高学生对语法在具体语言环境中的综合运用为目的，它包括英语内部不同语法现象之间的比较，也包括目的英语和汉语语法之间的比较，英、汉语法比较相对来说比较宏观，一般不以显性的教学内容出现在课堂教学中，英语语法教学以英语内部的语法比较为主。

为了有效提高语法复习课的课堂教学效率，教师在教学设计过程中一定要注意对比较的语法现象进行准确的描述。所谓准确的描述，首先，需要教师对要比较的语法现象进行梳理，建立两个或多个语法现象之间的可比较性；其次，要注意的是对相比较的语法现象之间容易出现错误的地方进行描述，即预测错误并采取相应的措施以预防这种错误的出现。有效的比较以准确、有意识的描述为基础，描述得越好，比较就会越成功。举例来说，要比较动词一般过去时与过去进行时，首先要强调的是时间维度，它是两种时态中共同存在的一个因素，却也是学生容易出现错误的地方，要预防时间方面可能出现的错误，就需要从动词状态的方面入手。下面两个句子时间相同，但意义就明显不同：He read the book last night.（他昨天晚上读完了这本书。）He was reading the book last night.（他昨天晚上一直在读这本书。）前面的句子强调动作发生并完成于过去，它并不关注动作持续的时间长短；后面的句子则表示动作发生在过去，但并没有完成，并且强调该动作在过去的这一时间段中一直持续着。再复杂一点，动词的一般过去时、现在完成时和过去完成时的比较，需要关注的就不但有动作发生的时间（三者动作都发生在过去，而过去完成时强调过去与过去的关系），而且有动作持续时间（延续性和非延续性）、动作状态（完成还是持续进行）、动作性质（心理意向的还是动作行为的）等方面的因素，有了系统梳理之后，教师在准备语言材料和设计教学情境时就可以有的放矢，聚焦关键，从而提高语法教学的课堂效果。

此外，有必要进一步交代的是，第一，重复不等于复习，练习更不等于复习。语法复习要体现对语法现象的梳理、归类、提升和适当拓展，如果仅仅重复以前讲过的语法规则，或者通过做大量练习题来强化，语法复习课就很难收到较好的效果，不但会浪费有限的课堂教学时间，而且会降低学生对语言的兴趣，不利于学习的良好习惯和总结、比较、反思的思维品质，容易让条理化的语法学习成为无条理的一团乱麻。第二，语法课要不要作为专题上，以什么形式和方法为主导上语法课，选择什么样的语法教学材料和练习内容，不能拘泥于教材，关键看自己学生的状态。以语法教学为主的课堂教学时间安排应体现出灵活性，可以独立于单元教学之外，在必要的时候以自选与教材结合的方式进行。在日常外语教学中，语法教学应更多地以渗透的方式进行，化整为零，分解难点，把抽象、枯燥的语法规则融于有趣、生动的语言应用之中，让学生既学得丰富，又扎实、有条理。

（三）教学案例分析

1. 教学目标的设定

（1）通过看、听、读结合的方式，初步学习、感知形容词比较级的构词形式。

（2）通过比较，学习对人或物的外形进行对比性描述。

（3）在发现中学习新知，培养学生自主学习的能力；在运用语言知识中培养观察、比照能力。

2. 确立案例教学目标的依据

（1）教材依据

本课是江苏译林版《牛津英语》6B Who is younger? 的第一教时内容，主要学习 B 部分形容词的比较级。形容词的比较级形式在本教材中是新知，而 B 部分内容仅出现形容词比较级的一般形式，未出现多音节形容词的比较级和比较级的不规则形式。考虑到实际交流的需要，在处理教材内容时进行了一定程度的拓展和练习。因此本课目标定为全面学习，初步感知形容词比较级构词的一般规律和表达句式，理解意义，能初步运用。

（2）学生依据

本班学生共53人。部分学生发展比较突出，学生发言都很积极；部分学生性格内向，到了高年级后在非母语的学习过程中逐渐羞于开口；也有 4 ~ 5 位学生在英语学习方面有害怕心理，在课堂上自身的主动参与很不够。

本课是初次涉及形容词的比较级，学生之前已积累了一定量的形容词，并能用形容词对人或物的外形进行简单描述。本课的教学需帮助学生初步掌握形容词比较级的音和形（主要是形）的变化规律及比较级基本句式的表达，并能进行对比性的描述，在练习、交流中不断强化、巩固所习得的知识。

3. 教学设计理念与教学环节

结合本教学的实践过程，从三个方面来谈本课为达到以上教育目的所进行的小学语法教学的尝试：

（1）热身运动：开放式导入，学生在积极思维中生成丰富资源。

基于学生的生活实际和已有知识，为了更好地打开他们的思维空间，激发语言想象力，本节课设计了开放性导入。具体做法是：请一学生用所学过的形容词描述同学，其他同学做猜测。教师对学生生成的资源（丰富的形容词）做有机整理，为学习新知做准备。请看教学实录：

T：Today we'll talk about our friends.First,please describe one of your friends with some sentences.Use adjectives, such as：Is he tall or short? Happy or sad? And so on.Practice by yourselves.

S1：I have a good friend xxx.She has big eyes.Her hair is long. She's tall. Her PE is very good...

T：That's good.Who else?

S2：...

（学生描述中提及的各类形容词，教师都按类有机整理、板书，此举无形中也极大地促进了学生积极生成更为丰富的资源，为下面的新授做了充分的准备。）

（2）教学过程：发现、归纳、运用数次循环，学生在主动学习中探索语法规则。

开展语法教学研究的目的在于改革教学，要把讲语法转变为有意义语法项目的意义。在教学过程中进行交际性活动，引导他们发现现象中的语法规律，把语法变成引发兴趣、探求知识的过程，同时也培养他们探索、求同辨异的自学能力。因此这样的过程就不再是枯燥被动的讲解与接受，而是追求一种循环往复并逐步提升的教学方式。学生的学习也不再是一个封闭和寻找固定答案的过程，他们有了主动探究的时间，有了广阔的思维空间，师生之间有了多维有效的互动，学生的学习变成了一个开放的创生性过程。

为此，在进行形容词比较级的教学时，努力体现了让学生自主发现、归纳、探索语法规则的意识，并创设比较贴近学生生活实际的情境，让学生尝试初步运用。请看教学实录：

Step 1 Comparative degree of regular adjectives：

在导入部分的课堂实录中我们可以看到，这节课的主话题是同学朋友，因此在接下来的呈现中，我们也从这个话题入手。这样比较贴近高年级学生的认知发展和心理特征。

T：I have some friends.Look at the screen.（Play the video.）

Ss：Look and listen to the PPT （pictures and sentences）.

T：Please pay attention to these adjectives.Why are they changed?

How did they change? What can you find? （Discuss in pairs.）

S1：形容词发生了变化。

S2：形容词后面都加了 er。

T：What else?

S3：有的形容词要双写末尾的字母再加 er，像 big。

S4：还有的形容词，像 heavy，是把 y 改成了 i 再加 er 的。

T：Good! Today we are going to learn the comparative degree of adjectives.（板书）

（点评：高年级学生有了一定的自学能力，事实表明，通过视听结合的方式，他们在比较浅显简短的材料中发现了大部分新知。此时教师要放手让他们去进一步观察、比较、猜测直至发现。本处教师过于心急，自己首先揭题，从而降低了学生发现的难度，其实学生是有能力去做的，要给予他们更大的空间。）

T：Look at the blackboard.

（目的是引导学生观察在导入环节中教师整理的第一列形容词，学生可发现这些词的比较级形式是规则的，只要直接在末尾加 er，学生之前已懂得 er 在词尾的发音，因此教师只需请学生朗读其比较级形式以正音。）

T：How do you read it?

T：Sad.

Ss：Sadder.

T：Wet.

Ss：Wetter.

T：请重新观察 PPT 上呈现的形容词比较级，思考哪些词尾字母要双写。

S1：重读闭音节。（一位学生可能在兴趣班中曾接触过此概念，但并不懂何为重读闭音节，教师向全体稍作解释。）

T（指向板书第二列）：除了你们刚开始提到的这些重读闭音节词，还学过这类形容词吗？

S：thin，fat，hot…（如上读出比较级形式的发音。）

T（指向板书第三列）：这些形容词如何变为比较级形式？

S：要把 y 该成 i 再加 er。

T：举例？

S：heavy, happy, busy, lazy, easy, pretty...

Ss：（朗读比较级形式，教师正音。）

T（再请学生观察 PPT）：比较级的运用句式有什么规律？

S：…is/are/ am... than...

（这些资源来源于学生，又为他们所用，在教师的引导下学生不仅能自主发现形容词比较级构词的一般规律和基本表达句式，还能做一点总结、归纳和拓展。因此，能够让学生发现、归纳的就尽量让学生自己去做，当然，如果学生没有能力解读了，如重读闭音节的概念等，教师可以通过其他方式或顺势点拨一下，这样学生留存的印象比教师直接讲解、传授要来得更为深刻。）

T：Can you use the comparative degree of adjectives to compare with your classmates or your stationary?（Practice by yourselves.）

S1：I'm heavy, but... is heavier than me...

S2：My pencil is big,but...is bigger than mine.

S3：...is strong,but...is stronger than...

S4：...'s hair is long, but...'s hair is longer than her.

So：...is a little shorter than me,but he jumps higher than me.

（学生围绕感兴趣的话题进行练习，进行初步运用，内容和形式达到了有机统一，交流也显得更为真实自然、生动有趣。）

T：Now let's play a guessing game："Who's my friend?" You can ask your partner some questions to guess,but use the comparative degree only，like this：

Is your friend a boy or a girl?

What group is he /she in?

Is he /she...than... ?

（Work in groups.）

（此环节为进一步的提升运用，由意义操练转入交际性练习，培养学生的提问能力，在改变活动方式的同时，对学生的思维能力和语言的练习提出了更高的要求。）

Step 2 Comparative degree of irregular adjectives：

[书中并没有涉及形容词比较级的不规则形式，但考虑到实际运用过程中经常会遇到，往往不可避免，因此作为一个拓展环节呈现给学生，并依旧采用发现—归纳—运用的路径（只是变换了发现的方式，因为不规则形式较难发现），通过阅读短文、小组讨论，在再次呈现、巩固规则形式的基础上，试图让学生发现多音节不规则形式构词规律，并尝试初步运用。]请看教学实录：

T：Please take out your sheet.Read the passage, then answer my questions.

（在这篇短文中能否找出形容词比较级的其他形式？为什么要用这样的形式？）

Discuss in groups.

S1：我们发现了 more，有一些形容词前面要加 more，我们发现像这样很长的形容词，它的比较级形式就要在前面加 more 吧？

T：对。这些词叫多音节词，也就是有两个或者两个以上音节，你们说说看，还学过哪些多音节词？（学生举例所学过的多音节形容词并归纳。）

funny, excited, lovely, pretty, exciting, interesting, delicious, wonderful, colorful, special, beautiful, popular, careful, different, difficult...

它们的比较级都是在前面加 more。

T：Please compare with somebody or something. Use “more...than ...”.（Work by yourselves.）

S1：I'm funny,... is more funny than...

S2：My pencil case is more beautiful than...

S3：My rubber is lovely,... is more lovely than...

S4：The food at Spring Festival is more delicious than the food at Mid–autumn Festival.

S5：I think Maths is more interesting than Social Science.

T：Yes, and I think English is more interesting than Maths.

通过尝试我们知道，虽然一节新授课中所有的知识点不可能面面俱到，甚至有些知识教材中从未出现，但在实际生活中会经常需要用到，我们不妨把它的一般化规律适时地补充拓展给学生，只要讲求教与学合适的方式，学生是有能力学习的。至于难点（如形容词比较级的不规则形式，虽设计中有这部分，但预先也想到其难度，因此策略为：学生若能发现就拓展，若发现不了则不教。在教学实践中学生确如预想的那样，并未发现不规则形式，因此临时跳过）可以放在以后的学习中解决。从知识的层面上来说这样的拓展又向纵深进了一步，可以让学生丰富表述的内容；从学生个体方面来说，也照顾到了不同接受能力的学生不同的学习需求。由这节课看来，很大一部分学生在教师的引导下，在前面规则形式探究方法的影响下，已具备举一反三的能力，能够自主发现、分析归纳并在理解中运用。

（3）综合运用：话题式陈述，学生在观察比照中初步运用新知。

（在课堂教学的实施过程中，不但要突出话题、内容、方法与语言教学的自然、有机统一，还要注意在语言知识技能训练中注意理解、记忆与运用的数次循环，这样才能在有限的课堂时间内，最大限度地挖掘文本材料，拓展学生的学习内容，从而有效地提高课堂教学的效率。）请看教学实录：

Step 1 Compare the differences in the two families：

T：This is my friend.Do you know her?

Ss：Miss Liang!

T：Yes, and this is Liang's family. This is my American friend,Linda.This is Linda's family. Please compare the two families.And try to use the comparative degree to describe them.

T：Who can tell us the differences between the Chinese and American families? Say three differences or more.Discuss in groups.

S1：Look! This is a Chinese family.It is Liang's family.In Picture 2, it's Linda's family, and they are Americans. Liang's family is big. There are three people.And there are four people in Linda's family.So it is bigger than Liang's...

S2：From the photo, we can see Liang's family is excited, but Linda's family is more excited than Liang's.Look at the fathers.Chinese father is tall.American father is taller than Chinese father.Linda is taller than Miss Liang, too...

S3：In Picture, the weather is colder than the weather in Picture 2...

（在前面的教学环节中，考虑到该语法内容相对较难的缘故，学生的表述基本以单句为主。但从年级段特点来看，学生应具备成段的表述能力。因此，教师此时须给学生提供更高一级的练习平台，用学生感兴趣的话题激发其表达的欲望，串起新知，同时这个话题又要具有一定的开放性，并要具备一定的挑战性，使他们在递进中练习，在提升中巩固。从现场生成的资源来看，小组讨论热烈，学生的表述热情并未随难度的增加而递减，达到了综合运用和巩固的目的。）

Step 2 Describe the differences between China and the USA, then write down （5 ~ 8 or more sentences）:

T：You can surf the internet.Fill in the table,describe the differences between China and the USA, use the comparative degree, then write down.

在自主查找资料的过程中渗透社会文化知识。由说到写，进一步巩固新知，提升能力。

五、语法教学注意要点

（一）纠错问题

从内容上讲，纠正错误，不纠正失误；从对象上讲，教师可以对学生出现的共性问题进行细致的分析和指导，而非典型的错误可以由学生之间互相倾听、互相纠正，或者学生提醒学生自我纠错；从时间上讲，一般不要打断学生的讲话，让学生把自己的思想表达完整之后再进行纠错；对于共性的错误，教师一定要诊断和分析其错误的根源，一方面为纠正错误服务，另一方面为反思教学目标定位、选择教学方法、安排教学过程和进一步的教学提供依据和指导。

（二）避免僵硬

在语法教学中切忌教给学生死的规定，如在低年级教学动词的过去时的时候，教师为了提高学生在这个阶段的运用正确率，会告诉学生句子中如果有 yesterday 就用一般过去时，有 tomorrow 就用一般将来时，等等。这种硬性的规则套用可能对于低年级的学生来说一般是正确的，因此在当时会比较有效。但从长远来看，这样的规则与以后将要学到的语法相矛盾。比如，如果说昨天一直在做某事，与 yesterday 连用的就应该是过去进行时，tomorrow 也可以与过去将来时或者将来进行时连用。这样做会使学生不假思索地套用公式，而不是在具体的语言环境和上下文中理解时态真正含义的基础上正确运用动词的时态，从而导致语言学习的僵化，不利于进一步的学习。这就要求教师不能仅仅在教材的水平上来理解语法，而应该从整体上系统地认识语法规则、结构、意义、范畴。

（三）注意全面掌握

教师需要对学生的语法掌握状态进行切实的考查。学生能够在课堂上进行口语表达并不代表他们已经准确、熟练地掌握了该语法现象。教师们常常抱怨学生眼高手低，平时说得挺好，但一旦动笔写就傻眼了，往往口语输出流利、准确，书面输出却错误百出。出现这种现象的原因与语言运用的环境有关：在课堂上学生进行英语表达时，学生一般了解本节课教学的主要内容，而且同学的表达也会给他们提供一个相对固定的模式，即使自己不理解，也可以比虎画猫，因而出现错误的概率并不是很大。而书面输出则更多的是一种个体行为，需要学生在理解基础上的思维参与，要求学生思维内容和表达形式的统一，是否真正理解和掌握通过书面的或个体性比较强的语言行为可以得到更准确的信息。这并不是说教师只有在对学生进行书面输出考查的前提下才能决定教学内容的安排，而是想强调教师不能把学生课堂中的说作为唯一确定教学内容和教学过程的依据，对学生的理解和掌握程度的把握要通过不同的信息渠道来实现。

从书面意义上掌握语法，还包括对语言的规范书面要求。从小学阶段开始，教师就应该有意识地注意语言的规范，尤其是标点符号的规范，因为英语中的标点符号与语法结构之间存在着密切的联系，这一点和汉语的规则是完全不同的。汉语中的标点符号与所表达的意义相关联，表达完一个完整的意思后才需要用句号，否则可以连续使用多个逗号；而英语则不同，英语中的标点符号更强调句子结构的完整而不是句子所表达的意义是否完整。英语中可以用在表达完整结构的句子之后的标点符号一般有句号、问号、感叹号和分号。任何一个结构完整的句子（一般来说，就是指一个单句或复合句主谓齐全或者主谓宾齐全）都必须用以上所说的标点符号，否则就需要在句子之间加上连词；逗号只能表示它前面的句子是不完整的。比如，汉语中常常这样说："我是个老师，我非常喜欢英语。"但如果翻译成英语，两个句子中间要么用句号，要么用连词连接起来，即应该说："I am a teacher.I like English very much."或者"I am a teacher，and I like English very much."标点符号在复合句中的作用尤其重要。我们可以比较以下几个句子：

I saw your mother yesterday.She was shopping with your sister.

I saw your mother yesterday; she was shopping with your sister.

I saw your mother yesterday, and she was shopping with your sister.

I saw your mother yesterday, who was shopping with your sister.

从意义上讲，这四个句子完全相同；但从书面形式上看，第一、第二句话中两个句子分别使用了可以表达完整结构的标点符号，因此前后各是一个单句；第三、四句中用的是逗号（也可以不用），表明两部分构成一个句子，因此，第三句话中加了 and，使两个部分变成一个并列句，而第四句话则只能用 who 来连接两个句子，使后面的部分变成一个定语从句，不然这就是一个有语法错误的句子。尽管在口语中不会存在这样的问题，但在阅读和书面表达中，这却是一个与书写规范和语法规范密切相关的问题，教师应该在教学过程中有意识地强调这一方面英语和汉语的不同，让学生养成良好的习惯。

第三节　英语听力教学实践

一、听力教学的必要性

听与说相比，人们将听看作是一种被动行为，对方说什么、怎么说，听者都没有决定权，处于被动地位。现在的认识是，听虽有被动的一面，但是想听什么、听多少，则是一种有目的的主动行为、一种积极的心理语言活动过程、一种主动型技能。听和理解的结合，也是依照所有的知识，通过听的素养，从音流中获得信息，并快速反应的一种思维活动。

基于听的这种行动性质，对于中小学生而言，其重要性和育人功能主要有以下几个方面：

（一）听是读、写、唱、对话的前提

亚历山大（L. G. Alexander）说："掌握一种语言，首先是听懂，听懂的比重占90%，能听懂你才觉得舒服，听不懂你就觉得不自在。"难怪弗里斯（C.C. Fries）说："学生学会说英语的前提首先是听。”可见，学生具有英语交际能力是听力理解力。

（二）听是获取信息的桥梁

随着信息社会的不断发展，广电、影话、录音、VCD 等电子媒体广泛使用，听的素养变得越来越重要。具有好听力，才能更快、更多地获得资讯，也才能通过听拥有学习途径。

（三）听是英语教学本身的需要

学生只有通过听，才能对教师讲授的知识进行理解，对同学的意见进行判断；学生通过听，掌握游戏规则；在教学中学生通过听，认识饱满的元音、有力短促的短元音、连音、略音等语音，之后才可能掌握、运用、创新。英语教学中，听作为学生学习最主要的途径，提高基础，必须引起教师的足够重视。

二、听力学习障碍及教学策略

（一）听力学习障碍

1. 语言知识障碍

语音障碍。有些学生单词发音不准，特别对发音相近的词，不能正确辨别。

语速障碍。由于教师授课语速慢，学生形成了适应教学用语速度的习惯，碰到语速快的听力内容就不适应，尤其对一些连读、重读等语音、语调的变化，就有些不适应。

词汇障碍。学生英语词汇量较少、不熟悉的词汇多、不熟练、一词多义等情况都有可能造成学生听力理解上的困难。

2. 母语干扰

许多学生听到语音信息后，习惯用中文逐句翻译式理解，不直接将语音信息转化为设定场景,不善于直接用英语思维,多了中间转换环节,影响了听力反应速度和记忆效果。

3. 文化背景缺失

语言学习是文化的载体，学习英语的学生必须具备一定的外国文化知识，还需了解和熟悉一些国家生活习惯、历史背景、乡土人情及生活方式。现实中，不少学生缺乏文化知识作为背景，听力理解存在一定的困难。

4. 心理因素

听力理解过程。心理学家说，当人的情绪处于焦虑不安时，就会产生害怕的心理，从而使原来可以听懂的内容也大打折扣。

（二）常见听力教学问题

1. 听力教学目标与要求不明确，对学生听力困难认识不清

明确教学目标与要求是决定听力教学成功的首要条件。

教师掌握听力的教学目标与要求，掌握学生在听力中可能遇到的实际问题，切实做出实际的教学计划，制定由易到难、步步深入的教学步骤，才能做到重点突出、难点突破。但是，不少教师的听力教学目标要求大多比较笼统，没有针对性。例如教学目标中会说：培养学生的听力、听懂全文、理解大意、完成任务等，这样的教学目标放在任何一节听力课中也许都适应，而在某一节听力课中却无具体的目标，没有突出重点，也没有对难点进行处理。

2. 教学环节设计不科学，活动形式单一，任务之间没有层次

有些教师没有安排学生的听前教学活动，听的过程其任务形式也过于单一，任务的难易程度不符合学情，以致课堂教学过程不流畅，有的教师甚至看到学生听不懂，索性将听力材料公布给学生，将听力课变成阅读课；听完之后，也没有任何延伸活动，不能有效地通过听力活动发挥学生说或其他方面的技能。

3. 不少听力课局限于“放音—做题—对答案”三部曲，忽视听力策略训练

听力教学不仅要向学生提供听力实践的机会，而且还要加强听力策略的训练。但是，很多教师不能有意识地通过泛听、有选择地听和精听，有针对性地帮助学生思索听的策略，更不注意寻找学生听力学习中的困难及其产生的原因，不善于对自己的教学进行监察、评估和调节。以为只要机械呆板地反复操练就能提高学生的听力水平，就可以在听力考试中取得高分，其实这种听力教学的效果并不理想，听力课气氛沉闷、单调，缺乏互动交流，事倍功半。

4. 听力教材缺乏

目前，一些学校使用的听力资料，此外还有一些自编的测试训练题，还缺少适合中国学生的听力教学材料。教师们如果想提高学生的听力，一般要花费大量的精力去寻找相关资料，往往也不够系统与合适。这也对我国目前中小学听力的教学造成了困难。

5. 班级学生人数多，听力教学时数不足

很多学校由于课时有限，基本上不安排专门的听力课，教师们只能随机地利用一些零碎时间组织学生进行听力练习，班级人数又多，教学往往很难做到因材施教。

（三）教学策略

在过去的 50 多年中，听力教学策略的变化与人们对学生听力困难原因的解释密切相关，前后经过了三个阶段的变化：在 20 世纪 60 年代，由于对学生听力困难的原因了解不够，教学重点于是放在对不同元音组合和重音的变化等符号的训练上。到 20 世纪 80 年代，听力教学的重点转移到训练上。辨音问题不是主要问题，而是整体理解大段口头语言。近十几年来，人们对影响学生听力困难的原因认识更加全面，包括元认知策略、认知策略和情感策略。元认知策略是听者为有计划完成某一学习活动而采取的计划、监察、评估等行动。认知策略与听者的学习，涉及对输入信息的处理，包括重述、借助上下文、推理、联想发挥等策略。情感策略是学习者为完成某一学习任务而互相交流，并且能自己控制情绪，消除紧张和不安等。

在日常生活中，人们都是有目的、有选择地听。听力教学应该教授学生听力策略，教学生如何有效地听。策略训练以培养学生的独立学习能力为最终目的。

1. 元认知策略训练

在教学中，明确听力训练的阶段性学习目标，如听懂教师的英语授课、听懂同学的英文谈话、应付一般的听力测试等。

进行反思，找出自己听力的弱项，如辨音能力差、听力词汇量小、语言知识基础不牢、短时记忆能力不好、对背景知识缺乏足够了解等。

2. 认知策略训练

让学生知道母语听力和有效的思维方法，有目的、有选择地获取必要的信息。

养成良好的听力习惯，如记笔记、做练习，或在听懂一段话后概括其主要意思并记录。

根据语境进行检测，如待考试时对听力材料的话题或下文即将出现的内容进行预测。

能借助联想，串联知识，如联系已有的先验知识，包括文化知识、生活常识或亲身体验等，去理解听力材料。

运用语法知识辨别语篇标记词（如 but、in other words、in one word 等）来帮助理解。

能借助非语言进行推进。例如根据背景音乐、谈论人的语气、讲话者的态度等线索去推测谈话发生的地点以及说话者之间的关系等。

三、教学案例

听力材料是狐狸与葡萄的对话，对话内容非常口语化，而且在对话背景中有许多非语言信息，如葡萄的笑声、葡萄害怕的呼声、狐狸跳跃和掉下的音效声等，这些都可以帮助学生判断、理解对话的意义。此篇听力材料的朗读者语音纯正，朗读绘声绘色，把狐狸和葡萄的神色读得惟妙惟肖，能让学生模仿朗读。

Nothing but a sour grape

Paragraph 1：

Grape 1：We are the most happy grapes in the world!

Grape 2：Look, look! It's the fox.Here comes the fox!

Grape 3：It's the fox alright!

Grape 2：Maybe he won't see us...

Fox：Ahhh, grapes! Big, jolly, juicy, sweet grapes! Good morning up there, grapes!

Grape 1：Uh, oh, he sees us...Good morning, Fox!

Grape 2：How are you feeling this morning, Fox?

Fox：Aaah, I'm feeling hungry... hungry this morning, my fine grape friends!

Grape 1：Uh oh!He's feeling hungry this morning.That's bad!

Paragraph 2：

Grape 3：Uh, if you're feeling hungry, Fox, why don't you eat your breakfast?

Fox：That's just why I came.And you know what I'm going to eat for breakfast?

Grapes：Duh...cereal?

Fox：No...Grapes!

Grape l：You don't want to eat us, Fox!

Fox：Oh yes,I do. I like to eat.Nice and sweet.

Paragraph 3：

Grape 3：Well,Fox,if you want to eat us,first you've got to jump up and catch us!

Fox：Count to there.Here I go...one...two...

Grape 3：Duh...two and a half!

Fox：Uh,um.uh...three!Ready or not,here I come!

Grape 3：Duh, you missed, Fox!

Fox：Grr...here I come again!

Grape 3：Duh...You missed again!

Fox：I'll get you this time!

Grape 3：Duh, what's the matter, Fox?

Fox：I can see now that you're nothing but a bunch of sour grapes! Nothing but sour grapes! Sour grapes...sour grapes...sour grapes...

Grape 3：Duh, he only calls us sour grapes now... because he couldn't reach us!

学生对这份听力材料的主人翁并不陌生，加上是在已学课本教材上的延伸，学生对对话内容大意的把握应该没有问题，但是学生对捕捉听力材料细节和具体信息可能把握不住。

基于以上考虑，本节教学的目标是：

· 指导学生通过听力材料了解故事大意；

· 利用非语言信息帮助理解听力材料；

· 根据人物对话的不同语气判断对话意义，推测对话者的心理；

· 提高捕捉文章细节和具体信息的能力。

听力教学过程的处理是：

（1）听前教学，引入故事大意，为学生后面的听力做好铺垫

Step 1：Sing a song.

Step 2：老师放一段与听力材料有关的狐狸和葡萄对话的图片。

T：What can you see here?

S：I see grapes and fox.

T：Yes.Can you image how the grape smell?

S：Maybe it's sweet, sour and round.

（学生边说，老师边板书。）

T：How do you feel?

S：They're happy.

T：How do you think of the fox?

S：It's thin, bad and hungry.

T：Can you guess? What'll happen between the fox and the grapes?

S：Maybe the fox want to eat the grapes.

这个听力环节做到了三件事：一是生动的画面吸引学生的无限猜想；二是引入学生熟悉的主题狐狸和葡萄的故事，调动学生急于了解故事情节的兴趣；三是进一步激活了与下文内容有关的词汇：grapes，fox，sweet，sour，happy，hungry 等，为后面学生听力学习减轻了难度，也提示了线索。

（2）听时教学，听力学习策略的分步形成

Step 1：泛听（Global listening）。

是为把握整体意思地听，了解故事大意。就是在学生听第一遍的时候，获取听力的主旨大意。待放录音前，教师可布置一个问题：

What's the listening text about?

Step 2：有选择地听（selective listening）。

目的是为了解听力信息，特别是从语言程度略高于选择的能力。

然后教师出示辨别题“T”或“F”：

① The grapes are small, jolly and sweet.

② It's in the morning.

③ The grapes don't like to see the fox.

④ The fox wants to eat cereal for his breakfast.

⑤ The grapes are the fox's fine friends.

Step 3：再听第二段材料。

这个段落的处理有两个意图：

其一是培养学生把握非语言信息和细节，推测人物对话意义的能力。

① How are the grapes feeling?

② How is the fox feeling?

其二是启发学生运用已听信息对故事发展进行猜测。

Can you image what can the fox do next?

这时，教师鼓励学生在听的过程中进行选择：

The fox the grapes.

A. jumped and missed.

B. jumped and reached.

Step 4：精听。

找出故事的中心句，模仿朗读，形成语感。

Can the fox get the sour grapes? How do you know?

如此，整个材料分成了 3 个部分，各个击破。必要的时候，录音可以反复放几遍或停顿。日后，随着训练时间的推移可慢慢减少停顿次数，缩短停顿时间，提高学生快速记忆的能力。

（3）听后教学，从听过渡到读，听读结合，学生在模仿读的过程中培养语感

首先，在上述分段听的基础上，教师出示整个听力材料，学生边听边看，然后自己寻找喜爱的句子朗读，这样学生从大概地听过渡到精确地听，进一步巩固上两个环节的听力理解。

其次，教师让学生流利地朗读材料，并进行角色扮演，从而达到由听到说，学生将所学语言进行灵活运用，教师也可检验学生对材料内容的理解和语言的内化状况。

第四节　英语阅读教学实践

阅读是个体的行为，阅读理解的过程是一种内心活动，于教师而言，阅读教学就成为语言教学中的一个挑战。然而，阅读能力的高低却是外语学习中重要的影响因素，阅读是人们获得信息的重要手段，通过阅读，我们可以获得知识，开阔视野，提升思维能力；通过阅读，我们也可以拓展词汇，学习他人的写作方式，获得表达思想所需要的语言。因此，阅读教学又是英语教学中的重要内容。

一、阅读目的

日常生活中，读者会接触到不同类型的读物，他们在阅读中选择阅读目的。阅读主要有三种目的：一种是为生存或生活而阅读，如阅读地图、说明书、标签、菜单、电话簿等，主要为了找路、了解产品使用方法、选择饭菜、找电话号码等。一种是为学习或获取信息而阅读，如阅读报纸、杂志、教材等，这种阅读主要是为了了解一些信息，如最近有什么新闻、最新发展状况等。还有一种是为了消遣娱乐而阅读，如阅读小说、故事、诗歌等。读者在阅读这些作品的时候，主要是为了欣赏作品，从阅读中获得享受。Narvaez，van den Broek&Ruiz（1999）也认为阅读分为两类，但和上面谈到的三类还有所不同。他们认为，一种阅读是为了学习而读，另一种是为了娱乐而读。为学习而阅读不太能激发读者的阅读兴趣，阅读过程牵涉不断的回读、理解和记忆，读者在阅读过程中可能会因为要完成学习任务而无法感受到阅读的乐趣。而休闲阅读则能够让读者更多地关注内容和情节，读得更投入，也能获得更多的乐趣。

Swanbom&de Glopper（2002）将母语阅读目的分为三类：（1）为获得乐趣而读，也称为自由阅读，没有具体目的；（2）为获得信息或学习一些知识而读，如通过阅读学习地理、历史或生物知识等；（3）为理解文章而读，如要读懂文章细节，与主题相关的词汇、语法等。那么，外语阅读目的和母语阅读目的有什么不同之处吗？邹启明、周瑞琪（2004）在前人研究阅读目的的基础上对中国学生英语阅读目的进行了研究，他们认为，中国学生阅读英语的目的有三大类：（1）为提高英语水平而阅读，如扩大词汇量，提高英语水平；（2）为获取信息 / 知识而阅读，如了解西方文化，增长知识；（3）为功利性目的而读，如为了提高考试成绩、出国、找到好工作等。两者相比，母语和外语阅读的共同目的是“获取信息”。不同的是，外语阅读的学习性质更为明显，读者阅读英语更多的是为了学习这门语言，或者为了去英语国家留学或去外企工作等。

根据读者选择不同阅读材料，通常区分不同的阅读理解类型。一是字面意义的理解：目的是理解、记忆或回忆文章中所要表述的信息。二是推理性理解：指运用读者的信息，即理解言外之意。三是评论或评价性理解：目的是为了把文章中的信息或作者观点等与读者本人知识和价值观念做比较，对文章做出评价。四是欣赏性阅读：目的是为了从文章中得到感情或其他方面的共鸣。阅读理解类型的划分对阅读教学有借鉴意义，教师可以根据不同类型对学生的阅读进行训练。有的学者（如陈莉萍，2006）认为，阅读目的不同，阅读的过程也会不同，比如：有的人在读小说、看报纸、阅读说明书的时候属于接受性阅读，主要是获取信息，并不过多思考；有的人则是读一读，停下来思考，看前后的观点是否一致，这种属于反思型阅读；有时候，人们只是想大体上了解文本的信息，那么他们可能只看标题或开头句或开始段落等，这属于浏览性阅读；还有的时候，人们希望快速发现具体的信息，如时刻表上的相关信息等，这种属于扫描性阅读；再有就是精读，人们有时读到好的作品，会对文本进行仔细研究以鉴赏文本中的佳句。也就是说，阅读目的不同，人们在阅读过程中所采用的策略可能也会不同，甚至在读一个材料的时候，不同阶段会有不同阅读目的，相应地会采用不同的阅读形式和策略。研究结果表明，以获取信息 / 知识为目的的外语读者在篇章处理中更多地采用宏观篇章处理策略（比如预测、整合信息、推理等），而以提高英语水平为目的的外语读者则更多地采用微观篇章处理策略（比如猜词、语法分析、翻译等）。

此外，还有学者对阅读目的和阅读效果进行了研究。Swanbom de Glopper（2002）的研究表明，阅读目的不同，人们从阅读中附带习得的词汇也不同，越是目的不明确的阅读，附带习得的词汇越少，而像目的明确、任务明确、压力比较大的阅读就能让读者附带习得很多词汇。也就是说，在母语阅读中，如果阅读的目的是消遣娱乐或学习知识，那么，读者的关注点在大意上，不太能通过这类阅读扩大词汇量。而当阅读的目的是为了学习或深度研究一篇文章，那么，读者可能更加关注词汇的使用，从而不自觉地对词汇进行了记忆，扩大了词汇量。那么，外语阅读目的和学习效果有什么关系呢？不同的外语阅读目的可能会导致不同的阅读效果（邹启明、周瑞琪，2004），以获取信息/知识为目的的外语读者在阅读测试成绩方面优于以提高英语水平为目的的读者。这种研究结论对教学的启示是，阅读还是不能急功近利，所谓欲速则不达，如果我们能回归阅读的第一目的，即获取信息，反而能够更好地提升我们的阅读能力和阅读效果。

二、英语阅读教学观

（一）阅读教学的目的

1. 阅读技能方面

培养学生形成积极猜词的能力，通过关键词语的掌握情况，推断句子内容。

2. 阅读能力训练方面

领会作品的意图和交际功能。作品功能有多种多样，有提供信息、发出指令、警告等。教师可选择不同的作品，让学生阅读后做一些归类性练习。

把握作品的结构，帮助读者顺利地完成阅读。

弄清作品之间的联系。主要是培养学生识别的能力。

3. 语言因素和非语言因素的理解训练

非语言因素就是指和文字有关的图片、表图及通过图片所展现的人物特征。这类信息训练主要为理解文字性信息提供一定的线索和推测的心理。

（二）阅读教学的基本单位

有效阅读教学的基本单位应是比句子更大的段落或是整个文本。原因有三：第一，这是使学生在面对自己不认识的词汇和句子结构时仍然能够有信心阅读文本的有效方式。以宏观为起点的阅读会使学生在阅读时不至于没有方向而盲目，他们至少能够理解文章的大致内容是什么。比如教师如果出示一个题目，提供四个有关文章主题大意的答案，这样，学生就不会感觉完全失败，最起码他们能够知道文章是关于哪方面的主题，在处理文章信息时畏难感就不会那么强烈。第二，学生能够对文章整体结构有大致了解（如先是理出主要意思，然后阐述这个意思，或是以时间顺序的方式编排文章），从而可在捕捉具体信息时提高效率。第三，如果从较大的文本单位进行阅读，并借助插图、照片或图表等信息辅助，学生就会对文章抱有一种寻找相关推测进行验证的心理期待，这对于学生的推测能力、预测和演绎能力的培养很有好处。

（三）阅读教学的过程

阅读是一项连续猜测的、主动的、有目的的思考对话过程，阅读者的阅读策略和背景知识经常比其在文本中阅读到的内容更为重要。所以，在阅读中，要注意加强阅读策略的指导和扩大学生的相关背景知识储备。

阅读者的背景知识经常比其在文本中阅读到的内容更为重要，至少有六类知识影响着阅读理解的情况：

· 句法知识。比如 book 前跟一个不定冠词 a，说明 book 可能是一个名词。

· 语形学知识。比如 baker 与 bakery 之间似乎有某种联系，会不会像 farm 与 farmer 之间的关系呢?

· 一般知识。比如了解桌子的知识后，便会了解 box 与 desk 两个词哪一个更适宜于装珠宝。

· 社会文化知识。比如了解了佛教文化，便可能了解寺庙的含义。

· 主题性知识。比如农村生活的知识可以让读者了解农村人的职业状况。

· 专业知识。比如天文学知识或生物学知识会有助于我们阅读相应专业主题的文章。

高中以后属于高层次的阅读，主要包含着对文本类型、相关文本的背景性知识等进行判断和运用。所以，下文中我们主要谈论的是学生低层次阅读能力的养成问题。

具体地说，这种较为理想化的阅读教学过程结构，如图 4-1 所示。

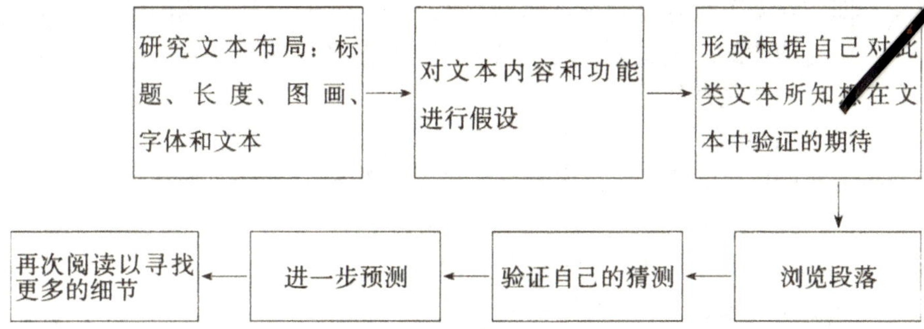

图4-1 阅读教学过程结构

（四）阅读教学的材料

无论何时都要尽量使用真实的文本，这是因为简化了的课文可能是用学生已经熟悉的单词或句型替代困难的词汇与句型，而且文章可能变得更为清晰、有层次，或是文章意义简单化。这些都可能降低阅读难度，从而达不到训练学生阅读的能力。此外，一篇真实的文本意味着原始文本没有被改变，它的原始面貌保持了原来的状态。比如一篇新闻要呈现出像原来在整个报纸中的位置一样，有相同的标题、相同的版式，以及相应的插图。这样的阅读材料都有利于学生真实阅读能力的养成。

（五）阅读理解与其他语言能力的关系

在真实的日常生活中，我们往往在阅读的过程中做必要的记录或交谈。因此，在阅读过程中，我们要注意处理这样几组关系：

· 读与写的关系。比如总结、记录阅读到的文本中的关键信息。

· 读与听的关系。比如比较文章内容和新闻报道的内容、边听边解决阅读中的问题。

· 读与说的关系。比如讨论、争论或是欣赏等。

三、阅读教学的原则与策略

（一）阅读教学的原则

阅读教学有一些基本原则可以遵循：

（1）阅读材料和阅读任务要能够激发学生的阅读兴趣。

（2）阅读任务的设计要以鼓励学生对文本进行深层次思维为主要目的，而不是以测试学生对文本信息的记忆为主要目的。

（3）阅读教学不应只是为了读懂某一篇文章，而应以培养学生阅读策略和阅读能力为主要目的，使学生能够在自主阅读时利用所学的策略或技巧帮助自己理解所读内容。

（4）教师要以培养学生自主阅读能力为目标，逐渐减少对学生的指导和帮助，使其能有机会实践所学策略，进行自主理解和思考。

从这些原则来看，阅读教学中教师主要考虑的是阅读兴趣、思维能力、终身阅读这几个方面，阅读教学的目的不是为了读懂课堂上遇到的文章，而是帮助学生形成强烈的阅读兴趣，即使在课下也自觉自愿如饥似渴地读书，同时，帮助他们形成终身阅读的能力，即便自己在阅读的时候也可以对所读内容进行合理的质疑和思考，这样的阅读教学效果才是让学生终身受益的。

（二）阅读教学的策略

Anderson（2004）总结了自己多年的教学实践和研究成果，提出了 ACTIVE 阅读教学策略。

A：Activate prior knowledge（激活已有知识）

C：Cultivate vocabulary（词汇学习）

T：Teach for comprehension（阅读理解）

I：Increase reading rate（提升阅读速度）

V：Verify reading strategies （实践阅读策略）

E：Evaluate progress （评价效果）

1. 激活已有知识

读者已有的知识包括其生活经验、语言知识、文化知识、话题知识等许多方面，也称为图式（schema）。许多研究表明，在读前阶段激活恰当的图式将对阅读产生很大的帮助。激活背景知识的方法可以是多种多样的，比如教师可以引导学生进行预测，预测可以是基于题目的、词汇的或是基于一些问题展开的。无论预测的内容是否会在阅读文本中出现，都为学生的阅读理解打好了基础。此外，教师还可以就文章的文化背景、话题等展开讨论，为学生搭建好阅读的基础。

2. 词汇学习

在外语阅读中，词汇量的大小会对阅读理解产生重要影响（Levine&Reves，1990）。因此，在阅读教学的过程中，如何处理词汇成为一个重要的研究内容。前面内容已就此问题展开了论述，此处就不再赘述。

3. 阅读理解

许多教师在教阅读时，多以检查学生是否读懂为目标，他们通常会让学生回答一些关于文章的问题，或以判断正误的方式去检测学生的阅读结果。然而，这样做的结果是，阅读理解能力强的学生准确率永远高，而阅读理解能力弱的学生始终没有学会如何阅读，做对题的概率自然也总是不尽如人意。教师应该重视阅读的过程，教会学生如何阅读，而不是仅仅检查阅读的结果。Anderson（2004）介绍了几种教阅读理解策略的方法。比如：教师可以让学生对所读内容进行总结概括，让学生对所读内容进行提问，或者让学生回答了教师所提的阅读理解问题之后对自己给出的答案进行论证。这些活动旨在帮助学生学会阅读，分清主次，学会思考，等等。

4. 提升阅读速度

在教学中，我们经常可以看到学生在阅读时用笔指着一个字一个字地读，或者不出声地去"朗读"。这些习惯都使得学生的阅读速度降低，从而导致阅读理解出现障碍。而教师在教学中经常会说"Read the passage as quickly as possible."，这说明教师注意到阅读速度的重要性，但是缺乏有效的指导策略。Anderson（2004）介绍了四种有效提升学生阅读速度的活动：

（1）阅读速度提升训练：给学生 60 秒钟的时间，让他们尽量多地阅读。然后，再给 60 秒时间，学生需要再次从头开始读，但这次他们要尽量读得比上一个 60 秒要长。这样的训练可以进行三到四遍。该活动的目的是让学生能够越来越快地扫读已经读过的材料，并尽量多地阅读材料中未读过的部分。

（2）重复阅读训练：给学生一篇短文，让学生一遍一遍地读，直到他们达到阅读速度和阅读理解的标准。可以作为努力标准的阅读速度为每分钟 200 词，阅读理解正确率达到 70%。

（3）班级阅读速度训练：教师和同学共同商量出一个班级阅读速度目标。比如，如果班级目标是每分钟 250 词，而学生将要阅读的材料是每页约 125 词，那么全班学生应该在 30 秒之内完成一页的阅读。教师看时间，提醒同学翻页。这样可以训练学生的阅读速度。

（4）个人阅读速度训练：这个活动和第三个活动很相似，只是这个活动针对个人。学生可以给自己定一个阅读速度的目标。每个学生都定好之后，教师每 10 分钟提醒一下，学生可以在阅读材料上标记，看读了几行，是否达到了目标。

5. 实践阅读策略

在阅读教学中，教师要特别关注阅读策略的训练和实践。需要指出的是，阅读策略的使用并非越多越好，而是要根据阅读目的、阅读材料、学习目的等不同条件采用恰当的阅读策略。读者需要了解各种各样的阅读策略，也应该有机会去实践和探索已知的和未知的阅读策略，更需要不断反思和评价自己使用阅读策略的有效性，以期不断提升自己的阅读理解水平。

6. 评价效果

对于阅读的评价应该分两大块来考虑，一是对文章的整体理解，二是对细节的理解。另外，评价的目的不是为了吓退读者，而是为了让他们看到自己的进步，更加积极地继续开展阅读。因此，采用有效手段记录读者的点滴进步是推动阅读发展的重要手段。教师可以通过考试、阅读策略问卷、课堂观察、学生阅读心得等各种方法来评价学生在阅读方面取得的进步。

除了 ACTIVE 这六个策略，Anderson 还提出要培养学生阅读兴趣并选择合适的阅读材料。这些阅读策略指向的主要是课堂教学。课外，教师还要鼓励学生广泛阅读，可以采用 SSR 或通过泛读的方式引导并指导学生进行课外阅读。因此，阅读教学除了要关注策略的培养、意义的挖掘之外，还要激发学生的阅读兴趣，养成自主阅读的意识。

四、阅读教学方法

阅读的过程是不断思考和建构意义的过程，阅读教学方法要充分考虑上述介绍的阅读教学原则和教学模式。本部分，作者将介绍一些可用于阅读教学的具体而有效的方法。

（一）SQ3R

田慧生（1993）和束定芳、庄智象（1996）等都介绍了 20 世纪六七十年代在美国高等院校中流行并广泛推广的 SQ3R 阅读法。该方法由美国心理学家 Robinson 于 1946 年首次系统提出，在母语教学中使用效果很好，对外语阅读技巧的培养也有很好的启发作用。SQ3R 包括五个方面的内容，即 S（survey，概览）、Q（questions，提问）、R1（read，阅读）、R2（recite，背诵）、R3（review，复习）。具体而言，第一步“概览”的意思是预读，为阅读做好充分的准备。学生可以根据书名、目录、序言、索引、标题等对书的内容进行大致的了解和判断，确定信息的重点和价值等，如果是阅读一篇文章，学生则可以根据文章题目、每一段的开头和结尾甚至插图等对阅读材料有一个初步印象。第二步“提问”的意思是学生可以根据概览得到的信息就文章内容提出一些问题，从自己的角度对材料的立意、结构等方面预先提出自己感兴趣的问题，这样可以实现带着目的、带着问题进行阅读。第三步是进行实际的“阅读”，在阅读过程中，学生要充分利用已有知识，带着问题去寻找线索，提取信息，对文章大意、重要的细节信息、作者的观点、主要结论等实现全面把握。第四步“背诵”并不是指死记硬背，而是对所读内容的理解和回顾，根据记忆，对所读材料进行重新组织。学生可以把阅读的主要内容和重要细节梳理一遍，用自己的话复述出来，达到学习和记忆的目的。第五步“复习”指根据长期记忆和短期记忆的规律，经常对读过的材料进行复习，既可以再读一篇文章，熟悉内容，还可以加深对内容的理解，也可以查漏补缺。

应该说，SQ3R 阅读法是基于“自上而下阅读模式”发展出来的，在阅读过程中，读者通过概览和提问两个环节，充分调动自己的已有知识，对所读内容进行预测，然后在阅读、背诵、复习的过程中对文本中的单词、语法等意义进行推测、理解和学习，进而实现对段落和篇章的理解。这一方法符合读者的阅读心理和阅读习惯，有利于提高阅读效率。

（二）PWP

阅读教学最常用的方法是 PWP，即教师将阅读分为读前（pre-reading）、读中（while-reading）、读后（post-reading）三个阶段来教。读前阶段，教师设计活动的主要目的是为了激活学生的已有知识，为他们即将阅读的内容铺垫，也可以是对阅读内容的预测。读前阶段也叫导入阶段，在这个阶段，学生从语言上、内容上、心理上对将要阅读的文章做好准备，也会对该文章产生期待和阅读兴趣。读前常见活动有预测、激活背景知识、快速阅读等。

读中阶段，教师设计活动的主要目的是为了帮助学生理解所阅读的内容并对所获得的信息进行加工处理。以往教师对阅读文章的主要处理手段是利用阅读理解问答题、选择题、判断对错题、翻译和释义等手段来考查学生是否已读懂所读内容。用这些方法固然能知道学生对文章理解的对错，但它们检测的是阅读结果，无法帮助学生有效提高自身的理解能力。PWP 方法侧重在读的过程中给学生提供必要的指导，使他们有效提取信息、加工信息。研究表明，当读者能把文字信息转化成另一种类型的信息时，如图表信息，那么，这些信息能够被有效吸收和消化。这种转换被称为信息转换机制（transition device），它在阅读教学中的功能，如图 4-2 所示（王蔷，2006）。

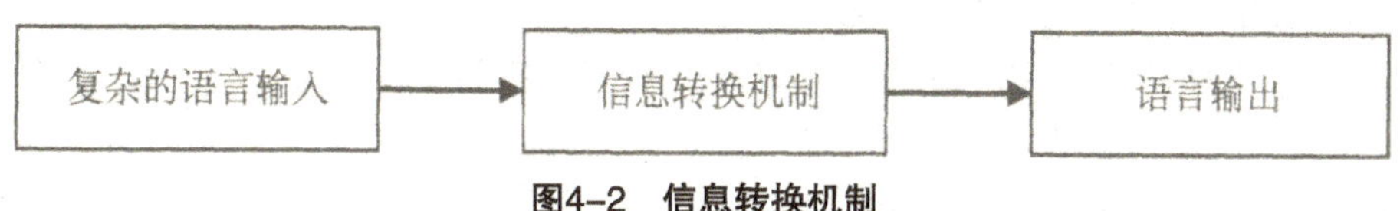

图4-2 信息转换机制

信息转换机制可以包括以下这些形式：

图片、地图、排序、循环图、饼图、流程图、树状图、记笔记、柱状图、表格、总结小标题、画画。

教师在采用信息转换机制的时候要注意选择最能抓住文章主要信息的形式。信息转换机制的目的在于：（1）关注文章大意；（2）简化信息，提纲挈领；（3）学生边读边完成，阅读过程中高度集中精力；（4）信息转换完成后，能够成为口头或笔头输出的基础。

读后阶段，教师设计活动的主要目的是为了让学生能够将所读到的内容和自己已知的内容或自身的感受建立联系，并在此基础上用所学语言或内容阐述自己的观点或表达情感。以往教师常常会让学生回答一些阅读理解问题，或者解释句子，甚至一句一句地翻译课文。这些活动不足以给学生提供足够的机会来使用他们在阅读中学到的语言。读后阶段的活动设计对教师是一个很大的挑战，需要教师充分调动自己的想象力和创造力来设计出有效的活动，既能使之与所学内容有联系，还适合学生的语言水平，使其能够用到所学内容。

PWP 阅读教学法更符合“交互式阅读模式”，即充分调动学生已有的经验和对话题的知识，在阅读过程中不断与文本互动，也激发读者之间的互动，读后对重要的语言现象进行梳理和学习。这一教学方法在阅读教学中得到广泛认可和普遍应用。

（三）阅读圈

阅读圈（Reading Circles）其实是一种由学生自主阅读、自主讨论与分享的阅读活动。它的主要做法是，在阅读课中，教师让学生以小组（4 ~ 6 人）为单位，组内同学要选择全组同学都感兴趣的故事来阅读，并完成自己负责的任务。读后的讨论是否有效取决于小组成员在前期的准备是否充分。美国早在 20 世纪 90 年代就开始采用与阅读圈类似的活动，即文学圈（Literature Circles），主要用于文学作品的阅读与分享。这一方法经过教师在母语教学中多年的实践，受到普遍认可。最近几年，来自亚洲的一些研究结果表明，该方法在大学外语教学中也能成功激发学生学习兴趣，获得非常好的教学效果。

阅读圈活动的目的是鼓励阅读与思考，由个体的读与思和小组的讨论与分享共同组成。阅读圈的角色包括组织讨论的负责研究文化的人（culture collector）。

此外，根据教学目标的不同，教师还可以对阅读圈的成果进行充分利用，

而学生在这些活动中，通过对不同角色的讨论，得到不同能力的提高。

在开始时期，我们可以为学生挑选一些阅读材料，一旦他们熟悉了这种阅读方式，

便可以将这个任务交给学生自己，因为选书的过程也是思考和合作交流的过程。阅读圈活动的成功与否取决于教师是否做到了以下几点：

（1）阅读材料由学生自己选定，每个小组所读的阅读材料应该是不同的。

（2）学生根据自己喜欢的阅读材料内容临时组成小组。这种小组不是固定的，换一批阅读材料，小组可能会重新组合。

（3）教师应该定期组织阅读圈小组的讨论。

（4）学生在阅读和讨论过程中都应该做笔记，特别是在讨论前自己阅读时要做好充分准备。讨论时要畅所欲言并积极参与。

（5）小组讨论的问题和内容由组员自己决定，教师只是作为辅助者，而不是干预者。

以上是母语教学中需要注意的。而在外语教学中使用阅读圈活动，教师可以对该活动进行一定的调整，比如为了保证阅读材料的语言水平适合自己的学生，教师可以负责选择阅读材料，但是，应该给学生机会来决定所读题材和体裁等，以保护他们的阅读兴趣。当学生对阅读圈活动不再陌生，教师最终还是要放手，鼓励学生自己选择阅读材料。此外，教师有时也可以尝试根据学生的语言水平来进行分组，以保证小组成员的阅读理解处于比较相似的水平，从而使得讨论更加有效，参与度更广。教师还可以发挥自己的创造性，对六个角色进行改造，根据所读材料的特点，给学生指定新的角色。总之，阅读圈鼓励学生学会提问、思考、抓住学习重点、交流心得等，是阅读教学中很重要的教学方式。

（四）基于语篇分析的阅读教学方法

有一种教学模式是基于阅读内容的，教师引导学生对所读内容进行分析和讨论有不同的切入点，如果仅仅侧重对词汇、语法知识的分析，可能会让学生见木不见林，缺乏语篇意识。而如果仅仅让学生讨论所读内容的大意，就容易显得过于宏观，脱离语言结构和语言的具体形式所蕴含的意义，让学生找不到分析的依据和手段，从而无法形成自己的分析能力，提升自己的阅读理解水平。近几年，不少学者提倡将语篇分析应用于英语阅读教学之中，因为语篇分析给学生提供了一种可以参照的具体方法，因此，笔者将在此处介绍该方法，拓宽英语阅读教学的思路。

语篇指“一系列连续的话段或句子构成的语言整体”（黄国文，1988），这些语段或句子之间语义连贯，但在实际分析中，我们不必求全，而是要根据语篇的特点，在几个最突出、最具有代表性的方面进行深入分析（黄国文，1988）。概括起来说，语篇分析是从语篇结构出发，对语言材料进行全面的、科学的、系统的分析，理解其意义，分析其结构模式，评价其语言手段及语言的形式特点等。它以语篇为基本单位，对文章进行整体解码，围绕语篇的整体内容进行解释词句，分析人物性格和事件缘由，总结中心思想和写作技巧，同时还注重文章涉及的文化背景知识和其他相关知识（李学谦，2005；王晓红，1999）。从国内学者的研究发现来看，语篇分析的方法基本可以归为宏观分析和微观分析两种（李晶、赵波，2013；李学谦，2005；王晓红，1999；周锰珍，1999）。

1. 宏观分析

首先，我们要从宏观结构分析阅读材料，以把握文章主旨、体裁及语篇结构。语篇因内容、主题、文体等不同而会呈现不同的语篇结构，如李晶、赵波（2013）提到的 Michael Hoey 的语篇三模式：总体—分述型、对照—匹配型、问题—解决型。周锰珍（1999）

提到的 Van Dijk 的叙述结构、论证结构和实验结构几种语篇模式。还有李学谦（2005）提到的叙事体、论证体、新闻体、说明体等语篇结构。虽然结构繁多，但也不是完全无规律可循，教师可以训练学生找到各类语篇体裁的规律，指导学生把握其行文构思之独特性，使其能够更为准确地分析文章的层次，弄清内在的逻辑关系，识别作者所采用的语篇策略（比如举例、对比等），更为准确地理解特定语篇的主题、含义及作者的写作意图等。

2. 微观分析

微观分析主要是对文本进行深入细致的分析，重点研究词义、语句之间的关系、句群的连贯性以及句子之间的衔接手段等。这一分析要求学生必须超越词义和语法，将文章看成一个整体，围绕语篇的整体意义有目的地去分析、推理、归纳、总结文章句与句之间、段与段之间的逻辑关系，把握文章的主旨大意。衔接的手段有以下四类：照应、省略与替代、连接、词汇黏合。我们在对语篇进行微观分析时可以从这四个方面去进行。照应其实是指代关系，如人称代词、指示代词都可以形成照应关系，还有文章前后的比较照应关系。对照应关系的分析可以使篇章中出现的人物、事物间的关系更为清楚，照应关系在叙述体语篇中更为明显。省略与替代是为了避免重复、使语篇紧凑的一种手段，这一关系在对话体语篇中更为常用。连接是一种联系手段，可以通过使用添加、转折、因果、时间等的关联词实现，通常在描写体、论证体和说明体语篇中较为常见。词汇黏合主要指通过词汇重复、同义词、反义词、上义词、下义词等词汇的使用实现语篇内的语义衔接。它多见于说明体和科学体的语篇。教师可以指导学生通过对语篇的衔接与连贯进行深入分析，厘清语篇各个部分的中心内容和表达方式，从而更加充分地理解阅读内容。

近年来，语篇分析的范畴还出现了多模态语篇分析这个概念，学者们认为，非语言模态如图像、颜色、声音等在社会交流中具备同样的功能价值，它们也直接参与意义的建构（曾方本，2009），因此应该得到重视。王惠萍（2010）认为，现代书面语篇中存在多种多模态资源，我们有必要在阅读教学中培养学生的多模态识读能力，而多模态识读能力就是阅读各种多模态话语的能力。所谓书面语篇中的多模态资源除了语言文字表述之外，还包括以下非语言成分：（1）印刷体式，具体指版面设计、间隔、缩进、字体等，这些内容都能够向读者表明语篇的组织方式，对语篇的理解有一定的帮助。（2）图表，它是语篇中的重要组成部分，图表对文字表述是一种补充，常常对解释语篇具有很大的帮助，能让语篇意义一目了然。（3）图像，语篇中的图像意义举足轻重。图像与文字结合起来看，会让语篇的意义更加丰满。（4）体裁，不同的体裁有自己的特征，这些特征会帮助语篇更好地诠释其意义。这些关于多模态的解释给教师的阅读教学提供了新的思路，也就是说，教师在阅读教学中应不仅局限于文本，还要对非文本资源进行挖掘，培养学生对这些资源的识读能力，提升对语篇进行批判性阅读的能力。

以黄国文（1988）对下面这首诗的分析为例，展示语篇分析的魅力及其对阅读理解的作用。如果我们把这首诗连起来读，就能发现这首诗的字面意义可能是：一对中年夫妇在进行一场网球赛，中间的这张网将他们隔开，但即便是结束了比赛，回到家中，他们之间依然有隔膜。

40–Love
middle aged

couple playing
tennis
when the
game ends
and they
go home
the net
will still
be between them

如果我们从语篇分析的角度来细细品味这首诗，可以读出更为细腻的味道和作者写作的精妙之处。首先，从语音层面来看，这首诗的单词中有不少爆破音 /p/、 /b/、/t/、/d/、/k/、/g/。而且，不光这些音常常在同一行中的两栏中都出现，两栏中还会出现相同的音。比如：

middle aged
couple playing
tennis
when the
game ends
ancithey
go home
the net
will still
be between them

在朗读这首诗时，这些爆破音和相同声音在同一行的两次出现会使读者联想到球场上的比赛，仿佛听到网球碰到球拍和地面时发出的声音。诗人可能想表达网球场上的两人互不相让，正如他们在婚姻中的表现。其次，从词的层面来看，作者采用拆分单词的方式，基本使得诗的两栏音节对称，似乎也在表示两人势均力敌。再次，从结构层面来看，作者将诗排成两栏，以图示诗，给读者造成网球场的视觉现象，两栏的对称和均衡表示了比赛的双方（夫妻）实力相当，不分上下，也暗示着两人互不依赖，互不谦让，两栏之间的空隙代表着存在于他们之间的外在的和内在的隔阂，表示他们在感情上出现了裂缝。最后，从诗的标题来看，也很耐人寻味。love 这个词在网球比赛中表示 0 分的意思，也就是说，从网球比赛的角度来看，一方得 40 分，另一方得 0 分，这一差距是悬殊的，这就与下面作者利用左右两栏表现出来的对称、均衡相矛盾。从比赛的角度来看，如果得了 40 分的一方再得一球就胜了，这场比赛就结束了，这似乎也意味着两人的婚姻也走到了尽头。那么，假如我们把 40 看作是结婚的年头，表示两人已经是中年了，婚姻也持续了很长时间，但他们之间的 love（爱情）为 0，因为他们之间有一道鸿沟，有隔膜，因而没有沟通，只有拉锯战，即便是在一起生活很多年，依然是失败者。

以上是从语音、词汇、结构、标题等方面对这首诗进行的深入细致的语篇分析，其中，对诗的编排的分析也应该可以算是多模态语篇分析的一种，这样的分析使读者不仅仅只是主观上觉得这首诗写得好，还能知道它为什么好，诗人用了哪些手段实现了这一目的。显然，如果教师能够引导学生关注和了解语篇分析的方法，学生就能通过语篇分析帮助自己更好地理解阅读内容，获得更好的阅读效果。

五、阅读教学模式

（一）自下而上阅读模式

该模式主张阅读理解是读者在理解了单个单词、短语、句子的意思后才能产生的。阅读过程就是从最基础的字母和单词的理解开始，逐步上升到语篇的理解。这是因为对文字的辨认（低层次）往往先于认知层面的理解（高层次），作者通过文字所表达的内容比读者能够理解的要多，读者处在一个被动的位置，因为他们一直要努力读懂文本的意思（Harris&Sipay，1990）。这一模式认为读者在阅读时，眼睛是从左到右，一个字一个字读的，先理解了单个词意，再理解词组、从句、整句话的意思。这个过程是从最小单元到意义获取的过程。因此，在实际教学中，教师往往都是先教生词和新的句型结构，然后带着学生一句一句、一段一段去阅读、讲解。而对单词准确、快速的辨认更是教师教学中的重点，也就是说，教师会在教学中训练学生看到单词就能读出并说出其意思的能力。

（二）自上而下阅读模式

该模式和“自下而上”模式的主张正好相反，Stanovich（1980）认为，读者在阅读的过程中，不断地对将要阅读的内容进行猜测和验证猜测，在这个过程中，读者自身具备的背景知识比新单词和新句型更为重要。以下面这段英文为例，这里面没有多少生词，但是，读者在理解的时候会有一定的困难，因为自己对这方面没有经验。

Your enquiry about the use of the entrance area at the library for the purpose of displaying posters and leaflets about Welfare and Supplementary Benefit rights, gives rise to the question of the provenance and authoritativeness of the material to be displayed. Posters and leaflets issued by the Central Office of Information, the Department of Health and Social Security and other authoritative bodies are usually displayed in libraries, but items of a disputatious or polemic kind, whilst not necessarily excluded, are considered individually.

而事实上，上面这段话的意思是：“Thank you for your letter asking for permission to put up posters in the library. Before we can give you an answer we will need to see a copy of the posters to make sure they won't offend anyone.”由于读者本身可能并没有过到图书馆张贴海报的经历，即便有过，本校图书馆的规定也和这里说的规定不太一样，所以，当他读到前面那个正式语体的版本时，对“provenance and authoritativeness of the material”和“items a disputatious or polemic kind, whilst not necessarily excluded，are considered individually”这样的句子就不明白该如何理解了。这个例子表明，在阅读过程中，读者处在一个积极的位置，他们利用自身已有知识对所读内容的意思不断进行推测，带入的信息远比文本本身要丰富得多（Harris&Sipay, 1990）。但是，一旦他们对所读文本涉及的话题没有任何了解或知道得很少，那么，阅读理解就会比较困难。

而有时候，我们读到的一些内容中有不少生词，但因为对它的话题比较熟悉，所以完全可以猜测出这些词的意思，从而实现对所读内容的理解。Goodman 曾经说过，阅读就是一种基于心理语言学的猜谜游戏。在实际教学中，该模式倡导教师从激活学生背景知识入手，让学生有能力去完成这样一场猜谜游戏。

（三）交互式阅读模式

交互式阅读模式是目前公认的对阅读过程最好的诠释，因为它结合了“自下而上”模式和“自上而下”模式的一些特点，使它们相互结合，更好地为阅读理解服务。该模式认为，读者的大脑接受了文字符号并对其进行意义的解读，这个过程不仅需要读者具备良好的语言功底，包括对文字和句子的理解，还要求读者具备一定的背景知识，并能够利用这些知识帮助自己解读文本的意义。这个过程是读者和文本互动的过程，读者利用语言知识和背景知识对文本进行解读，将新信息和旧知识建立联系并构建新的知识体系。这个过程既包括对单词、句子的理解，也包括从自身经验出发对文本进行的解读。只有两者交互，读者才能更好地进行阅读理解。相比较而言，交互式阅读模式似乎更符合阅读过程的特点，虽然没有多少实证研究作为支持，但从理论上讲，它似乎是阅读教学最适用的模式。

以上三种模式呈现了阅读理解过程的三种途径，一是必须先懂单词的意思才能读懂意思，二是没有单词的意思也可以依据经验和推测读懂大意，三是前两者的结合。基于这三种途径也就有了相应的教学模式，即或先教单词，或先读大意，或两者兼顾。笔者认为，教师应该找到对阅读有阻碍且无法利用上下文和已有知识经验进行推测的单词进行预教。另一些可以推测词义在学生理解大意过程中去解决，帮助学生更好地理解文本。除了这三种以阅读过程区分的三种教学模式以外，还有两种模式我们也经常看到（McKeown，Beck&Blake，2009），一种模式是基于阅读策略的教学，另一种模式是基于阅读内容的教学。这两种模式是以教学侧重点来区分的。

（四）基于阅读策略的教学

顾名思义，基于阅读策略的教学注重阅读策略的训练，教师会教给学生如何根据所读文章选择恰当的阅读策略帮助自己理解，如预测、提问、推断、总结、记笔记等。之所以要从策略训练入手也是源于人们对思维的认识，学者们认为，人们面对问题时，会通过确定目标、监控过程、分析证据等策略推理出解决问题的办法。并实现阅读的目的。学生对于阅读策略在阅读过程中的重要价值、意义和作用要能够有所了解，因此，教师需要教会学生在阅读理解遇到困难时，利用阅读策略解决难题。教师可以通过解释并示范阅读策略的使用，让学生学会选择和利用合适的阅读策略提升自己的阅读理解能力。

（五）基于阅读内容的教学

与基于阅读策略的教学模式不同，基于阅读内容的教学注重的是让学生关注所读内容，阅读理解是建立在对意义的讨论之上的。这种教学模式认为，人们对于篇章的理解是大脑对所读文字的有意义的解读，是对信息的整合。人们在阅读过程中，每遇到新的信息都会去思考这一信息和文章前面已经给出的信息是什么关系，和自己已有的背景知识之间的关系又是如何，这些信息是如何有机而连贯地联系在一起，表达一种思想或观点的。在这种教学模式中，教师会组织学生讨论，就内容、主题或某个问题进行深入的讨论，如人物性格、动机、情绪变化等。

笔者认为，在实际教学中，两种模式都值得教师借鉴。基于阅读策略的教学着眼点是学生终身学习能力的培养，教师如果能够成功教会学生如何根据所读内容、所遇到的阅读理解的困难来选择恰当的阅读策略帮助自己理解所读内容，那么，学生就不仅仅理解了一篇文章的内容，还掌握了阅读理解的工具和解决问题的思路和方法，学生在阅读新的文本时，就可以有能力解决自己遇到的问题，获得阅读的乐趣。而基于阅读内容的教学对教师的内在修养要求很高，教师不仅自己能够读出文本的深层次含义，还要能够通过问题，引发学生深入思考，层层剥开，将文本分析得透彻明了。这一模式的优势在于强调阅读的本质，注重读者与文本的互动，读者的解读和思考。这两种模式又都存在着弊端，前者容易显得机械化，读者纯粹是为策略而读，沉迷于体验和应用各种技巧对文本进行解读，使整个课堂显得没有生命力，读者没有真正“动心”去阅读、去理解、去玩味文字的内涵。而后者则过于强调在教师的引导下对文本的解读，忽略了学生自身阅读能力的培养，如果没有教师不断给出线索或追问，学生对文本的理解可能就无法到位。这样，学生离开教师后就无法独立阅读。因此，笔者认为，教师应该将这两种模式进行有机结合，既注重对内容的理解，也关注阅读策略的培养，这样，不仅能让学生体会到“阅读”的过程和思考的意义，也可以教给学生阅读、思考与分析的手段。

六、教学案例评析

（一）教学案例 1（PWP）

该课获得第三届外教社杯全国高校外语教学大赛（英语专业组）总决赛三等奖，执教者为新疆师范大学外语学院刘蓉老师。在《第三届外教社杯全国高校外语教学大赛（英语专业组）总决赛获奖教师教学风采》（2013：116–117）一书中，周榕教授和曲卫国教授对她的课点评如下：

这是从头至尾设计精良的一节课。教师首先投影出教学目的和教学设计，让学生和听众了解该节课的内容和教学流程，与学生建立起学习共同体和教学框架。对每部分的引入都丝丝入扣，环环相依，精彩纷呈，几乎没有废话和不切合目的的话语。该节课教学思路清晰，教学内容充实，教学方法适当，课堂组织合理，学生参与充分，很好地实施了以学生为主体、教师为主导的教学原则，技能的训练和语言知识的学习得到有机结合，达到了预设的教学目标。

（周蓉）

这是一堂典型的以学生为中心的教学活动。一开始用很生动的录像来提示课文要讨论的内容，效果很好。该堂课的各类教学活动也很多，在这些活动中，刘老师能有效调动学生的积极性，鼓励他们充分参加讨论。刘老师在学生讨论时能积极参与，并适时做出指导。

（曲卫国）

曲卫国教授指出了该节课值得进一步改进和思考的方面：

（1）对于英语专业的大学生来说，有些问题的设计过于简单了一点。

（2）有些问题并不难回答，但老师在学生进行回答前给出了太多的提示。

（3）课文的处理，特别是语言的处理比层次略浅。

本节课的阅读内容为“Duke MBAs Fail Ethics Test”，是典型的 PWP 教学模式。

下面根据教师参赛的课件中体现的教学设计思路和教学环节给予点评，如图4–3至4–7所示。

Objectives

Ss can report, comment, reason and resolve social problems by using the words, such as scandal, integrity, codes, penalty, etc.

Ss can develop reading skills of skimming and scanning.

Ss can write out a complete exposition on social problems by using statistics, facts, examples, etc.

Ss can raise critical thinking on disgraceful events and keep the faith of moral and integrity.

教学环节：呈现教学目标

点评：教师在上课伊始就把本节课的目标呈现给学生。这样做有利于学生了解学习内容，学习过程更有针对性和主动性。此外，我们看到，这几个目标清晰，而且操作性、可检测性比较强，比如，教师所用动词是report、reason、write等可以检测的行为动词，属于写得比较好的教学目标。

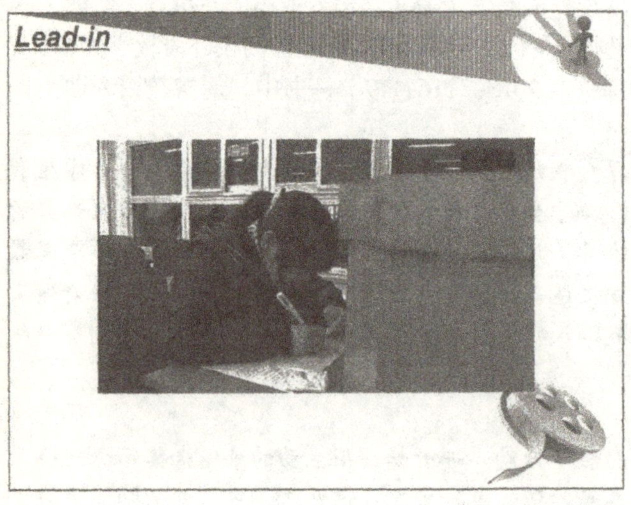

教学环节：导入

点评：教师通过一段视频向学生播放了各种作弊行为。这一录像的使用直接点题，而且有效地调动起学生的生活经验，为后面的小组讨论奠定了比较好的基础。同时，导入环节也激发了学生的学习兴趣，他们会想了解本课要讲的内容到底是什么。

图4-3　有目的的教学

教学环节：小组讨论

点评：教师请学生分析一下导致录像中学生作弊行为的原因是什么。这一读前活动有利于学生从自身经验出发，利用已有语言来分析原因。这一活动能够让教师对学生的语言、思维现状有个大致的把握，也能为学生后面的阅读作好语言上和心理上的准备。

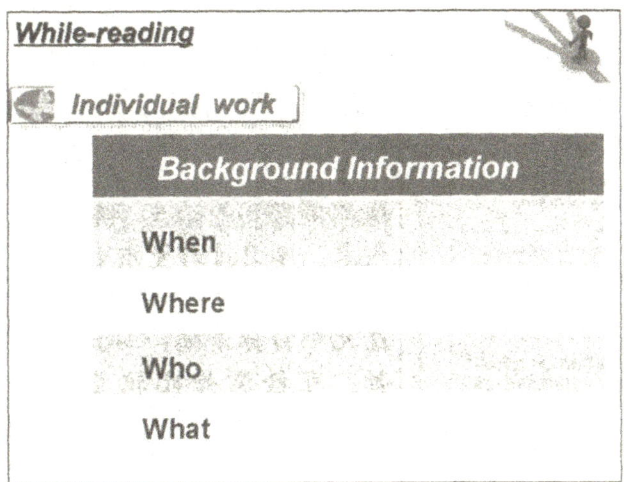

教学环节：抓背景

点评：这一遍阅读教师没有让学生读全文，而是让学生读其中关于背景的内容，然后完成表格。这个表格设置非常清晰，能够让学生一目了然地看清事件发生的背景。

建议：这篇文章似乎比较短，脉络也比较清晰，对于这个层次的学生来说，可能未必需要这个表格。

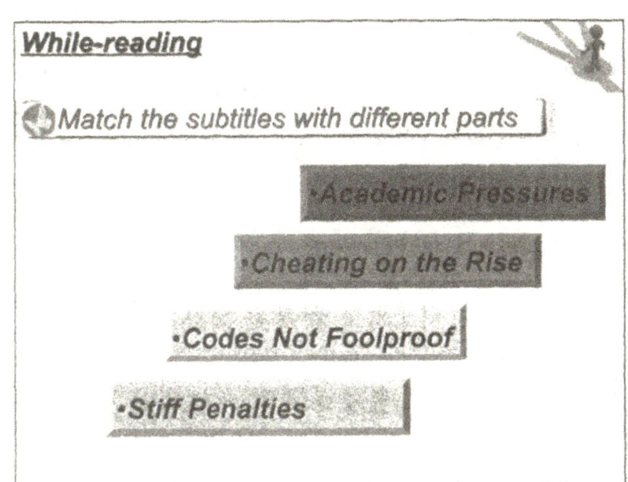

教学环节：段落大意配对

点评：学生读完文章后将小标题和四个部分配对。做完这个活动，学生对文章大意就比较了解了。

建议：鉴于学生语言水平比较高，教师可以控制再少些，让学生读完之后自己分段并给出小标题。这样可以把阅读和思考的过程还给学生。

图4–4 互动性教学

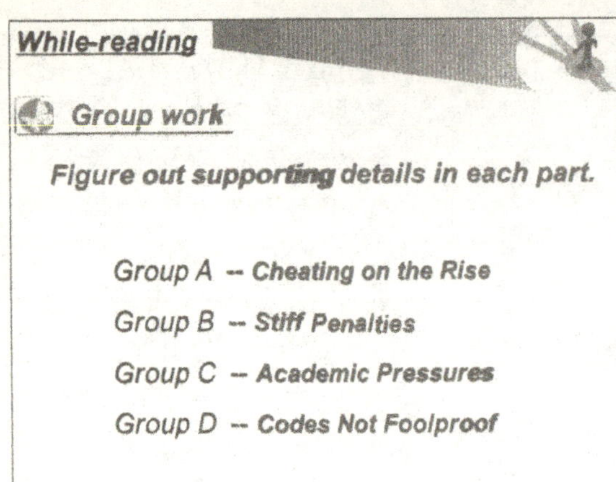

教学环节：分析写作手法

点评：教师让学生分成四组，每组负责细读一部分，分析作者是如何阐述细节的。这个小组活动的设计思路是非常好的，有利于提高学生的分析能力。

建议：从教师实际授课来看，所给的指示语似乎过于宽泛，学生有可能并不知道要做什么，怎么做。这种任务教师反而不能直接撒手，而是在开始前应该带领学生找对思路或方法，可以通过举例、提问等方式让学生明白要分析什么，怎么分析。

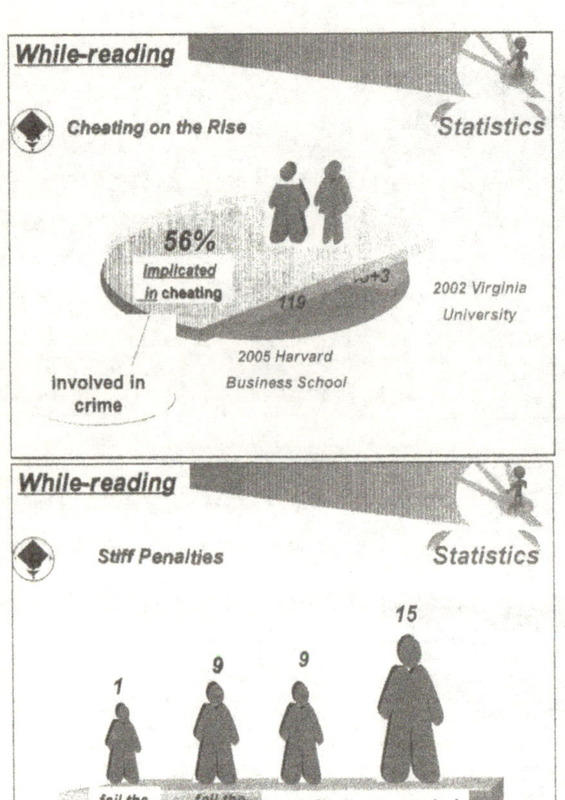

教学环节：讲解写作手法

点评：从本张PPT开始的连续三张课件，教师讲解每一部分的写作手法，包括列数据、讲事实、举例子等三种论证观点的手法。教师对课文的把握很到位。

建议：这一部分教师讲解得过多，事实上，前一步骤学生已经分组讨论了，他们应该已经有了自己的发现和想法，教师如果能充分利用小组活动的结果，与学生之间进行有效对话，共同建构知识体系，一起发现作者的写作手法，那么，学生的课堂参与度会更高，他们的收获也会更大。教师可能需要真正做到倾听和开放。面对学生可能给出的五花八门的答案，教师要把这看作是重要而有效的学习和思维过程。如果能够做到这样，那么作者的论证手法可能就不仅仅局限于这三种了，有可能比教师分析得更丰富。

图4–5　分析写作

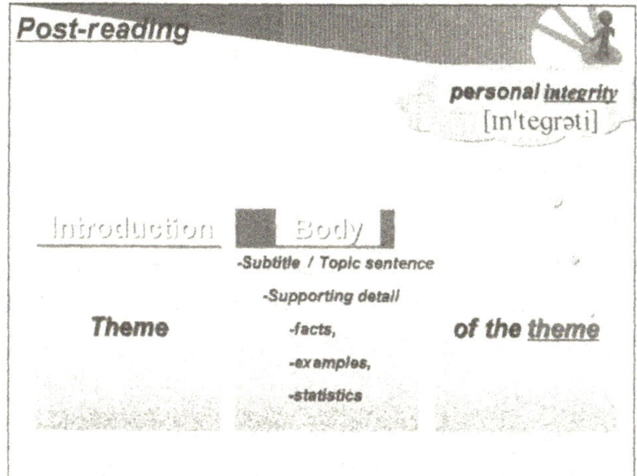

教学环节：分析文章写作框架

点评：在分析了各部分的论述手法之后，教师又总结了文章的写作框架。这一步为学生的仿写打好了基础，让学生能够比较容易地理清写作思路。

建议：可能是由于时间限制，教师直接给出了框架。日常教学中，教师还是应该给学生一些时间，最好能让他们自己总结出来。

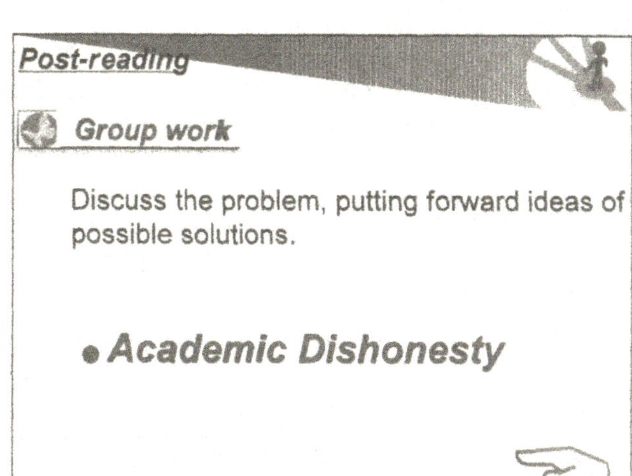

教学环节：读后小组讨论

点评：教师组织学生讨论解决学术上不道德行为的可能办法。这个活动有利于学生调动自己的经验和智慧积极参与讨论。这一环节不仅可以训练学生的思维能力，还能有很多课堂生成的精彩内容或语言，可谓一举两得的教学设计。

图4–6　文章读后感讨论

Honor Code

To uphold the Duke Community Standard:

- I will not lie, cheat, or steal in my academic endeavors;
- I will conduct myself honorably in all my endeavors;
- I will act if the Standard is compromised.

教学环节：集体诵读

点评：教师带领全班同学集体诵读诚信承诺。这样做确实让课堂对学生产生一定的震慑力，有一定的效果。

建议：这个活动显得有点形式化，真正的诚信不是诵读可以建立的，而是要设计出能真正触动学生内心的活动，让他们觉得对待学术就是要严肃认真守信。这对教师的教学设计是一个很大的挑战。

图4–7 组织集体诵读

总体而言，本节课的设计基本遵循了阅读教学的原则，阅读前充分调动学生的阅读兴趣和已有的关于该话题的知识和经验，为阅读的开展打下了良好的基础。阅读过程中，带领学生对语篇进行深入细致的分析，帮助学生理解语篇的内涵。阅读后组织讨论，让学生的思维充分活跃起来并积极参与讨论。最后，诵读诚信承诺，这给课堂带来了应有的庄严肃穆感，对学生也有震慑力。整节课的设计比较流畅，不足的是教师放手不够。

（二）教学案例 2（Reading Circles）

在以下案例中，笔者将介绍一个创新版的阅读圈教学过程。由于大学英语教学中使用阅读圈的教学案例几乎见不到，所以读者以一节高中阅读课为例，探讨阅读圈在大学英语教学中的应用可行性。该课由北京市八一学校韩松老师提供，笔者也是该课的指导教师。该课的话题是 Material world，主要谈论金钱的作用、人们对金钱的态度以及用钱的方式。话题围绕一名“不愿意做百万富翁的人”展开，旨在帮助学生树立正确的金钱观、价值观。他认为“Having only a little money makes you free”。因此，他将自己的财产捐给了慈善机构。报道的内容真实，能激发学生对于生活和金钱态度的思考和讨论。教学过程如表 4–1 所示。

表4–1 教学过程

	教学活动	设计意图
Step 1 Lead in	Stimulate Ss to give T advice on how to spend the money.	导入话题，激活学生关于金钱方面的已有知识和观念
Step 2 First reading	1. Why doesn't Charles want to be a millionaire? 2. What did he do with his money?	关注文本内容，训练抓大意的阅读能力
Step 3 Activity 1 Reading Circles	1. Ss work in group of four. Read the passage individually and each of the four Ss has to finish one task for their interview.	每组四位同学分别认领体现不同能力水平的任务，分层任务旨在使每位同学学有所获

续表

	教学活动	设计意图
Step 3 Activity l Reading Circles	Word master：collect words and phrases； Question master：prepare questions； Summarizer：summarize the text； Predictor：predict what would happen after Charles donated his money. 2. Share their achievements within their group. 3. Ss who complete the same tasks from 8 groups get together and share their achievements. Then write them down on the posters. 4. Put up the posters and share with the whole class. 5. T summarizes Ss'achievements. Ss understand more about the relation between money and happiness.	组内分享，相互讨论，互相学习； 完成同一任务的同学相互学习； 全班分享学习成果。
Step 4 Activity 2 AMaze Game	Ss play a maze game. And then present comments on the kresults.	通过迷宫游戏，让学生体验不同选择导致的不同结果，并对自己的选择进行评价
Step 5	T shares her oven understanding of money and happiness.	

点评：

在该课教学中，为了充分发挥学生的潜力，教师把阅读过程完全交给了学生，教师只在导入部分激活学生的背景知识，然后带领学生通读了一遍课文，了解了大意，然后就给学生进行了分工，考虑到本班学生的特点（本班学生为普通班学生，学生英语基础一般，还有足球、乐团等特长生，两极分化比较严重），教师简化了阅读圈，将六个角色减为四个，并根据课文内容对这四个角色进行了重新界定。Word master 负责将课文中描写主人公对金钱的态度、采取的行为和自己的感受的词汇收集起来。Question master 负责根据文中主人公的所作所为，向主人公提问。显然，这些问题需要学生基于对课文的理解，发挥自己的想象力和批判性思维来准备问题。Summarizer 需要对课文内容进行总结，并对主人公进行口头介绍。Predictor 的角色是依据本课课文特别设定的角色，由于主人公将自己的钱财全部捐献出来了，所以，希望学生预测一下他裸捐之后发生的事情。这个角色极大地发挥了学生的想象力，如图 4-8 所示。

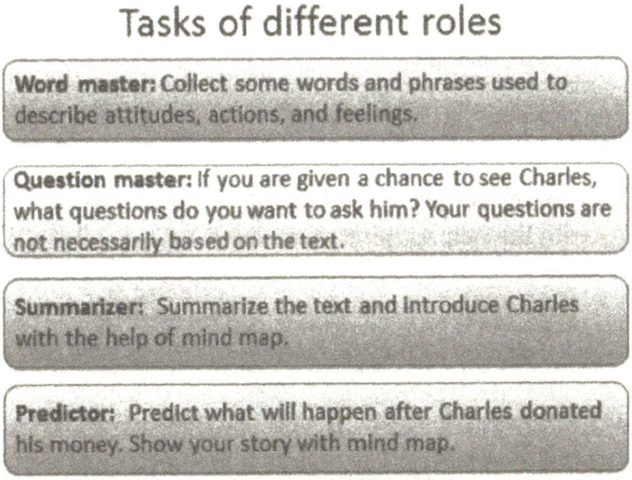

Tasks of different roles

Word master: Collect some words and phrases used to describe attitudes, actions, and feelings.

Question master: If you are given a chance to see Charles, what questions do you want to ask him? Your questions are not necessarily based on the text.

Summarizer: Summarize the text and introduce Charles with the help of mind map.

Predictor: Predict what will happen after Charles donated his money. Show your story with mind map.

图4-8 不同角色的任务

为了更好地帮助每个角色完成自己的任务，教师还给每个角色准备了提示，如图 4–9 所示。

Word master

Collect some words and phrases used to describe attitudes, actions, and feelings.

word bank

About attitude
be determined to

About actions

About feelings

Question master

If you are given a chance to see Charles, what questions do you want to ask him? Your questions are not necessarily based on the text.

E.g., you can ask questions with when, how, what, and why.

Summarizer

Summarize the text and introduce Charles with the help of mind map.

Ex-millionaire Charles

He used to

He did ... because...

...

...

...

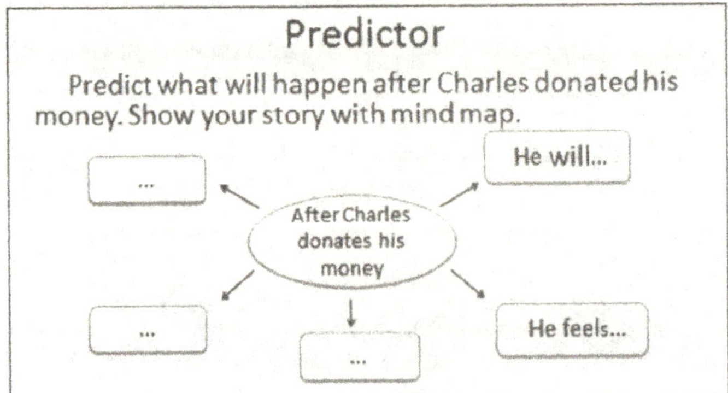

图4–9　每个角色提示

从这节课实际实施的效果来看，学生参与面广，思维活跃，他们准备出来的问题包括：

— Without money how can you deal with your children's education?

— What would you do if you get serious illness，such as cancer?

— Have you thought about the feelings of those who got the money you donated? What do they really need?

类似这样的问题体现出学生思维的宽度，他们能够批判性地看待这样的善举，并不是盲目赞同裸捐。学生对主人公未来生活的预测以及重点学习词汇的总结等都超出了教师的预期。而他们概括出来的内容与以前教师指导下的差不多甚至更加精彩。我们有理由相信，高中生都能做到的阅读圈活动，大学生只会做得更好，因为这个活动更符合他们的年龄特征。

第五节　英语写作教学实践

一、大学英语写作教学的能力要求

《大学英语课程教学要求》（后简称《课程要求》）将大学英语的性质定义为：是以外语教学理论为指导，以英语语言知识与应用技能、跨文化交际和学习策略为主要内容，并集多种教学模式和教学手段于一体的教学体系。《课程要求》将大学英语的教学目标设定为：培养学生的英语综合应用能力，特别是听说能力，使他们在今后的学习、工作和社会交往中能用英语有效地进行交际，同时增强其自主学习能力，提高综合文化素质，以适应我国社会发展和国际交流的需要。但是没有具体涉及学生写作能力的问题。在教学要求部分，其将大学阶段的英语教学要求分为 3 个层次，即一般要求、较高要求和更高要求。这些要求是我国高等学校非英语专业本科毕业生经过大学阶段的学习与实践应当选择达到的标准，其中一般要求是高等学校非英语专业本科毕业生应达到的基本要求，较高要求或更高要求是为有条件的学校根据自己的办学定位、类型和人才培养目标所选择的标准而推荐的。各高等学校应根据本校的实际情况确定教学目标并创造条件，使那些英语起点水平较高、学有余力的学生能够达到较高要求或更高要求。对学生 3 个层次的英语写作能力的要求包括：

一般要求：能完成一般性写作任务；能描述个人经历、观感、情感和发生的事件等；能写常见的应用文；能在半小时内就一般性话题或提纲写出不少于 120 词的短文，内容基本完整，中心思想明确，用词恰当，语意连贯；能掌握基本的写作技能。

较高要求：能基本上就一般性的主题表达个人观点；能写所学专业论文的英文摘要；能写所学专业的英语小论文；能描述各种图表，能在半小时内写出不少于 160 词的短文，内容完整，观点明确，条理清楚，语句通顺。

更高要求：能用英语撰写所学专业的简短的报告和论文；能以书面形式比较自如地表达个人的观点；能在半小时内写出不少于 200 词的说明文或议论文，思想表达清楚，内容丰富，文章结构清晰，逻辑性强（教育部高教司，2007）。

回顾《大学英语课程教学要求》我们不难发现，对于学生相关能力要求缺乏有效的衔接。此外《课程要求》没有对学生的专业英语写作能力培养提出更为具体的指导性的意见，缺乏前瞻性。这样的状况必然造成领衔研究大中小学英语教学一条龙体系项目的上海外国语大学前校长戴炜栋教授（2001）所指出的结果，即“目前我国大学普遍存在内容重复引起的学习自满、懈怠和学习兴趣下降及动力不足的状况”，这样的结果不可避免地造成了国家有限教育资源的浪费。

二、大学生写作输出现状及原因

（一）大学生写作输出现状

尽管我们在不断改革大学英语教学和考试，试图采取一切措施来帮助学生提高写作水平，但收效甚微，离《课程要求》的规定还相差甚远。学生普遍感觉在写作文时无从下手，反映出来的问题有以下几点：

1. 词汇层面

众所周知，词汇的扎实掌握和熟练运用是成功写作的基石。根据《课程要求》中对词汇一般能力要求中的推荐词汇量：“掌握的词汇量应达到约 4 795 个单词和 700 个词组（含中学应掌握的词汇），其中约 2 000 个词汇为积极词汇，要求学生能够在认识的基础上，在口头和书面表达两个方面熟练地运用词汇。”（教育部高教司，2007）在对四、六级考试作文的研究中，发现“大学阶段学习的单词出现在阅读或选择题中，学生能很快辨析其含义；但在用书面语言表达自己观点时，却无法运用相应准确的词汇。这种现象表明我们的学生对大学阶段所学的大部分词汇只具有收受能力，却无发送能力”。这种发送能力上的欠缺，表现在写作上就是词汇缺乏、用词不当、意思表达不清等。

2. 句子层面

一篇优美的文章，其构成的句子必然既符合语法规则，又能完整无误地表达思想。鲜有用到省略、倒装、连词、非谓语动词等造句手段的，通篇出现的都是主谓句式，还时常出现主谓（人称、时态、语态）不一致、平行结构失衡、多重修饰词排序混乱等问题。

3. 语篇层面

近些年来，各出版社开发的教学课件都设计了语篇分析部分，强化了教师要进行语篇分析的概念，帮助学生提高了构思选材与谋篇布局的能力。但仍然还存在着思想表达不清、文字不连贯、内容空洞、句与句之间过渡牵强等问题，而且学生思维较为混乱，想到哪儿写到哪儿，造成文章逻辑关系松散，内容也显得支离破碎。此外，学生在写作时还习惯于运用汉语思维，这种思维模式写出的作文即使通顺流畅，也仍然给人以“中式英语”的感觉。

这些问题大大影响了学生创造性思维和发散性思维的培养，阻碍了学生综合素质的提高。

（二）输出现状的成因

在分析大学生输出质量较差的原因时，我们发现起因主要集中于母语干扰和考试评分标准这两方面。

1. 母语干扰严重

母语干扰是指已有的母语知识或经验对学习者在学习外语时产生的影响，即语言的迁移。在二语习得的过程中，学习者利用母语思维是较为常见的现象。在王文宇和王立非（2004）《二语写作研究：十年回顾与展望》中显示国外较早也较多地关注了“二语学生在写作过程中如何运用母语与二语两种语言思维”。虽然国内这方面的研究与国外相比开始较晚也较少，但颇具价值。这些研究的价值主要体现在以下 3 方面：

（1）郭纯洁和刘芳（1997）经研究用形象思维法录制了 10 名高中生以及 2 名大学生看图作文的思维过程，并计算了其中的母语思维量。

（2）揭示了母语思维与二语水平之间的复杂关系。人们通常认为，二语水平越高，母语思维量越少，其实不然。根据实证数据，虽然母语思维量随二语水平的提高而减少，但不同思维活动中的母语参与量下降幅度不等。

（3）母语思维的作用以及影响。文秋芳和郭纯洁分析了几名学生写作英文的母语思维，他们把母语的功能归为五大类，即转换中介、内容生成中介、形式检索中介、内容检验中介、程序管理中介。为了更清楚地描述不同思维活动中母语思维的不同作用，他们把母语思维量与文章的即内容分、结构分和语言分做了分析。结果显示，只有文本输出过程中的母语思维量与作文的语言分呈负相关。

根据研究结果，我们不难发现母语思维在二语的写作过程中有着重要的影响，尤其是母语的负迁移作用在很大程度上决定了写作成果的成功与否。

2. 考试评分标准的影响

（1）大学英语四、六级考试作文评分标准

大学英语四级考试的作文要求是：考生需在 30 分钟内写出 120 词左右的短文。测试的目的是了解学生运用英语书面表达思想的一般能力。写作的内容为科技、社会、文化等方面的一般常识。大学英语六级对作文的要求与四级一致，只是词数变为 150 词。

大学英语考试指导委员会根据四、六级考试大纲的要求制订了具体的评分标准。评分标准分为 6 个级别，详细标准如表 4–2 所示。

表4–2　大学英语考试标准

得分	评分标准
0 分	文题不符，或只有几个词而无法表达思想
2 分	条理不清，结构不严谨，语言支离破碎，句子中有错误，并且大多是比较严重的错误
5 分	基本符合题意。表达不清楚，语句不连贯，语法错误较多
8 分	基本符合题意。但有些地方表达不够清楚，文字勉强连贯，语言错误较多，有一些是比较严重的错误
11 分	符合文意。思想表达清楚，语句连贯，仍有语言错误
14 分	符合文意。表达意思清楚，语句连贯，语言错误较少，有个别小毛病

（2）反思评分标准

通过仔细分析高考英语考试写作评分标准和大学英语四、六级考试作文评分标准，我们发现：

①两者都要求作文要呈现足够的细节，充分阐述主题思想，都对遣词造句的要求进行了细化。从表面看来，这样的评分标准充分考虑了我国学生实际的英语输出现状，

兼顾了相关实际情况，但与《高中英语课程标准》和《大学英语课程教学要求》明显脱节，那么我们就有理由质疑这样的要求与标准是否真的有利于学生的综合应用能力和发展能力。

②两者都对作文的字数进行了限制。然而现在考试中的题目一般都需要做深入思考，绝非规定的字数就能表达清楚的。

要求学生在规定的时间内用规定的字数表达这样复杂的内容，他们肯定不能涉及相关的具体细节，结果也就可想而知。即使学生可以超越字数的限制，但在应试教育的背景下，我们也几乎不可能看到相对完美的文章。

③两者的命题形式一致，都是提纲式命题。虽然考试委员会的初衷可能只是想给考生提供相关内容的提示，但实际产生的效果却是“提纲不仅决定了考生写作的内容，同时也制约了考生的篇章结构和论述模式，因为绝大多数考生是按提纲顺序写的。应该看到，提纲的结构如何，直接影响到考生作文的篇章结构”。而这些千篇一律的提纲的负面影响，对提高学生的英语写作能力肯定是不利的。

④两者的评分细则都聚焦于语言的正确与否。这样的评分细则让阅卷老师认为，语言决定了文章的成功与否。一篇文章的得分高低，主要依据词和语法结构的准确性程度，而非文章内容是否充实、谋篇布局是否合理等是决定文章质量的重要因素，这必然导致低劣的写作输出。

可见，要求和标准的制订也应该建立在对实际情况做全面考察的基础上。在实施的过程中不可随意放低要求或标准，这一点在我们应试教育的背景下显得尤为重要。

三、教师写作教学现状及其原因

（一）重讲解写作技能、轻思维训练

大学教师在写作教学中，向学生灌输了大量的写作要领和技巧。而事实上，英语写作是对于语言综合应用能力的考量，是英语思维能力的外在显现。对写作要领或技巧的掌握，只能让写作穿上“花哨的外衣”，而不能实现语言的升华。

（二）重布置作业、轻作业批阅

大学教师通常在教学过程中注重课程的进度，重视词汇和语法规则的讲解，即使教材或教学课件中有对写作的相关要求，他们也只是蜻蜓点水一带而过，学生很难对写作产生整体而深刻的印象，但他们却布置了写作任务。然而，根据张雪梅（2006）所做的相关调查则显示“从学生的问卷结果来看，特别是以一所好的学校教师批改作业的情况来看，教师每篇都改的为35%，随机抽查的为65%；另一些学校则为22：46：2（基本不改）。具体到如何批改，大多是打钩和批日期（45%），有的是在错误处画线；整体上讲，学生对批改的满意程度不高（56%）”。

（三）重写作结果、轻写作过程

长期以来，教师们一直都是以写作的成品来评判一个学生写作能力的高低。但事实上，作为语言的一种输出形式，写作的成型也是需要分 3 个阶段来完成的，即写前阶段、写作阶段和文章修改这 3 个阶段，在实际的运行中，这 3 个阶段“并非呈线性排列，而是循环往复、穿插进行的”（吴锦等，2000）。而我们的教师们却往往将学生的写作视为单词、句子或是词组的简单堆砌。

（四）重应试教育、轻能力培养

一直以来，老师们或是受高考的影响，或是受四、六级考试条条框框的限制，在授课过程中受考试“指挥棒”的指令进行应试教学。所谓的写作教学，通常是向学生呈现看似完美的范文，让学生尽量模仿。久而久之，学生的语言知识僵化，写出的文章晦涩难懂或是生搬硬套，导致英语教学走上歧路。然而，写作能力的提高与培养不是一蹴而就的，而是一个日积月累、循序渐进和不断实践的过程。只有经过实践与不断反思才能实现 William Littlewood 所说的“学习者能用已掌握的语言知识和技能自然而又灵活地表达其所要表达的思想”。

而这一现状的产生又有多方面的成因。

（1）对相关标准、要求和大纲理解的问题

无论是《大学英语课程教学要求》还是《大学英语四、六级考试大纲》，都显示了写作能力要求与阅读能力的密切关系。张雪梅（ 2006）调查了师生对阅读和写作教学要求的了解情况，然而结果却不尽如人意。有关四级阅读速度的问题调查结果显示：“有 6 人选 60¯100 词 / 分钟，有 4 人选 70¯120/ 分钟，有 80 人选 70¯100/ 分钟，有 18 人选 80¯110/ 分钟；约 38% 的教师认为四、六级考试在阅读速度上没有区别。这表明许多教师对教学大纲或考纲中所要求的阅读能力认识模糊，对阅读速度不够重视。”在进一步与教师的访谈中还了解到，教师在教学中鲜有涉及阅读技巧，更少强调阅读速度。教师们对大纲中有关写作方面要求的了解情况同样模糊，“约 25% 的教师甚至分不清四、六级写作部分所要求的字数和写作的类型”。

（2）对写作的认识问题

从方式上看，写和读有密切的关系；从交际方向上看，写和说也有密切关系，因此，写可以促进全面的语言技能的发展。《课程要求》中也明确指出学生要具有写作的一般能力。但长期以来，大学英语写作的相关讨论总是停留在“兼顾”或是“综合应用”或是“全面发展”中，少有设计及具体的应对措施。无论教师还是学生都一直将写作课看作是精读课、泛读课的延伸，导致教师和学生都过分重视语言方面的表层意义，而忘却了写作的真正意义。

四、写作教学构想

（一）传统的写作教学

传统的写作法最早源于中世纪的拉丁语教学，而应用到英语写作教学实践则始于 19 世纪，因其根据写作的最终成品来判断好坏，故而称之为“成果教学法”。传统写作教学将写作视为“包装”思想，即作者将大脑中的思想提炼出来，用语言将其包装好，供人欣赏。因此，传统的写作手册大都制订了许多细则，以便作者能巧妙地将自己的思想包装好。而传统的写作教学以教师为中心，教师的授课模式为固定的 3 个步骤：首先，在课堂上教师将其大部分精力用于讲解写作的技术性细节的处理；其次，提供课堂讲解分析，分析讲解主要也集中于结构模式上；最后，布置题目，要求他们模仿写出作文。教师将学生第一次提交的作文视为最后的成品，对其进行修改和评分。在评判作文时，主要从修辞形式和语言正确度两个方面来进行，每篇作文被视为一系列分裂的片断，而不是一篇形式与内容相兼容的完整语篇。一篇作文成功与否，在很大程度上取决于它是否应用了预先规定的结构模式，是否遵循了课本上和教师在课堂上规定的各项规则。这样的写作教学方式，最终导致学生为写作而写作，过于关注语言形式方面的因素，而忽略了对文章内容的充实，忘却了写作的真实意义，使得成品矫揉造作、空洞乏味。此外，教师们选择的题目大多脱离实际，没有充分考虑学生作为写作主体的交际需要，导致学生失去了写作的兴趣和信心，对写作持应付的态度，不仅限制了他们写作技巧的发展和提高，还大大影响了他们的创造性和批判性思维能力的形成。

（二）传统与现代技术相结合的写作教学

1.《大学英语课程教学要求》中的写作教学模式

当前，我国教学改革不但突出培养听说能力，而且还应该培养写作能力，并且强调“充分利用多媒体和网络技术”，改变“教师讲授为主的单一教学模式”，实施“个性化教学”改革。

多媒体教学模式不仅有效地改变了费时低效的状况，缓解师资紧张的压力，还突破时空的限制，提供了更多的学习资源，最大限度地实现了自助式、个性化的语言学习。鉴于多媒体的这些优势，许多学校也尝试着利用现代信息技术来改革传统的写作教学，通过建设网络平台来培养大学生的英语写作能力。目前，这种尝试已取得了一定的成果，为大学英语写作教学带来无限生机。

顾佩娅和朱敏华（2002）利用网上合作教学项目为学生创造了真实的英语写作环境，使学生明确目的，多媒体网络技术与课堂教学相互结合、相得益彰。该研究为在全球视野下利用现代信息技术促进学生与母语使用者的交流提供了新思路，也对项目实施中关于教师培训、项目管理和技术支持等方面提出了建议，但尚未具备普及性所需的条件。

顾纪鑫和丁煜（2002）介绍了因特网上另一类重要的写作资源——网上写作实验室（Online Writing Lab）的发展历程、主要内容及其3个有代表性的网站，指出这是我国外语教师了解国外教学动态、学习国外先进教学手段的重要资源。同时他们还建设了华中科技大学网上写作中心，对推广基于网络环境的英语写作培养具有促进作用。

杨永林等（2004）结合中国语境中的英语写作教学与研究，通过理论阐述、方法介绍、技术支撑3个层面的论述，着重讨论了如何通过“技术精巧”来解决“创新写作”中的一些问题，为促进外语教学改革，其主要内容包括纸版学生用书（1¯3册）、教师用书（1¯3册）、写作研究语料库及写作关键词库。

王东和张新华（2006）在研究大学英语写作教学现状和专题网站建设的基础上，根据英语写作教学理论和学习理论，提出了大学英语写作专题网站的教学体系。该系统提供必要的学习交流与学习帮助，利用学习评价策略使学习者产生一个反思的过程，从而形成自我调节、自我管理的主动学习策略。此外，他们还在教师如何利用网络管理教学等方面进行了创新，提出了更现实、可操作的解决方案。

除此之外，国内还有一批学者在信息技术环境下在大学英语写作的教学方法、教学设计、大学英语写作教学的技术支持等方面对大学英语写作教学进行探讨，以促进学生英语写作能力的培养和发展，这里暂不一一赘述。从总体上来看，大学生英语写作能力的提高已得到普遍关注，基于网络平台的大学英语写作训练已成为培养大学生英语写作能力的重要途径。在现代信息技术支持下，各所学校对大学英语写作网络平台的建设也趋向人性化和多元化，各有千秋又互相借鉴，在探索中前进。

2. 基于《大学英语课程教学要求》平台设计构想及其特点

我们认为新一轮的大学英语教学改革是通过“个性化教学”改革的，最终实现校本改革的，即利用网络技术，以提高大学英语教学资源的投入与学生的英语学习产出（包括听说读写译等技能）之间的效率为导向，不仅在教学模式、课程设置、学习方式、考试评价等方面实现“个性化”，而且实现教学研究的校本个性化。以校本理念为改革的出发点，我们提出以写作教学研究、英汉对比、语料库语言学、习得等领域的研究成果为理论基础，利用计算机网络技术进行资源整合，构建大学英语写作教研平台，满足实施个性化大学英语写作教学改革的需要。

（1）框架设计

针对当前写作教学存在的不足，在综合运用以上学科领域研究成果的基础上，我们提出网络写作教研平台的设计框架，通过计算机网络技术整合教学与研究资源。它集写作教学与研究功能于一体，是一个以校本研究为设计出发点的应用研究型平台，其基本包括以下 9 大板块：登录管理系统、理论专题、题目发布及提交系统、写作评阅系统、写作展示系统、单项训练系统、在线资源查阅系统、考试竞赛系统和研究板块。

在理论专题当中，可以由 3 个板块组成：一般写作理论、英语应用文写作模板和英文常见错误分析模块。一般写作理论除提供用词、造句、组段方面的专题外，还把错误分析及英汉对比作为写作表达的另一个支撑，从选词、句式结构、教学语法、段落发展模式、衔接连贯手段、文化思维模式对比、标点符号、写作与修辞等角度进行扩展讲解，提高学生对英汉语差异的注意力。

在题目发布及提交系统中设立写作与修改功能并设立一些参数对作文质量进行初步评价，如自动计算单词字数、词汇重复率、平均词长、平均句长，为教师评价提供基础。

在评阅系统中，可以运用三种模式：教师批阅、学生反复自评和学生互评。根据 Miao（2006）等人的研究，在中国的文化环境下，虽然教师反馈要比同伴反馈更能被接受和促进学生作文的提高，但是同伴反馈能促进学习者自主学习。Tsuib 和 Ng（2000）的研究也反映“同伴评价能增强学生的读者意识，提高学习者增强自己的优点和克服不足的意识，鼓励合作学习，培养文本的归属感”。莫俊华（2007）和蒋宇红（2005）认为“基于网络的在线评价方式是一种有效的合作学习手段”。这要比传统写作教学模式下的评价容易操作得多。

在线资源查阅功能主要体现为学生可以使用在线语料资源以及具备网络字典功能。例如学生检索教材语料资源题等。

在单项训练系统中设立针对写作的题型，如句子排序题、填入语篇标记词等。这些题目的设计都是系统自主反馈的。Hot Potatoes 6.1 是一款设计练习很方便的软件，它可以直接将练习转化为网页格式，方便操作。

（2）平台的特点

平台的设计具有以下特点：开放性（open-endedness）、交互性（interactiveness）、共享性（sharing）、针对性（pointedness）和教学研究相互促进性（mutual promotion）。

第一，开放性。英语写作平台面向全校所有本科学生，学生只要从校方（通过学校管理员或教师）获得学生个人账号，就可以随时进行学习与培训，并提交习作。系统开放能够突破时间和地点的限制，为不同层次的学习者提供平等的学习机会，局部实现了教育公平的原则，有利于促进教育社会化和学习社会化。

平台开放性还表现为专题知识、单项训练以及供学习者参照的语料资源都可以及时更新并添加补充。比如到了大学阶段，教师发现仍然有学生不能正确使用英语中的冒号，那么他就可以从学生作文中提取例子来设计单项训练。练习的添加又丰富了平台的内容。

第二，交互性。交互性主要体现在学生与教师、学生与学生、学生与平台间的交互关系上。学生通过平台提交的电子习作，不再按传统的写作课惯例交给某一位老师，而是匿名提交到平台的习作展示空间，向该平台所有使用者开放，为大学英语写作教学中的生生合作和师生互动搭建平台。学生与教师和学生与学生间的交互性还体现在对写作任务的反馈模式上：教师批阅、学生反复自评和学生互评。学生与平台间的交互性体现在当学生完成单项训练的时候，系统会自动评分或者给出答题提示。在学生提交作文的时候，系统会在一定程度上给出对学生作文的初步评价，如字数、句数以及所用词汇列表等。

第三，共享性。共享性体现在师与师、生与生间的资源共享。教师互相共享作文语料，为研究提供了素材。学生共享资源体现在可以通过平台去浏览其他学生的写作成果。平台还利用现代信息技术，为学生提供丰富的英语学习资源，以活泼形象的动态视频、音频和文字形式与材料与静态纸质教材相得益彰，操作方便快捷。只需点击鼠标，使用者便可“键行天下”，各取所需。从认知的角度来看，地道的语言输入、新颖的表现形式和便捷的操作为学生带来多重感官刺激，对学习记忆和效果带来积极的影响。一方面，能够更有效地达到培养学生综合应用能力的目的；另一方面，也能根据语言习得规律，循序渐进地提高大学生的写作能力。从语言输入的角度来看，大量高质量活性语言的输入，必然会促进高质量语言的输出。

第四，针对性。在网络平台的写作训练过程中，师生之间不再是基于课堂的一对多数的自上而下的单向信息传递，而是基于计算机与网络技术的平等主体之间一对一的积极互动。网络英语写作平台还可根据学生不同的学习水平，对学生进行分级管理教学，配备专门的指导教师。指导教师可以根据每位学生的个性特点、学习能力、学习兴趣和发展需求，为学生量身打造大学英语写作培养规划——设立学习目标、制定学习计划、策划学习方法、分配学习资源、监督学习过程、评估学习成果。总而言之，这种个性化学习，可以激发学生学习兴趣、提高学生学习动机、开发学生潜能、促进学生可持续能力的发展。

第五，教学研究相互促进性。这是一个自给自足、反复循环、教学研究相互促进的应用平台。学生从教研平台中汲取写作知识、写作资源，辅助自己的写作过程，而学生的书面产出又为教师了解教学的成与败提供了第一手研究资料，教师对学生书面产出的修改或加工又将成为教师设计写作专项练习的最佳素材，因为这样的练习是针对中国学生常见错误而设计的。

3. 写作教学的思考与建议

英语的写作教学是一个多层次、多角度的概念。从语言层面上看，它涉及遣词造句的能力，又涵括谋篇布局的技能；既检测了语言输入输出的成效，又完善了思维的能力。从教学层面上看，它涉及教师、学生、教科书等众多因素。鉴于其多层次与多角度的特点，我们认为应该从以下几方面来推动和改进我们的写作教学。

（1）融汇逻辑性与篇章构建

语言在希腊语中称作“逻各斯”，它指人类所具有的语言能力，还体现了思辨能力。亚里士多德也从语言与逻辑关系的角度提出了“三段论”。亚里士多德认为，人类的客观存在具有合理性和逻辑性；人类心智反映了对客观世界的认识，因此也具有理性的特征；人类语言从形式上来说虽各有不同，但是我们作为思维活动的理性表现手段以及我们对于外部客观世界的印象与表述，自然有逻辑性和一致性的一面。可见，对于英语相关技能的训练，不仅要外在反映一种外语的应用能力，更要具体体现学生的逻辑推理和创新思维能力。而传统英语写作教学恰恰忽视了对逻辑训练、篇章构建、衔接连贯的整体训练，使得相关的训练活动仅停留在形式层面，在教学的实际操作过程中又欠缺深入分析，必定无法实现既定的培训目标。

（2）注重语言输入的量与质

中国人常说“熟读唐诗三百首，不会作诗也会吟”“读书破万卷，下笔如有神”，这些都反映了语言输入与输出的辩证关系，揭示了阅读与写作之间由量变到质变的关系。任何作品都是其创作人大量阅读后的结晶。以写作为目的阅读，绝非一个被动接受信息的过程，而是主动吸收和内化的过程。只有这样的输入才是有效而真实的。因而，听、说、读、写、译5项技能既相对独立又息息相关，它们既是表现形式，又是外语的组成部分。在实际的教学中，我们切忌厚此薄彼，而应重视学生能力的提高与培养。那种只注重对课文语法点进行讲解，只处理课后词汇语法练习，完全忽略对学生语言输出能力培养的做法，既违背了语言学习的规律，又影响了对学生创造性思维能力的培养。

此外，在语言输入的过程中还要关注文化因素。语言和文化是密不可分的。任何一种语言都有着它的文化背景，任何一种语言形式都反映了一定的文化内涵。学生文化知识的欠缺势必难以实现真正的交际目的。因而教师在对学生进行有效语言输入的同时，应该帮助学生导入文化因素，这有利于学生正确理解文化现象，有利于培养学生对语言和文化的敏感性，有利于提高语言输入与输出的质量，从而避免“中国式英语”在作文中出现。

（3）转变教师观念

体制改革是关键，教学改革是核心，教育思想和教育观念转变是先导。

第一，教师都应该充分认识到：大学英语课程是一门比较独特的学科。它涉及面广、时间长，但它的作用大于个人和社会发展所产生的效益。

第二，教师们都应该转变那种认为英语教学只是简单的“解释 + 记忆”的观念，更新“为教而教”的照本宣科式的教学模式。

第三，教师们应该认识到学生的智能、语言潜能、学习动力、认知风格、态度情况、原有的知识水平会有差别。因此，应鼓励不同的学生采用不同的学习方法，以教学目标为方向，促进个性发展，满足学生的需要，使学生养成良好的学习兴趣，为今后的学习、工作打下基础。

第四，教师们还应该认真学习语言学和应用语言学的理论知识，并践行在其教学过程中，再通过反思教学来转变个人陈旧的教学观念，进而实现个人的专业发展，肩负起“传道、授业、解惑”的重任，为社会培养出跨世纪的创新人才，实现教育的现代化。

（4）更新学生学习动机与策略

语言学家 Andrew D. Cohen 曾经指出：“语言学习的成功取决于学习者本身，取决于学习者自身的因素及其充分利用学习机会的各种能力。”英语学习抓住了“学”就抓住了解决问题的关键。首先，学生应了解英语学习的特点并转变学习观念，调整学习策略，主动适应教师的教学方法。其次，学生应认识到英语是一门重要的学科，具有“学以习得”的特点。英语语言交际能力和技能的获得必须通过大量的反复的语言实践。只有持之以恒的训练，才能获得扎实的语言基本功。最后，学生们要认识到，在中国英语并非官方语言，也非工作语言和教学语言，对于大多数学生来说，今后书面语言是其交流的主要语言，流利得体的书面表达能力定将使他们受益无穷。

（5）课程设置

写作能力的养成确实离不开语言的日积月累和不断训练。但是，如果在这一过程中老师对写作方法和技巧进行系统讲解，那么必将达到事半功倍的效果。因而，各高等学校应该以《课程要求》为主要依据，根据本校的实际情况，制订出“以人为本”“以学生为中心”的“校本主义”大纲，设计出将综合英语类和选修课程有机结合，确保不同层次的学生在英语应用能力方面得到充分训练和提高。

（6）优化写作教材

教材是教学成功的重要因素之一。蔡慧萍（2005）对我国高校英语写作教材进行调查发现：

第一，现有的写作教材都比较重视写作知识的传授，却淡化了培养学生分析语篇的能力，编写原则仍然带有指令性和控制性，而且教学内容经常出现重复现象。

第二，教材中意识淡薄，教材所涉及的体裁（genre）不够广泛，绝大多数教材只把文章写作作为教材的主要内容。对所涉及的体裁写作指导也很少同该语篇的交际目的联系起来，“忽视了文章总是为一定的交际目标而写的，总在一定的语境中显示自己的交际功能”（高芳，2002）这一事实。

第三，英语写作教材的编写与出版很大程度上还存在着急功近利的现象。

可见，这样的写作教材很难帮助教师实现《课程要求》的目标，难以培养学生的高阶思维能力。鉴于这样的现状，教材的编写者们和出版社应该以语篇为切入点，编写出内容更为生动、体裁更为丰富、有利于培养学生批判性思维能力的教材。

（7）完善评价机制

写作成品的评价应由传统的教师独自批阅的模式转变为互动和自助的评价模式。Boud（1995）认为“学生的自我评价有助于学生的发展和自主学习能力的培养”。而且，网络的开放性、共享性、交互性、针对性和教学研究相互促进性的特点，不仅为互动和自助评价模式的建立提供了保障，更为教学观念的转变提供了可能。在互动和自助的评价体系中，教师不再是“主体”，学生成了名副其实的“主角”；教师不再止步于传统批改中的“评”，“改”成为批阅的最终目标，更新了评价的目标，更有利于知识的迁移，有利于“成品”的出新，大大激发了学生的写作热情，从而促进学生写作能力的提高。

写作能力的培养是一个动态的、循环的、需要不断实践与反思的过程，而其中的每一环节都是对英语教学的成效及学生综合应用能力实际水准的真实反映。只有在依据应用语言学和语言教学的理论基础上，正确认识《课程要求》，科学定位教学目标，合理处理各项语言技能之间的关系，关注其中的每一个影响因素，践行其动态循环系统，才能彻底改变写作教学的封闭状态，使得英语写作教学真正帮助学生培养起语言的综合应用能力，从而让世界更多地了解并倾听我们的声音。

第六节　英语口语教学实践

一、口语的特点与功能

（一）口语是综合性的语言素养

口语并不是一项单纯具体的语言技能，它与许多问题是处于交叉重叠的关系状态。在课堂教学中，我们有时难以将口语教学目标与其他教学目标区分开来。比如，当我们进行口语教学时，其他目标就会涌进来，教师可能要帮助学生获得某项语言知识（某个语法规则、发音类型），或是教给学生口语教学的技能（如节奏感、语音语调、元音与元音联系等），或是教给学生一些社会语言或实用会话技能（如如何在会话中有礼貌地打断别人的话、如何有礼貌地回复等）。也就是说，英语口语的发音和功能是内在融合的，当学会讲一种语言的时候，除了发音表达意思之外，还掌握了大量的其他方面，如语言所在的文化、社会交际方式以及礼仪规范等，真正的语言交际应当是所有这些素养的综合体现。虽然我们在文本中可能会分别分析话语、语法和发音，但这仅仅是为了分析的需要，在实际运用中它们应融为一体。

当然，需要特别注意的是，教学口语与通过口语教学并不是一回事，虽然我们在课堂教学中要运用大量的口语，但并不等于是口语教学。

（二）口语与写作的功能区别

在听、说、读、写四项语言技能中，听、读是接受性语言技能，口语和写作则是产出性语言技能，但口语与写作之间是否有区别呢？口语教学与书面教学的起源相比要年轻得多，大概是在二战以后，口语教学才逐步受到重视。第一阶段人们以为口语教学就是教学生孤立地发词的音；第二阶段又加上了音调，如重音节等，即认为口语就是用口头表达书面语；第三个阶段又强调口语教学中的听力教学，能够听懂磁带中的重音，同时大声说出听到的句子；第四个阶段人们认识到只是将书面语作为口语交际的材料太局限了，于是，他们摒弃了原来的做法，把书面材料放置一旁，将一些原生态的对话材料，像广播、演讲等作为口语教学的素材。为了打破书面语的束缚，要求学生可以自然表达。

休斯以图例的方式展示两种输出性语言技能间的区别，如图 4–10、图 4–11 所示。（Rebecca Hughes，原版 2002）。

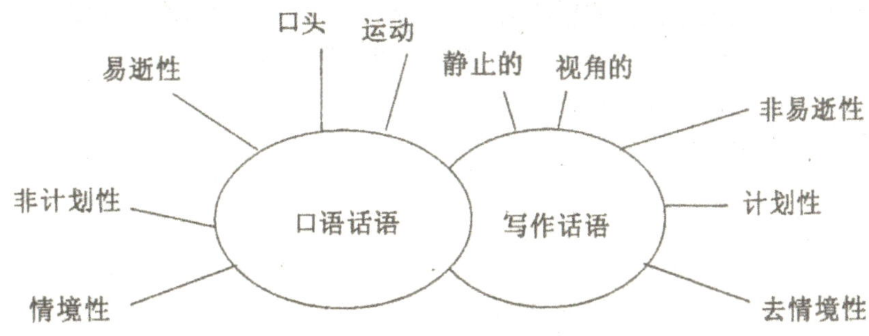

图4–10　口语话语与写作话语的比较

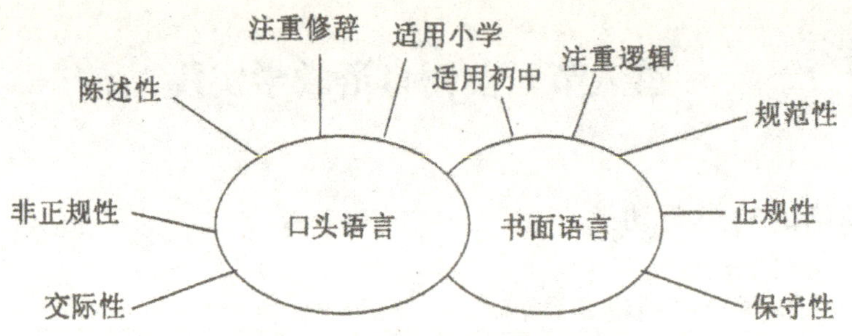

图4-11　语言的社会性比较

书面语言是一种规范性较强的语言，表达也较为丰富，在表达时要遵循一定的语言规则，且较为稳定，可以数千年保持稳定，任何接受过良好教育的人都应当掌握这门语言。

著名语言学家哈奇（E. Hatch）指出，口语与书面语至少有以下的不同[1]：

（1）口语的主要特点是交互性比书面语强。凡使用口语的人都有面对面的对象，说话人与听话人随时交流，互相提示与补充。

（2）大量的口语是无计划、无准备的，而书面语则通常是有计划、经准备而形成的。

（3）口语比书面语更依靠交流时特定的情景与场合。

（4）书面语语体一般比口语正式。

为此，左焕琪教授指出，功能上口语与书面语的区别是：

首先，口语具有鲜明的言语行为功能及格式。主要功能项目有：问候、介绍、告辞、请求、致谢、赞美、祝贺、道歉、原谅、建议、同意与不同意、批准与不批准、承认与否认、同情、鼓励、劝说、允许、许诺等。

其次，在语言结构上，书面语更严谨，使用独立句与复合句较多；而口语中则较多地使用短语、并列从句、问答与祈使句，且允许出现重复、停顿、补充、修正等现象。

最后，口语是通过语音的变化来表达文意的，它有不少为表达方便而采用的语言形式，如简化、缩写、代称等，都是书面不常用的。此外，口语在年龄、性别、社区、特别是文化方面的差异往往比书面语更突出。

在实际中，我们经常看到教师在口语教学中总是从发音或语法的角度纠正学生语言，以句子为单位要求学生进行交际。但我们知道，母语口语往往是即兴脱口而出，语言单位往往要比句子短些，是以词段方式出现的。因此，我们的口语教学要求一定要区别于书面语言的要求，像母语那样要求学生是不可能也不合理的。

口语课的目标是表达自己的想法或需要，能够处理一些基本的日常交际信息，如问候、感谢、致歉、寻求帮助等。这样的课型往往没有严格的结构，其他教学结构是以“语言形式类型”为取向，而口语课型结构则以“行为类型”为取向。

下面简举一例予以说明：

Set 1：

a. Hello, what are you doing?

b. Hey, what're yuh doin?

[1] 左焕琪 . 外语教育展望 [M]. 上海：华东师范大学出版社，2001：131.

Set 2：

a. I do not know.

b. I dunno.

Set 3：

a. Give me a second, would you?

b. Gimme a sec, wouldja?

显然，这三组中每个 a 组的英语较为正规，多以书面的方式进行表达，而 b 组则多出现在口语中。

再看一组对比：

Set 1：

a. I'm going to the store.（Grammatical）

b. I'm gonna the store.（Ungrammatical）

Set 2：

a. I'm going to go swimming.（Grammatical）

b. I'm gonna to swimming.（Grammatical）

Set 3：

a. Going to the game tonight?（Grammatical）

b. Gonna the game tonight?（Ungrammatical）

Set 4：

a. I'm going to go dancing tonight.（Grammatical）

b. I'm gonna go dancing tonight.（Grammatical）

这一组中，为何 1–b 和 3–b 不符合语法规则，而 2–b 和 4–b 却是符合语法规则的呢？仔细分析便可知道，句子 2–a 和 4–a 中的 going to 拼读得很快，going 和 to 混合成一体，便形成了 gonna。相反，在句子 1–a 和 3–a 中，to 被整合到介词短语 to the store 和 to the game 中，在这种语境中，/ t / 并没有弱化。可见，有时英语语音系统是与语法特征相交织和相互影响的。

二、口语能力

对口语能力这个概念的不同理解会直接影响口语教学的效果。简单回顾一下英语语言教学的历史，我们不难发现英语教学的理念在不断地发展。早期，人们一直认为语言教学就是帮助学生发展语言能力（linguistic competence），即帮助学生掌握语音、词汇与语法形式，以为学生掌握了这些知识，就会自动把这些整合起来运用，进行交流。然而，实际情况并非如此，这种认识所带来的弊端也日益显现出来。20 世纪七八十年代，随着移民的不断涌入，在美国、加拿大、新西兰、澳大利亚等国，语言学者与语言教师对语言学习的看法发生了极大的转变。他们认为仅仅帮助语言学习者掌握语音、词汇与语法还不足以帮助他们把英语讲好，在社会上谋生。20 世纪 70 年代中期，语言学者和语言教师开始把语言能力看作是交际能力的一个部分。Savignon 认为交际能力就是“语言学习者与其他说话者之间进行互动，从而生成意义的能力，它区别于做语法知识选择题的能力”（Savignon，1991：264）。然而，学习者要获得较强的交际能力“还需要了解语言使用的社会文化环境”（同上）。

社会语言能力就是语言使用者在不同的环境下使用语言的能力，它涉及语域（语言的正式与非正式程度）、用词是否恰当、语体变换与礼貌策略等。比如一个人在正式场合下讲话，就会注意自己讲话要合乎语法规范，发音要清晰，walking 就不能像在非正式场合下那样发音为 walkin；选用的词汇也要更正式一些，如在说 father 这个词时就不用 dad 替代，用 child 比说 kid 更正式。又如：

例 1：

A：I don't know.（Grammatical, formal）

B：I dunno.（Ungrammatical, more casual）

例 2：

A：Hello, what are you doing?（Grammatical, formal）

B：Hey, what're yuh doin?（Ungrammatical, more casual）

语体变换是指说话者需要根据情况使用不同的语言形式。比如国家领导人在作政治报告时，为了让大部分民众都能听懂，体现亲民的形象，也会使用一些俗语，如“打铁还需自身硬”等；当说话者在不同的场合遇到不同的对象时，会说“劳驾”“谢谢您……”“对不起……”等礼貌用语。例如教师为了让学生帮忙分发试卷，采用不同的句型可以表示不同的礼貌程度，而核心的结构就是“hand out the papers”。

A：Hand out the papers.

B：Please hand out the papers.

C：Would you please hand out the papers?

D：I'd appreciate it if you would please hand out the papers.

第一句话为祈使句，命令语气，比较生硬，由谓语动词词组“hand out”和直接宾语“the papers”构成；第二句话只加了“please”这个表示礼貌语气的词；第三句话用疑问句式“Would you...?”将表示礼貌的标记词嵌入了进去；第四句话则使用了条件从句“if...”来表达语气。这四句话的语气由生硬到客气，不断弱化。

策略能力是指说话人在交谈时运用语言策略来弥补自己的不足的能力。比如在你不知道用某个词来表达你的意思时，你用什么方法来把你的意思表达出来？举个例子：

有一位客人在宾馆打电话给前台服务员，想要吹风机把头发吹干，但是她不知道吹风机怎么说，她可能会运用以下策略与前台服务员进行对话。

文本 1

It is,uh, the thing that make the hair hot. You know, when you clean the hair and then after – that thing that make the hair hot when the hair has water. It's, um, it use electric to make the hair hot. Is not in the room and I want to use it.

文本 2

So, uh, now, my hair is wet. And I must go to the party. So now, I need that machine, that little machine.What is the name? How do you call it in English?

文本 3

We say in Spanish secadora – the dryer, but is for the hair. The dryer of the hair. Do you have a dryer of the hair? I need one please.

文本 4

（Imagine that this guest is at the hotel's front desk talking directly to the clerk.）

Yes, uhm, please,I need, you know the thing, I do this （gestures brushing her hair and blow-drying it）after I am washing my hair. Do you have this thing?

在文本 1 中，这位房客把吹风机解释成“the thing that make（s） the hair hot”；在文本 2 中，客人把吹风机解释成“that little machine”，同时还向前台服务员询问“How do you call it in English?”；在文本 3 中，房客先是用自己的母语西班牙语“secadora”描述了一遍吹风机，然后再过渡到英语“Do you have a dryer of the hair?”；在文本 4 中，房客由于与前台服务员进行面对面的交流，直接用手比划着，来说明自己需要一个吹风机。从上述四个例子中可以看出，尽管说话者外语词汇不足，但是并没有影响这位客人与宾馆前台服务员之间的交流。由于恰当地使用了交际策略，这位客人顺利地进行了交际，并达成了自己需要一个吹风机的交际目的。

语篇能力是指讲话者所言的句子的连接关系，内容包括衔接与连贯两个层面。衔接指的是“一句话中各成分之间的语法和词汇之间的关系”（Richards，Platt and Weber，1985：45），它包含指代、运用同义词等多种手段。例如：

Tina：Hey, Cheng, how's it going?

Cheng：Wow, I just had a test and it was really hard!

Tina：Oh, what was the test about?

Cheng：Algebra! All those formulas are so confusing!

Tina：Yeah,I don't like that stuff either.

在这段简短的对话中，有这么几个表示衔接的例子，来分析一下。在 Cheng 的第一次应答里，“it”指代他刚参加完的“test”；在 Cheng 的第二次应答里，“algebra”（代数）和“formulas”（数学公式）表达了同样的意思。这些手段的运用，使得 Tina 和 Cheng 之间的谈话衔接顺畅。

连贯指的是语篇层面话语意义或语段中句子意义的关系。一般来说，如果一段话的各个句子都围绕中心大意展开（即主题句和展开论述的有关句子），这段话就具有连贯性（Richards，Platt and Platt，2002）。话语的连贯性可以帮助听者把握讲话人表达的意思。日常生活中，即使在母语环境下，人们也经常会碰到这样的情况：有些人滔滔不绝地讲了很多，但是我们却很难把握对方想要表达什么意思。这不是因为我们自己的听力出了问题，而是因为说话人所言确实缺乏连贯性。

连贯性不但与语篇中每句话密切相关，与说话人以及听话人之间的背景知识也有很大的关系。有些话语虽然从字面看来是跳脱的，但整个意思却是连贯的。例如：

Lisa：Could you give me a lift home?

Sarah：Sorry, I'm visiting my sister.

Lisa 的提问与 Sarah 的回答之间没有任何语法与词汇的联系，但由于 Lisa 和 Sarah 都知道 Sarah 姐姐的住处与 Lisa 家方向相反，因而对话具有连贯性。

上面我们对口语能力的诸要素进行了梳理。社会语言能力要求人们视不同的场合、不同的对象把想要表达的意思恰当地、得体地传达出去，维护好与对方的人际关系。策略能力就是使我们将不会说或不便说的事情运用多种方式、语言或者肢体动作等，将其表达出来。语篇能力要求人们将要表达的意思清晰有效地传达出来，便于听者明确言说者所要传达的意思。

三、口语教学活动设计的原则

（一）能够体现意义协商的交际策略

Long （1983）发现母语使用者在进行外语学习交流时会采取两种手段：一种是输入简化，另一种是话语修正。这些沟通技巧被称为交互修正，之后有学者将其称为意义协商，不同的语言学家又从不同的角度对这个术语进行了不同的解释。在本章第一节，我们已经将“理解核查、确认核查、澄清要求”这些沟通技巧作为交际策略的一部分进行了介绍。本节侧重介绍在意义协商中，说话人根据听话人的水平对自己的话语进行调整修正，使得听者理解原本不理解的话语。在意义协商过程中，说话者为了让对方听懂自己的话，必须关注语言的准确性，如选择正确的词汇，运用正确的语法规则，将单词发准音等。同时，他们也会关注自己想表达的和能表达之间的差距。一般来说，信息沟（information gap）和拼图式（jigsaws）一类的活动最适合体现意义协商的交际策略。

所谓的信息沟活动就是指参与会话活动的双方或多方，每一方都有自己知道而其他方不知道的信息，彼此之间需要通过询问对方来获得对方的信息。

下面我们来看一个例子（Bailey, 2005）：课堂上教师和学生在进行角色扮演，运用信息沟的设定与填充，达到交流的目的。学生想买一个 round cork coaster，但是他不会说 coaster 这个词，看他是如何与教师进行交流，最终买到这个 coaster 的。

学生1：Uh, hello. Where is Mr Lim?

教师：Mr Lim isn't here today. May I help you?（Smiling expectantly）

学生1：Uh, I must buy something – uh –（Laughing）. My grandmother said to buy something.

学生：（Laughter from his classmates as he glances around the room）

教师：What do you need to buy?（Said with an encouraging tone）

学生1：I dunno know how to say this thing. I don't know the name.

教师：Okay, what is it for?

学生1：Uh, okay, okay, it is for drinking.

教师：Oh, how about this?（Pulling out a canned soft drink from behind the barrier）

学生1：Oh, no!（Surprised tone）

学生：（More laughter from his classmates）

学生1：It's for having a drink – it's not the thing to drink.

教师：Oh, okay! Here you go!（Pulling out a plastic drinking glass from the podium shell）

学生：（More laughter from the class）

学生1：Oh, no, it's not this, is, uh, how you say（Turns to the class, asks them a question in Chinese; they laugh and the teacher smiles and waits）. – Oh! It is going under the drink. We put it under the drink so no water on the table.（Gesturing by sliding one hand under the other）

教师：Oh,I understand!（Looking hopefull and pulling out a paper napkin）

学生1：Oh, no!（His classmates laugh uproariously）

教师：This goes under the drink to keep the table from getting wet. Isn't this right?（Looking hopeful）

学生1：（Laughing and shaking his head）No, not this thing.

教师：Oh.（Sounds disappointed and looks crestfallen）

学生1：（Turns and speaks to his classmates in Chinese）

学生：Cork! Cork!

学生1：It is cork. This thing is cork.

教师：Oh, cork! Okay, here it is!（Looking pleased, pulls out a single cork which has been removed from a bottle）

学生：（More laughter and some coaching in English and Chinese）

学生1：Oh, okay, no.（Laughing）It's not this thing. It's, uhm, okay –it's, uhm, for under the drink so no water on the table. But is flat. Not paper. Is cork. Is fiat cork for under, eh, the drink. Is like this.（Making a round shape about three inches in diameter with the thumb and forefingers of both hands）

教师：Oh! I understand! You want to buy coasters!（Pulling out a round cork coaster from the bag of hidden items）

学生1：（Obviously relieved and pleased）Yes! Yes! This is the thing!（His classmates laugh and applaud his effort.）What is the name?

教师：What is it called? Coaster. We call these coasters.

学生1：How to spell it, please?

教师：How is it spelled? C–O–A–S–T–E–R–S.

学生1：Can you write it please?（Gesturing to the whiteboard）

教师：（Giving him the whiteboard marker）I'll spell it and you write it for the class, okay? C–O–A–S–T–E–R–S.

学生1：Oh, okay, okay. Coasters.（He prints the word on the whiteboard as the teacher spells it aloud.）Coasters.（Holding up the coaster triumphantly to show his classmates）This is coaster!（Announced dramatically）

学生：Coasters, coasters!（Prolonged applause as the student resumes his seat）

在这段对话里，学生与教师不断进行意义协商，一轮一轮地对自己需要的物件进行描述，每一次都在修正自己对“coaster”的定义，关注自己使用语言的准确性，最后得到了自己想要买的“coaster”。在对话中，虽然学生的口语不够准确，有很多错误，但是教师没有立即去纠正他，而是在某些地方用正确的说法进行了反馈，比如学生说：What is the name? 教师纠正说：What is it called? 这样，没有因为关注形式而影响意义的交流。

拼图式活动非常适合合作学习，它有点类似于拼图游戏中将一张完整的图片拆分为一块块的“组件”，然后再进行组装。下面举个例子，利用拼图式活动来教语法，将语法教学与口语教学结合起来。如何掌握词性对学生来说是一个难点，难学易忘。这个例子是利用拼图式活动来教英语中八种词性的教学设计。

教师课前要稍微做一些准备，准备好关于词性例子的材料。

Step 1：Form teams and assign a leader. Each group should be four students.There are eight parts of speech and each student will become an expert on two of the parts of speech.

Step2：The leader should help the group members each choose two parts of speech. You will probably need to group the parts of speech into two sections. Although you may determine what goes in each section,I prefer to use the following：

· noun, pronoun, adjective, verb

· adverb, preposition, conjunction, interjection

Then tell your kids that they are to find out the following about each part of speech：

· Definition

· Ten example words

· Rules about using the part of speech

· Unique qualities about the part of speech

· Use two examples of a part of speech in a sentence and underline the part of speech

Step 3：Once the students have found out the information about the two parts of speech, you may want to set up four stations in the room（noun, pronoun, adjective and verb）. Then, you can have four of the eight parts of speech experts meet together and then switch to （adverb, preposition, conjunction, interjection）. The experts need to talk to each other and make sure that they have their information correct.

Step 4：Students go back to their original group after the two expert group sessions. Each expert then shares what he or she learned. I strongly urge you to have group members take notes.

Step 5：After each group member or expert has presented, ask students to study their notes for a quiz over the information on the following day.

（二）能够体现会话的社会交际性与事务性

在课堂教学之外，我们与他人之间的交谈往往出于两种目的：一是社会交际，二是处理事务。我们这里所说的社会交际性就是指交流的目的是为了建立与维护人与人之间的社会关系；而事务性是指交流的目的是为了处理事务，比如交流信息等。这两种会话又有各自的特点。社会交际性会话比较随意，话题涉及各个方面，你一言我一语，所以相对来说，对于接下来的话轮转换以及会话往哪个方向发展具有不可预测性。事务性会话却不同，话题处在一个相对限制的范围里，话轮的转换与会话方向具有可预测性。在课堂口语教学中，活动设计需要包括这两种类型。

下面我们来看一个有关社会交际性会话的例子。这是一段饭前发生在家庭成员之间的会话，说话者转换话题很快，会话方向难以预测。人物：

Ashley：mother, housewife, junior high school history teacher; 42 years old

Cheney：father, gas station attendant; 47 years old

Abby：daughter, college sophomore and receptionist in art gallery; 20 years old

Larry：son, high school junior; 16 years old

Ashley is in the kitchen finishing the preparation of dinner – lamb chops, Cheney's favorite, though she does not care much for them. Abby is going through some CDs. Larry is reading one of his textbooks.

Cheney comes in from work and throws his jacket over the couch; it falls to the floor.

Cheney: （Bored but angry, looking at Larry）What did you do with the car last night? It stunk like rotten eggs. And you left all your school papers all over the backseat.

Larry: （As if expecting the angry remarks）What did I do now?

Cheney: You stunk up the car with your pot or whatever you kids smoke, and you left the car looking a mess. Can't you hear?

Larry says nothing and goes back to look at his book but without really reading.

Ashley: All right everybody, dinner's ready. Come on. Wash up and sit down.

（At dinner）

Abby: Mom, I'm going to go to the movies Friday night with some friends from school.

Ashley: Okay.

Cheney: Like hell you're going. No more going out with that group.

Ashley: Cheney, they're nice people. Why shouldn't she go?

Cheney: Because I said so, okay?

Abby: （Mumbling）I'm 20 years old and he's giving me problems.

（Turning to Cheney）You make me feel like a kid, like some stupid little kid.

Cheney: Get married. Then you can tell your husband what to do.

Abby: I wish I could.

Larry: But nobody will ask her.

Ashley: Why should she get married? She's got a good life – good job, nice friends, good home. She's still young. Listen, I was talking with Elizabeth and Cara this morning and they both feel they've just wasted their lives. They raised a family and what have they got? They got nothing. （To Abby）And don't think sex is so gr either; it isn't, believe me.

Cheney: Well, they're idiots.

Ashley: （Snidely）They're idiots? Yeah, I guess they are.

Abby: Joanne's getting married.

Ashley: Who's Joanne?

Larry: That creature who lives with that guy Michael.

Cheney: Watch your mouth, Larry. Don't be disrespectful to your mother or I'll teach you how to act right.

Ashley: Well, how do you like dinner?

（Prolonged silence）

Abby: Do you think I should be in the wedding party if Joanne asks me? I think she will; we always said we'd be in each other's wedding.

Ashley: Sure, why not. It'll be nice.

Cheney: I'm not going to any wedding, no matter who's in it.

Larry: Me neither.

Abby: I hope you'll both feel that way when I get married.

Larry: By then I'll be too old to remember I got a sister.

Ashley：How's school?

Larry：I hate it. It's so boring. It's just test after test and classes are getting bigger and bigger. Nobody knows anybody hardly. I really feel like nobody knows I'm alive.

Cheney：Get yourself a woman and you won't feel lonely, instead of hanging out with those potheads.

Abby （Looking to Ashley, giving a sigh as if to say, "Here we go again."）

Ashley：（To Abby, in whisper） I know.

Abby：Mom? Do you think I'm getting fat?

Larry：Yes.

Cheney：Just don't get fat in the stomach or you'll get thrown out of here.

Ashley：No, I don't notice it.

Abby：Well, I just thought I might be.

Larry：（Pushing his plate away） I'm finished; I'm going out.

Cheney：Sit down and finish you supper. You think I work all day for you to throw food away? You wanna smoke your dope?

Larry：No. I just wanna get away from you – forever.

Ashley：You mean we both work all day; it's just that I earn a lot more than you do.

Cheney：No, I mean I work and you babysit.

Ashley：Teaching junior high school history isn't babysitting.

Cheney：Well, what is it then? You don't teach them anything.

Ashley：（To Abby） You see? You're better off single. I should have stayed single. Instead... Oh, well. I was young and stupid. It was my own fault for getting involved with a loser. Just don't you make the same mistake.

Cheney：Go ahead. Leave the table. Leave the house. Who cares what you do?

在上述对话中，Cheney 下班回来埋怨儿子 Larry 把车子弄得一团糟，这时妈妈 Ashley 过来叫大家吃饭。女儿 Abby 向妈妈提出周五要和同学去看电影，妈妈同意，爸爸反对。爸爸生气地说让她早点嫁出去。后来，又谈到 Abby 的同学。Abby 的同学受到了 Larry 的谩骂，继而讨论起参加 Abby 的同学的婚礼。一会儿又谈起 Larry 的功课，爸爸说他功课不好不如找个女人结婚。Abby 与妈妈讨论发胖的问题……话题不断转换，难以预测会话的方向。

（三）符合学生所处的环境、兴趣与学习目标

英语口语教学活动的设计要符合学生所处的环境、兴趣与学习目标。学生所处的环境指的是本地区、本校，甚至本班的实际情况。在活动设计中将本地区具有特色的活动纳入口语教学活动，这样学生在认知上不存在困难，便于激发学生的认知图式，使学生有话可说。用英语表达自己身边发生的事件，学以致用，在用中学，又能激发学生的学习兴趣。学生有了学习兴趣，又会加快学习目标的达成。为了使口语教学活动设计贴近学生的实际，教师偶尔也可以请学生参与活动内容的设计，请他们提供话题和活动形式。教师可以在学生提供的环境背景下设计诸如角色扮演等活动，或采用学生喜爱的歌唱等形式来设计活动。

教师安排学生介绍自己所熟悉的旅游景点——离海口市约 20 公里的石山镇的“火

山群国家地质公园”（Volcanic Cluster National Geopark）。教师之所以这样做，是因为学生对本地的风景名胜有直观的感受，向外地的朋友介绍时，学生会觉得有话可说。

教师问各组学生海口的哪些景点值得向外国游客介绍：What are the places of interest that you think worth visiting? Can you say some of them? 学生回答比较踊跃，但大多数学生都是用中文说出各景点的名称，如位于海口市区的主题公园“热带海洋世界”，教师在黑板上将学生不能表达的英文名称写出来“Tropical Sea World”；石山镇的“火山群国家地质公园”（Volcanic Cluster National Geopark），俗称“火山口公园”（Volcanic Geopark）；“热带野生动植物园”（Tropical Wildlife Park and Botanical Garden）；“海瑞墓”（Hai Rui Tomb）；“五公祠”（Five-Lord Temple）；还有个别小组提到定安的“南丽湖”（Nanli Lake）和“热带鸟世界”（Tropical Birds World）等。

各组提到最多的两个景点是“热带海洋世界”和“火山口公园”，其中有三个小组还分别向全班展示了这两个景点的图片。他们推荐“热带海洋世界”的主要理由是“You can find a lot of fun there.”；推荐“火山口公园”的主要理由是“It's the most beautiful place in Haikou.”。教师让全班学生进一步讨论这两个景点对外国游客来说是否值得一看：Which of them do you think is most worth visiting to foreign visitors and why? Can you say more about it,for example, what's special? What can foreign visitors see or do there?

在教师的提示下，有学生说到“火山口公园”比“热带海洋世界”历史悠久，并展示了附有中文说明的图片。一张图片显示“这一火山群形成于 2.7 万年至 1 万年前”，教师让学生用英语说：The Volcanic Geopark was formed between 27，000 and 10，000 years ago. 另一张图片显示“热带海洋世界建成于 2000 年 11 月”，教师引导学生说：The Tropical Sea World was established in November in 2000. The Geopark is much older than the Sea World. 还有学生谈到“火山口公园是自然景观（naturallandscape），在那里既可以看风景，还可以爬山，而热带海洋世界是人造风景（man-made scenery）、儿童游乐场（children's playground），可能不具有代表性”等。学生最后一致同意推荐“火山口公园”。教师帮助学生归纳选择该景点的原因：（1）a wonder of the world（它是一个世界奇观，既属于海口，更属于世界，外国游客应该感兴趣）；（2）a geological learning（它具有地质学意义，作为世界上最完整的死火山口之一，外国游客可以从中学习到关于火山类型、熔岩和熔岩隧道等许多关于火山的科普知识）；（3）typical subtropical scenery（除了火山石构成的奇特景观，外国游客还可通过那些独特的建筑、石阶、古树、园林以及味道独特的羊宴等，了解海南的亚热带风情及其特点）。

教师接着问去过“火山口公园”的学生印象最深的是什么：Have you ever been to the Volcanic Geopark? When did you go there? What impressed you most? 然后让学生根据自己对“火山口公园”的印象（最熟悉、最有兴趣表达的内容）自拟题目进行叙述；对于没有去过“火山口公园”的学生，教师允许他们从课堂中大家提供的各种中英文资料和图片中选择自己感兴趣的内容；对之前提到的景点实在没有兴趣的学生，也可以选择自己所熟悉的海口其他旅游景点作为题目进行叙述。

四、口语教学的基本方法与实践

从历史角度来看，口语教学在教学法的层面经历了三个阶段：语法翻译法、直接法和听说法，以及交际语言教学法。

（一）语法翻译法

在语法翻译法中，向学生分析语法并将之从一种语言翻译成另一种语言。这一方法的主要目标是让学生阅读某一文化的书面语言。根据理查兹和罗杰斯（Richards and Rogers，1986）的分析，其特点是：

关注阅读和写作；

根据阅读材料研究词汇教学；

教学和语言练习的基本单位是句子；

注重语言的准确性；

采用演绎式教学法，即先提供语法规则，然后通过语言替换进行语言规则训练。

教学用语大部分是母语，通过翻译自查教学质量。练习方式有句子填空、造句、背诵课文和作文等。

可见，语法翻译法并不能真正训练学生的口语能力，也不可能真正提高他们的口语技能。事实上，在这种教学法中，学生主要掌握的是语言结构的理解和阅读能力，不是流利口语的能力，即现代经常遭到批评的哑巴语言。在语法翻译法中，口语就是指学生大声朗读阅读材料或是做语法口头练习，学生很少有机会表达自己的原始想法、情感和个人需要。

（二）直接法和听说法

与语法翻译法关注书面文本不同，直接法关注的是“日常生活中的词汇和句型”（Richards and Rogers，1986），完全用目的语（target language）进行教学，排除干扰，将朗读和写作结合起来。因为外语学习应与母语学习一样，起始于接受生活的口语，而不是文学作品中的书面语。教学重点是让学生说与听，通过按年级进度仔细规划的师生问与答的交替，逐步提升学生的听说能力。

左焕琪描述了这种方法在课堂教学中的基本程序[1]：

8:00¯8:10 讲授新词：教师进入课堂后用英语问候学生，并就日常生活题材与学生（David）进行简单的问答式会话。然后自然进入讲授新词阶段。先利用教室内与新词有关的实物引出新词，再出示课前准备的图片，用英语简单描述新词意义。学生理解后，再与教师在对话中使用新词。

8:10¯8:25 语法练习：通过学生活动进行。教师先请一学生起立，然后用动词现在进行时描述：

T：David, please stand up.（After David stood up）

T（To the class）： Now David is standing, but you are all sitting.

T（To David）： David, please go to the door.

[1] 左焕琪 . 外语教育展望 [M]. 上海：华东师范大学出版社，2001：131.

T（To the class,while David is walking to the door）：Now David is walking to the door.

直接法直接影响了听说法。在听说法中，主要强调让学生重复句子和记诵课文中的对话材料。重复操练是听说法最显著的特征，目的是让学生熟悉语音和语言的形式结构，教学的基本程序是：呈现—练习—输出。这一教学法的理论假设是学生操练语法结构以达到自动化程度，学生因此能够自然地展开对话。这样，教学口语便意味着，学生不仅能够掌握重复性的语言口语结构，而且在关注语法和语法准确性的同时，兼顾流利性。

听说法的理论基础认为好习惯的形成需要不断的反复操练，“如果要学生形成良好的语言习惯，那么就需要在课堂上不断重复和纠正错误，教师应不断识别学生的语言错误，以防止学生不良语言习惯的养成。一旦语言错误没有及时纠正，那么，班级中的说话者和其他同学就会内化错误的语言形式”[1]。

在课堂教学中，常见的类型有两种：

类型 1：

8:00¯8:10 讲授新词与对话结合：教师进入课堂后在黑板上画男女两个学生，在他们后面画一个超级市场入口处。教师用英语介绍情景：他们在商店门口相遇，开始了一段对话。教师边表演对话边解释语言难点，再让学生听两遍录音。

8:10¯8:25 熟悉课文：教师先找一名学生和他对话（重复上述课文），然后全班两两练习对话（重复课文）。练习完毕后请几对学生上讲台对话。

8:25¯8:45 句型操练：

（1）教师简单讲解然后说“Now Sally is talking to John.”，并讲解动词词组：ask John a few questions，wait for her sister，plan to buy lots of things... 要求学生根据动词做模仿练习。

（2）教师说出主语 Sally、Mary、Cathy、David、Tim、she、he、we、they 等，要求学生仿照做替换练习。先每个学生做，再小组做并互相检查。

（3）用同样方法做动词练习，直到学生掌握方法为止。

8:45¯8:50 听录音，然后要求背诵课文对话。

布置作业：拼写单词，听课文录音；做动词替换书面练习。

类型 2：MMC 教学法

8:00¯8:10 同类型 1。

8:10¯8:20 同类型 1，但两人一组对话时间要减少。

8:20¯8:30 句型操练——机械操练：同类型 1 句型操练，但减少每一步骤时间。

8:30¯8:40 句型操练——有意义练习：教师给出情景，要求学生用动词现在进行时的形式表达。

情景（1）：一学生表达后，教师提问：What is he /she doing? 另一学生回答。

情景（2）：教师拿出一幅外国家庭父母与子女一起学习的图画，要求学生用动词现在时进行描述，并互相提问。

8:40¯8:50 句型操练——交际性活动，先两人一组就照片内容进行交谈，再将几张照片做成 PPT，让全班学生逐张谈论照片内容（经准备后请几个同学到讲台上讲述），

[1] [美] 贝利（Bailey KM）. 口语教学与研究 [M]. 北京：高等教育出版社，2007：17.

要求使用现在进行时肯定句、否定句和疑问句等形式。

布置作业：同类型 1。

这种教学方法是让学生在语言实验中，听取简化了的、与学生所学的语言结构和词汇相配套的语音磁带，这些语音磁带一般发音清晰，准确性的保险系数较高，并不是现实生活中纯粹的、自然化语言。在语言实验室中，学生跟随语音磁带进行重复发音，不需要表达自己的想法与感受。也就是说，在听说法中，虽然也强调学生的口语训练，但是强调的口语表达基本上是被控制了的，学生没有机会表达自己的思想，口头语言训练的目的仍然是指向语法规则的熟练掌握而已。显然，这样的口语训练是无法形成在教室以外自然语境中的口语能力和进行流利的口语交际的。而且这样的口语训练比较机械乏味，学生容易失去英语学习的兴趣，再说，机械僵化的记忆式听说训练，并没有真正达到预期的自动化和流利有效进行语言交际的效果。

（三）交际语言教学法

20 世纪七八十年代，出于对听说法忽视儿童学习主动性和创造性的不满，并受婴儿习得语言特点的启发，语言获得机制的研究取得了突破性进展，人们认识到语言的掌握并不是先学习语言的片断然后再将之拼合起来进行对话，而是在人与人交际互动过程中形成的，学生掌握一种语言需要有一个交际互动的过程。于是，交际语言教学法便应运而生。

某些语言教学法，像全身运动法（Total Physical Response）是让学生先经历一段时间的听力训练，然后再开口讲话。这个方法注重的是以语言输入作为基础性活动。比如学生先是用身体对教师的语言做出反应，经过一段时间后，才是用语言进行反应。与此不同，交际语言教学法是让学生置身于较高水平的对话情境中，是互动性的活动，像以角色扮演和信息差任务进行语言交际。课堂教学中最典型的教学组织形式是结对活动和小组活动。

交际教学法的方法十分多样，其基本精神是开展师生之间有意义的对话，也称“语言意义的谈判”，上课经常采用两人结对的对话、3～5人为一组的小组活动和全班讨论的形式。情境设计要尽量真实。由于是用外语进行交谈，学生在进行有意义的交谈时必然要遇到希望表达想法，却又缺乏词汇或语法结构的问题，为了使交际有效进行下去，就非常强调交际策略的运用，具体的方法多种多样，下面我们列举几例。

策略一：音译。

A. 近似法。运用学生知道并不正确，但却有助于表达意义的某一目的语词汇或语言结构，比如 pipe for waterpipe。

B. 造词。学生造一个新词以传达一个概念，比如用 airball 替代 balloon。

C. 迂回。学生描述某物或行为的特征或元素，而不是运用目的语或语言结构。（像“She is，uh，smoking something.I don't know what's its name.That's, uh, Persian, and we use in Turkey a lot of.”）

策略二：借用。

A. 逐字翻译。即学生用母语逐字翻译出来。

B. 语言转换。学生直接用母语而不用翻译出来。（如“Xiangyan for Cigarette”）

策略三：寻求帮助，即学生寻求正确的表达。（“What's this? What called?”）

策略四：仿效，即用非语言策略表达意义，如拍手表示祝贺。

策略五：回避。

A. 主题回避。比如学生不要谈论目的语中的概念。

B. 放弃信息。即学生表达一个概念但不要讲述具体的信息。

由此可见，交际语法所强调的不再是准确性与流利性的标准，而是有效性、可信性、恰当性和实践性，直指语言交际的实用性目的——口头交际，最终归结为一点便是强调语言交际过程中的目的性。但是，对于英语作为外语学习的中国儿童实用理性的思维方式而言，儿童并不存在因为要生存下去而产生必须学习英语和用英语进行口头交际的强动机性和强目的性，许多教学情境的设置在其日常生活情境中只是虚拟的英语需要场景，儿童进行交际时的话题意义感和第二语言学习相比就要差得多。所以，只是简单地提供相应的外语学习情境以刺激其学习，仍然带有较强的虚拟性和想象性，并不能真正促进学生进行有意义的话题交流，学生参与的积极性、主动性可能都值得怀疑。所以，交际法对于中国儿童学习英语仍然是有局限性的。

第五章 大学英语自主学习

当前，随着新一轮英语教学的改革，尤其是大学英语的改革，特别是把自主学习当成一种全新的教学理念，俨然已成为大学英语教学改革的主导思想。当前各大专院校为了贯彻改革精神，正努力采用大学英语网络教学模式，积极鼓励学生学习外语，要朝着自主性、个性化的方向发展。

第一节　自主学习简述

一、自主学习的理论基础

自主学习又称为自我指导学习，是一种以人本主义为主的现代学习理念，也是目前应用语言学研究的一个重要课题。

（一）人本主义心理学

人本主义心理学是在美国兴起的一个重要学派，兴起于20世纪五六十年代。它反对不重视人类自身的特征，并且行为主义把人看作是单纯的工具，同时也批评认知行为能力，但却忽视了其他方面对学习的影响。他们以为心理学应该探讨“完整的人”，而不是简单地把人的认知过程分割出来加以分析，强调其发展的潜能，而且有发挥潜能的内在倾向。罗杰斯（G.R. Rogers）作为人本主义代表人物，对学习问题进行了专门的阐述。

罗杰斯的代表思想，认为学生学习有两种类型：认知学习与经验学习，它的学习方式也有两种：学生无意义学习和有意义学习。他认为认知学习和无意义学习以及经验学习都是一致的。原因是认知学习不介入情感和个人意义，它是一种“局部的学习”，所以与“完整的人”无关，是一种没有意义的学习。因此，我们说经验学习一定是有意义的学习，并能有效地促进个体的发展。因为经验学习把学生良好的愿望、浓厚的兴趣和需求紧密地结合起来，我们所说的有意义学习，它不仅是一种知识积累的学习，而且是一种很多人在一起的很大变化的学习。因此，学习者懂得学习的意义非常重要，也可以说学习是有目的有意义的学习。那么什么是有意义的学习呢？罗杰斯认为构成个人的认知和情感均投入学习活动之中；学习是学习者自动自发地（self-initiated），学生最清楚这种学习是否满足了自己的需求、是否有助于实现他的学习目标、是否掌握了原先不确定或不知道的知识。因此，学生能对学习产生兴趣，并能结合到学习系统之中。“有意义的学习结合了逻辑和直觉、理智和情感、概念和经验、观念和意义。若我们以这种方式来学习，便会变成统整的人”。

所谓的人本主义是建立在学习的基础之上。教学的结果表明，如若不是受益的，那就可能是有害的。因为教师的任务不仅仅是教学生学习知识，也不单单是一种学习的环境，让学生自己去决定怎么学习。所以，就有的人主张废除“教师”这一角色，用“学习的促进者”来代替。

总之，我们说人本主义的学习和教育教学方法着实影响了教育的发展。

（二）认知心理学

1. 认知主义学习理论

认知主义学习理论研究人的认知过程，强调学生对外部刺激（即所学知识）的加工处理、内化吸收等高级心理过程的重要性。认知心理学家试图把认知心理学的理论用于外语教学当中。因为他们比较重视人的感知、理解以及思维等诸多智力因素的积极作用。认知主义学习理论的代表人物有韦特墨（Max Wertheimer）、托尔曼（Edward Chance Tolman）、皮亚杰（Jean Piaget）、布鲁纳（J. S. Bruner）等。心理学家认为：“人获得和运用知识，依赖于人的一系列心理活动，如知觉、注意、记忆、学习、思维、决策、解决问题、理解和产生语言等，这些心理活动的总称便是认知。”其中又以皮亚杰的“发生认识”和布鲁纳的“基本结构理论”及“发现学习法”对教学产生的影响最为深远。

还有不同的观点也发出声音，皮亚杰认为：个体和环境在不断的相互作用中结合起来，引向对世界的重新感知和对知识的重新组织。新经验与过去存在的认知结构相互作用，实现优化原有认知结构的目的。皮亚杰把人们的认知结构称之为图式，就是指构成可能有组织的行为类型的认知能力。源于人们在从事各种活动的过程中，一般通过与环境间的关系建立起一系列的图式，所以图式在适应环境的过程中不断得到充实与更新，这样就能更好地符合现实世界的要求。

布鲁纳在接受并继承了皮亚杰观点的基础上，逐步形成了自己的理论——“基本结构”理论和发现学习法。布鲁纳以为，人们是通过三种方式来认识世界的：通过图片形象，通过做动作，通过某种社会标准手段。布鲁纳认为，行为把握即从图像把握到符号把握的过程，从而形成了学习者的认知发展、成长过程。他倡导在教学过程中要让学生掌握知识的基本结构，如概念、基本原理、规则等，通过对基本结构的掌握，学生更容易理解本学科，所学知识在记忆中保持得更长久，各个学科知识更能够融会贯通。布鲁纳的“发现学习法”主要是培养学生的探究性思维方法。“发现学习法”在肯定“系统学习”重要性的同时，扬弃注入式教学；在主张学生要独立思考的同时，指出“思考”的对象应该是智力性和技能性的基本问题。

认知主义学习理论认为，一方面客观世界和社会发展制约着人的发展规律，另一方面人充分发展的目的又在于认识世界和社会及其发展的客观规律，并根据其内在逻辑发展规律能动地、创造性地改造世界和社会，并不断推动世界和社会的物质文明和精神文明的发展；而世界和社会的发展又反作用于人自己，不断促进人的充分全面发展和个性自由解放。英语教学发展和实施的目的也在于培养学生综合素质的充分发展，并使其个性获得自主、自觉和自由发展。这不仅是学生发展的需要，同时也是社会物质文明和精神文明共同发展的需要，更是创建和完善中国特色社会主义外语教育教学体系的需要。

有学者提出了“发现学习法”的局限性。他们认为，让学生自己发现全部文化内容是非常困难的；“发现学习法”适合学习较为简单的内容；对答案的猜测大大影响了对基本规则的理解。但“发现学习法”强调内部动机的作用，指出了直接经验的重要性，关注直觉思维与逻辑思维等论点，这对学生探究性思维方式的形成起到了积极的作用。

2. 建构主义学习论

所谓的建构主义是关于学生认知发展的学科，它是借助个体的认知与学习过程紧密相关的，所以利用建构主义可以说明认知规律，它能较好地说明学习是怎么发生，它的意义是如何建构的，概念是怎么形成的，加之理想的学习环境应包含的因素等。总的来说，是在建构主义理论的指导下，形成一套新的认知水平。

那么，建构主义学习理论的主要内容我们可从“学习的含义”与“学习的方法”这两个方面来加以说明。

（1）关于学习的含义

建构主义认为，学生的知识是在一定的语言环境中得到的，不是单单通过教师传授得到的，能借助获取知识的过程中其他人的帮助，利用一些辅助资料，通过建构的方式而获得。因为学习是在一定的语境中，借助其他人的帮助来实现的意义建构，所以建构主义学习理论认为“情境”“协作”“会话”和“意义建构”是学习环境中的 4 大要素。

所谓的“情境”，是指学生在学习环境中的情境中对所学内容、对所掌握内容的意义进行建构的过程。这样就对教学环节提出了新的要求。换句话说，是在建构主义学习环境下，我们所说的教学设想。

所谓的“协作”是贯穿于学习的全过程中。是对学习材料的积累与整理提出与验证、学习成果的检测的意义，对于最终建构有重要作用。

所谓的“会话”是指协作过程中一个重要的环节。每个小组成员之间必须通过会话商讨来完成规定的学习任务；除此之外，协作学习过程也是一个会话过程，在这个发展中，每个人的收获由整个学习群体所共同拥有，所以说会话是达到目的的一个非常重要的手段。

所谓的“意义建构”是整个学习过程的最高境界。它是指事物的性质、发展规律以及事物之间发展的内在联系。在整个过程中帮助学生建构意义就是要帮助学生对事物的性质、发展规律以及事物较深刻的理解。这种理解在人的潜意识中长期构建的“图式”，就是关于当前所讲知识的认知结构。

综上所述，人们对“学习”含义的正确理解，学习的好坏是对学习者建构意义能力的检验，而不是学生重现教师思维过程能力的检验。换言之，学习者自身的努力是对获得知识的一个检验，而不是靠学习者机械地记忆所掌握的知识。

（2）关于学习的方法

在教师指导下，学生以学习为主要目的，也就是说，既强调学生的主体作用，又不排斥教师的主导作用，每个教师是意义建构的指导者、传播者，而不是知识的灌输者。学生是材料加工的主体，而不是局部的被动接受者和被灌输的机器。学生要想成为一个主动建构者，那就要求学生在接受知识的过程中，从以下几个方面来发挥它的作用：

①要充分利用探索法和发现法来理解建构知识的内涵；

②如何在学习过程中，要求学生主动去搜集信息，对所学习的知识要提出各种疑问并能加以验证；

③学生要把学习内容和自己的生活实际相融合，并对这种融合加以认真的思考。“融合”与“思考”是意义构建的关键。学生在学习中把融合与思考的过程与协作学习中的交流、讨论能有机地结合起来，那么学生建构意义的效率会更高，质量也会更好。协商有“内部协商”与“社会协商”两种，内部协商是指自己争辩是否正确；社会协商则指学习小组内部之间的讨论。

所以说教师要想成为学生的帮助者，就要求教师在教学过程中从以下几点发挥自己的作用：

①能够激发学生的学习兴趣，激发学生的求知欲望；

②能够通过创设教学情境，让学生注重联系新、旧知识，这样能帮助学生建构所学知识；

③教师应在可能的条件下开展使学生朝有利于意义建构的方向发展。它的方法包括：能提出问题让学生来分析解答；学生在交流中设法把问题逐步引入并加深学生对内容的理解和掌握；还要引导学生去发现认知规律，能够准确纠正错误，改正片面的认知。

二、自主学习与外语自主学习

“在课程论领域，培养学生的自主学习能力被作为一项重要的课程目标，自主学习被看成课程实施的一种重要手段而对之加以研究；在教学论领域，自主学习被视为一种重要的教学方法，研究者关心如何通过学生的自主学习来克服其学习的被动性，体现其主动性；在学习论领域，自主学习则被看成一种高水平的学习方式，研究者关心如何通过学生的自我调节水平来改善他们的学习成绩，使他们成长为有效的学习者”[1]。实际上，培养学生自主学习，能够提高他们的在校成绩，并且还为他们在学习型社会中实现可持续能力的发展奠定了坚实的基础。可见，学习就显得更加重要了。

（一）自主学习的含义

源于20世纪60年代的自主学习，开始了对“终身学习技能”和培养“独立的思考者”的讨论。由于不同的学者所处的理论立场、所采用的研究方法的不同，对于自主学习究竟指的是什么，持有不同的观点。

庞维国（2001）对国外学者的研究做了如下总结整理：以维果斯基为代表的维列鲁派认为自主学习本质上是一种自我指导过程，是利用个体内部言语调节自己的学习过程；以班杜拉为代表的社会学习理论学派认为自主学习本质上是学生基于学习行为的预期、计划与行为现实之间的对比、评价来对学习进行调节和控制的过程；以弗拉维尔为代表的学者认为，自主学习实际上是最原始的学习，是学生根据自己的学习基础、知识掌握多少，主动地调整学习策略和努力程度的过程；齐莫曼主张从以下几个维度来界定：培养学习环境、加强学习的社会性。

在总结、借鉴他人研究成果的基础上，从各个方面来判断自主学习。学生充分自主的学习，就是指学生在学习的诸多方面都能主动地做出选择和控制。例如：学习实践是他自我筹划和发起的，学生能够主动营造一个良好的学习氛围，并能够对学习结果做出自我评价，那么他的学习就是主动学习；相反，要是学生在学习上如前面所讲的完全依赖于他人指导，那他的学习就是不自主的。

纵向角度所说的自主学习是指从学习的整个过程抓住问题的实质，假如学生在自主学习之前就能够自我反馈和调节，在学习活动结束后能够对学习结果进行自检、自我调控，那么它的学习就是自主的；如果学生在整个学习过程中完全依靠教师或他人的指导和调控，其学习就不是自主的。

（二）外语自主学习的定义

Holec将自主学习的概念于1981年引入外语教学领域，并将其归结为“负责自己学习的能力”。在1985年，Holec又进一步延伸了这一定义，认为自主学习是一种概念化的工具。在有关自主学习在语言学习中作用的争论中，Holec的这一定义成了该领域日后研究工作的基础，许多学者在这一基础之上提出各自的不同见解。

1987年，Dickinson在Holec的基础上，又将其做了进一步的发展：“学习者对自己的学习能够做出决定并对决策的实施负起全部责任。”这里所承担的责任具体包括自

[1] 庞维国．自主学习——学与教的原理和策略[M].上海：华东师范大学出版社，2003：126.

己选择的学习内容、教学方法、进度进展、教学实践和地点、材料的选择，并能够进行自我监控和检测。

Little 和 Kenny 则将自主学习归为个人特征。Little 将自主学习看作是学习者的心理变化与学习过程和内容之间联系的纽带。他认为学习者能为自己的学习抓住机会，提供条件，而不是简单地对教师所提供的问题做出反应；不是被动地等待学习的来临，而是主动促使学习过程的产生。学生学习时不能死记硬背，要有一个积极的、能从事件中寻求答案的过程，就是主动实现意义建构的过程。

Benson（1997）认为学习的自主性代表着“在教育体制内对学习者权力的认可”。Wenden（1991）则对成功的外语自主学习者进行了归纳：“实际上，那些成功的、具有专门知识和技能的、有才智的学习者已经学会了怎样学习，他们已经获得了学习策略和有关学习的知识和技能；他们也具备了充满信心地、灵活地、恰当地、独立于老师地运用这些知识和技能的态度，所以他们被称为是自主的。”

但是，Nunan（2001）认为“完全意义上的外语自主学习者是一种理想，而不是现实”。他阐述说，“自主”有不同的程度，学习者达到不同程度的“自主”的潜能取决于很多因素，如学习者的个性、学生设定的学习目标、拥有的教育理念和文化背景等。除此之外，他还指出学习者的自主程度在一段时间内会存在一定的浮动；在不同的知识和技能领域，学习者的自主学习也存在一定的不确定性因素。

英语教育教学不仅是以学定教，还需有以教导学的理念，以学定教与以教导学是一对对立的统一体。以教导学理念认为，学生不只是知识的被动接受者和使用者，而且也是在教师的指导下能更积极地获取有效的知识、技能和能力的学习者。英语学习过程就是学生在教师的指导下，在自己已经掌握知识、经验的基础上逐步掌握英语知识的过程。这里所说的知识是指广义的知识，里边包含陈述性知识、程序性知识以及策略性知识。所谓的陈述性知识一般是指英语的语音、词汇和语法知识；程序性知识一般指在交际时运用英语知识的技能和能力；策略性知识是指内在调控的认知策略和方法。所以说学习英语不是机械地接受知识的过程，学生本身也不是被动地听讲、盲目地接受信息的机器。学习英语是学生经教师指导，结合自己的兴趣，并根据需要、体验、经验、价值取向、新年和实际的认知和相关知识水平去积极主动地学习和逐步运用知识的过程。这是一个教学、师生互动的知识成长和生成的过程，同时，这也是学生一切经验和知识的源泉。

大学英语教育不仅是以学定教、以教导学，而且还需多学精教。英语教育一方面是师生之间双主体与被学习的英语客体之间互动的过程，而且也是主体、客体以及客观情境三者之间互动活动的过程，甚至还是主客体情境交融的多向互动的过程。多学精教理念是指在师、生、情境、英语、情意互动的过程中学生要积极主动地多学、多用，而教师则充分利用具体、客观的情境在学生已有知识、经验的基础上精教知识的重点和难点，以便腾出更多的时间让学生多学、多用。这里的具体、客观情境既指狭义的英语语境，同时也包含广义的客观现实与客观世界。英语教育教学只有在具体的情境中，并在学生已有的知识、经验基础上进行教学才能达到精教知识的重点和难点的目标，并更易为学生理解和掌握。因为情境是语言的直接现实，缺少或缺失客观情境，语言就难以产生和存在，也难以理解和掌握；在学生已有知识和经验基础上精教新知识，既能节约教的时间，又便于学生理解和吸收，而且新旧知识融合所形成的新知识结构网络，也有利于记忆和快捷提取运用。在具体的情境中，并在学生已学知识、记忆的基础上精教，自然就能腾出更多的时间给学生学。更重要的是，在英语教学的情境中，运用英语吸收和传递信息，就是实际运用英语的能力，也是英语教育主要的本质目标之一。传统的英语教育过分强调教师“一言堂”教英语，而忽略了学生积极主动地学英语。它既割裂了主体与客体的联系性，同时也割裂了学生对英语与兴趣、情境学习的紧密联系。

（三）自主学习在外语学习上的主要成分

束定芳（2004）依据国外学者对外与注意身边的学习环境的观点，认为这样才有大量的机会去培养自己学习的能力。

本书也从态度、能力和环境三方面来进一步探讨自主学习能力的培养。

1. 态度

态度应该包括以下几种成分：①认知成分，即对某一目标的信念；②情感成分，即对某一目标的好恶程度；③意动成分，即对某一目标的行动意向及实际行动。可见，态度作为情感因素之一，对某一具体目标的实施和达成有着极为重要的作用。Stem（1983）认为外语学习过程中包括三种态度：①对目的语社团和本族语者的态度；②对学习该语言的态度；③对语言和语言学习的态度。

常言说：“兴趣是最好的老师。”如果学习者对某外族文化感到非常好奇，急于了解它的历史、文化背景、风俗习惯，渴望尝试其生活方式，那么学习就由“我必须学”变成了“我要学”，而“我要学”就有利于发挥自己的主观能动性，发掘自己的潜能，整个学习过程中会一丝不苟，那么就能顺利地掌握这门语言。而且“如果对某一语言抱有好感，对该语言的结构和表达法感到新奇，那么对这样的学习者来说学习该门外语是一个不断发现新鲜事物的过程，学习对他来说是一种乐趣，是一种探索；相反，把外语想象得过难，觉得外语表达法别扭，持这样的态度的学习者对外语学习畏之如虎，学习的效果毫无疑问会受其影响”。学习材料是否生动有趣，课堂活动是否活泼多样，决定了学习是否快乐，是否为一种享受，也决定了学生的学习效率与效果。此外“教师的人格魅力是培养学生兴趣的一个直接的因素。学生往往由喜欢一个教师进而喜欢教师所教的这门学科”（束定芳，2004）[1]，热情、活泼、大方、博学多才的老师必然会对学生的学习产生积极而深远的影响。

为考试而学习的英语教育，脱离了社会特定情境的实际情况，脱离了学生生活和实践的体验，脱离了学生思想情感、积极学习态度的实际，而过于强调接受学习、生搬硬套、机械模仿训练的学习方式，经常采用题海战术去检测学生掌握和运用英语的能力，从而获得考试的合格或良好的成绩。这样的学习对学生来说仅是为了应试，学习英语反而成了思想的负担，压力沉重的心态、枯燥乏味的学习和操练，使学生几乎成了应试的工具。随之而来的是学生心中抑制的紧张、压抑、苦闷等消极情绪。消极学习成了一座大山压得学生喘不过气来，从而也造成花时多、收效微的学与教的不良后果。学生学习英语只有以积极的学习态度，自觉主动地动脑、动耳、动眼、动手等多感官多渠道地学习和运用英语知识、发展英语技能和交际运用英语的能力，才能快捷、有效地发展英语素养。

积极主动的学习态度是人文精神的重要体现。积极有效的学习所倡导的是学生作为学习英语的主人和创造者，关注个性自由发展，积极调动学生主动学习，培养学生良好

[1] 束定芳．外语教学改革：问题与对策 [M]. 上海：上海外语教育出版社，2004：321.

的学习习惯，积极有效地参与创设的生活情境、相互协作的言语交际活动，才能培养合作交往的能力。这样，英语素养与积极的学习态度协调发展，才能使英语学习达到事半功倍的成效。

可见，不同的学习态度决定不同的学习动机，决定不同的学习效率的掌握。较好的学习态度是学习成功的关键因素之一。只有将学习看成是一种兴趣，而不是累赘或负担，才会主动去学，才能不断增强自己的学习能力。学生是否具有学习能力和学习能力水平的高低，不仅决定了他学习接受速度的快慢和学习质量的高低，还决定了他进入社会后是否会学习，是否会自己掌握知识，是否会自己根据工作的需要、发展的需要去主动地学习知识，往往这些正是培养学生可持续发展能力和终身学习所需要的。

2. 能力

自主学习能力培养应该包括 3 个部分：初始条件分析、元认知策略能力培训以及教师帮助下的自主学习能力的养成。

（1）初始条件分析

所说的初始条件是指“学生进入新的教学环境时已具备的有助于学习的知识、技能、信念，它是学生自身现有的可利用的资源和知识结构，由现有知识的数量、清晰度和组织方式组成，对新知识起固定、理解和吸收的作用”。

2007 年《大学英语课程教学要求》中明确规定：“各高等学校应充分利用现代信息技术，采用基于计算机和课堂的英语教学模式，改进以教师讲授为主的单一教学模式。新的教学模式应以现代信息技术，特别是网络技术为支撑，使英语的教与学可以在一定程度上不受时间和地点的限制，朝着个性化和自主学习的方向发展。”在这样的学习环境之中，教学因具有开放式、个性化、自主性和丰富性等特点，在给学习者带来无限可能的同时，也使学习由知识记忆型转为资源学习型，由教师为主体转为师生互动。

在这一新环境下，了解学生自身的初始条件就显得尤为重要了，“首先，现代学习理论的研究表明，在引导学生进入学习，尤其是新的教学环境的过程时，学习者更需要以个人特征为支撑去顺应或同化外部事物；其次，网络教学是现代技术在教育中的应用，而教育与技术的最完美结合莫过于技术与学习者的结合，只有学生真正适应了现代新兴技术，并能够充分利用好各项资源，技术才能在教育中发挥最大功效，而初始条件提供了技术与人集合的基本保障”（王志茹，2006）。

班杜拉（2003）指出：“在电子技术革命性发展的当今世界里，个人因素在人类自我发展、适应及社会和个人改变中的主导作用日益增加。”这更加凸显了教师了解学生学习初始条件的重要性。布兰斯福特等（2002）也认为“对于教学工作者来说，确认学生学习的初始条件非常重要，一旦教师注意到初始条件，并将这些当作新起点，在教学过程中监控学生概念的转化，就可以促进学生学习”。以学生学习的初始条件为依据，最大限度地发挥网络教学多样性和适应性的优势，贯彻实施“因材施教”的理念，正是每一个教师的职责所在。

（2）元认知策略能力

早在 1976 年，美国斯坦福大学心理学家约翰·弗拉维尔（J. H. Flavell）在其《认知发展》一书中就提出了元认知（metacognition）的概念。他指出：“元认知就是个人在对自身认知过程意识的基础上，对其认知过程进行自我反省、自我控制与自我调节。”简单说，元认知就是认知的认知。元认知是心理学专家们一直关注的问题，近年来有越来越多的研究者致力于有关元认知在学习中的作用的研究。

①元认知与外语学习的关系。

元认知的观点认为，学生完全能够积极主动地激励自己使用各种不同的学习策略和动机策略来促进自己的学习。这些有关元认知和学习活动的研究也表明，元认知适合各种学习任务，是保证学习活动成功的高级技能。

外语学习是学习者获得目的语知识、形成语言技能的过程。从建构主义的角度看，外语学习是一个主动建构的过程，既包括对新信息的意义的主动建构，同时又包含对原有经验的重组。学习的过程不是知识的传递的过程，而是知识的处理和转换的过程。学习者是知识构建者，是在学习过程中运用工具的主动探索者。因此，外语学习不仅是对所学资料的识别、加工、理解的过程，也是对该过程进行积极监控、自我调节的元认知过程。在外语学习过程中不仅需要学生有浓厚的元认知意识，从而了解自己的学习目的，选出适合自己的学习材料，确立自己的学习目标，选择和完善自己的外语学习方法，而且还需要学习者能够对自己的学习过程和效果进行反思和评估。

向红认为，在整个外语学习机制中，元认知处于最高层，通过学习的调控这一中介，统一协调和观照整个学习情境、学习方法或技能的使用。弗拉维尔认为，通过元认知，个体会知道，是否能够轻松而又顺利地记住一定数量的信息，取决于他自己对信息的记忆（个人＋任务）；他会知道选择适当的策略以符合任务要求的重要性（策略＋任务）；最后，由于意识到自己所有长处与短处，他会选择一种适合自己学习风格的策略（个人＋策略）。所有这些都是元认知的作用。

研究发现，元认知能力强的学习者，通常具有较高的认知水平，他们能有效地监控、调节自己的学习过程，懂得遵循认知发展规律，了解自身认知特点并进行自我调节，因而学习能力强，学习效果好。反之，元认知能力弱的学习者，认知水平低，学习能力差，学习效果也不理想。

②运用元认知理论培养外语自主学习能力。

随着人们对外语教与学研究的深入，研究的重点也由研究教师如何教逐步转移到了探讨学生如何学的问题，教学模式也从以教师为中心的传统课堂教学逐步转化成以学生为中心的网络教学，学习方式也发生了改变，传统的课堂学习与计算机网络的自主学习相结合，学生学习的重点不再是目的语本身，而是如何使用目的语来促进理解和表达，如何培养自主学习的能力。

国外大量相关研究结果表明，元认知在语言学习、阅读理解、写作、记忆、注意力、问题解决以及各种自我学习中都起着重要作用。通过对外语学习者进行元认知策略培训，能够转变学习者的学习理念，能够保证学习活动符合认知规律，能够提高学习效率，促进学生独立思考，培养自主学习的能力，从而实现终身学习。

因此，要培养外语自主学习能力，就必须要在新生入学的导航周里对他们进行元认知策略能力的培训，通过培训让学习者具备元认知的意识和元认知思维能力。学习者通过思维的培养，能够明白自身的认知特点，遵循认知规律，了解外语学习的特点，明确学习目标，制定学习计划，灵活运用学习方法。此外，自主学习的过程是学习者自我监控、自我管理的过程，因此，通过培训，学习者要学会对学习过程进行积极有效的监控、反馈、调节，及时调整学习策略，以实现学习目标，提升学习能力。

运用元认知理论培养学生的自主学习能力，包括几个方面的内容：确立学习目标、制定学习计划、监控学习过程和自我评估。

第一，明确学习目标，制订翔实的学习计划。

1997 年，Nunan 认为确立学习目标是另一种元认知策略，每当学完一门课后，想要及时完成目的并且能掌握本领，来确立符合学习者的学习能力的目标，使之集中注意学习目标，明白各项学习任务，避免盲从性。学习目标的确立激发了学习动机，并为学习活动提供导向，根据学习者的认知特点、学习者现有水平与目标之间的差距，来明确学习目标，选择合适的方法去进行学习。

第二，监控学习过程。

监控学习的过程主要体现在学生对学习的了解和方法的选择方面。在自主学习的过程中，学习者主动参与学习过程的各个环节：对学习资料的查找、整理，对学习内容的理解和自我提问，对学习活动在速度和实践上的监控等。通过了解学习过程，发现问题并找出解决问题的方法，从而培养学习者针对不同学习任务使用不同策略的能力。

第三，自我评估。

培训的又一种元认知策略是"自我评估"，即在学习中能够反思自己的学习，如学生在学习完一些新知识后检查一下自己学得如何。学生用自我评估随时检测自己的学习水平和学习进度，了解学习目标实现的情况，根据所发现的问题，改进学习计划，调整学习策略。简而言之，元认知意识和策略的培养使学生成为学习的主导者，"学习如何学习"（learn how to learn），这样能促进英语学习者自学能力的形成和发展，并为其终身学习打下良好的方法和理论基础。

事实也证明，元认知策略培训大大促进了学习者自主学习能力的养成。比如张彦君（2004）和王笃勤（2002）的研究分别涉及英语专业和非英语专业学生，两项研究的问卷调查均表明，实验后实验班的元认知策略使用频率高于实验前，学习的计划性、自我监控性、评估性好于控制班，并且学习成绩也有提高。另外，纪康丽（2002）通过元认知策略培训进行了促进自主学习的研究，对这一培训结束后的调查结果也表明培训取得一定积极的效果。

（3）老师帮助下的自主学习能力的养成

在做好初始条件测试和元认知策略培训的基础上，我们教师应该积极培养学生的自主学习能力。学生的自主学习能力通常由以下几方面构成：分析学习需求、学习计划的设定、确定学习内容、学习速度的设定、学习方法的选择、思考和评价整个学习过程。我们认为，当外语学习者在外语教学过程中，能够根据学习外语的具体情况，独立、主动地做好对以上各要素的确定和选择时，那么他就具备了外语自主学习的能力。然而，这一能力的形成不是一蹴而就的，需要在教师的帮助下逐步形成。我们认为通过订立学习契约，能够有效地帮助学习者自主学习能力的养成。

英语教育教学不仅是以学定教、以教导学、多学精教，其最终的目标恰是不教自学。教是为了不教，不教是为了能自学。终身享受自学的乐趣是学生学习的最终目标，也是学生学习最理想的追求。英语知识的学习和运用离不开学生独立思考、积极思考、进行沟通和交流信息的活动，学习英语的目的，是学生能独立、自如地使用英语并且进行交际。而运用语言进行交流，最本质的特征是具有双向或多向的交流性和沟通性，而且双方或多方都是不依赖于他人独立、自主的个体。一方有信息输出意愿，另一方或多方有吸取信息的需要，双方或多方的信息沟通和交流活动才能得以实现，缺少或缺失任何一方的独立、积极主动参与和交流信息活动都是难以实现的。这就是不教自学的自然境界。

“学习契约（learning contract），也称为学习合同，是一种由学习者和指导教师共同协商、设计、实施和评价的关于某一学习主题的书面协议”（钟志贤，2008）。鉴于学习契约具有目标的差异性、内容的个性化、制订的协商性和任务的契约性等特征，钟志贤（2008）认为制订契约有如下的优势：“①可有效培养学生自主学习能力；②可有效增加学习者的学习动机，满足个性化及弹性学习；③是调和学习者内在需要或兴趣和外部需求的一种有效手段；④可与信息技术相结合，能有效提高教学评价的效度；⑤是一种有效的学习绩效保障机制。”

当我们在制订与实施学习契约时应遵循以下的原则，如表5-1所示（钟志贤，2008）。

表5-1　制订与实施学习契约须遵循的原则

制订与实施学习契约须遵循的原则
①在确定目标的过程中，学习者有权利、有责任发表自己的见解
②在设定目标时应当能使学生在完成任务时获得成就感和自豪感
③学习者可以选择适合自己特点的目标达成方式
④在达成个人学习目标的过程中，应给予学习者承担学习责任的机会
⑤在个性化和独立学习活动中，应强化学习者的个人意识
⑥指导教师应避免给予过多的指导
⑦在提供学习途径时，应考虑学习者不同的学习风格
⑧注重在团队合作中开展学习
⑨遇到失败时，不应给学习者造成压力
⑩对学习者来说，学习任务的设定应具有一定的挑战性

3. 环境

束定芳（2004）指出，如若没有外部的环境，如教师、教学手段和学习资料，在培养学生自学的初级阶段，想要实现前两项是不难的，也就是说我们无法培养学习者的自主学习的态度和能力。

2007年教学大纲指出：“各高等学校应根据本校的条件和学生的英语水平，探索建立网络环境下的听说教学模式，直接在局域网或教学网上进行听说教学和训练。读写译课程的教学既可在课堂进行，也可在计算机网络环境下进行。”《大学英语课程教学要求》为大学英语利用IT环境进行个性化的教学提供了政策上的保障。

事实上，大学英语教学指导委员会于2001年对全国345所本科院校的有关多媒体教学的一项调查表明，多媒体教学在很大程度上提高了外语教学资源环境，学生的学习效率和教师的教学效果大大提高了，因而大大冲击了传统、单一的课堂教学模式。

中国特色社会主义外语教育体系是强调以学生发展为本为重点。除学生以外，教师是一个重要角色，教育大计，教师为本；教育教学改革，关键在教师；只有有了好的教师，才可能有好的教育。因此，以学定教和以教导学两者之间具有内在逻辑联系。教师不只是知识的载体、来源，也是传道、解惑的，教学不能以教定学，以教师为中心；教学也不能排斥以教导学，仅以学生为中心。教师要相信学生自己能学习和使用知识，所以需要以学定教，但这并不意味着教师的作用是无关紧要的，也不是否定教师的教学能动性，而是强调教师是学生学习和运用知识的指导者和引路人，所以需要以教导学。师生关系不是教与被教、管与被管的关系。师生之间充满着人文精神，互敬互爱、尊重学生的人格，拥护教师。所以师与生的关系、教与学的关系应该是一种平等、相互尊重、和谐发展的互动关系。

尤为重要的，英语教育教学不能止步于以学定教、以教导学；以学定教、以教导学还需通过多学精教才能最终通达不教自学的最高境界。因此，以学定教、以教导学、多学精教、不教自学是一个蕴含内在逻辑联系的统一体，四个方面互动、生成才能达到英语教育教学理想的目标。教书育人是教师职业的重要体现，教师培养学生发展，是教师思想情感、知识水平占有量、教育教学能力与教育教学科研和价值取向的直接体现。教师花费毕生精力设计和操作的教育教学过程，不论是一件细小的事，还是一堂不起眼的汇报课，都是为了有效激励学生的思想情感，激发学生求知欲望，启发学生能独立思考、探究和合作学习，培养学生的自学能力，发展学生的个性，培养学生自学能力、实践能力及创新能力。这些也都是教师自身实践活动的价值体现，它更直接体现在不教自学的最高境界之中。用辩证法来说，学生学习是内因，教师教学是外因。学生成功与否，内因是起决定性作用的，这是以学定教的哲学基础；但是外因能起强大的反作用，因而激励、推动内因的发展，这是以教导学的哲学基础。

郑燕翔（2005）还认为网络化人际环境提供了高质量的人力资源及社会心理环境，包括网络化的教师、导师、朋辈、家长和其他资源人物，他们能提供丰富的知识、集体智能、社群互动和社群支持，这是保持学习者高水平心理素质、激发持续学习所必需的。IT 环境包括 3 方面功能：第一，IT 可以作为一种有力的学习工具；第二，这是一个对学习者进行多维度快速反馈的媒体，学习者根据反馈重新调整随后的学习；第三，在学习过程中，IT 便于网络成员进行实时互动和相互支持。

此外，网络教学的实践经验也为教育改革的讨论与理论的构建提供了基础和启示，这对学生自我学习效能的检测提供了方便。

第二节　自主学习模式与教学模式

一、大学英语自主学习模式

（一）麦考姆斯的自主学习模式

麦考姆斯在《一种现象学的观点》中有“自我意识主动学习”模式的提出，对挖掘如何有意识地形成自主学习的意识、如何发展方面做出很大贡献。麦考姆斯是其中的表率人物，在麦考姆斯的论著中，非常详尽地解析了自身能力、自主概念、自我形象等，形成“自我系统”。麦考姆斯认为人的自身能力、自我概念、自我形象这三种非常重要的成分对人的基础认知、情感反射、目的动机和最终的行为落脚点都有着一定的作用。

在这个过程中，明确地为自己设置目标出发点，及时体现把控能力，自我敏锐的判断力，评价反思自我的能力，显得尤为重要。这是显而易见的，因为学生在具体的学习实践中，他的判断能力、结果反响、目标出发点、自我强化等过程都受到个体的自我评价的影响，所图 5-1 所示。

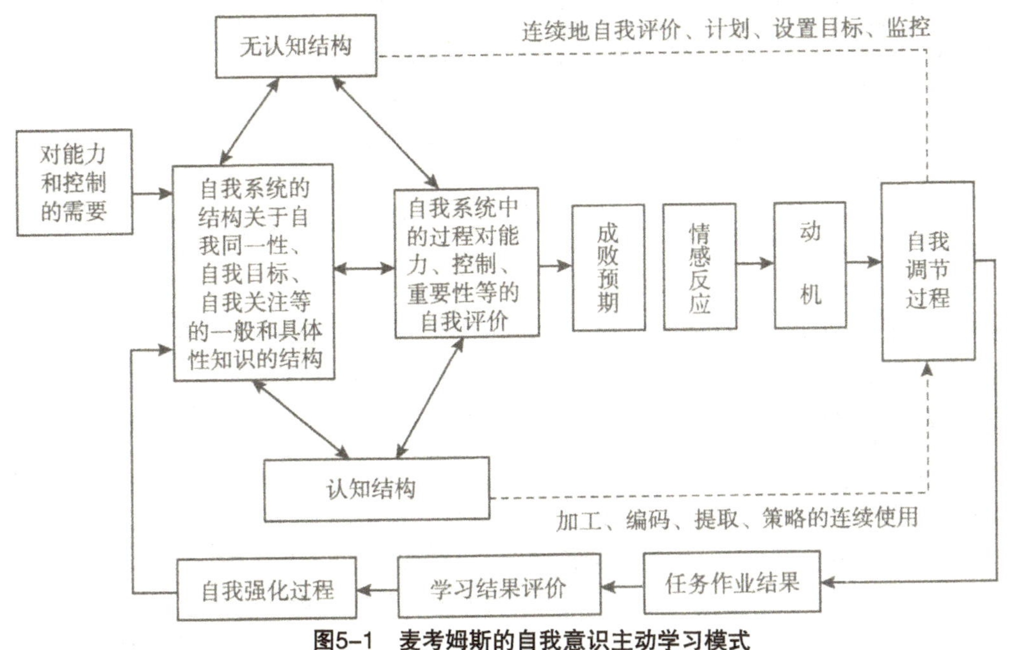

图5-1　麦考姆斯的自我意识主动学习模式

麦考姆斯除了以上观点，还指出自我主动意识的全过程可分为三个阶段。

（1）出发点设置阶段

在这个出发点设置阶段，要让学生知道，自己不仅能设置符合自己的目标，而且要知道什么目标对自己最合适，自己是否具有实现这个目标的能力。所以，在此阶段，就会涉及自己对自己的判断的加强，对学习终端等的预测的掌握情况要有所了解。

（2）实施阶段

学生在具体的学习实施阶段，需要依据自己设置的出发点阶段的预测，制订这一步的计划，筛选适合自己的策略，加强原有认知，最关键的恰恰就是原有认知。

（3）行为落脚点阶段

这个行为落脚点阶段的实施，要学生有较强的自己控制自己的能力，自己清楚自己，给予自己正确客观评价的能力。因为学生在这个阶段需要注意自己的言行，把握自己的情绪，监控自己学习的进展情况，从而来评价学习结果。

从麦考姆斯自我意识主动学习的论著上看，他认为自我主动学习，完全来源于自我清楚、自己控制自己 、自己正确客观评价等过程的发展水平，这些因素往往具有一定的本源作用，是自己调整自己的结果。所以，教师要想在学生自我主动学习方面有突破，就要帮助学生建立起对自身的正确认识，而且要根据自己的具体情况来进行成套的、成体系的训练，从而达到预想效果。

（二）齐莫曼的自主学习模式

齐莫曼作为美国最著名的自我主动学习的创建者、自我主动学习派的领导者，早在

1989 年，就在吸收班杜拉的论点的基础上提出了自主学习模式。说的就是自己、实践、身边因素和自身调整。利用两年的实践，他对自我主动模式做了进一步的补充解释说明。齐莫曼的自我主动学习的研究框架如表 5–2 所示。

表5–2　自我主动学习研究框架

坐标性问题	内心演变	任务前提	自我主动实践	自我主动过程
为什么要学	学习动机	选择参与	内在的或自我激励的	自我设置目标、自我评价
如何学	掌握方法	选择方法	有计划的或自动化的	策略的使用等
何时学	时间	控制时限	定时而有效	时间计划与管理
学什么	学习结果	控制学习结果	对学习结果的自我监控、意识	自我监控、自我判断、行为控制、意志等
在哪里学	环境	控制物质条件	对物质环境的敏感和随机应变	选择、组织学习环境和随机应变
与谁一起学	社会性	控制社会环境	对社会环境的敏感	选择榜样、寻找帮助伙伴、随机应变

从上表来看，齐莫曼认为，自我主动学习会涉及自己的能力、实践能力、身边环境等要素的反应，它和平时的学习一样。 换句话说，自我主动学习的学生不仅要调节按照预测所做的学习过程，而且要根据身边要素的反馈和改变，重新调整顺序，形成主动监控、调节的目的。也就是说，采取一切能够运用的手段，对整个过程进行观察、调整。这个观察和调整的过程，可以形成更优良的学习环境。还应该在自我主动的过程中，不断地对思维变化、状态的改变进行准确把握，随时调整。

实施阶段主要涉及两个过程：任务的比较分析和自我主动目的。任务的比较分析过程包含两个内容，一是目标定位，二是具体措施。虽然自我主动是内在动机性力量，但是自我主动也可以来源于对学习的执着。用一个例子来说，有关个人自我主动的自我感，还可以来源于内部意愿和锁定目标等成分。

另外我们说的实践或意志控制阶段，这个部分主要包含两个过程，第一是自我注意过程，第二是自我精细改变 。对他的内容应这样阐释，所说的自我注意是指对学习实践的某些具体方面、条件和进展进行跟踪。那么自主学习者常用的自我注意手段是记录，这种记录的特点是准确、及时、全面。但如果当注意这种手段并不能明确说明学习者偏离了方向时， 加之个体还要自己对自己做实验，这个过程，就是通过系统变换学习的学习过程、攻略方法、外界因素等，来达到最终的学习目的。从而使自我把控的能力能够帮助到学习者，把更多的精力放到学习上，然而在这个过程中要用自己把控、集中思维、运用内心表象、运用任务策略等逐一来完成，达到所制定的目标。

所说的自我沉淀阶段主要包括自我判断和自我反省两种过程。

其中，自我判断又包含两个阶段，其一是自我定义，是指学习者要对自己的学习预期与最后所得的结果是否一致，对学习的必要性做出判断；其二是归结原因并分析，指对原因进行分析。那么自我反省也包括两种形式，其一是自我认可，其二是适应性、总结性反应。前者是指学习者对自己学习结果的积极评价所做出的反应。学生在自我主动学习的过程，把获得自我认可感看得尤为重要；然而恰恰相反，一些学生在学习失败后对原有的学习能马上进行调整，目的是在以后的学习中能取得更大的成功，又如所说的总结性反应，却是为了避免今后学习失败而产生懒惰心理来应付以后的学习任务。

学者齐莫曼又认为，如若培养学生的自我主动学习能力，还应该从以下几点入手，即从自我定义、内容定位、策略的定位和实践、自我揣摩、自我反省等方面着手进行。这是缘于即使自我主动学习包含着复杂的结构和过程,但是以上这些方法似乎更为重要，也更容易操纵，学生更容易理解和掌握。

（三）巴特勒和温内的自主学习模式

巴特勒和温内在 1995 年提出了一个相对比较全面的、系统的学习体系。他们所提出的自我主动学习体系，就是把信息多方面还原、加工在一起来解释学习的模式。学者们认为，一套成体系的自我主动学习的过程，应该包括四个步骤：任务定位阶段、预测目标阶段、方案制定实施阶段以及改良阶段。

1. 任务定位阶段

我们从任务定位阶段这个观点来看，学生利用自己掌握的知识、学习任务的特征和要求，来确定学习任务，以及完成这一任务所具备的条件，包括适合的和不适合的。假如面对新的学习任务，若是个体认为自己对这一领域的知识了解得一清二楚，那就会认为学习任务简单、容易；如若个体认为自己对这一范围的知识不了解，那就会认为学习任务困难、不易解决。

在任务定位中，策略知识起着很大的作用。如果学生判定自己有足够的时间和方法来完成该学习任务，那么其学习目标性将会增强；如果学生知识储备充足，那么学生对预测知识的特点、依据、目标的判定就基本能与教师所想的目标达成一致；如果学生知识储备缺乏，学生往往无法清晰地把握所预测知识的特点，做出的判断也会不准确。反言之，如果学生判定学习工作，其学习目的性就会相对减弱，甚至有可能完不成所交代的任务。如果在涉及自我主动学习的目标性信念中，由于自我效果能动感影响学生对学习任务难易的判断以及相应的目标定向，所以自我效果能动感对任务界定也有明显作用。

2. 预测目标阶段

在预测目标阶段，这个个体在这一阶段的主要任务，是学生根据自己的标准，来对学习任务界定，制定学习目的、学习计划，选择学习策略。

相对自我效果能动感低的学生设定的目标而言，自我效果能动感高的学生设定的学习目标比较高。自我效果能动感对目标的确定产生影响。学生的自我效果能动感、定向的目标、初步认知水平在这一阶段中发挥着最为重要的作用。

一般来说，目标定向对学生选择的目标类型起着决定性的作用。重视学习目标的选择的学生会更加注重学习方法的应用。学生目标主要有掌握性目标和体现性目标两类，前者以理解和掌握学习内容为目的，后者以向他人显示自己的能力为目的。

我们说初步认知水平既对学生目标设置的程度产生影响，又决定着学习时间的安排、学习策略的选择、学习资源的利用等因素。

3. 方案制定实施阶段

在以上两个阶段的学习完成后，学生的自我主动学习就进入了下一个阶段——方案制定实施阶段。在这一阶段，学生要根据已拟定好的方案，对学习任务进行判定。在方案的执行过程中，学生通常会拟定的因素主要有以下四方面：范围内知识、任务类知识、对应方案知识和目标性信念。其中，对知识的原有认识主要是对学习的具体情况进行观察和跟踪，为初步认知控制提供依据，是初步认知控制的基础；初步认知控制主要是根据监视的结果适时调整学习计划，有时也会适当调整学习目标和教学手段。

如果个体出现一些问题，这样对任务难易的判断受到领域具体性的和横向和纵向的直接影响。

4. 改良阶段

巴特勒和温内认为，学习结果可以从两方面来说：一种是心理性的，另一种是实践性的。学生利用学习方案对学习任务进行吸收，最后生成学习结果，那么学习就进入原有知识改良阶段。

两种信息来评估学习的结果是通过比较分析才得到的，然后把结果返回到定位方案、知识和信念、选用策略等过程中，之后来对下一轮的学习进行指导。

依据内在的和外在所有的信息反馈，实践性的结果往往需要借助外在因素返回到原有知识的认知当中，并对学习方案进行再选择、再监控的过程。学生可能会对任务各要素进行重新解释，进而对原有的学习目标做出调整。基于以上种种情况，可能会形成新的学习体系，以达到最终的学习效果。

二、大学英语自主学习的教学模式

（一）PBL 教学模式

PBL 全称是 Problem-Based Learning，即基于问题的学习。这一教学模式倡导以问题解决为中心，由美国神经病学教授霍华德·巴罗斯（Howard Barrows）首创。最初主要应用于医学教育的 PBL 模式，后来被其他院校所采用。如今，此教学方法早已在不同国家的教育领域得到广泛应用，有力地促进了不同国家的教育事业的发展。英语教育教学只有在具体的情境中，并在学生已有的知识、经验基础上进行教学才能达到精教知识的重点和难点的目标，并更易为学生理解和掌握。因为情境是语言的直接现实，缺少或缺失客观情境，语言就难以产生和存在，也难以理解和掌握；在学生已有知识和经验基础上精教新知识，既能节约教的时间，又便于学生理解和吸收，而且新旧知识融合所形成的新知识结构网络，发展有效地解决问题的技能，发展终身学习的技能，成为有效的合作者、内在的自我促进者。下面我们对这一模式进行具体介绍。

1.PBL 教学模式的流程

PBL 教学模式中每个环节的顺序都是灵活的、多变的。学生可以根据自己的学习情况适当调整顺序。具体来说，PBL 模式主要涉及以下几个教学流程：

（1）创设情境，呈示问题

老师在了解课程和教学标准的基础上，灵活采用多种方式为学生选择适当的问题，如激发学生学习的兴趣，使学生在生动有趣的问题情境中与他人进行交流、探索，分享学习成果。

（2）划分学习小组

特别需要注意的是，我们所讲的分组是指同质分组和异质分组。所谓同质分组，就是指把各方面都很接近的学生编成一个小组，而异质分组则是把风格不一样的学生编成一个小组。我们在 PBL 教学模式中，教师应当尽可能地让学生自愿组合，为学生学习创设较为自由、舒适的合作氛围，从而激发他们的学习兴趣。

（3）分析问题

分析问题这一环节的目的是让学生对问题有一个清楚的认识，就是让学生清楚地看到自己已掌握的知识对问题的解决作用，并进一步了解需要继续学习的知识。教师在将一些小问题呈现给学习小组以后，同学们首先了解，并根据已有知识思考，再进行“理论”，最后进行建构和解释。若是其中一个学生调动起自己的已有知识，那么这些问题可能会激活另一位学生的已有知识。这样，集体的知识将会被逐渐激活，要是全班被激活了，学生就会开始详细解释他们已经掌握的知识，并尝试在已有知识与问题中所描述的现象之间建立起桥梁。

自此，合作便由此而展开。在学生对问题认识之后，他们便能科学、合理地对各种信息资料进行分类，给组员分配任务。

（4）收集并共享资源

在 PBL 教学模式的分组中，学生一般都是三五个分成一个小组，共同讨论并解决问题，搜集看看还需要收集哪些资料、学习哪些知识。当所有的材料都收集好以后，小组就自然解散。然后小组与小组之间互换组员，然后重组小组，换一些新鲜血液。这样他们就可以在新的小组内共享信息，达到资源共享的目的。

（5）选择并陈述问题解决方案

讨论后学生经过选择出最佳的解决办法，就要向大家解释为什么他们认为这是最佳解决方案。对此，他们可能会用到一些知识、图书、演示文稿、网络或者网站等形式，向大家展示他们为什么选择这一最佳解决办法。当然，具体选择什么方式，学生可以根据自己的需要和自己在问题情境中的角色来确定。

（6）反思

任务完成以后，学生要总结他们在解决问题的过程中，什么地方做得好、什么地方做得不够好，并讨论以后在解决该类问题的过程中怎样做得更好。同时，他们还要讨论还有哪些不足之处，以待以后解决。

综上所述，在 PBL 的教学流程中两条重要线索贯穿始终：第一是解决问题的过程，第二是围绕问题能够解决而进行的更丰富的学习攻坚活动，以及由此引发的信息收集、整理和加工，最终达成新知识的重组。

2.PBL 设计和实施的注意事项

具体来说，PBL 的设计和实施是两个不可分的过程，这两个过程可以平衡学生的需求、课程和特定的学习情景中的学习标准之间的关系。在 PBL 的设计和实施过程中，需要注意以下四点：

（1）PBL 是学生和教师共同的责任

使用 PBL 模式进行教学，教师和学生必须意识到，PBL 是教师和学生双方共同的责任。对学生而言，他们要为解决问题而努力，要不断地思考、分析，力求能够知道问题的关键所在，进而不断地加深对问题的理解，并努力寻找多种解决办法。经过这样的练习，学生最终将变成主动学习。对教师来说，他们应充当指导者和参与者的角色。在学生试图自己解决问题的过程中，作为教师不能对学生撒手不管，而应该成为学生的合作者，师生共同来解决问题，又能够激发学生对学习的兴趣，鼓励学生大胆提问，并适时地对学生加以指导，帮助学生培养自主解决难题的习惯和能力。

（2）问题的“真实”角色是学生

在整个PBL教学过程中，教师要让学生进入问题里并成为问题情境中的“真实”角色，给他们解决问题的权利，同时也让他们勇敢地承担解决问题的责任。这样可以充分调动他们的主动性和积极性，培养他们的责任感，从而有利于培养学生的自主学习能力的发展。

（3）把学生置于结构不良的问题情境中

布兰顿（Blunden，1991）认为，PBL是指将学生在实践中可能面临的情境作为学习的起点，这是一种以学习者为中心的方法。与脱离真实情境的传统讲授式教学不同，PBL强调问题情境的实用性，并且把问题情境作为学习来组织完成。

换句话说，PBL中的问题是存在于真实情境中，并且是结构不良的。我们知道，自然世界中的问题通常是变幻莫测的、劣构的，它要求解决者既要拥有解决问题的基本知识，又要拥有辨别是非的能力以及发现和使用适当学习资源的能力。所以，将学生置于结构不良的问题中，有助于培养和提高学生各种能力，使学生在面对现实问题时，可以实现知识的迁移。

（4）评估要贯穿整个学习过程

学生在思考的过程中能获得知识、应用知识并掌握技能。使用PBL模式进行教学时，对PBL学习的每一步都要进行评估，并且所有评估都要以鼓励学生围绕着问题进行思考为根本目标。例如收集信息、任务的完成、参与情感与态度、成果展示等，可以从其教学目标上进行考查。为了促进对学生自主学习能力的培养，PBL对学生的评估指标应该是他们对问题的理解深度，而不是对问题答案的复制情况；评估结构指标应该体现在诸多方面，这样能收到预想的效果。

（二）T—S教学模式

自主学习中的T—S（Teacher-Student）教学模式，又称为指导教学模式，也就是教师对学生的教学模式。T—S教学模式使得教师的角色得以转变，就是从课堂上的主导地位转变为指导地位。具体来说，教师编辑、设置场景，动员学生主动参与，学生能在活动进行中记录参与情况，教师适时对学生进行指导、及时进行点评和总结。T—S教学模式的主要任务是培养学生对语言的应用和创造能力以及解决问题的能力。

1.T—S教学模式的出发点

T—S教学模式的出发点是提高学生自主学习意识。大学英语教学和高中的英语教学有所不同，现行的高中英语教学以进行大量的单词及句法的操练、听写和语法练习为目的，而大学英语却是注重听说能力、阅读能力和写作能力的培养。所以，大学英语教师首先应当提高学生的自主学习意识，让学生认识到自己才是学习的主人，不应仅仅局限于掌握教师所教的内容来完成课内作业，还要养成自学的好习惯，自己管好自己的学习。

2.T—S教学模式的基本前提

T—S教学模式的基本前提是正确认识教师的地位。建构主义认为，知识的获得本质上是由个体建构的，而且这种建构是在社会互动中完成的。所以，教师在教学中必须要以学生为中心，把课堂变为学生活动的场所，让学生成为知识的自主建构者，将如何给学生创造机会更多地考虑在教学过程中，以培养和发展学生的能力。在设计课堂教学任务时，教师应考虑学生的兴趣和爱好，充分调动学生的积极性，从而使学生对自主学习产生兴趣，将有效地培养学生的自主学习能力和英语教学活动有机地结合起来。

3.T—S 教学模式的本质

有效采取启发式教学是 T—S 教学模式的本质。相对于以教师为主的灌输式教学或注入式教学，启发式教学是以学生为主体的，学生是知识的主动学习者和创造者。课堂上启发式教学能够充分调动学生的积极性、主观能动性、创造性，使学生不断提高分析问题和解决问题的能力。

启发式教学是教师的转变，课堂活动的协调者和组织者，即由传统的主导地位向指导地位的转变，从知识传授者变为自主学习环境的提供者，对象变了，结果也就不一样了。平等参与和学生主角课堂教学从传统的单边活动变为双边、多边活动，而学生则变成了学习活动的主人。发挥他们的自主性，能够充分激发起学生的主观能动性，并获得足够的空间，使他们有意识地对自己的学习负责，增加学生自主学习的兴趣。

4.T—S 教学模式的关键

培养学生的自主创新能力是 T—S 教学模式的关键。教师心里要明白，自己是否能够有效地培养学生的自主学习能力。为了胜任在学生自主学习中的角色，大学英语教师必须尽快提高自己的综合素质，具体要在以下两个方面做出努力：

（1）指导学生确立学习目标。

（2）培养学生运用适当的学习方法。对于大学生而言，经过多年的学习，每个人在英语学习上自行自检，自行评估学习行为。但是，这些方法并非是一成不变的，因此教师应运用适当的方法与技巧，让学生理解自主学习对大学学习甚至终身学习的重要性。

5.T—S 教学模式的动力

有效进行学习总结。定期进行自我总结是 T—S 教学模式的一个重要方面。教师可以要求学生用英语记学习日记，并每天坚持，这样不仅可以让学生自觉坚持课外学习，还可以帮助教师了解学生学习的过程。通过这样的方式，可以帮助学生对自己的学习进行有效的总结，从而提高学生自主学习的能力。

6.T—S 教学模式的保障

激发或端正其学习动机。具体来说，教师要努力做到以下两点：

（1）教师应真诚地对每一位学生都充满信任和希望，适当给予学生表扬，尊重每一位学生的个性，引导学生将他们学业上的进步归功于他们所付出的努力，以便于引导学生具有积极的学习态度。

（2）教师要正确估计学生的能力，向学生布置适合他们水平同时具有一定挑战性的任务，让学生品尝成功。

（三）S—S 教学模式

自主学习中 S—S 又称为协作学习模式，也就是学生对学生的教学模式。这种模式是指教师让学生通过交流、协商和合作来解决问题，这是大大促进学习者自主学习的重要因素。

1. 灵活分配协作学习小组

教师在分配学习小组的时候，最好考虑到学生的实际情况。由于每个英语教学班人数不等，而不同学生之间的英语水平又参差不齐，所以要具体问题具体分析。例如为了便于小组成员之间进行交流，可以采取就近学生优先的原则。不过，在分组时也要注意混合搭配优等生和中等生，因为优等生可得到更多输出练习的机会，而中等生能从优等生那里获得更好的语言输入。这种混合能力小组既能充分发挥优等生的带头作用，又能督促中等生、后进生进行学习，并且在学习中互相启发，这样不但使组员的集体成就感与荣誉感得到加强，还可以促使学生之间相互帮助，共同进步。

2. 协作学习小组的学习任务的分配

在S—S教学模式中，教师在布置学习任务时，可以实施任务型教学法。我们所说的任务型教学法，就是教师根据课程的总要求，结合具体问题，发挥学生创造性，设计贴近学生实际的教学活动，来吸引、组织学生共同参与。学生在参与教学活动中，通过思考、讨论、交流和合作等方式完成学习任务。教师则可以根据学习内容设计各种任务，让学生通过完成这些任务进行学习，学生学会用英语讲故事、交流，发展学生综合运用英语的能力。

值得注意的是，教师在进行任务分配时要考虑以下因素：趣味性的话题，调动学生兴趣，任务类型的输入和输出等。此外，教师布置小组任务时，应当要求每组进行口头或书面汇报。从而使协作学习小组有明确的目标导向，这样有助于促使学生参与到讨论中，个体都能获得更大空间的语言素材学习机会。

第三节　关于自主学习能力的培养和研究

一、自主学习的重要性

随着社会的快速发展，与世界各国交往也逐渐频繁，对能够熟练掌握一门外语并具备专业知识和技能的高级专业人才需求越来越多。一般情况下大学生把大量时间用在对本专业的学习上，学习英语的时间就不那么充裕了，所以学生英语自主学习能力的强弱，对于提高他们的英语成绩来说就显得尤为重要。中学阶段英语教学的应试目的比较强，教师只是把英语当作一门知识来教，学生把英语当作一门知识来学。到了大学阶段，英语的教与学的目标发生了变化，从基础知识的学习转变到了对英语的综合运用，尤其是听说能力。学生在毕业走出校门后，能熟练准确地运用英语进行口头和书面的表达和交流，学生自主学习能力的提高，对适应当代社会发展也是有利的。以往以应试为目的的目标该得以实现，这就督促英语教师的教学理念和教学方式的转变，以在教学课堂充分发挥学生为主体的原则来培养学生的自主学习意识，以平等交流的方式来培养学生创新的能力。在教学活动中，时刻关注学生的学习情绪，陪同和协助学生度过心理上的过渡阶段，争取在最短的时间内调整自己的学习方式和目标，完成从对教师的依赖到自主学习的过渡。

大学时期，对于非英语专业的学生来说，通常大学英语课时比较少，尽管课堂上传授给学生很多英语知识，但学生对学好英语的方法还是没有完全掌握，英语学科学习自主性不强，无法适应步入社会对英语知识的需求。所以说，英语课堂不是单纯地传授英语知识，而是应以培养学习者自主学习的能力为目标。当学习者了解并掌握了英语学习的有效方法，学会了自我调节和自我管理才是最理想的教育。总的来说，就是应该以培养学生独立完成思考为总目标，帮助学生获得独立学习所具备的能力和技巧，最终培养学生学习的自主性。

在培养“自主创新”“终身教育”理念的背景下，培养学生独立自主的学习能力已成为发展趋势。母语的学习都要经历一个漫长的学习过程，随着时代的变迁，原有的语言知识也在逐渐地变化，新的语言也在不断产生。目前大学英语课堂教学时间相对较短，任务较重，所以这对教师在短时间内来培养学生自主学习英语的能力的要求也提高了。学生自主学习能力的提高，有利于学生能单独地完成学习任务，对于学生的语言学习大有益处。

二、影响自主学习的因素

（一）大学英语教学遇到的问题

1. 教学思想观念守旧

过去我们受“语言工具论”“语言结构”以及应试教育形式的影响，教师把英语教学过程简单地理解为向学生传授知识，把教学活动的焦点中心放在课堂的“教”上，而对“学”的关注和研究较弱。而且在教学内容上更多局限在对语言知识的掌握，过分强调语法。大学英语课堂教学侧重于对语法的分析和词义的辨析。很多人都以为掌握了语法和词汇就掌握了语言。如此的英语教学只是停留在对英语语言知识的简单的讲解和传授上，这样教出来的学生对英语交流能力的掌握是欠缺的，比如说在实际英语的环境中会有没听懂又或者不敢开口交流的情况，体现出来语言使用能力不足以及对语言文化的认识不够充分。在传统的英语课堂上，常以为只要对课本知识掌握了，学生在实际应用中就可以套用所学知识，就能学好英语了，然而实际情况通常并不是这样的，学习一种语言，只学会了一两个概念或简单的句型就以为学会了，这样是无法完成英语学习任务的。

应试教育的模式一直以来统治了整个学校的英语教学，学生的学习内容和教师的教学内容都是为应试目的服务的，所有人关心的焦点都是成绩和名次，学校关心的是考试通过率，能力与分数不成正比，成为普遍性问题。以往教学方面的研究偏重于教学法的研究，忽略学习方法的研究。从现代教育理论角度看，既要重视“教”的质量，也要考量“学”的效果，用学生的学来指导教师怎样教。

2. 传统教学中的弊端

以往的英语教学过程中，教学模式基本上还是“黑板、教材、老师”的简单的教学模式，媒体技术的使用也不多。这种以教师为中心的课堂教学模式，以传授知识、打下良好的语言基础为主，侧重于听说练习，对学生自主学习能力的培养相对较弱，对学生交流能力的培养没有足够的重视，课堂上教师以自身的讲解为主，学生参与得比较少。另外由于课堂上学生众多，通常是老师主要讲讲语法、英汉对照翻译，再讲讲课文之后进行写作练习。时间有限的情况下要教授口语是比较困难的，学生在课堂上听说训练的机会较少。在这种教学模式下，学生的能力得不到锻炼，导致课堂教学产生了诸多问题和矛盾。当问题和矛盾得不到及时的解决，带来的后果更加严重。传统教学模式主要存在以下几方面问题：

一是目前的英语教学模式，对学生的个性化和心理特点的认识不足，具体表现在学生的语言认知能力以及自身所拥有的知识经验对学习的影响。通常所说的认知能力是指个体的由观察、感受、协调、分析、回忆经验或信息时所表现出来的特殊能力，这些因素对外语学习有着至关重要的影响。有调查结果显示，经过知识和经验的获得和积累，人们的认知方式和能力也会发生微妙的变化，人的认知能力和认知方式的变化会影响他对外语学习的整体把握，所以说认识和了解学生之间的个体差异是很重要的。正因为忽视了学生智力水平的参差不齐、学生学习动机的模糊、不注意学习方式及文化背景等方面因素的影响，因材施教的原则并没有付诸教学实践，从而变成一句空话。教师在照顾不同类型的学生的同时（这些学生有的来自农村，有的来自大城市，加之他们的英语基础程度不同），又要兼顾英语基础知识薄弱的学生，所以就出现了教师无法从根本上解决学习基础相对好一些的学生对知识需求的问题，最后拉低了整体教学质量水平，甚至导致某些部分学生的学习兴趣淡薄。因为对于优等生来说，老师授课的速度和进程过慢，讲解的内容一般都是自己已经会的，他们感到课堂枯燥无味，甚至有的学生从此厌学。所以教师在授课时，要因材施教，采用阶梯式教学，要给学生分层次，这样既能满足那些“吃不饱”的学生，同时又顾及那些后进生，慢慢地，这样根据学生来设计不同的教案，让每一位学生都能有所学，大大地提高了学生的学习兴趣，成绩的提升才能得到学生的认可。

二是学生在学习过程中过于被动。以往的英语教学模式过于依赖教师和教材的作用，强调知识的“传授”的同时，轻视了学生的接受能力。这种教学方式使学生的想象力、创造力和学习的主动性得不到发挥。长此下去，学生习惯了这种灌输性的学习，却渐渐丧失主动学习的能力。而英语又是一门能力性很强的学科，它对语言的掌握往往依赖于学生掌握情况，教学效果在很大程度上取决于学生的主动参与。总的来说，这种以教师的“讲授”为中心的传统教学模式，对学生的学习和今后的发展是不利的。

三是课堂教学的方式过于简单。传统大学英语教学，课堂还是以教师加教材为主，单一的教学形式对学生感官产生的刺激作用往往也是弱小的，也就难以调动和激发课堂气氛和学生学习兴趣。再者由于语言学科的学习区别于其他学科学习，一门语言承载了一个国家和民族的文化，具有更丰富的内涵，因此形式单一的教学方法对语言的特点和实用情境的展现存在欠缺。传统英语教学多采用模式化、概念化的程序，因此学生的学习活动基本上以背诵为主，缺少高水平的语言思维活动和对文化内涵的汲取。缺乏对跨国知识的掌握情况，大大影响语言思维方式的转换。

另外，重视成绩而忽视了教学过程也是传统课堂教学中存在的一个问题。很多教师只在意结果，忽略了知识传授过程的重要性，大大限制了学生思维的发展，而让学生重点背诵现成的答案。教师只注重结果，这样会使学生掌握知识的情况大打折扣，教学效果不清晰，教学的质量被拉低了。

（二）忽视学生的主体作用

教学活动中，往往教师占据主导作用，大部分课堂时间以教师的讲解为主，“满堂灌”“填鸭式”的教学模式仍然是课堂上的常见手段，教师处于至高无上的领袖地位，而对教学活动参与的学生少之又少，学生仍处于被动接受地位，被动地接受教师灌输的全部知识。长此以往的英语教学模式既淡化了学生的积极参与，也忽视了学生积极参与的重要性，对学生自主学习能力的培养认识不足，致使学习的主动性和积极性没有被充分调动起来。近年来，新课程体系标准的出台做出了明确的指示和规划，要求建立平等和谐的新型师生关系，教学活动中师生的地位是平等的。因此对课堂教学来说，师生之间的交流和互动是平等对话，意味着平等参与，意味着相互建构，同时也是架设师生之间的桥梁和纽带。对学生来说，交往锻炼自己的能力，是个性的彰显、创造性的解放。对教师来讲，交往意味着师生之间共同收获劳动成果并分享快乐。交往还可以互换师生角色，教师由教学中的主导者转变成合作者，从传统课堂的传授者变成了学生发展的促进者。所以和谐、平等的师生关系的建立对知识传授者来说也是一项光荣而艰巨的任务。

（三）教学评价标准需多样化

一直以来，衡量教师能力和教学水平的方法就是用学生的学习成绩，考试用一把尺子，评价用一种标准，这种对教师工作评价的方式，往往只看重评价结果，而忽视了过程。造成学生的创造力得不到发挥，使他们成为应试教育的牺牲品。现代评价要求不仅要关注学生知识发展，而且要通过创新手段，激发学生的潜能，诸如与人交往的能力、适应环境的能力等，使学生全面发展。

（四）传统的大学英语教学模式必须改革

21 世纪是世界发展的时代，我国要与世界其他国家合作，寻求共同发展。这样，英语作为国际交流所必需的语言，已成为时代的发展对现代人基本的素质要求。近几年，我国各个单位招聘人才，对已持有四、六级英语证书的毕业生要优先考虑。所以，毕业后的大学生，无论是继续深造还是就业，英语应用能力的差别导致了就业求学的结果有所不同，甚至成为影响他们择业的重要因素。所以现在大学生对英语水平的提高有着迫切的需求，然而目前大学英语教学中脱节现象的存在，使英语教学距离预期目标相差甚远。所以，教育专家一致认为我国现行的大学英语教学必须进行改革，以适应当今社会的快速发展对人才的需求，迎接创新型人才培养的挑战。

1. 改革所具备的条件

当下的大学英语教学改革已势在必行，时机已经逐渐成熟，大学英语教学改革的条件已经具备。

一是国家及教育部门高度重视大学教育的改革问题。教育行政主管部门要求，各高校领导及教务主管部门要充分重视此次教学改革，下定决心大力推进大学英语教学改革。衡量大学整体水平的高低，英语教学水平也作为重点参考。目前，许多高校都已认识到英语的重要性，正在积极地寻找办法和途径，以推进大学英语的教学改革。

二是大学生自身发展的需要。21 世纪是全球化的社会，国际合作往来频繁，英语作为国际交流通用的语言，熟练准确地使用英语已成为时代的发展对现代人基本的素质要求。随着就业形势的日趋严峻，人才与用人单位的供求矛盾也日益突出，对人才的引进的门槛和要求越来越高。一些招聘企业对已通过四、六级英语考试的毕业生加试了口语，以检测求职者的英语实际应用能力。由此可见，大学毕业后无论是选择继续深造或是就业，英语能力水平直接影响着他们今后的发展。所以说，现在大学生对提高自身英语应用能力的要求日益迫切，社会的发展对学好英语的要求越来越高。

三是教师的立场和观点。无论是英语学科的研究者，还是从事英语教育的专家们都对这次大学英语教学改革抱有较高的期望，站在课堂上参与教学的一线大学老师们也大多持赞成的态度。所以说这次教学改革对国家、社会及学校的教师和学生来说都是大有益处的。

四是我国教育信息化的大力发展，大大为推进网络教育提供了技术层面的支持。

信息技术和教育信息化的发展促进了教学改革。近年来，国家大力推进教育信息化产业的调整和发展。教育电视台也在网络技术不断发展更新的基础上，进行了数字化的调整和改造。目前，各高校的计算机的配备和校园网建设都已经得到了普及。这些举措为大学生英语学科的学习提供了物质方便，教学环境得到优化。为个别化学习创造了便利条件，学习兴趣得到了一定程度的激发，提高了学生语言运用能力和学习效果。大学英语教学在信息技术环境下所具有的优势可以较好地弥补传统大学英语教学所带来的不足，创造了现代外语教学的全新局面和环境。目前的计算机技术已经发展到能够在互联网、局域网或单机上为学生提供听、说、读、写、译、互动交流等全方位个别化教学的高级阶段。推进了基于计算机和网络技术的英语教学的改革，在大学课堂已经具备了一定的条件。

2. 改革的意义及影响

培养大学生英语自主学习能力能满足《大学英语课程教学要求（试行）》的需要，满足大学英语课堂教学改革的需要，更是满足社会和学生自身发展的需要。

（1）满足《大学英语课程教学要求（试行）》的需要

培养自主学习能力，是当前大学英语教学改革的需要。在当前形势下，发展自主学习已经成为中国大学英语教学的重点。教学的基本要求和目标为培养自主学习能力服务，也是每个学习者为面对快速发展的社会所带来的挑战所必须具备的基本能力。学生的自主学习是一种学习观和学习习惯，其本质是“促进变化的学习，培养能够适应变化和知道如何学习的人”。对于所有的教育情景和各类学习者都是适用的。自主学习是一种语言学习的习惯和方法，而不属于教学方法。会学习和主动独立进行学习作为当今时代的学习与教学理念，正是通过自主学习能力的培养等途径来实现的。为了促进中国高等教育发展，深化教学改革，提高教学质量，满足国家和社会对新时期合格人才的需求，2004年国家高等教育司公布了新的《大学英语课程教学要求（试行）》。新的《课程要求》明确规定大学英语的教学目标是“培养学生的英语综合应用能力，特别是听说能力，使他们在今后工作和社会交往中能用英语有效地进行口头和书面的信息交流，同时增强其自主学习能力，提高综合文化素养，以适应我国社会发展和国际交流的需要”。由此看来，学生实现目标的发展离不开自主学习能力的培养，也是新一轮教育课程改革的基本目标之一。此外，新的《课程要求》也非常重视大学英语教学模式从“以教师为中心”向“以学生为中心”的转换，即课堂教学从以“教师教授语言文化知识为中心”向“以学生掌握语言使用技巧和学习技巧为中心”转变。由此可见，新的《课程要求》对英语自主学习能力十分重视，所以可以得出结论，即培养大学生英语自主学习能力可以达到《课程要求》的规定和要求。

（2）满足实际教学情况的需要

目前，大学英语课堂教学中还有很多不尽如人意的地方。例如“一言堂”模式，主要表现为“教师讲，学生听；教师问，学生答”，以及做大量的练习题。许多教师只顾自己滔滔不绝地讲，学生只有默默地听课。再如在课堂教学中，有时候会出现这样的现象：就是教师注重发挥学生的作用，而往往那些优等生，他们接受能力较快，并且能提出一些比较新的见解和主张，教师却以为自己引导得好，学生接受得好，然后就跟着这些课堂上发挥好的学生思路“走”，而中等生和相对比较差的学生则丧失了发挥的机会。一般说优等生较大胆，后进生不太主动。就算有几个优等生在积极表演，也只是教师和成绩较好的学生在简单地互动，往往大多数学生在讲台下做安静的观众，面面相觑。学生的积极参与，绝不仅仅指几个学生，而应该让课堂中的全部学生都参与进来。如果大部分学生的被动思维处于抑制状态，这就是一堂失败的课。而自主学习不仅可以充分调动学生积极性，而且更可以使学生根据自己不同的学习基础，确定不同的目标、采用不同的方法，从而使大学英语教学更具针对性与实效性。学生确定目标后，能够帮助学生识别教师的教学目的和教学内容，充分调动他们学习的积极性、学习的主动性，积极配合教师最大程度地吸收输入，主动探索学习方法，挖掘更多的学习机会，摆脱对教师的依赖性，使学生积极参与到语言实践活动中来，不断提高学生的知识和技能水平。培养大学生英语自主学习能力，还可以改变目前大学英语课堂教学中的懒惰式学习。懒惰式学习实际上就是一种被动的“教师讲，学生听”的学习状态，学生依赖心很强，自觉性较差，学习比较被动，学习方式单一。有很多学生甚至“出工不出力”，学习效率低。大学英语单靠教师课堂上传授知识是不行的，只有调动学生主动的积极性，培养学生的自学能力，才能适应社会发展的需要。由此可见，培养大学生英语自主学习能力是现代教育目标的需要，是大学课堂教学改革的需要。

（3）满足社会和学生自身发展的需要

当今社会正在经历一系列的重大变革。随着科学技术的深入发展，当今社会进入了信息全球化趋势日益明显的新纪元。教育必须适应社会的变革，并为其进一步深入发展而服务。面对飞速发展的全新科技，教育教学的模式也发生了巨大的变化。诸如电子教育、家庭教育、社区教育、网络教育等各种教育模式正在或即将满足不同人群各自的需要。在这个正在向科技化转变的时代，教育被赋予了更多的责任。为就业而教育，为生活而教育，为世界而教育，为自身发展而教育，为兴趣而教育……即便上述教育目的在20世纪就已被提出，它们仍然毫无疑问地成为当今教育的主要目的，尤其是为生活而教育、为世界而教育和为兴趣而教育。

交流、获取知识，培养创造性思维，终身教育，以及为更好的生活而教育，都将成为现代教育的基本内容。换句话说，在新的时代，人们能迅速地发现新知识，投入地享受学习的过程已经变得更加的必须和重要。现代教育的发展逐渐要求人的能力的提高和全面素质的增强。目前，新的科学技术的发展日新月异，信息更新速度飞速发展，随时都有新的知识和技术产生并要求人们了解和掌握。学生在学校课堂上获得的知识不会受用一辈子。当代的世界是一个充满继续学习和挑战的社会，要想有所作为必须要终身接受教育、不断地进行自我的提升，才能更好地适应飞速发展的社会。社会对教育的要求不仅是学生对知识和技能的掌握，还应注重对能够进行自主学习、独立思考的人才的培养。

自主学习能力的强弱对于学好外语具有非常重要的影响，更是使学习者能够持续学习和发展以适应新的社会需要所必需的一项重要技能。很多人已经意识到，走出校门并不能说明学习的终结，而是一个全新的更深层次学习的开始。也意味着个体必须要对未来的学习具有不依赖于课堂和老师的独立性和自主性。也就是说，学习者如果要满足自身的发展就必须要养成自主学习的学习习惯和能力。学生自身未来的成长和发展离不开自主学习，要适应快速发展而又复杂多变的社会，学习者必须接受终身学习。

三、培养自主学习能力

（一）英语学习的动机和自我监督意识

1. 大学生英语学习的动机

自主能力的培养可以从以下两点着手进行：大学生英语学习动机的激发和建立、加强学生在学习中的自我监控。掌握学习动机，为推动学生进行学习提供了指导依据。所以为了更好地培养大学生英语自主学习能力，首先要了解并激发其学习英语的动机。

（1）学习兴趣的培养

相关的调查结果显示出，大学生的英语水平参差不齐，对英语学科的学习兴趣与其他学科相比较弱一些，学习的目的性较强。大学生关于英语学习动机的调查结果表明，为通过英语四、六级考试的大概占 60%；为以后择业考虑的比例约为 54%；考虑到英语是必修课的约占 48%。所以说，大部分学生学习英语的终极目标就是为了通过等级考试，是为了得到那一纸证书，出于对交流的需要和应用能力的培养则考虑很少。另外因为自身对英语学科的爱好和学习兴趣的占比更少。有数据调查表明，认为自己是因为喜欢英语而学习的只有 32.1% 的学生，即因为兴趣而学习。所以说，学习兴趣的培养迫切需要增强。在具体教学过程中，我们可以采取活跃课堂气氛、增加语言实践和布置挑战性任务等方法来培养学生对英语学习的兴趣。

（2）目标的规划

学习目标是学生对学习行为及结果的预期和规划。在学生自主学习过程中，学生要针对自身情况规划出明确而具体的学习目标，同时注意将近期目标与长远目标相结合。《大学英语课程教学要求（试行）》根据因人而异因材施教的原则，针对不同学校、不同学生提出三种不同要求，即“一般要求”“较高要求”和“更高要求”。“一般要求”是最基本的要求，高等学校非英语专业本科毕业生应达到的要求就是一般要求，是每个学生毕业时必须要完成的目标。“较高要求”和“更高要求”是对那些学有余力、英语基础较好的大学生设置的。学生可以根据自己确定的目标去努力学习，并以此作为自己的长期学习目标。然后，将大的目标分解细化，确定每个学期、每个星期或每天的计划。

结合自身的能力水平整理出的学习目标，才能做到目标与自己的实际能力保持在同一高度。有难度的目标，会使学生感到压力重重，无法起到激励作用，还容易让学习者产生无力感、挫折感；没有难度的目标，容易实现，没有挑战性，即便目标达成，也不会有强烈的成就感，起不到强化作用。只有在自己能力范围之内，且具有适当难度的目标才具有激发动机的作用。

（3）学习效果检测

学习效果的检测具有反馈信息的作用，只有经过检测，教师才能了解学生的学习情况，检测也能让学生直观清晰地看到学习的进展情况如何，距离目标还有多远，从而使学习动机得到激发。及时对学习效果进行检测、及时强化学习动机对整个教学活动意义非凡。检测的方式有很多种，包括书面的和口头的。常见的考试方法可以作为必备的检测手段，书面的方法通过对试卷的作答，对学生的学习情况也能大致有个了解。也可以通过平时的课堂发言以及日常的交流达到检测的目的。一方面，可以由学生自己进行；另一方面，也可以由班级、学校等统一进行。检测结果良好的同时，给予学生适当的奖励，也可起到强化的作用。通过对学生学习效果的检测和检测后的奖惩措施，从另一方面刺激学生自主学习英语的动机。

（4）鼓励学生积极参加活动

大学在校阶段，必须要鼓励学生积极地参加一些活动或者比赛，如一些全国性的英语竞赛以及学校或其他机构举办的各种英语竞赛。一般来说，竞争激烈的比赛可以从一定程度上激发学生的学习动机。在竞争过程中，每个人都存在力求超过他人的好胜心理，从而能够积极地克服困难，使自身的抗挫折能力得到增强，学习成绩因此得到明显提高。另外，不同类型的比赛侧重的方向和内容是有区别的，所以学生的学习动机也得到了不同程度的激发。

2. 自我监控的重要性

自主学习的成功进行，依赖于学习活动过程的自我监控。在实施了合理有效的自我监控的基础上，英语的自主学习才能顺利开展。有效的自我监控主要表现在以下几个方面：学习计划的制定，学习进程的自我监控，学习效果的自我评价。

（1）学习计划的制定

学习计划的制定是学习过程的一个重要方面，是学习过程中进行自我管理的有效方法。计划一般有长期和短期之分。以学期为单位的一般情况下指的是长期计划，短期计划则以星期为单位。长期计划一般是学生结合现有知识水平按照本学期的学习内容而制定的，所以首先要确立目标。学习目标必须要清晰明确，而且易分解成为具体的学习任务和学习行动，清晰的目标便于在学习过程中和学习活动完成时检查自己的学习成果，对学习成果的检测可以使自己产生学习压力和动力，也使自己能及时感受到学习进步的成就感和快乐感。通常学习目标的制定往往是一个学期进行一次。例如根据《大学英语课程教学要求（试行）》，多数学生在第四学期的学习目标是“在词汇、语法、阅读、听、说、写、译方面要达到大学英语基本要求，即四级要求”；有一部分学生的目标是“在词汇、语法、阅读、听、说、写、译方面要达到大学英语较高要求，即六级要求”。虽然学习目标是明确的，但根据目标制定出的计划却可能千差万别，有的有条有理，便于实施；有的却含糊笼统，难以执行；还有的会不切实际。学习计划的制定，应按照具体、详细、切实可行的原则进行制定。以下几点是需要注意的：

一是计划本身的内容应详细具体，包括学习活动的内容和时间，细化到每个环节和步骤，还要指出活动的方法，如如何记忆单词，怎样练习听力、会话、阅读、翻译等；另外还要制定如何定期检测学习成效的计划。

二是学习目标要科学合理。《大学英语课程教学要求（试行）》中确定大学英语教学目标为“培养学生的英语综合应用能力，特别是听说能力，使他们在今后工作和社会交往中能用英语有效地进行口头和书面的信息交流，同时增强其自主学习能力，提高综合文化素养，以适应我国社会发展和国际交流的需要”。学生应该根据教学内容，制定符合自身学习和记忆特点的学习目标，远离那些以应付考试为目的的学习计划，意识到当下的首要任务是提高自己的听力和口语水平，把大的目标分解成若干的小目标，逐步实现具备英语综合应用能力的目标。同时，拓宽知识广度、多了解世界文化，对于提高自己的综合素质大有益处。

三是学习内容的安排适量，过多的学习量是不可取的。很多学生在刚开始制定计划时信心满满，安排了过多的学习内容，最后学习计划和任务没有按时完成。例如有的学生计划每天背 50 个单词，假如这样记忆单词的速度实现的话，那么在一个学期内就可以完成《大学英语课程教学要求（试行）》中规定的词汇量的任务。实际上，这一点是很难实现的。

四是学习时间要科学合理，有的学生安排英语的学习时间大概每周 20 多个小时，还是业余时间。也就是说平均每天 3 个小时的学习英语时间。如此的计划安排时间过长，难以坚持。

五是学习策略要使用得当。例如部分学生在数小时之内只背单词，可能造成疲劳，学习效率无法满意；还有的学生练习听力时，只关注答案的正确与否，而不在意关键词句、重要数据和主题线索等，在听过一遍之后就认为结束了，如此简单的练习对英语听力的提高作用是有限的。

六是监督和管理。不少学生制定的计划从内容的多少到时间的分配以及方法的选择都比较合理，可是由于缺乏必要的监督，自我约束力不足，无法坚持太久。在这种情况下，其一学生本人的决心要坚定，做好自我监督，逐步提高自我约束控制能力；其二让身边亲友知道自己的学习计划，请他们监督或协助学习计划的实施，从而逐渐养成良好的学习习惯，自我约束能力也会渐渐形成。

总的来说，一份详细的、操作性强的学习计划可以使整个学习过程有条不紊。所有学习活动的目标都明确，结构合理，时间安排有张有弛，并认真遵照执行。那整个学习的自我管理是很轻松的，学习效率也会大大提高。因此，在学习计划的制定、执行以及实践与反思过程中，学生的自主学习能力和学习效率都有所提高，为以后的长远发展及终身教育打下良好的基础。

（2）自我监控

自我监控是指学生为了达到预定的目标，对自身正在进行的学习活动不断地进行积极自觉的计划、观察、评价、反馈、控制和调节的过程。有效的自我监控对学生保持良好的注意力、情绪和动机水平具有积极作用。帮助学生选择恰当的学习方法，并监督学习进程。良好而有效的自我监控，避免或减少了学习中的盲目性和冲动性，有助于学习效率的提高。一般情况下，在整个学习活动过程中都离不开自我监控。特别表现在计划的执行过程中，学生必须根据自身的实际进展情况，对最初制定的计划进行对照和反思，找到影响进展的因素，有针对性地修改，做阶段性的调整，以减少无用功，确保学习目标顺利完成。实践的同时要不断地反省，不断调整对自我的认识，并在以后的学习过程中利用以往的经验和吸取的教训，为自主学习的意识和能力的培养做好铺垫。

3. 学习效果的自我评价

学者贝利（K. M. Bailey）的观点认为，学习者的自主学习能力和学习者的自我评价能力之间有着密切的联系，因为客观真实的自我评价不仅能促使学习者对他们自己的学习负责，还能使学习者清楚地认识到现有的水平和他们期望达到的水平之间的差距，从而对自身综合能力有更准确的判断，使其获得更大的学习动力。对英语学习效果的评价能力对英语自主学习有深刻的影响。首先，语言学科的课程只概括了该种语言的一小部分，教学目标不应当仅仅只是对语言知识的传授，能力的培养也是至关重要的，特别是自主学习能力。所以这就体现了学习者的自我评价及自我监控能力的重要性。具有良好的自我评价能力使学习者对学习责任更加敏感，更容易形成自主学习的习惯。其次，学生的自我评价减轻教师对学生的评价压力，前提是学生客观积极的自我评价。学生良好的自我评价可使教师有更多的时间和精力去做更有意义的事情。但也有一些相关方面的研究者对自我评价的客观性和准确性提出质疑：①学习者对自己的学习过程、学习结果是否能做出客观的评价？②自我评价的过程是否真实？③学生的自我评价有其局限性。

由此可见，教师的引导在学生的自我评价中能起到不可忽视的作用。最常见的自我评价的方式是利用试题来检测，检测的结果让学生对自己的学习有了进一步的了解，发现学习中的难点和弱点，也把自身的缺点和薄弱的地方暴露出来，这样为下一步制定学习目标和学习计划提供了依据和方向。另外，学生还可以采用自评和互评相结合的办法来进行自主学习的评价。《大学英语课程教学要求（试行）》中推荐的《学生英语能力自评 / 互评表》就是很好的范例。此表分“听、说、读、写、译”五部分，每部分都含有若干个陈述，学习者在“自评”一栏进行自我评价，能够做到的写 Y（Yes），能够轻易做到的写 YY;在“同学评”一栏中，“请同学对你的英语能力用相同方式做出评价”，在“追求目标”栏中，“标出你认为重要但目前还不具备的英语能力，写 O（Objective）代表努力方向，写 P（Priority）代表优先考虑目标”。如果“自评”或“同学评”栏中 90% 以上项目填写了 Y，说明学生已经具备了这一要求所推荐的英语能力。如果“追求目标”栏中的 O 或 P 较多，则应寻求指导并积极设法实现。

（二）教师的角色重建

学生的学习主动性在某种程度上依赖于教师的主动性，而教师角色转变的意识则是教师自主性的基础。也就是说，教师自身的观念和作用定位将深深地影响着学生学习的自主性。所以传统的教师角色定位也在某种程度上左右了学生的大学英语学习。一直以来的观念就是教师是课堂上绝对的主导者。根据调查结果显示，大约有 29.4% 的学生对于“课堂上，教师是权威”这一观点持反对态度。学生对学习目标的确定、选择学习材料、安排学习时间和学习进度等环节都是由老师全程指导决定的。经过长时间的重复，学生对老师日渐依赖，从而逐渐产生了不劳而获的心理，导致学习缺乏应有的独立性和自我约束能力。

1. 积极倡导学习的自主性

国家高等教育司公布了新的《大学英语课程教学要求（试行）》，并在其中明确规定大学英语的教学目标是“培养学生的英语综合应用能力，特别是听说能力，使他们在今后工作和社会交往中，能用英语有效地进行口头和书面的信息交流，同时增强其自主学习能力，提高综合文化素养，以适应我国社会发展和国际交流的需要”。但由于长期受到传统教学思想和学习模式的影响，仍然有大部分的学生对老师有较强的依赖性。学生长时间地接收教师传统“填鸭式”的教学方式，即在整个课堂活动中一直是老师讲、学生听，然后老师问、学生答，之后进行大量的英语习题的练习。长此以往，学生无法发挥他们的主动性和积极性，压制和埋没了创造力。大部分学生只能被动听课，往往失去了进行自主学习的动力。所以，教师应将自主学习的观念及重要性逐渐渗透给学生，帮助学生转变学习观念，使学生认识到学习成绩的高低关键在于自身，应该在学习中学会承担学习责任，逐渐减少对教师的依赖，早日实现向自主学习的转变。

之后在确立学习目标的同时，教师要以平等的身份和学生进行交谈，获得学生的充分信任以后，才能更方便地对学生的学习目的、自主学习意识和学习动机以及遇到的问题和困难进行了解。另外，教师还要结合每个学生的个性特点，根据英语学科教学的大纲要求，鼓励并协助学生完成学习目标的确定，引导他们规划各自的短期和长期目标。

学生完成了学习目标的制订后，会比以往有更高的积极性去学习，因为这些目标是自己的规划成果，不同于只听从于老师所安排的要求，这就为他们学习的自主性提供了前提和保障。并且在监控整个学习行为过程中，教师不但要提倡和尊重学生对学习行为的自我约束和管理，还要密切注意和监督他们的学习。教师可以通过与学生之间的沟通和交流，或者采用其他的检测方式，及时对他们的进步给予肯定和鼓励，以强化他们的兴趣和动机。善于发现他们学习中遇到的困难和发生的失误，与他们一同了解学习进度，共同监督学习过程。如此一来，学生主观上会感觉到自己的学习是在有指导地进行，而非漫无目的的，从而提高其自主学习的兴趣和信心。

2. 为自主学习提供培训的机会

培养学生的自主能力，这就意味着对学习的管理责任由教师转向了学习者，即由学习者决定学习的内容、方法和时间，教师不再是课堂的唯一发言人，但是这不等同于教师责任的减轻和教师作用的降低，相反的是，教师面对的是更大的挑战和更高的要求。首先是教师要树立这样的信念，充分相信学生有自学的能力，而不仅仅靠教师的教来获取知识，学生掌握了正确的学习方法才会受益一生，而所有的学习都离不开独立性和自主性。教师需要认识的是应把学生掌握自主学习的方法作为教育的重点目标，要让学生对自己的学习负责和管理，包括自己挑选学习材料，制定学习计划和目标，完成学习活动，能够进行自我激励、自我管理以及自我评估等。但自主学习的过程并不是学生完全脱离了教师的帮助和参与，任其自由发展，事实上学生的这一切学习活动都需要在教师的指导下完成。教师的作用往往很关键，既要为学生创造良好的学习环境，提供更多交流实践的机会，也要指导学生对学习材料的合理挑选，对学习成果进行科学的评价并及时提供准确有效的反馈，让学生在掌握学习内容的同时逐渐掌握学习方法。这些措施之后，往往学生会逐渐摸索出一套具有自己特点的适合自己的学习方式，慢慢地学会在面临困难的时候自己寻找解决问题的方法，渐渐摆脱对教师的依赖，自主学习的意识也在逐渐养成。当然，针对学生对自主学习技巧方面的不足，教师对学生实行学习技巧的传授和培训很有必要。方法有很多，可以通过讲座的方式传授学习的方法，在此过程中学生可以和教师一起对英语的学习方法和体会进行交流和探讨。另外，教师还可以通过培训的方式对学生的学习进行策略性指导，以便找到合理的学习动机以及适合学生自身特点的学习方法。

3. 指导学生挑选学习材料

学生在自主学习的过程中，对众多学习资料的选择和使用，教师的意见和建议起着紧要的作用。自主学习要求学生全程自己独立进行，包括选择学习材料、确定学习内容等。但这个过程中教师的作用就是监督和协助。教师可根据自身的知识经验，对选择过程参与并指导。因为教师的语言学习和认知水平远高于学生，能针对学生的个体差异，从大体上把握学习资料的难易度和适宜性，避免了许多无用功，减少了许多学习中遇到困难的挫败感，从而使学生学习英语的信心得到增强，激发自主学习意识和动力，学习效率也提高了。简单地说，教师对英语自主学习的指导分别是对教材的筛选、过滤和补充；对来自于网络的学习内容的辨别和推荐；对语言实际交际运用渠道的开辟和推广等。教师在学生英语自主学习活动中的任务之一是对相关的学习内容进行发现、判断和推广，最终帮助学生实现学习能力的提高。

（三）重视环境因素

良好的学习氛围有利于学生的学习，尤其是自主学习。通过创造合理舒适的学习氛围以及建立英语学科的自主学习中心以及虚拟学习社区等方法，可以达到促进学生的英语自主学习能力培养的目的。

1. 学习氛围

自主学习重在学生的主动性和独立性的发挥，所以传统的教学模式必须改变，从教师的单一的课堂教学模式，逐渐向以学习者为中心转变，并且要兼顾语言知识与技能的传授和学生能力的培养。新的教学模式下教师需要做到：第一，师生关系要平等，这为培养学生的自主学习能力创造有利条件。第二，教学内容更丰富且教学手段多样化。课堂活动设计要便于自主学习的展开，学生应该主动地、全身心地投入学习活动中以获得语言知识，因此在活动中自我反思和领悟，能够使问题得到及时解决。所以，在改革后的教学模式中应把学生的学放在核心地位，充分发挥学生在课堂学习中的主角作用，教学过程的大部分都由学生独立完成，教师仅仅是起到启发和组织、引导和反馈等作用。

2. 自主学习中心

自主学习中心应具备两个要素：须有大量的可供不同学习者选择的学习材料，如阅读内容、听力材料等，用来满足每个学习者的学习需求；还需要通过鼓励学生发展个人学习计划、学习过程及承担责任等方法，培养他们独立学习的能力。学习材料大致有原版的杂志书刊及各种音像资料等。并且自主学习中心应该配备现代技术设备使学生的信息资源更加丰富，包括电脑、网络、PPT 以及录音机等。这样不仅使学生的语言输入渠道更加广泛，还可以使学生进入真实的语境，进行体验式的学习，这不仅能激发学生的兴趣，还可以使学生的语言运用能力得到极大的提高。

3. 虚拟社区

虚拟社区是指具有不同兴趣爱好和要求的个人，利用发达的虚拟交际空间来实现自己的需求和目的。构建和模拟大学英语的课堂教学环境，是虚拟社区功能的一个方面。具体地说，就是以学习语言获取语言知识的能力。这样虚拟的学习环境通过对资源的共享以及彼此的思想、观点和经历的交流，来提高英语的水平，包括听、说、读、写、议的能力，实现对英语的灵活运用。虚拟的教学环境是从未接触过的，有耳目一新的感觉，由从前的以“教”为主，转变为以“学”为主。学生的自主学习能力、协作互助能力及英语语言学习的综合能力都将得到大幅度的提高，使学生能更好更快地接受新生事物，达到自己学习知识的目的。

第六章　新形势下大学英语教学的新发展

在新的大学英语教学过程中，现代先进信息技术的逐渐普及应用是新教学模式的发展趋势。而在近些年大学英语教学方法与教育技术结合的发展中，多媒体技术是最令人瞩目的，也是应用最广泛的。随着多媒体的发展与其在教学中的渗透，多媒体技术的应用在大学英语教学中体现出了宝贵的价值，并得到广泛的运用，从而让大学英语课程教学的宽度、深度和灵活度都大大增强，推动了教学方法以及教学理念的更新。以计算机为核心的多媒体教室、语言实验室、网络教室、自主学习中心和校园网络等，为大学英语教学提供了更完善的教学环境。在教学实践中，课堂内外多媒体手段和资源的使用，丰富了教学的形式和内容，提高了学生的学习兴趣。目前，许多院校的硬件设施逐步得到改善，在英语教学中，多媒体技术也越来越被广泛地应用。但是，多媒体的使用和大学英语课程教学的结合仍可进一步深化与创新，使大学英语教学掌握更丰富与更有效的方法和手段。

第一节　现代多媒体技术在大学英语教学中的应用

一、多媒体技术的发展及其在教育学中的应用

（一）多媒体的内涵及其发展

1. 媒体与多媒体

媒体（Media）指的是人与人之间实现信息交流的中介或载体，而多媒体（Multimedia）是指利用技术手段整合人的感官所接收的文字、图像、图形、声音、动画和视频等多种媒体的信息传播方式。由于单一媒体在信息、表达与传播中往往会受到各种局限，因而在漫长的人类社会发展史中，人们努力将各种媒体相结合，通过信息的叠合、对比、呼应以加深受众的印象。例如：招牌仅作用于人眼，吃喝仅作用于人耳，商铺为招揽生意便往往既用招牌也用吃喝，甚至使用乐器、彩旗、图画等其他辅助媒介。随着电影、电视的出现，声音与画面同步，对人们的信息接收形成了有力的冲击。

2. 多媒体的历史

当代意义的多媒体技术是指以计算机技术发展为基础的多种媒体结合，实现信息传播的技术。在 X86 时代，显示芯片被用在了个人使用的电脑上，标志着计算机已经开始具备了图像处理的能力，随后显卡的发明与使用使计算机图像处理能力大幅提升，20 世纪 80 年代声卡研发成功，电脑又具备了音频处理能力。至此，多媒体技术初露端倪。1988 年，运动图像专家小组（Moving Picture Expert Group，MPEG）的成立对多媒体技术的发展发挥了重要推动作用。自 20 世纪 90 年代以来，硬件技术的逐渐提高和各种多媒体软件喷涌而出，自 80486 以后，崭新的多媒体时代终于到来。

3. 多媒体的现状

目前的多媒体技术正在深刻地改变着我们的世界，它包括视频会议系统，将通信的覆盖性、计算机的交互性和电视的真实性融为一体；虚拟现实情境，综合了计算机图像处理技术、模拟与仿真、显示系统、传感技术等设备技术的应用，以模拟仿真的方式，为用户展现一个真实的三维图像环境，并通过某些特定的设备为用户提供一个三维交互式用户界面；超文本，将声音、文字、图像结合在一起，综合表达各种信息；家庭视听娱乐，数字化的多媒体传输储存方便、保真度非常高，使电影、电视和电子游戏画面更加炫丽、场景更加逼真、感受更加强烈。

4. 多媒体的发展趋势

多媒体研究的未来，重点在对数据的压缩、多媒体建模以及相关信息的组织与管理、多媒体的软硬件平台、虚拟技术、多媒体应用开发。网络和计算机技术的完美结合催生了交互式多媒体，它也将成为 21 世纪多媒体的发展方向。交互式多媒体的优点体现在可以从网络上选择信息、接受信息，还可以将信息发送出去。

多媒体的发展速度是极其惊人的，生活中数字信息在未来一段时间内将急剧增多，质量上同步得到改善。多媒体正在飞速地、以人们始料未及的方式进入人们生活的各个方面。现在，多媒体正逐渐成为便携个人多媒体。

（二）多媒体在教学中的应用

即使在传统教学过程中，为达到更佳的教育效果，教师也往往会不自觉地使用多种媒体，如在话语讲授的同时，使用实物、挂图等教具，甚至通过实地考察来加强教学效果。20世纪80年代开始，多种电子媒体，如幻灯、投影、录音、录像等逐渐被综合运用于课堂教学，这种教学技术又称为多媒体组合教学或电化教学。虽然比起传统的非电子方式已是极大的进步，但这种教学方式仍存在方式单一、互动性不强等弊端。在以计算机为基础的多媒体技术出现后，在20世纪90年代就被迅速引入教育领域，不仅成为教育传播学的重点，也很快进入了语言教学当中。多媒体技术的逐渐普及，为外语学习提供了重要的技术支持。这是因为多媒体技术具有如下特点：

第一，集中性。多媒体的应用能够对知识进行多通道统一获取、存储。这一特点使教学资源更为集中，便于教师任意选取图像、文字、声音等各种有效的信息表现形式，进行教学与辅助教学，实现更加高效的信息和知识的传递。

第二，控制性。多媒体技术以具有强大计算和处理能力的计算机为中心，按人对知识和信息的要求以各种形式表现出来，并对信息接受者的感官产生影响。教师以教学组为单位统一制作或使用课程配套的多媒体课件进行教学，有助于大大减轻教师的工作负担。

第三，交互性。传统媒体仅仅单向地传播信息，信息接收者只能被动接受，但是多媒体技术做到了传播者与接受者之间的信息应答和受众对信息的主动选择。多媒体技术在教学中的使用，使教学真正成为师生双向交流的过程，彻底改变了传统的满堂灌的教学模式。

第四，非线性。过去人们在信息编组中为使信息有序化，往往按一定逻辑采用篇、章、节的构架，受众只能按作者的逻辑循序渐进地获取知识，而多媒体技术借助超文本链接，使内容的编组离散化、立体化，受众对于信息的接受更灵活、更个体化，并能自己进行多变的信息编组。这一特点有助于增强学生的学习自主性和培养探索精神，从而提升其学习兴趣。

第五，实时性。多媒体系统能根据用户的操作指令及时展示结果，方便用户实时控制多媒体信息，这一特点凸显了多媒体技术的实践性和方便性。可以在教学过程中随时发现问题，并及时解决。

正是由于多媒体技术如此强大的实用性特点，多媒体被应用到教学当中。多媒体教学指的是在教师在课堂授课过程中，教师根据教学目标和学生的特点，通过教学设计，对现代教学媒体进行选择和运用，并结合传统教学手段，一起参与教学全过程，通过多媒体信息作用于学习者，从而形成良好的教学结构，最终实现最优化的教学结果。可以说，多媒体教学是一种多媒体教学硬件、软件与理念相统一，师生在多媒体环境中共同分享知识的过程。

随着多媒体技术的发展，多媒体教学不仅应用范围不断扩大，各种新教材、新教法也不断涌现。更重要的是，多媒体使教师与学生的视野都更加开阔，新的、更适应多媒体技术的教育理念将改变传统教育的思维与定式，使教育真正成为知识的传播、个人的成长与社会的发展相结合的过程。

二、大学英语教学与多媒体技术

多媒体技术被广泛地应用到教育教学中，而大学英语教学的特点对多媒体技术有着更高的契合度和更深的依赖性。大学英语教学的本质是第二语言习得，而语言的习得过程往往是大脑多区域参与的过程。例如从最基础的单词记忆来说，我们都有这样的体验：要记住一个单词，最好的办法就是眼中看着单词，口中念着单词，同时手上写着单词，然后再在日常生活中运用它。其实，这本身就是一个多种媒介组合的过程。单词的记忆尚且如此，句、段、篇章的学习和听说读写的全面提高就更不用说了。因此，要想引导学生高效学习英语并快速灵活运用，就必须重视多种媒体的有机结合与使用。而且，大学英语教学的对象是非英语专业学生，他们本身专业课程任务较重，学习大学英语的积极性也不强，往往是被动地、应付式地学习，而多媒体教学可以显著地提升学生的学习兴趣，在教学中收到事半功倍的效果。

（一）多媒体技术在大学英语教学方法中的价值

在传统的英语教学教法中，限于技术手段和教学理念，教师往往只能使用较为单一的媒介，如话语讲授、板书、播放磁带等，这就大大地限制了教学方法的运用，着眼于单媒介的教学方法更新的余地也很小，很难有发挥的空间。而多媒体技术的运用，不仅使传统教学方法得到强化、简化，也为教学方法提供更多的可能性。所谓多媒体技术使传统教学方法强化、简化，指的是在课堂中基本不需要板书，使用多媒体技术通过声、光、电等手段使教师备课效率提高，从而生动、形象地把教学内容展示给学习者。所谓多媒体技术为教学方法提供了更多的可能性，指的是教师借助多媒体或在多媒体的启发下可以创造更多的英语教学方法，通过超级链接将多个知识点串联起来。增强知识体系的稳固性；通过视频使学生身临其境，增强学生对教学内容的理解；通过网络让学生直接与英美国家学生互动，在实战中检验英语掌握水平等。多媒体技术在集合多种媒介的同时，也打破了课本知识与课本外知识、课堂内与课堂外、学生与社会的界限，使教学方法所受的局限更小，而所面对的领域更广。

（二）多媒体技术在大学英语教学环境中的价值

《孟子・滕文公下・第六章》中讲到"一傅众咻"的故事：孟子问戴不胜："有一位楚国的大夫，希望他的儿子学会说齐国话，那么是应该让齐国人来教他呢，还是让楚国人来教他？"戴不胜说："应该让齐国人来教他。"孟子说："你让一个齐国人教他学齐国话，但他周围的众多楚国人却在说楚国话，不断地吵扰他。即使天天鞭打他，要他学会齐国话，也是不可能的。如果带他到齐国的大街小巷住上几年，即使天天鞭打他，要他说楚国话也不可能。"

这个故事充分说明在外语学习中环境的重要性。语言能力的获得和提高需要学习者在适当的语言环境中大量地实践和训练。传统的英语教学在教学环境的拟真性上存在较大的不足。英语并非我们的母语，我国对英语的使用也并不广泛，课堂上只有教师的言语讲授，课堂外学生只能看课本、听磁带，学生往往很难感受到英语学习氛围，而正是这种简单的以至虚无的英语教学环境使学生难以提起英语学习兴趣，不利于提升英语学习成效。在大学英语教学中全面采用多媒体技术和网络，将文字与课文、图形、视频图像、音响进行多层次的融合，无论课堂还是课外，学生都能随时听到纯正的英语，看到英语应用视频，并通过多样的多媒体英语活动身临其境地参与英语日常使用，多感官、多渠道、立体化的信息接收会大大强化英语教学环境的拟真性，扩大语言接触面，使学生更真切、更轻松地体会英语的运用，提高听说读写能力。比如在课堂教学中，教师可以利用多媒体技术对事件的发展模拟真实的场景，从而让学生针对不同的情景，做出相应的反应。课后学生可以通过相关网络课程所创建的学习环境以个人或小组的形式进行自主学习。在这种拟真环境下，学生的学习兴趣得到激发，学习效率和解决实际问题的能力自然也会得到提高。

（三）多媒体技术在大学英语教学理念中的价值

多媒体技术不仅改变了大学英语教学的方法和环境，更重要的是改变了大学英语教学的理念。一是因为新的技术往往自身蕴涵着新的理念。新技术不仅推动了所属领域的发展，而且打破了诸多条条框框，带来了人们对世界、社会、个体的新认识，使人们的理念为之一新。这种理念的变化既可给大学英语教学理念带来启示，也可直接嫁接于大学英语教学理念之中。二是因为新的技术为新的理念提供了坚实的基础，新的教学理念要转化为教学实践，必须以新的技术为手段，没有新技术的支撑，新理念再美好也没有实现的可能。多媒体技术对大学英语教学理念的更新主要体现在以下方面：

1. 创新集合式的理念

多媒体技术将符号、语言、文字、声音、图形、图像、影像等集合为一个整体，在同一时空内密集作用于接受者的各种感官。由于英语学习本身也是多感官结合，从而强化理解与记忆的过程，多媒体技术的使用可以很好地优化这一过程。传统的教学模式使用的媒介相对单一，对教学内容和教学手段的丰富性重视不够，也没有切实可行的媒介整合方法，而多媒体技术不仅使多媒体教学成为现实，也打开了集合式教学的新领域，推动教师以多种方式调动学生多种感官体验，在提高学生学习兴趣的同时，加大信息的输出量与语言学习的仿真性。

2. 创新相交式的理念

语言教学最重要的是教与学之间的双向交流，在传统的英语教学中学生学习渠道较少，主要靠教师的课堂指导，为在有限的时间内加大信息输出量，教师往往只能采用灌输的方法，学生被动地接受信息，并在课后予以消化与巩固。而多媒体和网络的普及使学习英语的渠道增多，主动性增强，教师不再主要是信息的传播者，而成为英语学习的组织者、引导者和评论者，有更充裕的时间与学生进行互动。同时，多媒体教学本身就是人机交互、人与人交的过程，这种模式既发挥了人的主观能动性，也发挥了机器的功能，启发教育者意识到学习的主体应是学生，通过多媒体技术学生与教师进行对话，使课堂教学自主而不拘束，活泼而无压力。学生认识到英语学习的内在意义，并可以主动地检索、提高、回答、自测，而教师也可以通过学生的提问和反馈及时发现学生的不足与症结并予以纠正，使单向的信息、传播成为双向的信息交互系统。

3. 创新非线性的理念

传统教育非常注重循序渐进，故而重视教材编写和教育过程的内在逻辑，但这种内在逻辑也导致了教材编写和教育过程的僵硬化。当然并不适应学生的真实接受水平和学习习惯。特别是在语言学习中，学习路径并不仅有一条，而固化的路径消除了学生的个性和学习的多种可能性。同时，线性的递进过程也往往将知识点拉成一条线，与知识点自身的网状结构并不吻合，从本质上仍然体现着教育者的主体性和居高临下的姿态。

而多媒体和网络重视信息的离散化，散落的信息通过超级链接串联起来，其内在逻辑可能不明显，但体现了学习尤其是语言学习的网状、立体框架。在备课过程中，教师可以把相关的信息挑选出来，进行加工整理，并以课件的形式发给学习者，最后学生根据自身的实际情况进行选择，从而避免了以往教学中信息量少、方法过于单一的缺点，同时大大地提高了学习效率。此外，教师还可以指导学生自由地根据多媒体和网络提供的资料，进行适合自身学习条件和学习进度的信息编组和逻辑构建，从而真正实现英语学习的内化。

4. 创新网络化的理念

语言学习的根本目的是社会交往，主要途径也是在社会交往中实践，而传统英语教学使语言学习单纯为学而学，或为通过英语考试而学，学习也主要是通过看课本、背单词、做练习、听听力等，很少与他人互动，因而脱离其根本目的和主要途径，这既导致了学习积极性的下降，也造成中国式英语、哑巴式英语等弊端。而多媒体教学、网络教学使学生之间、学生与教师之间形成英语学习网络，并扩大至构建课堂与课外、学校与社会的网络，课堂内学生并不与教师、同学发生单一的联系，而是多样、多线联络。这就使教育突破了时空的界限，以往只有在校园里才能获得的知识今天几乎全部能从网上获取。从更宏观的视角看，学生不再局限于本国，而是通过聊天软件、网络视频、多媒体数据流等接受世界各国的信息，并在网络实践中掌握语言的运用技巧，检验语言的掌握水平。网络化教学所蕴含的平等、自由、开放、共享的理念还将进一步推动教师和学生的世界观和学习理念的进步和提高。

三、多媒体技术的应用与大学英语教学实践

基于多媒体的大学英语教学模式，不但丰富了教学手段，创造出更加拟真的教学环境，而且极大地创新了大学英语教学的理念，在多个方面显示出了其独特的优势和作用。在教学实践中，多媒体技术的应用可以分为以下几个方面：

（一）多媒体课件

多媒体课件的使用，是多媒体教学中的一个重要方面。教师在多媒体教室使用事先做好的多媒体课件，可以将教学内容多维度、立体式地展示给学生，最大程度地发挥多媒体对学生多个感官的刺激作用，使学生更好地掌握所学内容。

1. 多媒体课件的制作

从制作的角度来看，大学英语教学中使用的多媒体课件可以分为两种：课程配套的或其他现有的课件和教师自制课件。目前，很多大学的外语课程都有其相应的多媒体课件。其课件内容形式丰富多样，讲解非常详细，有很强的操作性。在大学英语课堂上，使用这些统一的教学课件，不但极大地减轻了教师的备课工作量，同时对于同一课程组平行课的教学有一定的引导和规范作用。当然，为了能够适应教学对象的程度和特点，很多学校也会采取教师自制课件的方式。教师个人或教学小组分工制作课件，可以使课件更具针对性，同时可以在教学实践中根据学生的反应和课堂效果不断改进。

需要指出，课件的内容和形式要以教学为中心，因此要根据教学任务来制作。教师要结合大学英语教学和学生的特点和规律设计教学，包括教学目标分析、情境创设、协作学习、强化练习的设计等，优秀的课件必须具备直观性、针对性、趣味性和启发性。

其中，直观性是指形象直观，简单明了，便于学生理解；针对性是指教学内容的重点和难点，内容针对性强；趣味性是指能引发学生的学习兴趣；启发性是指以学生为教学活动的中心，启发学生对知识和问题的思考。多媒体教学在外语学习过程中的应用是发展的必然趋势，会逐步合理化，向更科学、更完善的方向发展。

2. 多媒体课件的优势

现在各高等学校使用的大学英语教材取材广泛，常涉及许多英美语言国家的历史、政治、风俗等各方面背景文化知识，甚至还会涉及一些专业知识和科普知识（如克隆技术），合理利用多媒体教学课件，把相关的背景文化知识更生动更直观地呈现给学生，使学生对所学知识的文化背景有所认识，从而他们更容易对教材有一个全面而深入的了解。同时，兼顾了学生在习得语言知识的同时了解与语言密不可分的文化知识。

一个合格的多媒体课件，可以使学生置身于图像、声音和文字所组成的三维空间，从词汇、句子、语篇等不同层次进行直观教学。在改变了以往机械化的教学模式的基础上，更大程度地激发了他们的学习兴趣，把握了学生的注意力。多媒体课件将以更直观的方式，将语言符号与相应的情景信息同步传输给学生，所以学习内容更加形象具体了，达到了突破难点、加深学生对知识的理解的目的。

同时，根据学生在课堂上的反应，教师自己掌握课件播放的快慢程度，并能及时把握学生（而非教师自己）所认为的内容的重点、难点。由于教师掌握了学生的学习速度，在教学进度以及教学重点内容安排方面更加游刃有余。在接收教学信息反馈的过程中，教师可以对教学过程进行调整，最大程度地发挥教学潜能，同时也体现了“以学生为中心”的教学理念。

（二）多媒体辅助课堂活动

大学英语教学课堂上，除了课文内容的讲授以外，教师常常会安排一些课堂活动来激发学生的学习兴趣，帮助学生巩固所学知识，以及进行模拟实践应用。从语言环境的角度看，利用多媒体技术形象直观的特点，教师能在教学课堂上为学生创设各种情境，激起学生强烈的学习兴趣和学习欲望。比如在大学英语读写课上，为了让学生熟悉单元主题，教师可以利用多媒体安排一些热身练习，包括播放音乐、视频，组织小组讨论，或让学生展示课前准备的 presentation 等。

大学英语听说课上，常常出现这样一个现象：很多同学面对话题感觉无话可说或由于怕出错不敢多说，导致课堂气氛沉闷，学习效果大打折扣。根据克拉申（Krashen）的输入理论，可理解性输入是语言习得的必要条件和关键，教师应为学生提供大于学生目前语言能力的信息、输入量。针对输入不足而影响输出的问题，教师可以让学生首先通过听相关的英语材料开始模仿，继而张口说英语。教师也可以选取适当的视频内容，先让学生观看，继而模仿，最后能够表演相关内容。教师还可以利用多媒体技术创设特定情境，组织小组讨论和分组汇报，然后全班同学进行交流和评价。比如，在练习课上，教师在学生回答问题前，可以先播放相关的音频、视频资料，让学生对该问题有进一步的了解，能够有的放矢地深入思考并做出解答。此外，教师还可以利用多媒体技术对学生进行提示或引导，帮助学生高效率地完成作业练习。起到调动学生在课堂上回答问题的积极性，从而使课堂的气氛更加活跃和谐，最后学生更加喜欢英语学科的学习。

（三）多媒体辅助课外活动

当然，除了在课堂上大显威力之外，多媒体技术还可以很好地用于辅助课外活动。

英语是一门对实践性要求很高的学科，仅依靠有限的课堂教学难以充分发展学生综合运用英语语言的能力，学生学习到一定程度，就会不满足于课堂知识，希望通过丰富多彩的课外活动来开阔视野、拓展知识、发挥才干。传统的英语课外活动，如英语角、英语演讲比赛、英语俱乐部等，对于场地和设备的要求不高，易于组织和参与，一直以来深受学生欢迎。随着多媒体技术的发展，英语课外活动的形式变得更加丰富多彩。

1. 英文原版影视剧

对于想要在自然环境中学好英语的学生来说，看英文原声带影视剧对练习英语起着重要作用。影视剧通过图像和声音将视觉刺激和听觉刺激有效地结合在一起，同步作用于学生的感官，这也是其他学习方式所不能比拟的。通常教师向学生推荐适合学生能力的英文原版影视剧，还可以适时组织学生交流讨论。这样不但可以调动学生学习英语的兴趣，做到寓学于乐，还可以让学生学到更加地道的英语口语。

2. 英文主题小组活动

在大学英语听说课或其他大学英语探究式课程中，教师往往会要求学生进行英文主题小组活动，并在课堂上进行专题发言展示。在这一过程中，学生会围绕教师指定或学生自选的主题，利用网络、书报等各种媒体查阅资料，并进行取舍，最终形成专题发言的内容。一般来说，学生会像教师制作课件一样，在课前把主题发言制成 PPT 形式，以便课上向其他同学展示。

3. 英文墙报

教师也可以根据课程所涉及话题、学生感兴趣的话题或当前热点话题来组织学生分组制作英文墙报。在制作过程中，由于篇幅所限，学生需要从大量网络信息中选取最恰当的信息运用到墙报中去。因此，墙报的制作过程实际就是一个自主学习的过程，通过制作，学生可以了解相关信息，甚至成为某方面的专家。

4. 与英语本族语者在线交流

与本族语者进行交流，是学好语言的一个有效手段。多媒体技术和网络技术打破了空间的局限，可以使学生与英语本族语者自由地进行交流。例如学生可以给一个远在英国的学生发电子邮件，甚至使用 QQ 等聊天工具进行视频交流。

（四）网络课程

网络课程就是通过网络将某一门学科的教学内容及其所实施的教学活动进行整合，是信息时代的产物。它涵盖了传统的教学目标、教学内容和网络教学支撑环境。其中，网络教学支撑环境包括支持网络教学的软件工具、教学资源以及在网络教学平台上实施的教学活动等。网络课程具有交互性、自主性、共享性、协作性和开放性等几种特点。

目前，很多高等学校的大学英语教学组设置了各种形式的网络课程，学生可以通过校园网或互联网参与本校甚至其他学校的网络课程。课堂时间毕竟有限，要想学好英语，课外自主学习不可或缺。而网络课程可以打破地域的限制，为学生创设更加自然真实的英语学习环境，强化语言的输入和输出，有效提高学生的实际语言使用能力。

有些网络课程是与真实课堂教学课程相关的。课前，学生可以根据教学计划或教师布置的具体任务，利用网络教学资源主动预习。课后，学生可以自主进行知识的巩固，参与各种训练活动，及时消化学习重点、难点，深化、拓展所学知识。由于网络课程可以对某一知识结构进行形象化的阐述，课堂接受比较慢的学生可以通过网络课程反复学习和操练，更好地掌握知识，提高能力。要想实现既定目标，教师应将网络课程纳入整体教学计划之中，与真实课堂教学有机结合，适当互补，充分发挥两者的优势。

当然也有一些独立的大学英语网络课程。学生可以按照自身的兴趣特点、语言水平和时间安排，从而对网络课程进行选择和学习，较快地提高英语综合应用能力。开设网络课程的教师可通过网络工具与学生进行交流互动，通过在线答疑、在线讨论等方式，对学生进行统一或个别辅导。也可以指导学生进行探究式或发现式的学习，促使他们通过独立思考或相互合作，在网络上自己查阅资料寻找答案，然后在规定的时间与其他同学进行交流讨论，从而提高学生的思维能力和创造能力。

网络课程能否取得预期的效果，关键在于教师对课程的掌控能力。教师应设置一系列科学的学习任务，并让学生明确各个活动的目的、计划与时间安排；对网络学习的方式方法进行必要的指导，提高学生的信息辨别能力和自制力；设计合理的交互性的实践任务，让学生在实践中与教师或其他学生进行交互活动，体会语言的使用。当然，更重要的是教师要能通过有效手段及时控制学生的网上活动，避免出现偷工减料、相互抄袭、有始无终等不良现象。

第二节　大学英语网络教学模式的构建

一、网络信息技术与外语教学设计的整合意义

本节研究的意义主要在于对信息技术的掌握情况。信息技术对现今教育的推动作用是无法估量的，可是要使信息技术能更好地推动外语教育教学的前进，就一定要使外语教学进行整合，信息技术与教学相融合，特别是整合于外语教学，这样的模式具有十分重要的意义。它既可以改变人们的学习观念，又奠定未来教育的发展方向。

（一）改变学习观念

现在飞速发展的计算机网络技术，与课程的整合正在深刻地影响和改变着其他学科的发展，并预示了学科发展的未来。所以说，将来学生学习的主要途径也在与时俱进，不断更新，不再只是依靠教师的课堂讲授或书本上的知识，面对着一摞摞课本和飞速的网络信息，原来教师、班级、教学内容、教学进程都是固定的，那么，在以后的教学中，这种形式都将被打破，形成一种新的教学模式。在这种新的模式教学中，学生以计算机及其他多媒体设备为中间环节，并且能在自主的选择上、合理接受事物、科学加工材料、适时反馈的信息传输中如期完成富有个性发展来展开学习。

随着信息技术在社会的广泛应用，知识不断积累，信息产业技术产品出现了交替变换、变化速度大的现象。 相关专家学者一致认为，信息技术是具有智能化、数字化、网络化、个人化、多媒体化的特征，物化形态技术与智能形态技术的相互利用。这时，社会上又进入了“知识爆炸” 的时代，如新兴科学不断地引进，知识占有量不断加大，知识更新也飞速发展。据有关部门统计，20 多年来，知识更新换代快，更不能长时间无休止地延长学生的学习时间，那么，摆在我们面前就有一个重大问题：怎样才能找到应对的方法来获取知识、掌握新技能？

在教学中，教师花费毕生精力设计和操作的教育教学过程，不论是一件细小的事，

还是一堂不起眼的汇报课，都是为了有效激励学生的思想情感，激发学生的求知欲望，启发学生能独立思考、探究和合作学习，培养学生的自学能力，发展学生的个性、实践能力及创新能力。这些也都是教师自身实践活动的价值的体现，它更直接体现在不教自学的最高境界之中。

一般来说，传统性学习，通常是维持性学习和接受性学习，而信息化学习却是创新性学习和建构性学习。

（二）预示未来教育的发展

由于人们的学习观念发生了改变，这样自然就会对未来的教育有新的展望。例如20世纪90年代中期美国就制定了《让美国学生为21世纪做好准备：迎接技术能力的挑战》的国家信息技术教育计划。这个计划展望了一个这样的未来：通过在中小学教学中有效地利用信息网络技术，为帮助下一代在校学生得到更好的教育做好准备，以适应新的全球经济发展的需要。

之后，美国教育部在咨询了社会各界人士及专家后，对国家技术信息教育计划进行了修改，提出了5个方案：

（1）所有师生都要经常使用信息网络技术；

（2）所有教师在授课时都用较高专业知识帮助学生；

（3）所有的学生都能掌握计算机技能；

（4）通过研究与评估把新的计算机技术引入课堂；

（5）通过改革并应用改革教学。

1997年欧盟发布了《信息社会中的学习：欧洲教育创新行动规划》，1996年新加坡与马来西亚（2000年）也相继推出了全国教育信息化计划。我国政府也相当重视此项工作并推出了一系列推进教育信息化和改革的政策措施。于是在2000年我国教育部召开了全国中小学信息技术教育会议，并做出决定：计划从2001年起，利用五到十年的时间，基本普及信息技术教育，范围覆盖全国中小学，这样用信息技术带动教育的改革，来实现基础教育更快发展。正是由于各国对此相当重视，对传统的教育体制及教学模式的改革正在世界范围内形成一种新的教育发展的趋势。

在我国，网络信息技术对传统教育体制和教学模式的改革首先在外语教学方面进行。像前面所讲的，21世纪实际上是信息技术全面发展的世纪，特别是网络技术的发展大大地拓展了教育的空间，前所未有地提高了人们学习的兴趣、效率和能动性。就信息化时代的外语教学而言，传统的教学模式无法适应教育的均衡发展，为了继续发展就得进行必要的改革。这种教学的变革为外语教学赋予了更深刻的全新内涵，不但教学的方式方法发生了重大的变化，而且对一些观念、规模、内容和方法也产生一定的影响。大纲明确指出：“本科教育要创造条件，使用英语等外语进行公共课和专业课教学，并力争3年内，外语教学课程达到所开课程的5%～10%。”（陈坚林，2000）“为进一步推动大学英语教学改革，不断提高大学英语教学质量，我司决定启动大学英语教学改革部分项目，主要包括制定《大学英语教学基本要求》和大学英语网络与多媒体教学体系建设”。

（三）整合模式的研究背景

本部分研究的内容是我国的大学英语教学的改革，在教学史上是没有见到过的，是在大学英语教学改革的基础上来进行研究的。因此，追根溯源来厘清改革是很有必要的，以下就这个问题做个阐述性描述。

我们说大学英语教学改革与国家的总体发展（包括教育发展、经济增长、社会进步）不无关系，但是主要有以下几方面的背景因素：

1. 英语的国际地位

英语，作为国际交际通用的语言，在国际政治、经济、文化、体育诸多方面都扮演着重要的角色。据相关统计数字表明，全世界 1/5 的人具有不同程度的英语交际能力，全世界 2/3 的科学家能用英语交流，能读懂材料，全世界用英文储存电子信息的占 80%，全世界 78% 的网站是英语网站。所以英语的重要性还不仅仅局限在日常的口语交流上，有不少政治家把英语看作是提升本国在国际竞争的一个重要手段。例如：日本原经济企划厅厅长官寺泽芳男就曾撰写过一本《不懂英语国家将亡》的书；建议把英语作为日本的第二官方语言的前首相小渊惠三的个人咨询机构；韩国前总统金大中曾在电视讲话中忠告国人，要想在国际竞争中有获胜的机会，就必须掌握网络通用语言。由此看来，中国要想跟上世界的发展步伐，走进国际大家庭，融入世界政治、经济、科技、文化等诸多方面的全球化进程，较快地学习、掌握和赶超世界先进国家的科学技术，最为直接的方法就是要使我国的相关人员能够有较强的英语交际能力。据此，可以断言“外语教学不仅仅是一个简单的教学问题，而且已直接影响到我国科技、经济的发展，影响到我国改革开放质量的提高”。

“我国由于英语等外语普及不够，影响了对外交往的规模与效率，也吃了不少亏”。2003 年，教育部高教司前司长张尧学在“211 工程”大学的外语学院院长会议上曾明确指出：“我们的进出口贸易现在一年有 7 000 亿美元，仅出口就有 3 000 亿美元。这在前 20 年是不敢想象的事。我们后 20 年谁能想象到我国出口量达多少亿？所以，我们同国际交往的步伐是非常快的。我们怎样对原来不适应时代步伐的东西进行改革？我们怎样培养适应时代需求的人才？这些人才需要什么样的外语技能？这都是我们要考虑的问题。迄今为止，英语教学取得了巨大成绩。但我们还要与时俱进。整个外语教学要与时俱进。”

2. 现行外语教学的弊端

当前我国课堂教学中，“哑巴英语”很多，因为我国英语教学总体水平较低，并且长时间积攒下来存在着用时多、不见效等弊端。我国和亚洲其他国家相比较，我们学生的英语阅读能力还是很好的，考试的分数也不低，但是一些学生的语言交际能力很差，尤其是口语能力相当落后。一些学生在各种考试中的成绩都很好，分数也不错，可是若是和人交流却很茫然，听不懂也不会说。像这种严重的高分低能现象，充分说明我国的外语教学多年来培养的只是外语考试型人才，不是应用型人才。究其原因，其实英语学得好坏与学习的条件和环境有很大的关系，换言之，好的学习语言环境对学生使用外语口语交际起着相当大的作用。正如蔡基刚教授所指出的那样：“为什么我国学生学了 10 余年的英语，‘聋子英语’‘哑巴英语’现象还是比较普遍？原因就是受到语言环境的限制：没有或很少有练习听力和口语的机会，没有或很少有使用所学到的语言的机会。”[1]

[1] 束定芳 . 外语教学改革：问题与对策 [M]. 上海：上海外语教育出版社，2004：263.

很多人认为，中国学生的英语学习水平比不上欧洲国家，也和亚洲一些小国家相差很大，如印度、巴基斯坦、新加坡、菲律宾等国家的人们，特别是在口语交际能力方面与他们相差甚远。查找一下原因，这主要是这些国家非常重视英语教学，把英语当作本国的第二语言，而在我国，英语真的就是外语了。那么，英语作为第二语言和成为外语在学习上究竟有何不同？通过对世界各国的调查，研究者认为把英语作为外语和作为第二语言在语言使用功能、语言掌握的方式和目的以及语言环境上还是有很大的区别的，如表 6–1 所示。

表6–1　英语作为外语和作为第二语言的使用情况差异

差异点	作为第二语言	作为外语
地域	属于主要语言集团，在某一国家或地区内掌握和使用的非本族语言	跨地域掌握并使用的非本族语言，但不属于主要语言集团
地位	与母语的地位基本一样，通常为某国或地区的官方语言之一	比母语的地位要低，但能够受到较为广泛的重视
目的	全面参与国家的政治和经济生活，还有教育的需要	到国外旅游、对外交流、阅读国外文献、参阅科技文章等各种目的
环境	有广泛的语言环境的支撑，不依赖课堂教学	因远离主要语言集团，没有语言环境的支撑
程度	因广泛使用而习得语言，接近母语的表达能力	因只依靠正式的课堂教学，语言表达与母语相比相差甚远

由表6–1可见，第二语言（简称二语）和外语的区别至少说明了这样几个问题：首先，是语言的环境问题。那些把英语作为二语的国家和地区，目的语的使用环境相当广泛，涉及社会的方方面面，如商业、教育、政治、文化、社交等，学习者能在真实语言环境中充分接触和使用语言，当然也就自然地学习了目的语。然而，外语学习者的语言环境主要是在课堂。在中国，外语学习者所接受的语言输入主要来自课本，一个学习者从小学开始使用的外语课本都是经过编写者的加工和教育部门的严格检查，其语言输入相当有限，而且都是些非真实（authentic）或非自然的语言。其次，是学习动机问题。二语学习者要使自己融入社会并在激烈的竞争中适应工作、学习、生活的需求，自然会习得并掌握目的语。但是，外语学习者具有明显的功利性学习动机，尤其在我国，在校的外语学习者几乎都是为了通过某种考试，不讲究语言的使用能力的提高，而是重视考试所需的语言材料。

考试需要什么就学习什么。在学习方法上，因学习者的功利性动机，外语学习者较为注重语言知识的获得，而非语言交际能力的培养（徐明成，2008）。学校的外语教学也基本上都是围绕这些目标而展开，所以课堂教学基本上是重技能分析轻技能应用、重知识灌输轻能力培养、重考试要求轻全面发展。长此以往，我国学生怎能不变成语言应用能力低下的考试高手呢？

要想解决语言学习的环境问题，单靠传统的课堂教学是远远不够的，因为课堂和现实社会使用语言的环境毕竟相差很远，再怎么设计“角色扮演”的语言应用的情境，也不可能达到预期的教学效果，不能从根本上有助于创设一个理想的外语教学环境。所以，只有对外语教学进行重大的改革，借助当代信息技术，在计算机网络上创造出一个虚拟的语言环境，使得以计算机网络为核心的信息技术与外语课程进行整合，着重研究信息技术与外语课程整合环境下的外语教学模式，才能真正地消除外语教学上的弊端。

3. 传统教学模式受到挑战

这么多年，在我国的大学英语课堂里主要是以教师为中心，教师讲课文、精解词汇和语法、课堂练习，然后核对答案。尽管这种“一言堂”的教学方式忽视了学习者的主观能动性，但是我们的教师依靠个人的教学经验、人格魅力以及因材施教的小班教学方式，确实也培养了许多的外语人才。但是，随着时代的发展，尤其是到高速发展的今天，我们的教学环境与半个世纪前和与制订第一份《大学英语教学大纲》的20年前相比都发生了巨大的变化，这种教学模式势必会受到前所未有的挑战，这主要表现在以下几个方面：

（1）传统模式不能有效培养学生的英语综合应用能力。众所周知，传统教学模式的特点就是课堂教学以教师为中心，以“课本 + 粉笔 + 黑板”为工具，以帮助学习者在有限的课堂时间内获取和积累语言知识（主要是词汇与语法）为目的。这种教学以单纯翻译法为基础，通过精讲教科书中的核心范文向学习者输入某一阶段的语言形式（通常是词汇用法和语法规则等）。这样的传统精读模式必然会导致重教师讲解，轻学生参与；重语言现象，轻信息摄取；重语法细节，轻篇章整体；重语言知识灌输，轻语言技能运用；重阅读理解准确，轻语言交际能力培养。一般仅限于教师和学生之间围绕课文内容、句型、词汇意义和语法知识的问答，是关于语言知识的，而非关于语言使用，是为了检查“装填”的效果，而不是调动学生的心智进行创造性的思考交流，这种活动“几乎没有交际性质”。所以说学习英语不是机械地接受知识的过程，学生本身也不是被动地听讲、盲目地接受信息的机器。虽然在我们的精读课中引进了诸如角色扮演、两人对话、小组讨论等交际活动，但都是可有可无的附属品，通常为了考试或多讲课文要点“只好牺牲耗时甚多、见效甚慢的口语练习”。所以从某种意义上说，“哑巴英语”“聋子英语”正是这种传统精读教学模式的产物。原因是，精读教学模式追求的是“精”析，是分析，而不是“读”，是引导学生把英语当作一种语言体系来研究；而问题是孤立、精细的语言知识不可能转化为实用高效的语言运用能力。

（2）现在传统教学模式使教学质量下降。教学质量的下降主要与大学扩招的压力有关，因为大学扩招使原来班级规模急剧扩大。据蔡基刚（2006）的调查，大学生人数相对较少，英语班学生都稳定在35人左右，直到1977年刚恢复高考时，一般大学也只有40人左右这样的班级规模。从1998年起，教师还是能利用一定的时间组织教学，但之后的大学扩招使在校人数以每年8%的速度增长，2004年达到了420万人，是1998年的4倍之多。即使在学习和运用知识的过程中，遇到困难和挫折，学生能主动地去克服困难，而每次经努力克服困难，成功的喜悦进而又促使其学习取得成功，这又能转化为一种成就感。班级规模快速扩大，必然会使传统的“精读”教学模式难以适应，从而带来一系列的问题：首先，班级人数越多，师生的交流互动就越少。试想一下，一堂课45分钟，每人轮流讲几句，时间就差不多快用完了。在具体的情境中，并在学生已学知识、记忆的基础上精教，自然就能腾出更多的时间给学生学。更重要的是，在英语教学的情境中，运用英语吸收和传递信息，就是实际运用英语的能力，也是英语教育主要的本质目标之一。这说明，班级规模过大，学生课堂实践机会相对减少许多。南开大学在对他们的教师的调查中发现，85% 的大学英语教师把学生听说能力差的原因归咎于课堂人数太多（庄智象，2004）。其次，班级规模过大使得教学效率下降，同时还增加了课堂管理的难度。在一个 80 人左右的课堂，教师几乎不可能把学生的水平差异控制在他们能把握的范围内，教师能做的就是按照事先设计好的教案授课，“而班级规模越大，学生水平就越参差不齐，较差的学生由于跟不上教师的节奏、听不懂而索性缺课；水平较高的学生则嫌节奏太慢而上课干自己的事”（蔡基刚，2006）。所以说，在这样人数众多的课堂讲课，教师不可能照顾到各种层次的学生，势必会降低教学的效果和效率，从而影响到整体的教学质量。

（3）传统模式不能适应社会和语言环境的变化。应该说传统教学模式除了受到班级规模的制约之外，还受到其他社会和环境因素的影响。首先，学习的环境和手段在变化。在过去的几十年里，大学英语课堂围绕课本开展教学，偶尔也会听些录音。现在，随着信息技术的快速发展，学生获取知识和信息的渠道变得丰富起来，因而不再满足于外语学习就是围着课本转的传统方式。教师不只是知识的载体、来源，也是传道、解惑的，教学不能以教定学，以教师为中心；教学也不能排斥以教导学，仅以学生为中心。教师要相信学生自己能学习和使用知识，所以需要以学定教，但这并不意味着教师的作用是无关紧要的，也不是否定教师的教学能动性，而是强调教师是学生学习和运用知识的指导者和引路人，所以需要以教导学。可见，传统的教学模式在计算机、网络等多媒体的冲击下，必然会失去其原有的地位和优势。其次，学生的学习动机在变化。过去学生学习英语的主要目的是通过考试，获得文凭即可，因此学习相当被动，只要跟着课本学就足够了。现在情况就不一样了，学生学习英语不仅仅是为了一纸文凭，他们必须为今后的就业、出国留学、报考研究生等加大学英语的力度，从而使学习变得更为主动，并且对学习内容提出更多的个人要求，尤其是语言的综合运用能力方面，更是要求有显著的提高，课堂上只是教师讲学生听的模式无法满足学生的个人需求，这些都对传统的教学模式提出了挑战。由此可见，传统的教学模式很难应付这些变化。要改变这样的局面，满足社会和学生的新要求，教学模式的改变势在必行。

（4）教育资源比较落后。我国是一个人口大国，教育的发展相对落后，据统计，我国接受高等教育的人口比例在世界上是最低的，大约为 1. 67%。印度和泰国为 3%，韩国为 12%，日本为 21%，美国为 32%。然而，我国自改革开放以来，经济得到了蓬勃的发展，尤其是国家提出要实现小康社会，50 年基本实现国家现代化，我们的高等教育一定要跟上。因此，国家要发展，高等教育一定要走大众化道路，高等院校扩大招生规模已成必然趋势。从 1999 年起，教育部开始实行高校扩招，以满足国民对高等教育日益高涨的需求。学有信心、学有兴趣不仅能促进学习、提高学习效率，加速发展英语素养，而且在这种信心和兴趣的鼓励下，学生又能在学习英语过程中积极地动脑思考，主动地探究钻研，主动地学习和运用知识，并对付出的脑力劳动不仅不会看作是一种压力，反而认为是一种学习的快乐。用传统的教授方法，需要多少师资才能满足教学需要，完成教学任务？如何来保证教学的质量？这些都是必须要面对和思考的问题。在校学生数量不断增加是国家一定历史时期社会、经济发展的要求，也是高等教育大众化发展的必然趋势，但是我们的教师队伍不能以同等的速度无限制增长。一方面招生规模扩大，另一方面教学资源又相当有限，我们的外语教学要在这样的困境中完成任务，只有走教学改革这条路，采用新的教学手段，挖掘现有潜力。现在最有效的方法，就是要借助计算机网络的超强功能（海量快速的储存、便捷正确的传输、广泛的网络共享等），缓解教学资源紧缺的问题。

上述 4 个方面促使我们必须进行英语教学改革，以求从改革中发现新的教学模式、方法和手段，提高外语人才培养的质量。

4. 外语教学新模式

《大学英语教学课程要求》（简称《课程要求》）以建构主义学习理论为基础，规定了一系列外语教学的目标、手段、评估等体系，对当前大学英语的教学要求进行了全方位的阐述，概括起来可以说是 3 种层次要求、两个观念转变和一个教学模式，如表 6–2 所示。

表6–2　《课程要求》的基本内容

项目	内容
3 种层次要求	一般英语能力要求，较高英语能力要求，更高英语能力要求
观念转变	（1）从"以教师为中心"的教学转变到"以学生为中心"的教学上来 （2）从完全的课堂教学转变到计算机网络自主学习上来
教学模式	基于计算机和课堂的英语多媒体教学模式

根据学者张尧学以及《课程要求》的内容，教学模式实际上是此次大学英语教学改革的核心。改革的目的就是要使英语教学朝着个性化、不受时间和地点限制、主动式学习方向发展；应体现英语教学的实用性、文化性和趣味性融合原则；教学模式的主要发展方向是向新的英语教学软件相结合的英语教学模式发展，应以课堂教学与在校园网上运行的为主。于是，《课程要求》提出了一个全新的外语教学模式，就是对计算机和课堂的英语教学的一种新的模式，如图 6–1 所示。

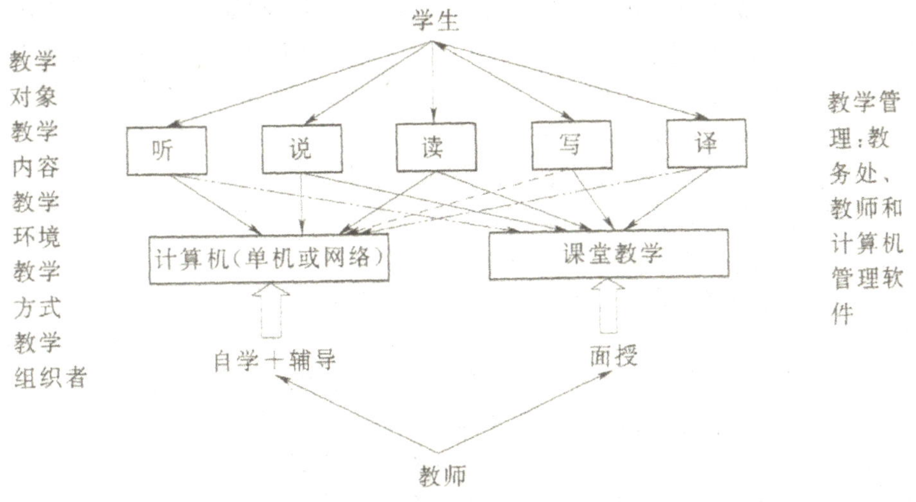

图6–1　基于计算机和课堂的英语教学模式

根据《课程要求》，各高等学校在采取计算机和课堂的英语教学模式的同时要充分利用现代信息技术，特别是网络技术，改进以教师讲授为主的单一教学模式，使英语的教与学可以在一定程度上不受时间和地点的限制，朝着个性化和自主学习的方向发展。同时，各高等学校应根据本校条件和学生的英语水平，探索建立网络环境下的听说教学模式，直接在局域网或校园网上进行听、说教学和训练。读、写、译课程既可以在课堂上进行，也可以在计算机网络环境下完成。对于使用计算机网络教学的课程，应有相应的面授辅导课时，以保证学习效果。为实施新模式而研制的网络教学系统应涵盖教学、学习、反馈、管理等完整过程，包括学生学习和自评、教师授课、教师在线辅导、对学生学习和教师辅导的监控管理等模块，能随时记录、了解、检测学生的情况以及教师的教学与辅导情况，体现交互性和多媒体性，易于操作。

按着这一模式，英语听说读写译等教学活动可以通过计算机来完成，也可以通过教师的课堂教学进行，图 6–1 中实线箭头表示以某种教学环境为主，虚线箭头表示以某种教学环境为辅。准确地说，“听”的训练主要在计算机网络环境下进行，辅之以课堂教学；“说”和“读”的训练既要在计算机网络环境下进行，又要有课堂教学；“写”和“译”的训练以课堂教学为主，以计算机网络环境下的教学为辅。在教学过程中，教师是教学活动的组织者，教学管理由教务处、教师和计算机管理软件来实施。教学模式改革的目的之一是促进学生个性化学习方法的形成和学生自主学习能力的发展。新教学模式应能使学生选择适合自己需要的材料和方法进行学习，获得学习策略的指导，逐步提高其自主学习的能力。

教学模式的改变不仅是教学方法和教学手段的变化，而且是教学理念的转变，是实现从以教师为中心、单纯传授语言知识和技能的教学思想和实践，向以学生为中心，既传授语言知识与技能，更注重培养语言实际应用能力和自主学习能力的教学思想和实践的转变，同时又是向培养学生终身教育的目标转变。可以这样说，新的教学模式的实施是对我国传统外语教学模式和手段的一次革命性转变。

5. 教学模式的实施要求

教师在教学模式的具体实施上，本着《课程要求》用附件形式提出了一个非常具体的教学模式，并规定在计算机上“学生每学习16~20学时，教师应给予1学时的辅导”。教师面对面辅导的“每组学生不应超过8人”，“学生在计算机上学习所获学分的比例应占英语学习总学分的30%～50%”（教育部《关于启动大学英语教学改革部分项目的通知》规定多媒体教学的课时不少于大学英语总课时的80%）。我们从《课程要求》提出的教学要求和模式的具体内容来看，似乎可以总结出这样两点：①《课程要求》可以说是首次明确地将计算机作为一个重要组成部分整合于外语教学模式之中，这在我国外语教学的历史上是第一次；②作为外语教学模式的有机组成部分，计算机将在实际的外语教学中起着非常重要的作用，能与学生一起来完成自主学习的各项任务。

这次教学改革不是单纯的教学模式改变的问题，更主要的是“基于网络的多媒体立体化教学模式的实现和推广具有非常深刻的意义。这样的教学模式转变不仅仅是采用了多媒体技术而导致的教学手段的转变，而是它引发了教学理念的一场革命。它改变了我国长期以教师为中心、单纯传授语言知识的传统教学模式，开始确立了一种以学生为主的积极主动的个性化教学方式，这种全新教学模式对于发展和培养我国学生迫切需要的外语综合应用能力和自主独立学习能力都有深远的意义”[1]。

二、计算机网络环境下的大学英语教学的优势

英语课堂上最常见的无疑是教师、黑板和几个简单的教学工具，通过这些来实施一个教师、一张嘴、众人听讲的传统教学模式。但英语是一门实践性和交互性都极强的学科，那么在学习英语的过程中如何来提高学生的学习兴趣，这成了许多大学英语教师思索的问题。现在，随着计算机多媒体教学的加入，这个问题迎刃而解。因为这一教学模式的引入，不但能够调动学生的积极性，而且能够让学生主动去学习，而不是被动去接受，大大地提高了学生学习的兴趣，打破了传统教学模式的单一性。多媒体现代化教学，让教学形式多样化，摆脱千篇一律，它以更形象的形式出现在学生们面前，使英语教学的交互性、协作性和自主性更加发挥出了特点。

传统的英语教学授课方式就是教师讲解、学生练习、学生提问，从而得到反馈，依据这些情况而确定是否要重复讲解、重复练习还是结束教学。但这样的教学方式往往会令学生有枯燥乏味之感。现在，多媒体教学方式的引入，可以使大量的信息都以多样化的形式出现在学生们的面前，与文章有关的资料、图形、影音等交替使用，可以牢牢地吸引住学生们的注意力并且充分地调动了学生们的学习积极性，唤起了学生们的思考欲望，通过不断思考、不断探讨、快速呈现、快速练习、快速反馈等，提高了学生的学习效率，使教学结果明显改善。

计算机网络和课堂的多媒体教学有助于提高学生自主学习能力和促进师生交流，让学生课下自主学习有了一个有益的平台。例如某某大学的英语教学课时一直都设置为每周 4 课时，这样学生与教师的接触每周仅有 4 课时的时间，交流起来的机会并不多。近年来，随着社会的发展，为提高大学的教学质量做好合理规划，学校开始建立多校区，但是许多教师还居住在原来的老校区，每天课下忙于赶校车，根本无法在课下辅导学生，这使学生和教师的交流在课下几乎为零。现在有多媒体教学的加入，这个问题不再是学生和老师之间的阻碍，它使师生之间的交流变得通畅无阻，再不受教师教学时间、空间等的限制。教师可以通过多媒体网络教学和各种学习平台线下沟通，来指导学生的学习情况和进度，可以及时地对学生提出的疑问做出解答，了解学生学习结果。学生可以通过课余时间自由地选择学习内容，随时向教师提出疑问，还可以通过多媒体平台提交作业、试卷，与同学们一起探讨学习的乐趣。总之，利用多媒体教学多样化模式可以让学生们在课堂、课下都能自主地去学习，提高学习效率，让英语教学进入了一个全新的发展阶段。

三、大学英语多媒体网络教学模式的构建

多媒体网络教学的学习环境与建构主义学习理论的学习环境是一致的，但它的某些特点又在技术层面上支持了建构主义学习理论，学习的自主性、社会性、情境性得到了

[1] 蔡基刚 . 大学英语教学：回顾、反思和研究 [M]. 上海：复旦大学出版社，2006：233.

体现。所以，我们必须要做的是用建构主义指导多媒体教学，而且这一方案是可行的。多媒体教学在大学英语中可按照以下几个主要环节进行设计和制作。

（1）定位和分析教学目标。这一步骤主要是对教学目标的制订和分析，学习内容确定下来后，制订出本课或本单元要实现的教学目标，并以此组织教学。大学英语是一门语言实践课。听和读的过程是作为学习者由外到内获取语言知识即“输入”的过程；而说、写、译则是学习者将习得的知识从内而外的“再现”的过程，即“输出”过程。所以，教师要制订出符合自己情况的教学方法和技巧，用实际操作和不断演练达到教学目的。教师提出的教学目标必须要有条理而且要使大多数学生都能接受，使得不同程度的学习者都能够适应。教师为便于学生逐步学习和研究会将任务分为几个小目标。

（2）创设真实情境。语言类的学习总是能让学者联系到某种“情境”，在这种“情境”下学习，能够让学习者结合自己原有的知识结构去接受和学习新的知识，从而对新的知识予以一定的意义。在这个过程中，如果自身原有的知识经验无法同化新的知识，那么要使用“顺应”过程，即对自身原来的认知结构立即进行重组和改造。所以，只有通过“同化”或者“顺应”才能完成对新知识意义的建构。每个学习者的认知特点也会有所不同，这就要求教师要帮助每个学习者分析自身的知觉、思维、记忆等特点，用最适合最有效的外部刺激去完成他们对新知识的同化和顺应，从而达到对知识意义的建构，同时把学习者的智力引向更高的层次水平。

教师还可利用宽带网络开发教师的答疑管理系统，通过集视 / 音频文字于一体的多媒体、BBS 讨论区、网上交流等多种方法，带领与引导学生进行自主学习，有效地向自主式学习方向发展，不但使学生在自主化个性化发展的过程中完成语言水平的提高，而且使学生学习的知识掌握得更加的牢固，达到了引导学生用原有知识研究问题并且去解决问题的目的。

因此，创设不同层面、不同角度的多样化情境，可以为语言学习者对知识的探索提供更多的方法和路径，使学生可随时随地进入任意的学习情境，实现语言知识的获得与迁移。

（3）自主学习能力的养成。当今教育教学活动中的重要任务就是培养学习者自主创新能力和独立思考的能力。学习者在整个学习实践过程中是现代英语理论所强调的重中之重。

在多媒体教学环境下，学习者能够主动地与外界事物相联系，从而达到教学活动的目的。在学习活动中，学习者根据自身对学习的知识的掌握程度，去寻找自己能力能够应对的学习目标以及学习内容和方法，并且制订出一套评估自身能力的体系。扩大学习活动的空间，让每个学习者的潜能得到最大程度的挖掘。换言之，教学对象要从客体渐变为主体，学习者是主体，是内部因素；而语言本身、教材与教法同属客体，是外部因素。学习者在多媒体网络教学系统所提供的相对自由的学习环境中，可以随时随地进行学习，而且能够随时下载或输出自己所需的资料，使学习者在学习过程中遇到的问题能够得到最及时有效的解答。例如学习者可以有针对性地对语言知识的重点和难点进行学习，或者可以反复练习听力和发音。自主学习的方式打破了课堂时间的限制，体现出个性化的教学原则。

（4）共同与协作学习。由于在各种情境中解决问题的难度不同和知识的复杂性，学习者需要通过分享和调整意义观点，来解决每个学习者对外部环境的看法和理解不同，这样也能使理解更为丰富，更加准确和全面，打破了每个学习者经验不同、想法不同的局限性。因此，共同协作贯穿在整个学习过程中，然而会话交流是共同协作过程中最重要的环节。学生在各种内容丰富的情境中进行对话与合作，通过各抒己见之后的协商讨论达到对新知识的共享和构建。因此说，知识意义构建的主要方法之一就是学习者之间的沟通，多媒体教学将每个资源的分享者和获得者的智慧与思想共享，使得所有学者可以通过多媒体网络进行面对面的交流和学习，这样，这个群体的所有人都可以对所学的知识达到意义建构的目的。虽然“理解”是个性化的东西，无法实现共享，但可以通过与他人的交流来检验和修正自己的“理解”。网络信息资源的提供者和信息的获取者之间有着双向的交流和互动，学习者既可以访问固定的网站进行实时学习，也可根据自己所需的学习内容通过搜索引擎在线检索网络资源，以实现学习的目的。除了学习者之间的共同学习与协作学习之外，还存在学习者与教师之间的共同学习。教师帮助学习者的同时，也从中得到了来自学习者的反馈。多媒体网络的各种工具使得教师在学习过程中既是发起者又是参与者。还可以用电子邮件等形式达到异步协作。“共同与协作学习”至少要在两个以上的学习者之间才能进行，既能在有组织的情况下进行，也可通过网络论坛的形式或者面对面地进行。

（5）意义建构。意义建构和建构意义的区别在于，建构意义是指将事物的本质、次序和事物联系在一起，而意义建构是说把学习活动作为最终目的。意义构建就是让学习者在学习过程中将各类知识逐步转换为自己的知识和成果，而且要通过多媒体资料、文字影像、图形图表或者各类多媒体平台等方式表达出自己的理解和收获，实现对自我评价、组织对成员的评价以及教师对学习者的各类评价。意义建构主要是让每个学习者在某一个学习环境中能产生学习欲望，而且通过团体里的每个成员之间的合作，让每个学者试着去完成对知识的意义建构过程。

随着现代化技术的飞速发展，建构主义理论起到了增加学习效率和提高教学质量的作用，同时也得到了网络教育技术的支持，优化了大学英语的教学目标、环境、资源以及过程。因此，多媒体网络教学成先进的教学理念和教学手段。所以说，现代信息技术所构建的外语教学环境具有了情境的网络信息化、学习的全球化和个性化，为大学英语教学的改革和创新奠定了扎实的基础。因而，现代教育信息技术所支持的建构主义学习理论对于知识建构的作用可以理解为：学习是学习者自主地建构内部知识经验联系的过程，它既包含了结构性的知识，又包含了很多非结构性的经验。对以往信息资源的建构和运用旧知识对新资源的理解及建构要同时进行。建构主义中强调了教师和学习者在学习过程中同为重要，每个学习者对所见事物的不同理解，更有利于学习者从中获得丰富的知识。意义建构强调“学习环境”和“学习合作”的安排，让学习者们能用身边已有的各种资料来主动学习，从而真正达到教学“意义构建”。

四、网络资源建设

（一）英语网络资源的内容与组织

学科资料素材库：素材是在制作软件过程中能被直接引用的一些基本元素，以图形文件、声音文件、动画文件、电影文件类型存在，呈现出多类型、多媒体、非规范、跨地域、跨语种的特点，为教学提供丰富多彩的媒体内容。传统的文字教材中，教学内容主要是描述性的文字和补充说明性的图形、图表，不能用声音、图像、动画一体化表现教学内容。电化教学开展后，只能用录音、录像教材来辅助文字教材进行教学，而多媒体的信息符号有文本、图形、图表、图像、音频、视频、动画，兼有静止的和运动的、分散的和合成的、视觉的和听觉的等多种类型，形成一种多媒体信息形态的结合体。素材的管理先按类型进行，再根据实际需要细化。

课件库：针对教学内容制作形式较完善固定的 CAI 软件，它们是直接应用于教学中的一些可执行文件或能独立运行的文件，以及供调用的支持文件。课件的管理先按学科进行，再按年级、章节进行细化。

专家库：把优秀教师的教学教案、教学过程、教学方法、教学思想、研究成果存入库中。

例题与考试题库：包括题目、正误判断、相关辅助资料的调用、教师答疑题，形成智能型综合题库，可进行题库的查询、更新、完善、智能组卷、成绩统计与分析。

图书资料库：建立以图书、音像资料目录的检索为基础，全文信息检索和数字化音像制品为核心的数字化图书库。

教学交流库：通过 WEB 主页建立国内外校际间的各种联系库，了解当前教学、科研的发展状况、专业设置、课程建设、师资培训模式等，动态制定一些选修课程，做到教学、科研、培养目标与社会发展同步或超前，参加网上教学研讨和交流活动。

虚拟库：模拟世界各地风土人情，为学生提供出国留学场景实习，模拟交易会情景、外事部门等环境，为学生提供实习机会，模拟网络考场，如 GRE、TOEFL、GAMT、TSE，中考高考模拟考场，为教学提供各语种水平考试基地。在无穷的数字化空间内构建虚拟化实验室和课堂等，为教师和学生提供协作互动的工作、学习、研究、交际、生活环境。从数字化的目标和功能出发，师生不仅要在这种虚拟环境下进行学习，更重要的是通过自己创造，形成更为丰富的教学数字化资源库。

网络英语教学信息资源的组织，是指人们根据英语教学信息资源本身的特点，运用各种工具和方法，对其进行加工、整理、排列、组合，使之有序化、系统化、规律化，从而有利于网络教学信息的需求。按照符合人类联想思维特点的超文本结构组织资源库，适合于学生进行“自主发现、自主探索”式学习，这样就为学生发散性思维的发展和创新能力的孕育提供了肥沃的土壤。全方位调动学生的视觉、听觉，使学生的信息认识渠道多元化，信息采集途径均匀化，摆脱了传统教学在同一时间内单一认知方式的弊端，使大脑的信息刺激增强，认知效率提高。

每个教学单元均包含课文、习题、提问、测验及相应的演示，把这些教学内容相关而教学要求不同的教学资料有机地组织在一起，无疑对课堂教学、课外复习大有好处。教学信息资源以知识为分类线索，把资源与教学思想、教法、学习理论相结合的主动权交给师生，具有高度灵活性和可重组性，任何师生都可以将最新信息添加入库。

传统的学科知识结构是以线性结构来组织的，知识内容的结构及其顺序都是以教为主，阅读时顺序性强，学生对教师的依赖性较大。而多媒体信息组织方式是一种非线性结构，把相互关联的知识点有层次地构成一种网络系统，系统由节点和链组成，节点表示教学内容的知识点，链是知识点之间的层级逻辑关系。这种非线性结构有利于学生进行发散思维，联想原有的知识，从而获得新知识。多媒体技术的发展打破了时间、空间的界限，建立了一种开放型教学环境。网络化是多媒体技术的特点，网络教学是多媒体教学组织形式的又一特点，是对传统教学组织形式的冲击和革新，使密集型课堂教学走向个别化、分散化、家庭化、社会化。

（二）网络资源建设的原则和步骤

1. 网络资源建设的原则

（1）坚持“质量第一、服务第一”的原则

教育信息资源建设的最终目的是应用，为教学服务，供师生使用。资源的质量和服务是必须首先关注的问题。必须保证资源的教学性、科学性、可用性。必须从学生为教学主体的角度出发，以课程改革纲要为准，以学习为导向，以培养学生的信息素养和创造能力为目标，服务于素质教育。

（2）坚持“动态、开放”的建设观

教师和学生是教学活动的体验者，他们的经验更贴近教育信息资源使用的要求。教师群体和学生群体是取之不尽、用之不竭的源泉。教育信息资源建设不局限于图片、文字、动画、课件等素材，更重要的是具有互动关系的教师、学生以及他们所进行教学活动和教学过程的资源。教育信息资源建设要以“开放性”的建设观，让用户、资源评价者和管理者、系统管理员以及维护人员都参加到资源建设中来，尤其是教师和学生、教学活动和教学过程资源纳入资源建设中，实现教育信息资源建设从“库”的观念到“流”的资源观念的转变。这些内容伴随着时间的变化而逐渐更新，从而建设有自身特色、开放化、动态的合理的资源体系。

（3）明确分类、规范化建设

教育信息资源建设要服务于教学，按“学科分类”进行教育信息资源建设是行之有效的方法。学科资源中采用“积件化”的思想组织多媒体素材库、策略库、微教学单元库和模拟资源库的建设，系统地、分类地、有序地存储，便于快速查询。“积件化”的建设思想，可以使教师根据自己的教学需要选择基本单元，自己组合生成适用于教学环境的教学资源。“学科分类”和“积件化”的建设思想，一可以使建设者有明确的建设目标，二可以满足学科检索的使用要求，从而调动教师积极、自主参与资源建设，使教学资源随着教学进程自然地积累。使资源建设质量更高、数量更丰富、更新更快，避免资源的重复建设和查询时的“迷航”现象，提高资源利用率，实现教学最优化。

（4）重视人力资源建设

教育信息资源建设的目的是支持教学和学习，教师的能力素质和学生的信息素养是极其宝贵的人力资源，必须进行个性化的培训和辅导，掌握了知识和技能后才能更好地服务于工作。

2. 教育信息资源建设的方法

工作在教育最前线的教师是教育信息资源的建设主力军，他们对教育工作的现状和需要是最了解的，因此由他们来完成教育教学资源的建设任务是最合适不过的。为避免各校教师对资源建设的重复现象以及教师工作负担过重的现象，相关上级主管部门应统筹规划，并且根据各校的现实状况，将资源的各部分内容划分下发给各校教师，并制订出合理的激励机制来激发教师工作的主动性和积极性。教育信息资源建设的具体方法如下：

（1）确定内容：确定教育信息资源建设的详细内容，包括学科范围以及按教学大纲和课程目录的顺序划分各学科要建设的资源的详细内容。

（2）确定标准：根据《现代远程教育资源建设规范》确定资源建设的标准，要细化到对资源各个属性的具体要求，有利于实际操作。

（3）确定编制评价的指标：工作小组和专家组对征集上来的资源进行审查，其主要依据就是编制资源的评价指标。另外，明确评价指标对保证资源的质量有帮助作用。

（4）有关人员的培训：有针对性地对资源建设有关人员进行培训和辅导，使其掌握关于工作中需要的技术细节，必须对资源建设项目和整体实施计划等有清晰的认识和了解。

（5）资源收集：向各个部门下发资源征集任务。在分配任务时，要根据各个地区、学校以及任课教师的特点和优势，最大程度地发挥其特长，以确保资源征集活动的完善与成功。

（6）对资源的审核：由资源建设领导小组组织专家组及各学科工作小组、技术小组按照已定的"资源评价指标"对征集到的资源进行审核、选择、优化整合并确定资源的级别和价格。

（7）整理入库：通过计算机网络技术，可以将资源单个或者批量操作存入数据库中，在入库时需对资源的所有属性实行预校验，以确保资源库中所有数据的准确性。

（三）英语教师如何筛选和利用网络资源

1. 筛选的标准

英语资源并不是全部可以直接成为英语课程资源，它还只是初步备选阶段，因为只有经过教育教学方面的整理和加工并通过有效实施之后才能成为合格的课程资源。从理论上讲，要经过至少三个筛子的过滤筛选才能够确定此部分课程资源的开发价值：第一，教育哲学，即课程资源的开发利用要有利于实现教育目标，结合社会发展进步的需要。就英语学科而言，目的就是要培养学生适应现代社会的人文和科学素养，培养学生阅读理解与表达交流能力以及使用现代信息技术搜集和处理信息的能力。第二，学习理论，即课程资源必须要以学生学习的内容相符合，符合学习者身心发展的特点，考虑到学生的兴趣和发展需求。第三，教学理论，即课程资源要与教师教学修养的现实水平相适应。由此可见，在教育课程中，鉴别其课程资源的开发利用价值是国家教育目标、教师教育水平与个人发展需要的有机统一。所以在实际开发过程中，要做到以下几点：第一，要开展当代社会调查，预测并跟踪社会需要的发展变化趋势，从而才能更好地把握社会所给予的机遇；第二，调查了解学生的基本情况，了解他们已经具备的知识、技能及素质，还有哪些方面存在不足，从而确定课程开发主导方向和重点；第三，调查了解当地课程资源的相关情况，如自然环境、经济文化状况、民俗风情等方面，以便日后有选择地进行开发和利用。

2. 利用网络课程资源的策略

事实上，英语课程资源的开发利用是从具体而微的问题和情境等着手的，也就是说，是以某一问题、课题或者情境为起点或切入点而展开的。

（1）从问题角度看：英语课程资源的开发利用可以由课内向课外开拓，由课堂教学所遭遇的实际问题而引发开去，探寻课外学习资源，从课外学习资源中得到解决或再认识；可以由书本知识向学生生活、社会生活延伸，让书本知识在生活中获得新的生长点和生命；也可以从学生的经验和生活中的具体问题拓展开来，上升到更高层面进行探讨等。

（2）从课题角度看：师生以社区发生的重要事件为背景和对象，把它们纳入课程学习的视野，进行英语学习资源的开发和利用；或者以国际国内发生的包括现代传媒技术所呈现的学生感兴趣的事件为课题，充分利用报刊、图书、影视、网络进行深入探讨；也可以以教科书中涉及的有关重要议题特别是“综合性学习”设计的课题为研究主题，调动、发掘校内外可资利用的资源，开展研究性学习等。

（3）从学习情境看：学生可以到大自然中探求英语学习资源；可以到家庭中发掘英语学习资源；可以到校园、社区等一些富有文化内涵的场所和活动中获取学习资源；还可以以专家、学者、教师为英语学习的课程资源，因为各行各业的行家里手都是不可忽视的课程资源的生命载体。

台湾的温世仁先生在其专著《教育的未来》中指出：“我们把学习的触角切入互联网，那么将会将全世界的资源化为自己的资源。”据统计资料表明，因特网上 80%~85% 的信息使用的是英语。网上储存大量全真原文材料，信息丰富且每天更新。实践证明，学生上网可以无限扩充学习的范围，钻研课本中学不到的知识，让课程变得生动活泼。因特网信息量大，交互性强，趣味性浓，语言与时代同步，它将日益成为课程的载体。教师有效利用网络开发教学资源主要采取以下三种途径：

（1）教师上网获取为教学所用的资源。网上有国际时文、社会新闻、科技动态和校园生活等信息，可把所需材料下载、打印出来并分发给学生，供学生阅读。例如http: //www. yahoo. com网站内容包罗万象，语言原汁原味，是值得教师经常访问的网站之一。再如在美国发生了震惊全球的“9・11”事件之后，有的教师在第一时间从该网站下载有关该事件的新闻报道印发给学生，学生既了解了事情的真相，又学到了地道的英语，学起来兴趣盎然。又如每年圣诞节来临之前，教师可以访问一些与圣诞节有关的网站，如http: //www. sina. com. cn网站就有专门介绍圣诞节的专栏：Santa'sWorkshop，Santa Claus Online，Life Story of Santa Claus，Santa's Grotto等，需要什么就下载什么，非常方便。如http: //www. k12. com. cn网站开辟有帮助教师备课的教学资源栏目，内容丰富，实用性强，网上还提供一些优秀的教学课例，包括历届高考试题等。

（2）积极鼓励和引导学生上网学习。无论是英文网站还是中文网站，都专门开辟有学英语的专栏，包括阅读训练、写作训练、词汇训练、语法训练。例如搜狐网站设有《英语天地》，小栏目有《开口说实用会话》。在这里可以学到观光英文、娱乐英文、商用英文、美国文化等，还有《生活情景美语》《鲍佳欣英语教室》。学生还可以选择一些适合于他们的远程教育课程进行学习。教师还可以结合要教学的内容，引导学生从网上搜集相关素材。比如在教SEFC第一册（上）Unit 13 Abraham Lincoln时，教师可以要求学生根据教师提供的亚伯拉罕・林肯的网址：http: //www. nps. gov/liho，查找有关林肯的生平和事迹的信息，然后转发到教师的E-mail信箱里。教师根据学生所提供的素材进行教学设计，以此不断丰富教学资源。

（3）利用网络的另一条途径就是在课堂上当堂上网，为教学所用。例如在教SEFC第一册（上）Unit 11 Country Music时，有的教师打开了提供美国乡村音乐的http: //www. curb. com网站，并利用教室的大屏幕，边学习有关乡村音乐的知识，边欣赏美国乡村音乐。语言文字与音乐、图像情景交融，学生学习情绪高涨，教学效果良好。

从前文我们可以看出，首先英语课程资源必须与英语新课标整合，开发出学生上课使用的学习资源。其次，新一轮课程改革要求课程资源在与课程标准整合时，必须以活泼、清新、富有实效的形式来参与教学，切实体现英语课程标准，也体现英语学科特色。最后，体现英语学科特色的课程资源必须具有时代性、前瞻性，落后于时代的资源是废物，没有前瞻性的资源也没有很强的生命力；同时这类资源还要与学生的生活紧密结合，和社会生活紧密结合，体现现实的针对性和广泛的社会性。

第三节　新技术教学环境下的英语教师发展

多年以来，教室、黑板、粉笔、书本以及师生桌椅等要素构成了开展教学活动的基本环境和必要条件。无论是外语教学，还是其他学科的教学，都是在这样的教学环境和条件下进行的。而如今，随着计算机技术和信息传播技术的飞速发展，一些以电化教学设备为主的现代新技术教学手段越来越多地应用于教育和教学活动中，应用于外语课堂之中，并成为外语教育现代化和信息化的一个重要标志，并带来了外语教学手段和教学方式以及外语教学模式的根本性变化。近年来，语言学、教育学和心理学等学科理论的发展，辅之以计算机应用为主体的多媒体技术和网络技术的迅猛发展，外语教学的现代化问题日趋显得重要，利用计算机辅助外语教学活动的可行性已经具备，其重要性和必要性也日渐突出。如何在外语教学中充分利用现代教育技术，优化教学过程和教学效果，是当前英语教师所面临的重要课题之一。

一、新技术教学手段与英语教学

新技术教学是以现代电化技术为支撑的教学方式或手段，主要是指以计算机为主体的多媒体技术和网络通信技术在外语教学中的应用。

（一）新技术教学手段的界定

利用计算机教学辅助语言教学活动，在国际上通常被称为CALL（Computer-Assisted Language Learning）。世界范围内的计算机辅助外语教学活动已有40多年的历史，在我国也有20多年的历史。这场由新技术手段带来的教学变革，能否取得预期的教学效果，关键在于教师。英语教师不但要掌握使用计算机的各项技能，更要了解适合信息社会的外语教学新理念、新方法，了解信息技术在外语教学中的各种作用，将信息技术有效、灵活地运用于自己的教学中。

现在，我们经常谈论的一个词就是“多媒体”。所谓媒体（media）就是指“承载信息的载体”。所谓多媒体，从字面上理解就是“多种媒体的综合”，那么多媒体技术就是运用多种媒体的技术。多媒体是信息系统、硬件系统和用户系统三者的有机结合。由于计算机能够集图形（graphics）、文字（text）、声音（audio）、影像（images）和动画（animation）于一体，能够满足视觉、听觉以及信息传输、储存的教学需求，所以，人们常用计算机辅助教学来指代多媒体教学手段的运用。而多媒体辅助外语教学就是以计算机为核心的多媒体技术和网络通信技术在外语教学活动中的具体应用。

目前，虽然越来越多的最新科技成果运用于教育教学活动中，但是这种全新的教育教学尝试和实践在学术界仍没有统一命名，有着各种各样不同的名称，如电化教学、电化教育、电教技术、多媒体教学、教育技术、计算机辅助教学技术、教育信息技术以及e-Education 等。本书将运用现代科技成果辅助教育教学的手段统称为新技术教学。这个名称既可以基本囊括各种媒体都是用作储存、传递和处理教育信息之载体和工具的特征，又可以体现现代科技成果在教育教学中的运用。

（二）新技术教学的发展历程

在人类发展的历史长河中，人们总是力图将最新的科技成果（主要包括呈现和传播信息的视、听媒体技术）运用于教育教学活动，以求提高教与学的质量和效率。仅就近代和现代教育技术的产生与发展而言，已有百余年的发展进程。媒体技术运用于教育教学活动的发展历程，如表 6-3 所示。

表6-3　多媒体教学简表

时期	主要媒体形式	媒体的主要功能
19 世纪末 20 世纪初	幻灯机、照相机以及无声电影	向学生提供生动的视觉形象，视觉教学由此产生
20 世纪 20 年代	有声电影	视听教学开始
20 世纪 40 年代	录音机、黑白电视	语言实验室出现
20 世纪五六十年代	闭路电视、程序教学机、电子计算机	教学媒体逐步现代化
20 世纪 70 年代	彩色电视、电子计算机、卫星广播电视	远程教学成为可能
20 世纪 80 年代	激光视盘、立体电视、电子黑板、磁性照相机	教学媒体基本实现了现代化
20 世纪 90 年代	图像处理技术（包括录像技术和放像技术）、多媒体计算机系统、数字视频技术等	教学媒体实现了数字化和现代化

从上表可知，教育技术的内涵在其漫长的发展进程中容纳了诸多的媒体形式。我们今天谈论新技术教学手段，虽然主要是指以计算机技术为主体的多媒体技术和网络通信技术，但也不能忽视原有教学媒体（如幻灯机、投影仪、照相机、电影和广播等）的重要作用。

新技术教学手段包含两个层面的内容。一是硬件，主要指用于展示教学内容的设备，如投影仪、计算机、视听光盘以及网络通信设备等，这些运用文字、声音、图形、图像、动画、视频以及远程通信等方式是教学内容得以呈现的必要手段。二是软件，主要指教师利用硬件设备设计教学课件、编制计算机程序以及获取或发送网络信息等，使多种信息以多种形式作用于学生，从而达到最优化的教学效果。

国内有学者认为，我国计算机辅助外语教学的发展可以分为六个阶段，即起步阶段（20 世纪 60 年代至 70 年代）、初步发展阶段（20 世纪 80 年代）、发展阶段（20 世纪 90 年代以后）、快速发展阶段（21 世纪初叶）以及高速发展阶段和纵深发展阶段（21 世纪 10 年代后）。

二、新教学技术手段对英语教学的作用

在英语教学实践中，新技术的广泛运用引发了教学理念和教学模式、教学设计和课堂结构、教学方法和教学艺术、教学效率以及学习方式的革新和变化。具体来说主要体现在以下几个方面：

（一）视听刺激并重，多种感官并用，有利于提高教师教和学生学的效率

心理学研究结果显示，多项感官的刺激对于信息量的获取比单一感官（视觉或听觉）的刺激所获得的信息量要大得多。大脑会对多种感官所获得的信息进行更深层次的加工和处理，提高记忆和学习效率。在大学英语课堂教学中，运用多媒体而实现的多种感官刺激可以交互或是同时作用于学生的视觉和听觉器官，使学生的耳、眼、口、手和脑并用，从而能极大地吸引学生的学习注意力，提高学习效果。在这样的教学环境下，不仅学生学得快、记得牢，而且教师教得轻松、效率高。

例如有位教师这样记录了自己运用多媒体图、文、声并茂的特点来提高语法教学效果的具体做法：

在讲解现在分词与过去分词的区别时，教师可以通过几组动画进行对比观察：正在落下的叶子（falling leaves）与已经落在地上的叶子（fallen leaves）；正在升起的红日（a rising sun）与已经高高挂起的太阳（a risen sun）等。这比单纯地传授和讲解更加直观，更容易被接受和记住。

在上述实例中，学生耳听教师（或多媒体课件）简要讲解 falling 与 fallen（rising 与 risen）的区别，眼看动画演示中正在飘落的树叶（或在升起的太阳）和已经落在地上的树叶（已经升起的太阳），口中可以读出："falling"、"fallen"（"rising"、"risen"），还可以在笔记本上写下"falling"、"fallen"（"rising"、"risen"），头脑里想着 falling 与 fallen（rising 与 risen）在用法上和含义上的区别。在多种感官的共同参与下，学生的观察、思维和表达都进入最佳的状态，学生的认知负担减轻了，学习的难度降低了，学习的效率提高了，学生很快就理解和掌握了 falling 与 fallen （rising 与 risen）的用法与区别。

又如对于音标的教学，不少教师的教法往往是教师反复领读，学生反复跟读。这样的教学方法不仅教师教得辛苦，学生学得疲惫，教学效果还不尽如人意。而有位教师巧妙地利用了多媒体能调动学生多种感官参与学习活动的优势，取得了良好的教学效果。这位教师是按如下方式实施教学的：

在 PEFC 教材第一册 Lesson 38 讲解音标 / θ / 和 /ð/ 时，教师清楚地描述了两个音标发音时唇型和舌位以及气流与声带的使用技巧，但可能有的学生仍不理解，特别是靠后面坐的学生，因为观察不清楚教师的演示，总是发音不标准。然后教师利用 PPT 演示了一张口腔各部位的发音示意图，并且设计成了动画的形式。随着教师按动鼠标，课件动态地展示了发音过程中口形的变化和气流进出的情形，画面直观生动且无比形象，没有教师的特别说明，学生只需做到听音模仿，反复练习之后很快就能掌握音标发音要领。在课件中还可以设置成静音模式，学习者学会之后，教师只要按动鼠标进入静音状态，屏幕只留下了动态的演示图片。随后学生可以配音，如果发现学生发音还不够标准，教师可以随时点击鼠标立即恢复声音，由此学生又可以进入模仿和练习的过程，直到发音

标准为止。

在这个实例中，学生边练习音标 /θ/ 和 /ð/ 的发音，边观察发音时口腔器官的变化，在生动形象的画面的引导下，饶有兴趣地学习发音。学生还可以通过为动画配音来更深刻地体会这两个音标的发音要领。这样的教学，无论是教师的教，还是学生的学，都显得那么轻松、自然且高效。

（二）创设模拟或近乎真实的语言学习环境，对于激发学生学习兴趣的积极作用

多媒体技术将文字、声音、图像和动画融为一体，形成立体化的学习材料，超脱了传统教学中平面媒体（如教科书、黑板或书面文字材料等）信息传输方式单一的局限性，从而创设逼真的视听效果，营造出近乎真实的语言学习环境，还可以将一些抽象的或枯燥的教学内容生动形象地呈现给学生，极大地激发了学生的学习兴趣，有利于学生全面、深入地学习，掌握和拓展所学知识。

例如在教学 SEFC Book lA Unit 7 时，有教师做了如下的尝试：

在设计和制作SEFC Book lA Unit 7的阅读课A City of Heroes的教学演示文稿时，教师从互联网上查找了很多的有关St. Petersburg的资料，导入是这样设计的：首先教师向学生提问："Do you like traveling? Where have you traveled? Have you ever traveled abroad?"之后在屏幕上展示各国各地标志性建筑和人文景观的图片，并让学生针对这些图片展开讨论；最后教师指定了一张圣彼得堡300周年庆典时的焰火晚会的图片，让学生回答："Where? When? Why?"并呈现有关庆典的新闻信息，同时向学生提出问题："Why was there such a great anniversary in St. Petersburg?"如此，调动了学生的求知欲和好奇心，他们迫切想了解圣彼得堡究竟是个什么样的城市以及在城市里究竟发生了什么重要事情。

这是授课教师导入新课的教学片段。在每节课的导入环节，如何能引起学生对所学内容的兴趣是非常重要的。而上述利用电脑和网络设计出的新颖别致的导入，不仅可以激发学生想了解一个异国城市的兴趣，而且自然地引出了本课的主题，为之后的教学做好了铺垫。

（三）人机互动，增强了学生对知识的理解和加工能力

学习过程实现了人机交互后，计算机技术运用于教育教学中带来的重大变革之一就是即时反馈。可以说，"交互性是多媒体计算机的显著特点，也是其他电化教育手段无法替代的计算机所独有的特性"。由多媒体技术关联的人机互动的教学进程符合中小学生好奇心强和好动的心理特点，能极大地激发中小学生的学习兴趣，提高学习效率。

例如有位教师尝试运用计算机辅助教学的人机交互的功能后，写下了如下体会：

> CAI 课件能有效地协助学生完成多种形式的练习，使所学知识得到及时巩固，并能有效地发展非智力因素。在授完 Learn to say 的新教材后，我们准备了 4 个关于听力的小练习，把这些小练习都设计成了小游戏。在学生用计算机答题过程中，有时用一张哭脸脸谱表示"错"，用一张笑脸脸谱表示"对"；有时可用可爱的小狗点头或摇头表示"对"或"错"。例如我们设计了"猴子摘桃子"程序，让猴子从一棵结满"关键词语"的桃树上摘桃子完成句子。猴子根据需要，用鼠标拉动某一个词摘下桃子，放在句子中，当选择正确时，该词就停在那儿，并发出"咚"的悦耳声音。当选择错误时，该词就马上返回树上，很有趣。学生和计算机互动的同时，学生能够深切感受到学习过程的喜悦，品尝到自己"跳起来摘到果子"的那份甜蜜，增强了学习的兴趣和信心。

在这个实例中，授课教师根据让学生在游戏中学习的思路，将原本枯燥的听力练习设计成了游戏的形式，而且还是学生能够参与和调控的游戏。学生在与课件"对话"的

过程中，在游戏的过程中，根据自己的水平和能力选择难度恰当的练习进程，当出现失误时还能有再次尝试的机会，使不同程度的学生都能感受到学习成功的喜悦；同时，这样的练习方式不仅呵护了学生的自尊心，而且也增强了学生的自信心，对培养学生英语学习方面的情感态度具有积极意义。

（四）超文本链接功能和庞大的信息资源，有利于为外语教学提供强有力的信息支撑

超文本（hypertext）是互联网上信息之间的关联方式。互联网最大的优势即信息量大和传播速度快，可以为教师对学生传递大量的信息提供帮助，能够为学生展示更丰富多彩的语言素材。而互联网的超文本链接功能则为教师查询和检索信息提供了一种非常简便迅速的方式。正是由于互联网的这种功能，使互联网成为一个十分庞大的信息资源网，这极大地增加了教学内容的容量，开阔了教师和学生的视野和知识面。

例如有位教师利用网络资源做了如下尝试：

在教学 Franklin's Famous Kite Experiment 一课时，教师可以在搜索引擎中输入 Benjamin Franklin，下一步选择 The Electric Benjamin Franklin，然后进入 http：//www. ushistory. org/franklin/、http：//www. ushistory. org/franklin/kite/index. htm, 然后学生能阅读“An Account of the Kite Experiment”这篇文章。此外，在动画中配以文字材料，更直观有效地对知识进行传授和讲解，有利于对学生学习兴趣的激发，使其能在更短的时间内理解和掌握课文内容。

在上述实例中，授课教师充分利用了网络资源，其教学设计不仅让学生阅读到了与课文内容相关的语言材料，拓宽了学生的视野，而且以动画形式形象且直观地给学生呈现了著名的“风筝实验”，这是单纯的书本材料所无法实现的。

又如在教学关于马丁·路德·金的课文时，有位教师利用网络资源实施了如下教学活动：在讲解 SEFC Book 2B Unit 19 Lesson 74 时，教师在设计的课件中加入了课文朗读的声音文件，也有从网络上查找下载的马丁·路德·金领导黑人进行民权示威游行的视频文件，还有经典的极富感召力的著名演说“*I have a dream*”，在为学生展示了最真实的语言材料的同时，也创设了最真实的语言环境，学生感受到仿佛身临其境，给学生留下了极为深刻的印象。

网络不仅能提供文字资料，而且网络中还蕴藏着大量的视频资源。充分利用这些资源可以使教学活动更为生动、形象，也更能激发学生的学习兴趣，同时也有助于学生巩固和记忆所学的知识。在上述实例中，授课教师正是利用了网络中庞大的信息资源和超文本的链接功能，使得自己的教学设计和教学活动极富感染力，极大地提高了教与学的效果。

（五）探究式和协作式学习的平台，有利于培养学生的研究能力和合作学习意识

多媒体技术的发展不仅为学生英语学习提供了丰富的学习资源，而且学生可以利用计算机和网络进行探究式和协作式学习。学生可以根据自己的学习需要和兴趣，自主上网查询相关的信息，搜索有用的学习资源，针对某一专题问题（如环境保护问题）进行深入探索。在这一过程中，学生不仅满足了自己的求知欲和好奇心，而且发展了自己的分散性思维和创造性思维，培养了自己的探究能力。

例如有位教师这样记录了自己运用网络技术培养学生探究能力的做法：

在教学 SEFC Book lB Unit 17 的阅读课文 Alone in Antarctic 之前，教师让学生在网上

查阅有关南极洲以及南极探险的相关信息，并让学生利用自己制作的演示文稿介绍南极洲的位置、面积、气候、植物和动物等有关知识……然后，教师和学生一起做了如下总结：“Antarctic is the coldest，highest，driest，windiest，and loneliest continent in the world.”。

在上述实例中，授课教师先给学生限定了在网络搜索的主题范围，即关于南极洲和南极探险的信息，鼓励学生自主上网寻找与本课主题有关的资源；之后又让学生利用自己查询到的信息，独立制作介络南极的演示文稿。学生在这样的学习和探究的过程中，不仅学到了知识，而且锻炼了能力。

计算机和网络技术还为开展协作式学习创造了有利条件。教师和学生之间、学生与学生之间可以利用计算机的人机交互功能，以及网络的信息快速传递功能及其强大的信息资源网，相互合作，互相补充和分享信息，实现信息资源的充分共享和利用。例如有些教师在描述自己运用新技术手段引导学生开展协作式学习时写道：

在教学 SEFC Book 2B Unit 19 A Freedom Fighter（1997 年版）时，作者先将班级学生分成几个小组，给每个小组布置一个作业，如：Martin Luther King's Childhood，King's Family, King's Education, Conditions of the Blacks in the USA, King's Struggle，King's Death，King's Achievement，King's Influence on America 等）；要求各个小组在互联网上查找 Martin Luther King 的相关资料，然后制作出多媒体演示文稿。各个小组之间可以合作完成。在这过程中，学生对这个学习任务特别感兴趣，他们将网络上查询到的文字资料和声音图像进行整合，制作出了很精美的演示文稿。在课堂上，各小组先后介绍了马丁·路德·金的家庭、受教育的情况、平生经历、被谋杀的经过以及他对世人的影响。学生还可以合作进行角色扮演，最后教师引导学生展开评价和辩论：“Has Martin Luther King's dream come true in the United States now?”。

从这个实例中可以看到，学生在网络中寻找所需信息的学习行为被限定为以小组合作的方式进行。在这一学习过程中，学生可以分工合作，共享信息资源，共同完成学习任务。比如，一位学生去查找关于马丁·路德·金的生平与家庭，另一位学生去查阅马丁·路德·金的受教育情况，再一位学生去搜索马丁·路德·金被谋杀的经过，还有一位学生搜寻马丁·路德·金的成就与影响……之后，学生在小组内综合、整理和归纳每个人获得的信息，组成一份完整的关于马丁·路德·金的演示文稿。在这样的学习活动中，学生不仅能利用较少的时间获得大量的信息，而且学会了运用多媒体技术整合信息、处理信息和演示信息的技能，更重要的是还培养了学生与他人合作的意识。

（六）高效的语言测试和教学评价手段，有利于促进外语教学测试的改革和发展

英语教学改革的重点之一就是评价方式的改革。多媒体和网络技术在语言领域中的应用在提高了语言测试的效率的同时，也为多角度、多方位和多层次地对学生实施科学的评价提供了便利条件。

有了计算机技术的辅助，大规模测试中的许多问题就会迎刃而解。比如运用计算机技术实施语言测试中客观选择题的阅卷工作，不仅极大地解放了劳动力，而且误差率极小。近年来，这种阅卷技术被广泛地运用于诸如高考、中考等有数百万考生参加的测试中。以往举行一次有数万人参加的英语口语测试，仅提供其所需的测试人员、测试地点以及测试花费的时间就会让测试的组织者煞费苦心。而在 2000 年，上海市高考便采用了计算机辅助的方法，仅仅两天的时间内，在全市 38 个考点当中的 70 多个电脑实验室里就有 6.3 万名考生进行了英语口试考试。在 4 个评分点约有 400 名评分教师，用 4 天

之余对考生的答题进行评分。从评分结果来看，考生的口试成绩与平时口语水平存在较强的相关性。

因为计算机网络技术的介入，为语言测试中题库的建立创造了极为便利的条件。例如有位教师运用计算机技术，采用SPSS软件对一个班级的某次测试成绩进行了科学分析，不仅对此次测试试题的难度、信度、区分度以及试题的相关性做了研究，而且为深入了解学生的学习情况、改进教学方法提高了可靠的依据。从这一角度讲，题库的建设并不是只有语言测试的专门人员才能从事的研究，每一个中小学外语教师都可以在这方面做些有益的尝试。

计算机辅助语言测试技术也为学生的自主学习和自我评价创造了条件。比如深圳某校在运用计算机辅助学生自我评价方面做了如下尝试，学校在对学生的监测评价中采用了名为Speaking Out的软件。具体操作是：

进入“通往100分”模块，学生可点击黑色三角形从中选择自己的姓名。事先教师已将学生的姓名编辑在列表之中。本模块分两个子模块，第一是“过关测验”，系统对前面单元学习中经常出错的20个单词进行测试，学生按照左侧的画面和听到的单词发音，在右侧的横线上输入单词，按键确认就完成了（每个学生有三次机会）。然后计算机系统自动会给初级、优秀和满分的选手各级过关的测试题，只有全部答对才能进入下一关；第二是正规试卷，界面显示的是完整的标准化试题，学生点击题号后再选择答案，最后点击“评分”交卷，考试就结束了。这一模块使学生在紧张有趣的氛围下完成了考试测验，在培养学生的竞争意识的同时，又减少学生对考试的压力，所以深受同学们的欢迎。

（七）远程交互与资源共享，有利于开辟新的、更有效的学习途径

近年来，计算机网络技术的迅速发展和日臻完善，为实施远程教育提供了技术基础。E-mail、E-pal、网络教学以及远程教学等新名词层出不穷。有些人甚至认为现在的学习已经进入了E-learning的时代。在中小学外语教学实践中，开发和利用互联网的远程交互功能已是许多教师提高教学效率、改善教学效果的有效途径。例如有位教师引导学生通过E-mail与英语国家的中学生建立E-pal联系，不仅提高了学生的英语读写能力，而且为学生创设了真实的英语交际语境，也让学生有了真实运用和体验英语的机会。

三、在英语教学中运用新技术教学手段的基本原则

（一）以学生为中心的原则

无论教学手段如何变化，无论教学媒体如何先进，外语教学中永恒不变的目的之一就是让学生学会所学的语言知识，掌握所学的语言技能。因此，新技术教学手段的运用必须凸显学生在学习过程中的主体地位。教师在选择使用多媒体教学手段时，要充分考虑所选用的新技术教学手段是否有利于发挥学生在学习中的主观能动性，是否有利于学生自主学习，是否有利于学生便捷、快速、牢固地掌握语言知识和技能，而绝不能仅仅为了教师的教学方便而运用不恰当的多媒体教学手段。

（二）教与学最优化的原则

运用新技术手段制作课件实施教学是一项系统工程，并不是只要使用了新技术教学手段就能使教学活动得以优化。教学活动是否得以优化首先要看教学内容的呈现方式是

否有利于激发学生的学习兴趣，是否有利于学生理解和学习教学内容，是否做到了由简到繁、由易到难地呈现知识。在实际教学中，有些教师在呈现教学内容时，不是从教学的实际效果出发，而是仅仅考虑哪些教学内容方便用多媒体呈现，如将课本的原文原封不动地呈现在多媒体屏幕上，实际上是将多媒体屏幕当作黑板使用，没有发挥多媒体应用的功效。学生对这样简单地将教学内容搬家的教法也不感兴趣，因而也不能激发学生积极参与学习活动的积极性和主动性。还有些教师将原本简单的教学内容制作成纷繁复杂的课件呈现给学生，人为造成学生理解上的困难。还有些教师不考虑知识呈现的先后次序，使得学生的学习活动因缺乏层次而陷入困境。这些多媒体运用中存在的问题必须引起教师的高度重视。

教学设计是否合理也是衡量教学活动是否得以优化的重要标志。以新技术为特征的基础英语教学设计应当立足于创设外语学习的环境，充分考虑学生的学习特点和学习心理，周密分析教学目标，合理设置教学步骤，注重凸显教学的重点和难点。

新技术手段下的教学设计必须以对教学需求的分析为基础，从教学目标、教学方法、教学过程以及教学评价等诸多方面整体设计和统筹安排。要照顾到大多数学生的能力和水平，涵盖本节课的主要内容，突出教学重点和难点。为此，教师可以利用多媒体课件将某些复杂的语言项目化解为一个个小的学习目标，将教学目标细化，便于学生通过一定的努力就能达到学习目标的要求，能够体验到学习成功的喜悦。同时，为了突出教学的要点、重点和难点，课件的设计和运用必须围绕教学目标，绝不能仅仅为了运用课件而设计课件。

（三）与传统教学媒体互补的原则

新技术教学手段在外语教学中的运用不仅促进了教师教学理念的变化，而且推动了教学方法的改进。随着教学条件的不断改善，可供中小学英语教师选择使用的教学媒体手段会越来越多。可以说，现代化的教学手段在外语教学中的运用有利于为学生创设良好的语言学习和交际环境，开阔学生的视野，加大单位时间内师生语言输入和输出的量，为提高教与学的效率提供了有利的条件。

但是，教师必须认识到，新技术教学手段（计算机、多媒体以及网络）在外语教学中虽然具有其他教学媒体（或工具）所不具有的优势，但它毕竟只是众多教学手段中的一种。因此，在使用新技术教学手段的同时也不能彻底抛弃传统的教学手段。适时、恰当地使用传统的教学手段（比如板书、简笔画、挂图、卡片、模型等）以及现代的教学技术（比如录音、录像和投影等）也能取得同样的教学效果。

（四）促使学生多种感官参与学习活动的原则

新技术教学手段集文字、声音、图像和动画于一体，这不仅能够刺激和调动学生的多种感官参与学习活动，而且为创设真实语言学习情境提供了有利条件。教师在运用新技术教学手段时，应注意发挥多媒体和网络技术能创设逼真的语言学习环境的重要功能，从视觉、听觉以至动觉等方面多方位、多角度地刺激学生的多种感官。教师要充分利用新技术教学手段的优势，设法让学生耳听其音，眼看其形，口说其声，心想其意，必要时还可以让学生做相应的动作或表演，这样就把学生的各种感官都调动起来。而当学生的多种感官参与到学习活动中后，学生就可以在近乎真实的听、说、读、写交际实践中学习、体会和掌握所学语言，从而体现了语言的交际性特征。这与新课程所提倡的让学生在用中学、在学中用的基本理念也是相吻合的。

四、新技术教学环境下教师专业化发展的新理念

国内有学者在参加了某次国际语言教学研讨会后有以下的总结：

随着计算机技术走进课堂教学，英语教学活动从简单的逐词逐句讲解课文的学习形式过渡到了以学生之间和师生之间的互动为特点、以培养学生交际能力为目的的现代模式，这就是计算机网络技术的发展为英语课堂教学的现代模式注入的新的活力。在新的发展趋势下，英语教师怎样才能适应这种新的变化？Denise Murry（澳大利亚悉尼麦加里大学）提出了以下几个值得研究的问题：

（1）教师是改变自己原有的教学方式，适应新技术给教学模式带来的变化，还是让新技术为自己原有的并被证明是行之有效的教学方法服务？

（2）教师怎样把新技术与英语教学有效融合在一起？

（3）哪些教学模式值得推崇和借鉴？

（4）我们对多媒体技术知识掌握多少？

（5）如何使用网络信息资源学习英语？

上述问题不能不引发我们的思考。新技术教学手段对外语教学产生了巨大的促进作用，那么它对教师的专业化发展又会产生怎样的影响？可以说，新技术教学手段在外语教学中的运用，不仅仅是教学方式或方法的改变，而且必然会导致教学模式、教学途径以至教学理念的根本变化。

面对信息技术的革命，外语教学必须改革。这种改革最起码应包含以下几个方面：其一，变革传统的教学观；其二，转变传统的教师观；其三，转变传统的学生观；其四，转变传统的教学媒体观；其五，转变传统的教学方法；其六，转变教学手段。

在新技术教学环境下，外语教学不再是教师讲、学生听或教师示范、学生操练的单调教学模式，而是在新技术的支持下，师生之间可以发挥教学媒体的多向互动功能和远程交互功能，开展互动式的教学和学习，实现师生的共同发展。外语教师的角色不再仅仅是语言知识的呈现者、传输者或语言能力的训练者，而是从学生掌握知识和形成能力的教导者变成学生运用知识和发展能力的引导者。学生也不再仅仅是知识的接受者，而是利用新技术提供的丰富的学习资源，成为知识的自主探索者和发现者。外语教学活动的教学媒介也不再仅仅局限于黑板、书本等平面媒体，而是扩展到音频和视频相结合的、新型的和立体的教学媒体，极大地改变了语言教学的传统方法和手段，使得教师教的方法和学生学的方法都发生了根本性的变化。而所有这些变革和变化都对大学英语教师的专业化发展提出了更新更高的要求。

总之，在新技术教学环境下，大学英语教师的专业化发展又融入了新的内涵，并构成了在信息技术条件下对大学英语教师胜任基础英语教学工作的新要求。具体来说，面对新技术革命对教师专业化发展的挑战，大学英语教师应具备以下几方面的基本素养：

（1）利用新技术手段自我发展的能力

新技术的发展，尤其是网络技术的迅猛发展，不仅极大地方便了教师的教学，而且为教师的终身学习创造了前所未有的便利条件。教师专业化发展正是一个终身学习和终身发展的过程。在这个长期的不断学习和不断提高的过程中，教师不仅需要正规的学习来完善自己的专业知识体系，同时也更需要自主学习和自我发展。近年来，网络通信技

术和Internet的飞速发展，为远程教育和远程学习提供了更加灵活、便捷的方式。前些年，我们提及远程教育时，还主要是指以卫星广播电视为主体的远程教学。而现在所提出的远程教育，还包括了依靠网络进行的自主学习。基于网络技术的自主学习彻底突破了学习空间和学习时间的局限，不论在任何地方，只要能够用计算机连接到网络，教师就可以随时获取自己需要的教育信息和资源，实现真正意义上的实时学习和终身学习。

所以说，在这个 E-learning 的时代，中小学英语教师必须学会在网络上学习。由于网络上的信息是以英文为主，所以英语教师利用网络资源有着得天独厚的优势。

（2）利用新技术手段开发教学资源的能力

新技术为教师充分开发和利用教学资源提供了有利条件。使得教师能占有足够的信息资源。以 Internet 为主要核心的网络技术是外语教学信息化和现代化的基础。运用 Internet 技术可以创设与网络连接的多媒体演示型的外语教学环境，可以建立网络化教室、校园网和 Internet。随着网络技术的发展，网络在外语教育中的作用会越发重要。网络应用能力也必将成为现代英语教师不可或缺的技能。为此，大学英语教师必须掌握从网络上获取信息的能力。

Internet 中存储着无限的信息和取之不尽的教学资源。教师可以从网络中获取包罗万象的语言知识素材，可以获得各种各样的语言技能训练材料，可以得到五花八门的文化背景资料，还可以下载图片、动画以及影像资料等教学媒体资源。有了这些丰富教学资源的辅助，教师的教学会变得更加生动、活泼，更有利于激发学生的学习兴趣，从而改善教与学的效果。

（3）利用新技术手段拓宽教学途径的能力

新技术的发展及其在外语教学中的广泛应用使教师所使用的教学媒介不再局限于黑板、粉笔和书本，教学方式不再是师生之间单一的讲与听、演示与操练的模式，可供教师选择的教学方法更是多种多样。比如：早期的听力教学方法往往只是教师读、学生听后模仿；之后有了留声机，再之后有了录音机，教师可以让学生反复聆听录音中标准、地道的英美人士的发音，这样就改善了听力教学的效果；再之后，电视机、语言实验室、录像机等新设备的应用使教师能够让学生边看边听，在语言实验室中还能实现实时的师生或生生之间的相互交流，这又使外语教学有了一大进步。近年来，计算机技术和网络技术运用于外语教学后，极大地拓宽了外语教学的途径，教师在听力教学中除了能让学生听录音、看录像外，还能够让学生看到运用多媒体技术制作的各种语言教学的课件，还能直接从网络上下载国外的广播或电视节目供学生收听或收看。这样的听力教学效果与听、读、练的单一教学模式相比要好得多。不仅听力教学如此，其他语言技能的训练或语言知识的传授在新技术教学手段的干预下，教师的教学途径也会得以拓宽。

为了跟上时代的步伐，中小学英语教师应学会使用新技术实施课堂教学的能力。这种能力主要包括以下几个方面：

（1）编制技术

编制技术主要指教师利用计算机和多媒体技术制作教学课件的能力。教学课件的制作往往依靠一些计算机软件来完成。在外语教学中制作课件的常用软件有 Word、Excel、Powerpoint、Hot Potatoes 以及 Flash 等。此外，编制技术还包括利用网络获取教学资源的能力以及运用一些软件制作网页的能力。

（2）使用技术

使用技术主要指教师在课堂教学中使用教学课件（比如呈现与演示教学内容）的能力。

（3）维护技术

在多媒体课件或运用网络时难免会出现一些故障。教师应学会课件使用过程中最常见故障的修复方法，以便使教学正常顺利地进行。

（4）利用新技术手段反思教与学之过程的能力

自我反思是教师专业化发展进程中的必备能力。教师通常可以在脑海里反思自己的教学活动，以此通过对教学的反思追求自身的专业化发展。新技术手段的应用又为教师更好地反思自己的教学活动提供了便利条件。

过去，我们可以用磁带录像机把教师的教学活动录制下来，之后进行反复观看，深入反思教学中的得与失，这就是我们通常说的微格教学（ micro-teaching）。微格教学是教师反思自己教学行为的重要途径之一。但是，磁带录像机不仅录制成本高，而且放像的操作也不方便（比如为了找到所需的画面必须不时地进带或倒带）。在计算机数码技术应用到录像机后，不仅极大地节约了录制成本，而且数码技术的保存空间大，放像时的操作也十分方便。这就为在实际工作中大量采用微格教学提供了有利条件。中小学英语教师应利用好新技术为自己的教学反思提供的方便条件，通过反复观看自己原有的教学行为，经常反思自己的教学，在反思中求发展，在反思中得以提高。

（5）利用新技术手段开展教学研究的能力

新技术的发展与教师开展教学研究也有着密切的关系。掌握一些计算机软件的用法对提高科研的效率有重要意义。比如以往我们通常使用手工或计算器来计算、归纳和统计研究的数据（如调查研究的数据、实验研究的数据、测试研究的数据等），而现在运用 Excel 软件，只要将原始数据输入计算机，点击软件界面上的相关按键，一切问题都迎刃而解。目前，比较流行的 SPSS （statistical package of social science）软件在外语教学研究数据的处理和分析方面具有更为强大的功能，在呈现科研成果时，运用其制作图表与原来的手工绘制相比，不仅效率高，而且效果好。所以，中小学英语教师在教学研究中应当掌握并能熟练运用一些常用的数据统计软件，以此辅助自己进行科研工作。

参考文献

[1] 陈莉萍. 大学英语教学研究[M]. 广州：世界图书出版广东有限公司，2015.
[2] 武琳. 大学英语教学模式与课程建设研究[M]. 长春：吉林大学出版社，2016.
[3] 戴立黎. 大学英语课堂教学新视野[M]. 北京：中国书籍出版社，2013.
[4] 陈品. 大学英语教学理论与实践[M]. 天津：南开大学出版社，2013.
[5] 教育部高等教育司. 大学英语课程教学要求[M]. 北京：清华大学出版社，2007.
[6] 崔刚，孔宪遂. 英语教学十六讲[M]. 北京：清华大学出版社，2009.
[7] 杜秀莲. 大学英语教学改革新问题新策略[M]. 济南：山东大学出版社，2011.
[8] 冯莉. 大学英语语法教学理论与实践[M]. 长春：吉林出版集团有限责任公司，2009.
[9] 罗毅，蔡慧萍. 英语课堂教学策略与研究方法[M]. 武汉：华中科技大学出版社，2011.
[10] 施良方，崔允廓. 教学理论：课堂教学的原理、策略与研究[M]. 上海：华东师范大学出版社，1999.
[11] 汪榕培，王之江. 英语词汇学[M]. 上海：上海外语教育出版社，2008.
[12] 王笃勤. 初中英语教学策略[M]. 北京：北京师范大学出版社，2010.
[13] 何广铿. 英语教学法教程：理论与实践[M]. 广州：暨南大学出版社，2011.
[14] 何少庆. 英语教学策略理论与实践运用[M]. 杭州：浙江大学出版社，2010.
[15] 胡春洞. 英语教学法[M]. 北京：高等教育出版社，1990.
[16] 胡泓. 外语素质培养概论[M]. 武汉：湖北教育出版社，2000.
[17] 胡郑辉. 英语学习策略[M]. 厦门：厦门大学出版社，2006.
[18] 黄勇. 英汉语言文化比较[M]. 西安：西北工业大学出版社，2007.
[19] 王笃勤. 英语教学策略论[M]. 北京：外语教学与研究出版社，2002.
[20] 王艳. 英语听力教学与研究[M]. 北京：外语教学与研究出版社，2012.
[21] 李森，张家军，王天平. 有效教学新论[M]. 广州：广东教育出版社，2010.
[22] 李庭芗. 英语教学法[M]. 北京：高等教育出版社，1983.
[23] 李祖寿. 教学原理与技法[M]. 台中：大洋出版社，1979.
[24] 林新事. 英语课程与教学研究[M]. 杭州：浙江大学出版社，2008.
[25] 鲁子问，康淑敏. 英语教学设计[M]. 上海：华东师范大学出版社，2008.
[26] 鲁子问. 英语教学论[M]. 2版. 上海：华东师范大学出版社，2009.
[27] 罗少茜. 英语课堂教学形成性评价研究[M]. 北京：外语教学与研究出版社，2003.
[28] 林新事. 英语课程与教学研究[M]. 杭州：浙江大学出版社，2008.
[29] 肖礼全. 英语教学方法论[M]. 北京：外语教学与研究出版社，2005.
[30] 于德社. 北外大学英语课堂教学理念与实践[M]. 合肥：安徽教育出版社，2007.
[31] 朱晓燕. 英语课堂教学策略——如何有效选择和运用[M]. 上海：上海外语教育

出版社，2010.

[32] 张鑫. 英语教学的理论与实践[M]. 北京：知识版权出版社，2012.

[33] 晨梅梅. 探索与改革：转型期的英语教学[M]. 北京：商务印书馆，2004.

[34] 严明. 大学英语自主学习能力培养模式研究[M]. 哈尔滨：黑龙江出版社，2009.

[35] 陈睿. 高职英语教学存在的问题及对策分析[J]. 当代教育实践与教学研究，2017（2）.

[36] 单艳平. 新教学理念下初中英语教学策略初探[J]. 学周刊，2017（8）.

[37] 张铁. 大学英语听力教学现状分析[J]. 湖北经济学院学报，2014（1）.

[38] 郤茜. 浅析大学英语听力教学中存在的问题与对策分析[J]. 才智，2014（35）.

[39] 罗宏，张昭苑. 大学英语的情感教学[J]. 河北大学成人教育学院学报，2011（2）.